梁浩然律師事務所
有限法律責任合夥
H.Y. LEUNG & Co. LLP
SOLICITORS

An Uncommon Undertaking

— Legal Practice and Collaboration under One Country ,Two Systems

法律双声道

——内地与香港特别行政区法律制度的差异与融合

陈少彬 主编

法律出版社 LAW PRESS · CHINA
北京

图书在版编目（CIP）数据

法律双声道：内地与香港特别行政区法律制度的差异与融合 / 陈少彬主编 . -- 北京：法律出版社，2024（2025.2 重印）. --ISBN 978-7-5197-9595-5

Ⅰ. D921.94

中国国家版本馆 CIP 数据核字第 2024D7M983 号

法律双声道

——内地与香港特别行政区法律制度的差异与融合

FALÜ SHUANGSHENGDAO

—NEIDI YU XIANGGANG TEBIE XINGZHENGQU FALÜ ZHIDU DE CHAYI YU RONGHE

陈少彬 主编

策划编辑 邢艳萍

责任编辑 石蒙蒙

装帧设计 贾丹丹

出版发行 法律出版社

编辑统筹 法律应用出版分社

责任校对 朱海波

责任印制 刘晓伟

经　　销 新华书店

开本 710 毫米 × 1000 毫米　1/16

印张 24.75　　**字数** 378 千

版本 2024 年 11 月第 1 版

印次 2025 年 2 月第 2 次印刷

印刷 固安华明印业有限公司

地址：北京市丰台区莲花池西里 7 号（100073）

网址：www.lawpress.com.cn

投稿邮箱：info@lawpress.com.cn

举报盗版邮箱：jbwq@lawpress.com.cn

销售电话：010-83938349

客服电话：010-83938350

咨询电话：010-63939796

书号：ISBN 978-7-5197-9595-5

定价：108.00 元

凡购买本社图书，如有印装错误，我社负责退换。电话：010-83938349

《法律双声道》是写内地与香港主要法律体制异同与对接。

我们都在努力搭建桥梁。

走过这桥，两边都是风景，目不暇接，让人神往。

谨以此书献给所有为法治建设与涉港法律服务而努力的朋友们。

——— 陈少彬

编辑委员会

主　　编　陈少彬

成　　员（以姓氏拼音为序）

邓浩源　黄颖思　刘惠惠　温　芃

参与编写成员

特邀赐稿　肖璟翊　马国栋

内地律师（以内地首次批准执业日期为序）

孙艳丽　杨　新　李宁梓　汪宗霖　梁颖珍　何雁英

胡梦蝶　黄晓颖　袁培皓　陈丽霞　胡嘉雯　姚卓蕊

廖文幕　郭珂瑜　陈芷璇　许德美

香港特别行政区律师（以香港特别行政区认许日期为序）

胡庆业　康亚男（大律师）　袁嘉沂

邓朗然（大律师）　王诗雅　彭茵彤　张蒨蒨

其他成员（以姓氏拼音为序）

顾津菁　李子昇　马　超　王雪瑞　颜家妍　朱郅玲

《法律双声道——内地与香港特别行政区法律制度的差异与融合》呈现出对中国内地和香港两地法律图景的深入探索，搭建起联通多元法律实践的桥梁，促进两地间的相互理解。这部开创性的作品也是首本由同为粤港澳大湾区律师和香港律师的主编出品的著作，为两地法律研究的文献资料添上重要一笔。

全书由七个精心编排的章节组成：行业浅探、婚姻家事及继承、商事与投资、数据跨境合规与知识产权保护、诉讼程序与执行、跨境仲裁和其他争议解决，以实际案例研究为法律从业者提供了无价的指引，同时也是法律学生和法律爱好者的宝贵资源。

书中汇集了两地法律从业者及学者的真知灼见，解构复杂的法律概念，让法律专业人士和普通读者都能轻松理解。主编陈少彬律师，少年时期即从内地移居香港，以其独特视角丰富阐释了跨境法律实践中的挑战与机遇。

本书为有意探索内地和香港复杂法律体系的人士指引方向，提供实用智见，促进两地法域间更深层次的相互理解。

“ An Uncommon Undertaking – Legal Practice and Collaboration under One Country, Two Systems ” presents an insightful exploration of the legal landscapes of the mainland of China and Hong Kong SAR, bridging diverse legal practices and fostering mutual understanding. This groundbreaking work is the first published book by a Greater Bay Area Lawyer who is also a solicitor in Hong Kong, making a significant contribution to the legal literature.

Structured into seven meticulously organized chapters – Overview of the Industry, Family Law and Inheritance, Commercial and Investment Law, Cross–Border Data Compliance and Intellectual Property Protection, Litigation Procedures and Enforcement, Cross–Border Arbitration, and Other Dispute Resolution Mechanisms –this volume employs practical case studies to provide invaluable guidance for legal practitioners while also serves as a valuable resource for students and interested individuals.

Featuring insights from legal practitioners and scholars from both regions, the book demystifies complex legal concepts, making them accessible to both legal professionals and the general public. The editor–in–chief, Mr. Ben Chan, who relocated from the mainland of China to Hong Kong SAR at a young age, enriches the narrative with a unique perspective on the challenges and opportunities within cross–border legal practices.

The book is an essential resource for individuals seeking to navigate the intricacies of the legal systems in the mainland of China and Hong Kong SAR, offering practical insights and promoting a deeper understanding between the two jurisdictions.

序

深圳与香港，一衣带水。2023 年，恰好是承前启后的年头，对于深圳和香港两座城市如此，对于生活在此的每个人皆如是。

4 月，有幸结识了来深交流的少彬律师，了解到兄对儿时生活过的广东记忆尚存，倍感亲近。亦知兄 1996 年香港大学毕后三年于香港执业，逐步成为资深律师，由其 2011 年受聘于香港国际仲裁中心为认可调解员、2012 年获司法部受聘为中国委托公证人（香港）诸事可见一斑。难能可贵之处是，少彬律师于云谲波诡间一贯关注内地与香港的交流，2022 年成为可在内地九市与香港执业的粤港澳大湾区律师，把交流之窗转变为实践之路；2023 年成为深圳市涉外律师领军人才和内地多家法院的调解员，2024 年成为广东省律协粤港澳大湾区工作委员会和跨境争议解决法律专业委员会委员、深圳市律协粤港澳大湾区工作委员会委员、香港法律专业协进会执行委员，实务硕果累累。

《论语 · 雍也篇》说："质胜文则野，文胜质则史，文质彬彬，然后君子。"少彬兄虽从业于法律，浸染于规则边界感强烈的香港，孔子这段话却可形容其人，质朴而文秀，扎实而不自矜，谦和温润，勤于笔耕，常有文见于世。

余从业媒体近二十年，十多年从事法治宣传教育，近年有意从宣传趋近社会公益和粤港澳大湾区法治交流，所倚靠一直是法律。读到少彬兄所作新书，文如其人，功底深厚，且都有案例实证，着眼于粤港澳大湾区法治交融，已先行数百里矣。

深圳广播电影电视集团全媒体新闻中心监制

王佳勇

2024 年 10 月

前言

党的十八大以来，党中央将全面依法治国纳入“四个全面”战略布局，推动我国法治建设发生历史性变革、取得历史性成就。在港澳工作中，中央进一步重视和加强运用法治思维方式推进“一国两制”事业。

2019 年 2 月 18 日，中共中央、国务院发布《粤港澳大湾区发展规划纲要》（以下简称《纲要》）提出，加快法律服务业发展，鼓励支持法律服务机构为“一带一路”建设和内地企业“走出去”提供服务，深化粤港澳合伙联营律师事务所试点，研究港澳律师在珠三角九市执业资质和业务范围问题，构建多元化争议解决机制，联动香港特别行政区（以下简称香港）打造国际法律服务中心和国际商事争议解决中心。2021 年，全国人民代表大会审议通过的《中华人民共和国国民经济和社会发展第十四个五年规划和 2035 年远景目标纲要》，强调要积极稳妥推进粤港澳大湾区建设。

基于粤港澳大湾区建设时代背景，我们着手编著这本关于内地与香港的主要法律实务与协作的书籍。编著此书，我们主要有如下考量：

一、深入学习领会关于大湾区法治建设的重要政策，增强投入大湾区建设工作的责任感、使命感

本书着眼介绍内地与香港主要法律制度的差异，以及如何对接内地与香港规则的议题。通过深入学习并领会大湾区法治建设重要指导思想，我们理解《纲要》等政策依据是指导粤港澳大湾区的纲领性文件，大湾区建设需要充分利用“一国两制”的优势，在法律方面取长补短；整合不同法律体系的相关规则，实现政策对接和规则衔接，推进大湾区合作和进一步发展。我们希望响应

时代的号召，参与大湾区建设，增强投入大湾区建设的责任感和使命感。

二、探索内地与香港法律服务的深度合作

基于法律制度以及纠纷解决多元化理念的差异，大湾区建设需要着力于法治协同，探索并创新政策对接、规则衔接的路径，从而加强内地与香港法律服务的深度合作。

本书包括商事争议解决机制、婚姻家庭与继承纠纷制度、知识产权保护与合规制度等综合性内容。通过实操案例提供办案指引，不仅能够给内地与香港法律界人士执业提供一定参考，促进专业交流与法律服务的合作，也可以给青年学生，以及对涉外法律有兴趣的人士普及法律知识，帮助他们建立对内地与香港法律制度的基本认知。

内地与香港的社会及经济联系非常密切，法律界人士在日常执业过程中，遇到了越来越多的有关法律问题差异、如何衔接的咨询和法律服务要求，希望本书能够提供一定帮助，促进内地与香港更好地开展法律工作以及法律衔接。

本书邀请了内地与香港法律人士就其精通的业务领域进行理论和实务分享，发挥各自的优势，参与本书各章节的撰写。

本书分为七篇，分别为第一篇行业浅探、第二篇婚姻家事及继承、第三篇商事与投资、第四篇数据跨境合规与知识产权保护、第五篇诉讼程序与执行、第六篇跨境仲裁以及第七篇其他争议解决。

第一篇行业浅探主要着眼于内地与香港律师的区别和协作，兼备宏观及微观视角。从宏观角度来说，本篇从内地与香港法律体系的区别出发，介绍内地与香港律师在不同法律体系中的角色定位、业务范畴以及职业发展道路等，并在此基础上探讨内地与香港律师应如何各取所长、互通有无，以促进内地与香港专业间进一步的合作。从微观角度来说，本篇以几位内地来港发展的青年法律人为例，意在通过展现他们各异的学历背景、发展路径以及执业方向，为同样有志于发展涉港业务的法律人提供具体参考实例。

第二篇婚姻家事及继承基于实践中遇到的高频案例及情境，对内地与香

港婚姻家事、财产继承等制度进行比较和探讨。其中在婚姻家事方面，本书比较了内地与香港之间的离婚程序、管辖权、财产分割以及子女安排等方面的内容；在财产继承方面，着重探讨遗嘱的订立、遗产管理、继承争议的解决等方面的问题。这一篇内容与大众生活息息相关，因此在阐述法律原理的同时，也穿插了大量实际场景、真实案例及法院判例，以期为内地与香港法律从业者提供更有帮助的参考。

第三篇商事与投资重点对比了内地与香港公司法主要不同概念及实务，总结了跨境投资并购的政府审批制度，介绍了内地企业赴香港上市条件、模式、法律关注点等。

第四篇数据跨境合规与知识产权保护着眼于粤港澳大湾区的数据跨境规制、涉外知识产权保护，以及内地企业在海外的知识产权规划等时下热门议题，重点阐述了内地和香港数据跨境流动的一般性法律规制、相关区域性文件，并对文件中的要点进行归纳，总结出可落地的具体法律保护措施等。

第五篇诉讼程序与执行从热门律政题材影视作品引出话题，并结合实践中的真实案例，详细探讨了内地与香港民事诉讼全过程的异同，包括参与诉讼的主体、管辖权确定、律师代理、一般的诉讼程序、法庭辩论流程、非正审程序、证据采信、保全和禁制令、判决执行等。此外，重点阐述了内地与香港判决或裁决的相互认可与执行程序，以真实案例为基础详细说明跨境判决的执行、破产清算程序，并且针对实务中常见的诈骗案，总结跨境民事追偿实务操作经验。

第六篇跨境仲裁以香港国际仲裁中心（Hong Kong International Arbitration Centre，HKIAC）的规则为例，归纳总结香港国际仲裁程序。本篇还介绍了香港仲裁的新发展，包括相关法律法规、收费形式以及香港法院对仲裁裁决的撤销或不予执行等，此外，还介绍了内地仲裁规则与实务概览，主要阐述内地仲裁制度、内地仲裁机构的规则等内容。

第七篇其他争议解决以深圳的实践经验为例，介绍了域外法查明对于粤港澳大湾区规则衔接的意义。本篇还说明了调解作为一种法律专业服务在跨境争议解决情境下的实际应用，并以一宗商事调解案为例，详细阐述了调解的一般模式、优点、应用场景等。此外，本篇还详细介绍内地与香港公证制度和实务，从内地与香港公证制度起源及实务要求出发，通过比较其中的异同，探讨公证的社会价值。

大湾区建设，一方面需要挖掘整合各地区优势，实现大湾区经济社会跨越式协同发展；另一方面也需要着重协同法治建设，实现机制对接和规则衔接，加深合作。本书为推动内地与香港法治领域规则衔接贡献力量，加强法律服务深度合作，进一步增进法律业界相互了解，促进内地与香港法律实践的融会融通。

目 录

第一篇

行业浅探

第一章 “一国两制”下内地与香港律师的区别与协作

在与内地律师朋友接触的过程中，大家对香港律师的印象还停留在 TVB 电视剧《壹号皇庭》中的片段，包括香港事务律师和大律师的分别，且对于两者的角色也常有混淆。

香港是中国唯一实行普通法系法律制度的地区。因法律体系不同，内地与香港律师在各自法律体系中的角色、作用等也有差别。以下将从律师的种类、代理范畴以及成为香港律师的途径等方面讨论内地与香港的法律体系之间的不同，并在此基础上探讨内地与香港律师可合作的业务领域。

一、内地和香港法律体系比较

（一）内地：体现大陆法系的特点

就法律传统而言，内地实行中国特色社会主义法律体系。“中国特色社会主义法律体系，是以宪法为统帅，以法律为主干，以行政法规、地方性法规为重要组成部分，由宪法相关法、民法商法、行政法、经济法、社会法、刑法、诉讼与非诉讼程序法等多个法律部门组成的有机统一整体。”① 由此可见，内地的法律体系以成文法为主，体现了较为明显的大陆法系法律制度的特点。

在诉讼程序方面，内地制度也体现了大陆法系的特征，多采用“纠问式”的诉讼程序，以法官为中心。审判的目的是让法官查清事实以适用成文法。在

---

① 国务院新闻办公室：《中国特色社会主义法律体系》，载中华人民共和国国务院新闻办公室官网 2011 年 10 月 27 日，http://www.scio.gov.cn/ztk/dtzt/65/12/Document/1060812/1060812_2.htm。

查明事实后，大陆法系法官必须从现有的法律中找出明文规定，将事实代入法律，从而推论出必然的结果。如果法律没有明文规定，法官没有自行“造法”的权力。[①]

（二）香港：沿用普通法系

出于历史原因，香港在回归前一直采用以英国为代表的普通法系法律制度。而这一制度在1997年香港回归之后也得以保留，包括香港原有的普通法、衡平法、条例、附属立法和习惯法，除与《香港特别行政区基本法》相抵触或经香港立法机关作出修改的部分外，均得以保留。[②]

因而，香港的法律制度体现了显著的普通法系特点。在诉讼程序方面，采用的是“对抗式”诉讼模式。其中，法官的角色并不十分主动，法官依赖控辩双方当事人（及其律师）提供证据甚至是法律理由。当出现法律没有明文规定的情况时，普通法系的法官会首先考虑“遵循先例”（stare decisis），查找以往类似案例的有约束力的判例，与当前案件进行比较，并适用与先例相同或类似的法律规则。如果没有先例可循，法官也可以在判决中创制新的规则。

综上，由于法律体系的差异，相较内地律师，香港律师在诉讼中需扮演更为主动的角色。

二、律师种类差异

（一）内地：律师之间无业务范围限制

根据《律师法》第28条的规定，律师可以从事下列业务：

（1）接受自然人、法人或者其他组织的委托，担任法律顾问；

（2）接受民事案件、行政案件当事人的委托，担任代理人，参加诉讼；

（3）接受刑事案件犯罪嫌疑人、被告的委托或者依法接受法律援助机构的指派，担任辩护人，接受自诉案件自诉人、公诉案件被害人或者其近亲属的委托，担任代理人，参加诉讼；

---

① 王江雨：《当代中国法律制度的基本特征、结构与未来发展展望》，载《东亚论文》2010年第86期。

② 《香港特别行政区基本法》第8条。

（4）接受委托，代理各类诉讼案件的申诉；

（5）接受委托，参加调解、仲裁活动；

（6）接受委托，提供非诉讼法律服务；

（7）解答有关法律的询问，代写诉讼文书和有关法律事务的其他文书。

由此可见，虽然实践中可能“术业有专攻”，但从法律层面而言，内地律师并没有业务范围的差别。理论上而言，所有内地律师都可代理上述法条中列明的业务。

（二）香港：大律师及事务律师

香港律师主要分为大律师（barrister）以及事务律师（solicitor）两种。截至2024年4月30日，香港共有持有执业证书的事务律师11,000多人，[①] 大律师1600多人。[②]

大律师专门从事争议解决工作，可以代表当事人出庭发言，且在所有法院（包括高等法院和终审法院）均享有出庭发言权，也可担任仲裁员、调解员或法律代理人等，还可针对具体问题为客户提供专业法律意见。

然而，大律师不能直接接受当事人的委托，必须由事务律师转聘。在香港，法律执业者不能同时身兼事务律师和大律师，且大律师只能以个体户的形式经营，并且自负盈亏。

事务律师能够从事大多数的律师业务，如房产交易、遗嘱订立、公司上市、投资并购、草拟合约等，也可为客户担任法律顾问。但是事务律师的出庭发言权有限，除非申请成为讼辩律师（solicitor advocate），在获得认可后，可在高等法院及终审法院享有出庭发言权。

在经营方式方面，与大律师不同，事务律师的经营方式通常为在律所作为雇员、顾问或合伙人为客户提供法律服务，在企业担任法律顾问或在政府部门

---

① 香港律师会：《每月统计资料》，载香港律师会官网2024年5月21日，https://www.hklawsoc.org.hk/zh-CN/About-the-Society/Profile-of-the-Profession。

② 香港大律师公会：《大律师名册》，载香港大律师公会官网2024年5月21日，https://www.hkba.org/zh-hant/Bar-List。

担任政府律师等。

三、律师的代理业务范畴

（一）内地

如前文所述，内地律师最常见的业务就是接受各种民事案件、行政案件以及刑事案件当事人的委托，担任其代理人参加诉讼、代理申诉、代写诉讼文书和有关法律事务的其他文书、参加调解及仲裁活动等。同时，内地律师还可接受自然人、法人或其他组织的委托，担任其法律顾问，并为其提供非诉讼类法律服务，如与金融、证券、保险等相关的法律顾问服务等。

（二）香港

与内地相比，香港社会生活中有更多的事务需要律师参与处理，如下述房地产交易、订立遗嘱、证婚、监誓、见证与认证等均是内地律师比较少涉及的。

1. 房地产交易

由于香港现实行土地契约注册制度，土地注册处并不保证其登记的相关契据的法律效力，因而在交易时买方需要聘请律师对业权契据文件进行验证及确认、对土地及房产进行视察，从而确定业权的真实性。

此外，在房地产交易中，律师还负责准备一系列文件，如买卖合约，并处理缴纳印花税、于土地注册处登记等事务。

2. 订立遗嘱

为客户草拟、见证签署以及保管遗嘱也是香港律师的一项常见业务。虽然从法律层面来说，个人自行草拟的遗嘱也同样有效，但由律师草拟更能保证遗嘱的有效性以及完整性。同时，律师也可在后续担任遗嘱执行人，为客户提供全面的服务。

3. 证婚

执业超过 7 年的香港律师可以担任婚姻监礼人，为新人证婚。相比过往须自行前往婚姻登记处登记，由律师证婚的好处在于时间及地点安排上较为弹性，婚礼当日新人无须专程前往婚姻登记处，更省时灵活，广受新人欢迎。

4. 见证签署、监誓以及认证文件

香港有健全成熟的律师见证签署、监誓以及认证文件的制度。根据《香港法例》第159章《法律执业者条例》第7A条，律师可行使监誓员的职能。宗教式誓言、宗教式誓章或非宗教式誓词等文件经律师监誓并签署后须获接纳为证据。此外，香港的事务律师可根据《香港法例》第11章《宣誓及声明条例》，见证文件的签立及核证文件的副本。

四、成为香港律师的途径

如前文所述，香港存在两种类型的律师，即事务律师与大律师。两种律师的认许标准也由两个组织协会分别管辖，即香港律师会（Law Society of Hong Kong）和香港大律师公会（Hong Kong Bar Association），两者分别监管事务律师和大律师的认许和纪律规范。

（一）学历要求及法学专业证书

总体来说，无论要成为香港事务律师还是大律师，必经之路都是要取得法学专业证书（Postgraduate Certificate in Laws, PCLL）。

法学专业证书是根据香港《法律执业者条例》、《实习律师规则》以及《大律师（认许资格及实习）规则》规定的法律执业认许资格之一。要获得这一资格，须申请就读法学专业证书课程。而要申请就读法学专业证书课程，首先需要具备一个受认可的法律学位或资格，包括香港本地的法学学士（Bachelor of Laws, LLB.）学位或法律博士（Juris Doctor, JD）学位，这些法律学位或资格的持有者可直接凭借其就读成绩申请就读法学专业证书课程。①

此外，获得一些其他法律学位或通过一些受认可的考试的申请人也可申请就读法学专业证书课程，如海外法学学士学位、海外法律博士学位、通过英格兰和威尔士法律专业共同考试（Common Professional Examination of

① 香港律师会:《认许标准》，载香港律师会官网2024年5月16日，https://www.hklawsoc.org.hk/zh-CN/Maintain-Standards/Admission-Standards。

England and Wales, CPE）或通过香港法律专业共同考试（Common Professional Examination Certificate in Laws, CPEC）等，但这些申请人还需通过转换考试，即法学专业证书入学资格考试（PCLL Conversion Examinations）才可申请就读法学专业证书课程。①

不同于注重法律知识以及理论的一般法律学位，法学专业证书课程注重的是法律专业执业时所需要的实践技能以及具体的法律程序。学生在通过所有考试且合格后，才可获得该证书。

（二）实习

在取得法学专业证书之前，事务律师和大律师的申请人的求学与职业路径并无太大区别，但在取得法学专业证书之后，申请人就到了选择不同职业细分方向的节点。

如果目标是成为一名事务律师，申请人须完成 2 年的实习律师（trainee solicitor）实习，且在实习期内表现良好，才可获得认许在香港以事务律师身份执业。②

如果目标是成为一名大律师，申请人须在一年时间内跟 4 位本地大律师进行受认可的大律师实习（pupillage），并且获得其中至少 1 位“师父”举荐，方可在香港成为执业大律师。③

（三）海外律师

已获得其他法域执业资格的律师，可采用为海外律师特别设置的途径获得香港律师执业资格。主要的门槛限制在于在海外的执业经验以及通过相应的考试等。

（四）注册外地律师

根据《外地律师注册规则》（*Foreign Lawyers Registration Rules*）④，凡是以

① 香港律师会：《每月统计资料》，载香港律师会官网 2024 年 5 月 16 日，https://www.hklawsoc.org.hk/zh-CN/About-the-Society/Profile-of-the-Profession。

② 香港律师会：《每月统计资料》，载香港律师会官网 2024 年 5 月 16 日，https://www.hklawsoc.org.hk/zh-CN/About-the-Society/Profile-of-the-Profession。

③ 香港律师会：《每月统计资料》，载香港律师会官网 2024 年 5 月 16 日，https://www.hklawsoc.org.hk/zh-CN/About-the-Society/Profile-of-the-Profession。

④ 《香港法例》第 159S 章《外地律师注册规则》。

外地法律执业者身份向公众提供法律服务的人，如果不是香港事务律师或大律师，则必须向香港律师会注册成为外地律师（foreign registered lawyer）。

与海外律师不同，注册外地律师不能以香港律师的身份在香港执业，也不能雇佣香港事务律师或者与香港事务律师合伙开展业务。但注册外地律师可受香港律所聘请，成为其外地法律顾问，可以就其具有执业资格的外地法律提供意见和法律服务。与香港律师一样，注册外地律师的职业行为也受香港的《法律执业者条例》（*Legal Practitioners Ordinance*）[①] 及其附属法规以及《香港事务律师专业操守指引》约束。

注册外地律师的申请并无明显的硬性门槛，只需具备一个或以上其他法域的执业资格，并向香港律师会提交其要求的相关申请资料即可。

五、内地与香港律师的合作领域与重点问题

（一）内地与香港律师合作领域

由于内地与香港之间的往来日益密切，内地与香港律师之间可合作的领域也越来越广，主要包括以下几个方面：（1）跨境婚姻家事；（2）跨境遗产继承；（3）跨境争议解决；（4）跨境执行；（5）跨境商事业务；（6）跨境保全与临时措施；（7）中国委托公证（香港）等。

1. 跨境婚姻家事

与一般的婚姻家事案件不同，跨境婚姻的当事双方往往在内地和香港都有资产，其子女及其他家庭成员往往都和内地与香港有着紧密联系。因而跨境婚姻往往需要考虑更多的因素，如司法管辖，为家庭设立家族办公室，婚前、婚后或分居协议，离婚时的财产分割等。

2022 年 2 月 15 日，《最高人民法院关于内地与香港特别行政区法院相互认可和执行婚姻家庭民事案件判决的安排》正式生效实施。该安排生效后，大部分跨境婚姻家庭案件判决在内地与香港可得到相互认可和执行，既大大减少当事人重复诉讼之累，也为内地与香港不断拓展和深化司法协作奠定更加坚实

---

① 《香港法例》第 159 章《法律执业者条例》。

的基础。

2. 跨境遗产继承

跨境遗产继承通常涉及跨代和跨境的家族成员，且内地与香港遗产继承和遗嘱规定的法律均不同，致使跨境继承的情况往往较为复杂。

在被继承人设有遗嘱的情况下，首先需要根据立遗嘱地的法律对遗嘱的有效性和唯一性进行确认，然后处理立遗嘱地的遗产，再处理跨境遗产继承。

而在被继承人没有设立遗嘱的情况下，首先需要根据被继承人生前经常居住地和身份来判断是以内地法律还是香港法律作为准据法。然后，根据准据法下的法定继承来处理当地的遗产继承，最后再处理跨境遗产继承。

在跨代、跨境遗产继承的复杂情况下，特别需要内地与香港律师运用自身的专业知识进行合作，共同处理跨境业务。

3. 跨境争议解决

一些案件同时涉及内地和香港，如一些与香港有关联的案件在内地的诉讼，或者与内地有关联的案件在香港的诉讼，以及跨境追债索赔、商业诈骗案件民事追偿以及跨境资产追踪案件等。在这一过程中，内地与香港律师可互相协作，为对方提供自己执业地区的法律支持。

此外，仲裁也是解决跨境争议的一种常见形式，包括与内地有关联的案件在香港仲裁，以及与香港有关联的案件在内地仲裁等。香港具有丰富的仲裁资源，许多内地与香港之间商事活动的参与各方常常会约定若发生争议，选择在香港进行仲裁，因而产生许多内地与香港律师之间的共同合作空间。

4. 跨境执行

由跨境争议衍生出的跨境判决或裁决的执行申请、强制执行申请，以及破产或清盘申请也是内地与香港律师合作的热门领域。2024 年 1 月 29 日生效的《最高人民法院关于内地与香港特别行政区法院相互认可和执行民商事案件判决的安排》，扩大了内地与香港民商事案件可供跨境执行的范围，内地与香港当事人可更便捷地运用最新认可判决机制，节省重复诉讼的时间和费用。

5. 跨境商事业务

除诉讼外，一般的跨境商事业务也需要内地与香港律师进行协作，如在内地和香港分别设立公司，内地股东申请恢复或清算香港公司，跨境股权争议，公司治理及合规，公司上市、并购、尽职调查及出具法律意见书等工作。

6. 跨境保全与临时措施

若在香港进行诉讼，有多种非正审强制令（interlocutory injunction）或非正审命令（interlocutory order）可申请，如资产冻结令（mareva injunction）、所有权强制令（proprietary injunction）、禁诉令（anti-suit injunction）、容许搜查令（anton piller order）、讯问令（order for examination）、藐视法庭程序（contempt procedure）等。

7. 中国委托公证（香港）

至目前香港共有 500 余位获认可的中国委托公证人（香港），可为客户证明在香港发生的法律行为、有法律意义的事件和文书的合法性和真实性。

办理中国委托公证（香港），一般需要委托公证人（香港）草拟、制作公证文书，并将制作完成的公证文书交由中国法律服务（香港）有限公司审核及加章转递。经过加章转递的公证书方可在内地相关单位（公证处、法院、市监局等）使用。2023 年全年，中国委托公证人（香港）共出具了约 78,000 件各类委托公证文书。

（二）处理跨境案件需考虑的重点问题

因跨境诉讼常常涉及两个或两个以上的司法辖区，律师需要考虑的因素也更多，归纳总结如下（见表 1–1–1）。

表 1–1–1　跨境案件考虑因素

序号	考虑因素	具体内容
1	诉因	首先应明确以什么诉因提起诉讼，如合同纠纷、侵权纠纷等。诉因的不同将影响后续法律原则适用的不同
2	管辖	因涉外案件常常涉及两个或两个以上的司法辖区，所以需要考虑拟定发起司法程序的地方是否具有对案件的管辖权，以及是否有仲裁条款等事先约定的争议解决方式

续表

序号	考虑因素	具体内容
3	如何提起诉讼或申请仲裁	提起诉讼或申请仲裁的第一步是送达相关的文书，而跨境诉讼或仲裁的当事方分别处于内地与香港，文书的送达可能需要经过较长时间及烦琐的流程。在提起诉讼或申请仲裁之前，内地与香港律师需要提前考虑好文书送达的问题
4	时效	因内地与香港法律体系不同，诉讼时效的规定也有所不同。内地与香港律师需考虑根据案件适用的法律，案件是否已过诉讼时效
5	是否有诉讼前步骤或协议	有些合同可能会约定在向法庭提起诉讼之前，双方应进行调解或其他的程序，内地与香港律师需考虑是否需要进行诉讼前步骤以提起诉讼
6	救济	常见的救济有金钱补偿和非金钱补偿，内地与香港律师要考虑进行诉讼或仲裁所得的救济是否能弥补客户的损失，以及这些可能得到的救济是否与诉讼或仲裁可能需要花费的时间和成本相称
7	调查被告及其资产	在一些申索金钱补偿的案件中，调查清楚被告是否具有补偿或赔偿能力十分重要，否则即使拿到有利判决，也会因无法执行而变成一纸空文。而跨境诉讼中，调查当事人资产往往难度较大，有可能需要专业人士介入。内地与香港律师需要考虑在这一过程中可能产生的额外费用成本
8	诉中临时济助	在诉讼或仲裁结果待定时，律师也不是只能被动等待。相反，如果诉讼在香港法庭发起，在这个过程中可以向法庭申请一系列临时济助。如担心被告在诉讼进行过程中私自转移财产，可向法庭申请资产冻结令等
9	是否有涉及判决及裁决执行的问题	如判决中涉及对内地与香港财产或其他事务的处置，内地与香港律师还需考虑判决及裁决的跨境执行问题
10	其他考虑因素	除上述问题之外，内地与香港律师还需考虑一些其他因素，如诉讼或仲裁的成本与客户可能获得的利益是否相称，是否有和解或者调解的可能性，讼费的归属和担保，审理过程的保密性及公开性，是否可以使用清盘或破产程序要求对方偿还债务等

注：表格内容参考了沈信安于 2023 年 10 月 25 日作的香港律师会持续专业发展讲座“Think before you sue: practical considerations before commencing litigation or arbitration”。

由于法律体系和法律传统的差异，内地与香港律师的角色、成长路径、业务范围等方面均存在许多不同，但随着内地与香港之间联系与来往日益密切，内地与香港律师可加强合作交流、求同存异、发挥各自所长，促进内地与香港之间的法律服务深度合作，贯彻落实粤港澳大湾区建设规划关于“联动香港打造国际法律服务中心和国际商事争议解决中心”的部署，[①]从而携手化“制度之异”为“制度之利”，[②]为客户提供更优质且周到的服务。

① 黄善端：《内地判决的认可与执行》，商务印书馆（香港）2019年版，总序。

② 张国钧：《律政司副司长在立法会司法及法律事务委员会会议就香港法律界于香港及粤港澳大湾区内的发展及支持的开场发言》，载香港特别行政区政府新闻公报网2023年11月27日，https://www.info.gov.hk/gia/general/202311/27/P2023112700536.htm。

第二章　四位内地青年的涉港法律实践之路

有内地朋友对来香港进修法律兴趣甚浓，本章细诉几位内地青年在香港求学以及实践涉港法律业务的心路历程。从康亚男（大律师）的“实践型学者”，张蒨蒨（内地与香港执业律师）的“一个人需要一生的时间去成为律师”，温芃（实习律师）“再选一次，我仍然会按下入读申请的‘submit’键”，到邓浩源（实习律师）的“谋时而动，顺势而为”，他们都是各有星辰、闪烁璀璨！希望一众向往深耕跨境法律的朋友借鉴参考。

一、康亚男——“念念不忘，必有回响”

我是康亚男，现在是一名香港大律师和粤港澳大湾区律师。我本科毕业于香港城市大学，取得法学一级荣誉学士学位，硕士就读于牛津大学。我在2012年取得香港执业大律师资格；在2021年通过首批粤港澳大湾区律师执业资格考试；在2022年加入广东天商律师事务所成为粤港澳大湾区律师，任国际商事仲裁服务中心主任；现任香港法律专业协进会副会长及香港大律师公会内地事务委员会委员，也曾任香港劳资审裁处暂委审裁官、香港城市大学及北京大学法学院客席讲师。

我在江苏长大。在我高考那年，恰逢香港城市大学第一次通过高考成绩直接招收内地高中生。抱着尝试的心态，我将香港城市大学作为填报的第一志愿，并最终录取至香港城市大学法学院，学习法学学士（Bachelor of Laws，LLB）专业。

在本科阶段初期，我志在学术，给自己定下的目标是在本科毕业后前往英国攻读博士学位，最终成为大学教师。但是，大四时选修国际投资法课程和参与外商直接投资模拟国际仲裁（Foreign Direct Investment International Arbitration Moot, FDI Moot）的经历彻底改变了我的职业路径。由于在国际投资法课程中取得第一名的成绩，我被教练挑选进入了香港城市大学 FDI Moot 队伍。FDI Moot 是一项专注于投资者与国家之间仲裁的模拟国际仲裁竞赛，它为全世界法学生提供了一个针对外国直接投资和国际仲裁主题收获实践经验、深入研究问题的机会。在准备 FDI Moot 的训练中，我发掘了自身对争议解决的热情，因而确立下成为大律师的目标。

完成法学专业证书课程后，我需要接受为期 12 个月的实习，才能正式成为大律师。一般而言，实习大律师在实习期间会根据自身兴趣向四位不同领域的大律师求学，但要在民事和刑事领域分别进行至少 3 个月的实习。我的兴趣主要在民事领域，因此，在 12 个月的实习期间内，我除了有 3 个月接受刑事领域的培训外，其余 9 个月则在不同民事细分领域中学习。最终，我顺利获得认许，成为执业大律师。

同时，我也没有放弃最初成为大学老师的理想。两相权衡，我找到了折中之道：实践型学者（practical academic）。我希望在作为大律师执业的同时，也进行学术研究和教学工作。大三暑假在牛津大学学习的经历让我着迷于牛津浓厚的学术环境，我也因此向牛津大学提交了申请，希望能进一步提升自己的学术水平。最终我在实习期间取得了牛津大学法学硕士的录取通知书。从牛津大学顺利毕业后，我回到了香港正式开始作为大律师执业。

大律师的独立执业特性决定了新晋大律师将会较新晋事务律师面临更严峻的困难。新晋事务律师可以在律师事务所作为雇员，以类似内地“授薪律师”的方式执业，压力相对较小；而大律师只能以“个体户”的形式执业，大律师需要有一个办公地点，因此需要加入一家大律师事务所，并承担办公场所的费用和行政人员的工资。执业初期的大律师缺乏经验、声誉和稳定的案源，收入不确定性较大，再加上每个月有固定支出，压力相对较大。

跟绝大部分新晋大律师一样，我在执业初期面临着较大的案源压力。但经过实践，我总结出若干种途径来开拓自己的案源，顺利渡过了大律师执业初期的难关：首先，案源可以来源于同事、同学、朋友的推荐。其次，可以加入资历较深的大律师在处理较为复杂的案件之时组成的大律师团队。另外，还可以拓宽自己的社交圈，积极参加各种专业、行业活动，作为讲师授课等。

在作为讲师授课以开拓社交和案源的同时，我发现自己也可以将对学术的追求融入其中。在执业初期，我参与了针对公司法务和行政人员的培训工作，内容包括合同法和竞争法的教材编写和授课等。后来，我还担任母校香港城市大学的客座讲师，教授公司法。我也通过香港大律师公会的选拔，成为北京大学国际商事仲裁及普通法精要课程的客席讲师。这些教学经历实现了我最初成为大学老师的心愿。正所谓教学相长，教材编写和备课授课精进了我个人专业和学术，让我在实践型学者的道路上继续积累沉淀。

作为一名具备内地成长背景的香港大律师，我一直专注于涉及内地元素的争议解决案件，并时常在跨境交易、跨境执行、国际仲裁等领域为内地客户提供香港法律意见。2020 年，国家开展粤港澳大湾区律师试点工作，允许符合条件的香港及澳门法律执业者，在通过粤港澳大湾区律师执业考试、取得内地执业资质后，在大湾区九市内办理适用内地法律的部分民商事事务。这是国家送给港澳法律执业者的一份厚礼，我看到了粤港澳大湾区律师的广阔前景，决心抓住这次机遇。

首届粤港澳大湾区律师资格考试于 2021 年举办。因为疫情的缘故，考试时间存在不确定性。到最终确定时，离正式考试仅有一个月的时间。我当时在香港劳资审裁处担任暂委审裁官，工作十分繁忙，但仍尽量在繁忙的工作间隙挤出时间用于备考，最终顺利通过考试。

此外，我还担任了香港法律专业协进会副会长和香港大律师公会内地事务委员会委员，并积极参加上述两个专业团体举办的与内地交流的活动，致力于促进内地和香港法律界之间的交流。

念念不忘，必有回响。我的法律生涯从香港城市大学启航，到牛津大学深造，再到成为香港大律师、粤港澳大湾区律师，这不是一段轻松的旅程，但是是我热爱的选择。

二、张蒨蒨——"一个人需要一生的时间去成为律师"

我是张蒨蒨，现在是一位香港执业律师，同时也是一位内地执业律师。

我毕业于华东政法大学，取得法学学士学位。在大学期间，我通过了国家统一法律职业资格考试，并在毕业之后完成了实习，成为一名执业律师。

本科时期，我主修的是知识产权。在当时，知识产权法是一门年轻的学科。我国的知识产权法律规则和体系吸纳了许多其他国家的经验，尤其是普通法系地区。在本科学习期间，我就对普通法产生了兴趣。在执业的过程中，我也常常需要研读一些普通法关于知识产权法领域的最新发展和动态。因此在执业了一段时间后，我决定去普通法系地区修读法学研究生，进一步学习了解。在比较了多地几所学校以及课程后，我最终选择了香港中文大学的普通法法学硕士课程（LLM in Common Law）。

在读研期间，我学习了合同法（Contract Law）、侵权法（Tort Law）、刑法（Criminal Law）、证据法（Evidence Law）和商业法（Commercial Law）等普通法课程。这些普通法的核心课程让我对普通法的法律体系和原则有了更深刻的认识。阅读不同时期的案例，既可以看到某一个法律问题的发展过程，也可以看到法律思维随着社会文化转变和进步而产生的改变，这让我觉得非常有趣。

在研究生毕业之后，我进入了一家香港本地上市公司的法务部工作，当时我的部门同事都是香港律师。在工作的过程中，我见识到了香港律师的职业习惯和执业素养。与此同时，我发现虽然我学习了一些普通法的课程，但在实际工作中我的知识并不足够。因此，我萌发了继续进修的念头。

通过一位朋友的介绍，我了解到除了香港大学、香港中文大学以及香港城市大学的 LLB 和法律博士（Juris Doctor, JD）项目之外，香港大学专业进修学院（HKU SPACE）的法律课程已开办 67 年。其中一个是与英国曼彻斯特都会大学（MMU）的合办课程"英国及香港法律学士程度文凭（专业共同试）"[Graduate Diploma in English and Hong Kong Law（Common Professional

Examination，CPE）]。完成之后，再申请一个为期1年的法学学士衔接课程，完成之后就可以获得英国MMU的法学学士（荣誉）学位[LLB（Hons）]。这个学位不仅获中国香港和英国认可，更可以豁免法学专业证书入学资格考试（conversion examinations），直接报读香港法学专业证书，开启在香港成为执业律师的道路。

CPE课程为期2年，可以兼职学习，CPE课程会有来自英国MMU的讲师教学，更有来自香港大学法律学院的老师教授，因此有机会接触更多中国香港和英国不同案例，让自己视野更广阔、思考更全面。CPE课程更具有弹性，方便在职人士进修，毕业后也可以在中国香港和英国获得认可。而和JD相比，这个项目3年总计的学费仅为JD的1/3。综合考虑之后，我开始一边工作一边就读CPE以及之后的LLB课程。

3年学习的过程当然是辛苦的。每年读5门法律课程，考试在为期2周的考试周中统一进行，采用的是全英文的闭卷模式，三年共读15门法律课程。由于是兼读制，大部分的同学也是在职人士。大家都是白天上班，晚上上课，周一至周五至少有3天的课，每一次课时3小时，周末至少有1天也要上课，学业的压力并不比全职的学生少。遗憾的是，在此期间，有些同学因为无法兼顾工作与学习而退出，也有些同学因为总体平均成绩没有达到申请PCLL的门槛而止步。

香港只有香港大学、香港中文大学以及香港城市大学开设PCLL课程，每年的学位有限，竞争颇为激烈。我继续进修的初衷只是希望自己多学一点，对于是否能够成为一名香港律师并无太大的奢望。幸运的是读完3年的课程后，我获得了一个不错的成绩，成功申请到香港大学的PCLL兼读课程。在完成了PCLL的课程后，我分别在两家本地律师行完成了2年的实习期，正式成为一名香港律师。

从我开始读CPE到正式成为一名香港律师，一边工作一边读书，我共花了7年的时间（包括2年CPE课程，1年LLB衔接课程，2年PCLL兼读课程，2年实习律师）。这是一条很长的路，但我觉得很值得。我不停地在工作中查缺补漏，又把学习的新知识运用到实际的工作中去，虽然辛苦，却形成一个正循环。

有一句话这么说，“一个人需要一生的时间去成为律师”。的确，在我看来，成为一个执业律师只是起点，只有不断地学习和自我更新，才可以让职业生涯走得更长、更远、更稳健。

三、温芃——“度过苦难，以达星辰”（per ardua ad astra）

2024 年 3 月某个上午 9 时许，在一个旁人看来再平常不过的周二，我穿着法庭要求的黑色正装，拎着案卷走出高等法院的法庭房间。刚刚，作为第一年实习律师，我完成了第一次简短的法庭内庭聆讯。如果时间回到 3 年前，当时的我可能很难想象，作为在内地土生土长的浙江姑娘，3 年之后自己可以作为实习律师站在香港法官面前。但人生是奇妙的冒险，选择到香港学习法律则是这段精彩旅途的起点。

在来香港之前的本科期间，我在浙江大学学习外语。其间，我也辅修了浙江大学法学专业的课程，对法学的兴趣也从这时开始生根发芽。在毕业工作之后，我逐渐认识到，对于所有的文科专业来说，法律专业的知识壁垒和专业性都较高，也开始向往成为一个能够运用自身知识帮助他人的专业人士，由此萌生了再修读一个法学学位的想法。

最开始，我的想法是到香港修读一个法学硕士（Master of Laws, LLM）学位。因为一般 LLM 学位只需要一年的时间，而且香港离家近，又同时具有中西方融合的优势。大部分法学专业的同学来香港深造的首选是 LLM 项目。然而，在准备申请的过程中，我从学长学姐处了解到了法律博士（JD）这一学位。两者的区别在于 JD 学位可用于申请就读 PCLL，而 PCLL 又是在香港成为执业律师必不可少的一步。但相应地，JD 学位所需时间为 2~3 年，课程安排较为繁重紧凑，且具有较大的成绩压力。

当时，我对之后的职业规划是在 LLM 毕业之后回到内地，准备并通过内地法律职业资格考试，再按部就班地找到律所进行实习，最后成为一名具有一定跨境知识的内地执业律师。然而，此时成为香港执业律师的可能性猛然之间打动了我。在此之前，我从未细想过在内地之外的法域执业的可能性，而此时，到香港做执业律师的选项仿佛一扇向我微微开启的门，透出五光十色但又充满未知的光，似乎门的背后有另一方奇妙天地等着我。我选择走上前去，推开这扇门。

很快，非常顺利地，我收到了香港中文大学的JD录取通知。相比于LLM专业，JD专业的内地背景的同学所占的比例小很多。在总数大约是150人的JD专业中，内地背景的同学可能仅有20~30人。不过可能正因如此，我们之间的联系也更加紧密。而在占绝大多数的本地同学中，也不乏大量从英美名校和本地名校毕业的优秀同学。与这样的同学一同上课，在入学之初，看见他们在课上与教授对答如流、侃侃而谈，我确实感到了一些压力。

压力不仅来自周围优秀的同学，更来自学业本身。与内地法学院的学习方式不同，学习普通法，不仅需要阅读大量的案例，学习其中的法律原则，还要对其进行深刻的理解，达到能将法律原则应用到现实发生的案情中的水平。在学习普通法之初，浩如烟海的判例、法官严谨而又繁复的说理、怎么也整理不完的笔记以及每一场关系到未来的考试都让我感到焦虑。

不过，有压力就有动力。许多就读JD的同学都有组成学习小组共同督促进步的习惯，我也不例外。在高压的学习环境下，我们一同讨论课后未解的疑问，一同讨论并完成老师留下的习题。在考试临近时，我们一起解答并讨论往年试题，互相加油打气。在小伙伴们的陪伴下，JD的学习生活在紧张的同时也似乎有了许多亮色。

在JD毕业后，我顺利入读了PCLL课程。PCLL阶段只有一年，但是这也许是在学校的最后一年。与JD阶段的学习不同，PCLL阶段，授课的重点明显更偏向实践。如果说JD阶段教的是法律知识，PCLL阶段教的就是将这些知识在现实中实践落地。在课堂讲授中，“客户”一词出现的频率明显提高。我们学习如何为客户申请保释、如何撰写各种诉讼状书、如何修改各种合同甚至一些基本的财务知识。

在结束了 PCLL 阶段学习之后，我开始了为期两年的实习期。每个实习律师都会得到香港律师会颁发的实习律师证。几乎每个法学院的同学在拿到之后都会拍照并且发到各种社交网站留念，作为自己法律求学之路上的一个纪念。对我而言，这一张小小硬硬的卡片不仅是对我过去 3 年努力学习的肯定，也是我法律职业生涯的起点。它像另一扇微微开启的门，通往下一阶段更精彩的旅途和挑战。

经常有一些学弟学妹问我是否值得来香港学习法律，我都会尽量客观真实地告诉他们其中的利弊，因为无数个整理笔记的深夜是真的，得到理想的分数时的喜悦也是真的。如果要总结一个判断是否值得选择来香港学习法律的标准，我觉得可能是要看一个人对法律是否心怀热爱。在法学院，以及后来的工作之中，我见过许许多多一旦开始谈论法律，眼睛里就会有光的人。他们有的是我在法学院一同学习的同学和老师，有的是教会我许多实践经验的资深律师和同事。正是这种对法律的热爱，让他们持续不断地有足够的内驱力，在学习和工作上精益求精。

之前有朋友问我："既然学习法律这么辛苦，而且对于法律这种与当地社会连接紧密的学科，内地背景的学生要成功实现就业也要付出更多努力，再让你选一次，你会怎么做？"

我想如果时间回到三年前的那个午后，我仍然会按下提交 JD 入读申请的"submit"键，因为无论结果如何，我都不想错过这一次精彩的冒险。确实，作为文化背景略有不同的内地学生，融入香港的社会环境以及工作环境要付出比本地学生更多的努力。但在这个过程中，我也收获了一些给予我很多热心帮助的良师益友，让我在他乡也感受到许多善意和温情，这也是我人生体验珍贵的一部分。

如今，实习律师的工作也充满了有趣的挑战，有时候也会有忙到饭都来不及吃。但是这带给了我一种内啡肽的快乐，并且常常期待第二天又有什么新的任务在等着我。这是我法律职业之路的起点，还需要许多的努力和学习才能走得更长更远。正如一句拉丁谚语所说："per ardua ad astra"，意为"度过苦难，以达星辰”。希望我以及许许多多与我同行的小伙伴，都能通过自己的努力走过法律之路，到达我们各自的“星辰”。

四、邓浩源——“君子谋时而动，顺势而为”

我是邓浩源，现在是大湾区一家联营律师事务所的实习律师。在成为实习律师前，我先后取得了西南政法大学的法学学士学位和香港城市大学的法学硕士学位。

我在高考后填写志愿之时，就已经确立成为律师的职业规划。在这个目标下，我选择了西南政法大学的法学专业。

跟绝大多数同学一样，我在临近本科毕业时面临着直接就业还是继续升学的选择。基于成为律师的职业规划，我希望为自己律师的职业发展积累更多的能量。通过与众多律师前辈交流和结合自己的实习经历，我体会到，如今的律师业务呈现出复杂化的趋势，对律师自身法学素养的要求越来越高。如果能有机会进一步学习，可以为自己的知识储备打下更扎实的基础，对将来的执业大有裨益。此外，内地越来越多律所招聘实习律师都要求有硕士学位。尽管这不代表着本科学位不能成为实习律师，但具备硕士学位的候选人显然会在内地就业市场上更具竞争优势。因此，我决定继续读研。

作出了继续读研的决定后，下一个问题接踵而来：在哪里读研会为自己的律师执业赋予更大的能量？自国家于 2019 年发布《纲要》以来，粤港澳大湾区区域协同不断加强，市场互联互通水平不断提升。香港不仅是粤港澳大湾区核心引擎之一，对法律行业也有特别的意义。香港是中国唯一实行普通法的司法管辖区，也是亚太地区国际法律及争议解决中心，拥有健全的法律制度环境和优质的法律服务资源。此外，香港三所设有法学院的大学（香港大学、香港中文大学、香港城市大学）世界知名，学校排名和法学专业排名均位列 QS 前 100，法学教育水平高。一个已具备内地法系学科基础的学生，如果能有机会继续接受香港普通法系的法学教育，无疑是有益于其职业发展的。因此，我选择了香港作为法学学习的下一个目的地。

选择了香港后，接下来的选择是修读 LLM 项目还是 JD 项目。香港三所设有法学院的大学，均有开设接受本科生申请的 LLM 项目和 JD 项目。LLM 和 JD 毕业生均能根据非本地毕业生留港／回港就业安排（Immigration Arrangements for Non-local Graduates，IANG），申请 IANG 签注以获得在香港居留、工作的许可。LLM，中文即法学硕士，学制为 1 年。LLM 项目旨在让学生基于其兴趣深入学习一个或若干法学领域的知识。JD，中文即法律博士（属于硕士学位），学制为 2~3 年。JD 项目旨在为非普通法学士学位持有人提供系统学习法律知识的机会。此外，取得 JD 学位的毕业生，有机会申请修读 PCLL 项目。

我知道，取得香港律师资格固然能对自己的执业生涯产生显著的收益，但是，如希望正式取得香港律师资格，需要投入至少 5 年的时间（包括修读 2 年 JD 课程、1 年 PCLL 课程，做 2 年实习事务律师，其中修读课程的 3 年还需支付学费和生活费）。而自己已经通过内地法律职业资格考试，持有国家统一法律执业证书，首先取得内地律师资格将更能发挥自己的优势。内地和香港通关后，跨境交通的障碍已无，大湾区“一小时生活圈”让跨境跨城通勤成为现实选择。大湾区的内地执业律师可以依需要随时前往香港和大湾区其他城市。在这个基础上，我认为首先取得内地律师资格、修读 LLM 项目更适合自己。

在 LLM 毕业后，我有幸进入大湾区一家联营律师事务所，成为一名实习律师。《纲要》印发以来，粤港澳大湾区律师试点深入推进，现有的联营律师事务所中超过半数亦是在《纲要》印发后设立。粤港澳大湾区律师试点的开展吸引了几百位港澳律师来到内地执业，新设的联营律师事务所也吸引了众多香港居民律师、香港派驻律师。

联营律师事务所在培养我成为内地执业律师的同时，也提供了丰富的向香港律师学习、积累处理涉港业务经验的机会。当前，我的工作内容既包括内地民商事诉讼、非诉业务，也包括大量的涉港业务。在一个城市可以同时接触两个法域的法律实务工作，这是粤港澳大湾区得天独厚的优势。

理想状态下，我在作为内地律师执业 5 年后，可以参加香港律师会组织的海外律师资格考试（Overseas Lawyers Qualification Examination, OLQE），通过考试后即可申请成为香港海外律师，取得香港律师资格、作为事务律师执业。OLQE 考试有 5 个笔试科目，分别是物业转易（conveyancing）、民事和刑事程序（civil and criminal procedure）、商业和公司法（commercial and company law）、会计账目和律师专业守则（accounts and professional conduct）、香港宪法性法律（Hong Kong constitutional law）。如不是在普通法法域执业的律师，还需要参加普通法原则（principles of common law）的口试科目。

然而，对于仅修读过 LLM，未修读过 LLB 或者 JD 课程的我而言，未在学校系统学习过普通法，只能在业余时间自行学习相关的内容。香港律师会在其官网上提到，OLQE 的难度相当于“一个持有法律学位，通过法学专业证书课程并完成两年实习期的新取得律师资格的香港律师应有的水平”。如果希望以在业余时间自学的方式达到足以通过考试的水平，需要我付出大量的时间、精力。不过相比于修读 JD 和 PCLL 所需承担的风险（并非所有 JD 毕业生均能获 PCLL 录取）和所需支付的学费，我认为通过 OLQE 的途径取得香港律师资格是一种成本和风险更低的方式。另外，在联营律师事务所执业有较多处理涉港业务的机会，其中积累的香港法律实务经验也有助于 OLQE 的备考。OLQE 虽有难度，但通过并非遥不可及。总体而言，我认为通过 OLQE 取得香港律师资格的方式更适合自己。

古语说：“君子谋时而动，顺势而为。”我相信，把握大湾区的发展机遇、在首先取得内地律师资格的基础上不断为取得香港律师资格而努力，能为自己将来的律师执业生涯打下更为坚实的基础。

第二篇
婚姻家事及继承

第一章　从申请离婚到财产分割

面对内地与香港截然不同的法律体系，内地律师和香港律师在对彼此法律体制不甚了解的情况下如何妥善地把跨境婚姻的客户分流给同业，从而让自己的专业知识得到充分利用、更好地服务客户，相信将会是未来内地与香港婚姻家事专业协作的一大议题。

本章将从申请离婚需要考虑的因素、条件到财产分割来浅谈内地与香港婚姻家事之比较，从而说明纵使内地与香港法律体制存在根本性的差别，但内地与香港法院的考虑点有异曲同工之妙。

一、内地与香港法院对离婚的管辖权

接到内地与香港离婚案件之后，第一步便是考虑在哪里开展离婚程序。很多人可能会误认为可选择的法院只受限于结婚登记地的法院，如双方在内地结婚，便会认为只能在内地办理离婚，其实不然。

在内地有协议离婚和诉讼离婚的分别。《民法典》第 1076 条规定，如双方在内地结婚，后自愿离婚的，双方在签订离婚协议后，应到婚姻登记机关申请离婚登记。《民法典》第 1077 条规定，自婚姻登记机关收到离婚申请之日起 30 日的冷静期内如双方均未申请撤回离婚申请且双方于冷静期届满后 30 日内亲自向婚姻登记机关申请发给离婚证，便可完成离婚手续。《民法典》第 1079 条规定，夫妻一方要求离婚的，可以由有关组织进行调解或者直接向人民法院提起离婚诉讼。如双方在香港结婚，但又想在内地离婚，便需要考虑结婚地、结婚双方现时的居住地或一方国内最后居住地等来决定哪个法院拥有管辖权。①

如果双方在内地结婚，又想在香港离婚，那就要证明婚姻关系在其存续期间与香港有联系。在香港，只有家事法庭对离婚申请有管辖权，而家事法庭的离婚管辖权与香港婚姻登记处无关。《香港法例》第179章《婚姻诉讼条例》第3条阐明了香港法院对离婚案的司法管辖权。如属下列情况之一，法院对根据本条例进行的离婚法律程序具有司法管辖权：(1)在提出呈请当日，婚姻双方的任何一方以香港为居籍，意即一方身处在此地并有意以此地为家；(2)向法庭提出呈请或申请当日之前3年内，婚姻双方的任何一方惯常居于香港；(3)向法庭提出呈请或申请当日，婚姻双方的任何一方与香港有“密切联系”。“密切联系”的考虑因素，包括双方在香港停留了多久，是否在香港工作，朋友及家人是否在香港，在香港有无资产等。

由此可见，内地与香港对离婚的管辖皆有对于提出离婚时双方居住地的考虑。因此内地与香港律师在面对内地与香港离婚案件时可留意是否满足关于居住地的限制条件，婚姻登记地点并不会阻碍双方选择在内地或香港提出离婚。内地与香港律师可通过分析内地与香港对于离婚案件的管辖权，从而帮助客户将案件分流到正确法院。

二、内地与香港法院对离婚的受理理由、程序及法院总体上之态度

《民法典》第1079条规定，人民法院审理离婚案件，应当进行调解；如果感情确已破裂，调解无效的，应当准予离婚。内地对婚姻存续期间双方之道德及行为有较高的行为规范，在离婚诉讼中，有过错的一方可能会被严厉对待。离婚双方如有下列情形之一，调解无效的，应当准予离婚：(1)重婚或者与他人同居；(2)实施家庭暴力或者虐待、遗弃家庭成员；(3)有赌博、吸毒等恶习屡教不改；(4)因感情不和分居满2年；(5)其他导致夫妻感情破裂的情形。若一方被宣告失踪，另一方提起离婚诉讼的，应当准予离婚。《民法典》第1091条规定，

① 《最高人民法院关于适用〈中华人民共和国民事诉讼法〉的解释》第13条至第17条、第549条。

有下列情形之一，导致离婚的，无过错方有权请求损害赔偿：（1）重婚；（2）与他人同居；（3）实施家庭暴力；（4）虐待、遗弃家庭成员；（5）有其他重大过错。该规定为帮助家庭实现弘扬传统家庭美德，加强家庭文明建设[①]提供了良好的法制基础，对婚姻中有过错的一方给予明确的指责，并对无过错一方给予实质上及精神上的照顾。

在香港，根据《香港法例》第179章《婚姻诉讼条例》第11条和第11A条，提出离婚呈请或离婚申请的唯一理由，须为婚姻已破裂至无可挽救，并需从五个事实中选择其一以证明此理由。其中有两个事实以分居的时间及配偶之同意与否来支持离婚呈请，分别是分居一年且配偶同意，和分居两年、配偶无须同意。另外三个事实均与配偶的行为有关，分别是通奸、不合理行为及遗弃。

在香港办理离婚的手续要视案件的复杂程度而定。离婚案件一般分为三大部分处理：主要离婚诉讼（分为有抗辩与无抗辩之案件）、附属济助及子女事务。最简单的情形是申请人提交呈请书并送达予答辩人后，把案件交付至特别程序表内，等待颁布暂准离婚令，再等六个星期便可申请把暂准离婚令转为绝对离婚令。整个离婚过程快也要一年左右。

如呈请人想在呈请书上指出婚姻期间配偶的过错行为（以离婚所依据事实中的不合理行为最为常见），但答辩人对呈请人在呈请书中陈述的不合理行为细节有争议，答辩人便须在主要离婚诉讼中进行抗辩，进而拖长了离婚诉讼。香港的离婚理由及呈请人所依赖的行为的事实理据，确实也有于离婚诉讼中体现有过错一方的意味，但是香港法院并不会支持双方尝试对已破裂的婚姻进行代价高昂且往往徒劳无功的过错追溯调查，因为这往往会耗尽双方和法院的资源，加剧双方对大家的敌意并阻碍双方有效地进行和解。[②]而内地同业可能会很意外，实际上有“过错”一方及其行为（除非异常的重大或明显）一般并不会

---

① 《【家风建设】弘扬传统家庭美德　加强家庭文明建设》，载海丰县人民政府网2020年7月21日，http://www.gdhf.gov.cn/gdhf/ztzl/cwmxc/content/post_616383.html。

② LWK诉原配偶DD案［2010］13 HKCFAR 537。

影响财产分割。香港法院这种较务实的态度与香港于 2009 年 4 月 2 日实施的民事司法制度改革有着相同的理念：提高法庭民事程序成本效益，确保案件在合理切实可行范围内，迅速、有效、便捷地处理并解决争议，因此通常不会鼓励双方投入过多资源在过错的调查或惩罚中。[①]

纵使内地与香港法庭对婚姻中有过错一方采取截然不同的态度，但其实法庭最终的关切点仍然是维护离婚双方的权益。内地法庭较为注重树立良好的家风，而香港法庭则较注重对于一般家庭财产之分割和采取较为务实的态度，尽可能避免家庭投放太多资源在谁是谁非的诉讼上而耗尽（大部分情况下）有限的婚姻财产。内地同业在建议客户于何地法院提出离婚申请时，也可提醒客户内地与香港法院对于过错行为所采取的不同态度与处理手法。

三、内地与香港法院对财产分割的审理标准

内地与香港离婚程序的主轴在大部分情况下为财产分割。毕竟离婚所带来的负面情绪、关系上的变化以及离婚之现实与结婚时山盟海誓的承诺形成强烈对比，双方之情绪容易被牵引。常见的是双方把情绪上对对方之不满映射在双方诉讼的较量上，具体而言便展现在双方争夺夫妻财产的诉讼上。

内地实施夫妻共同财产制，即在双方没有约定的情况下，婚内所得财产为双方共同所有。《民法典》第 1062 条规定，夫妻在婚姻关系存续期间所得的下列财产，为夫妻的共同财产，归夫妻共同所有：

（1）工资、奖金、劳务报酬；

（2）生产、经营、投资的收益；

（3）知识产权的收益；

（4）继承或者受赠的财产，但是本法第 1063 条第 3 项规定的除外；

（5）其他应当归共同所有的财产。

夫妻对共同财产，有平等的处理权。

---

① 香港特别行政区司法机构：《民事司法制度改革》，载民事司法制度改革网 2020 年 5 月 25 日，https://www.civiljustice.hk/chi/home.html。

只有符合特定条件才可被界定为夫妻一方的个人财产。

《民法典》第 1063 条规定，下列财产为夫妻一方的个人财产：

（1）一方的婚前财产；

（2）一方因受到人身损害获得的赔偿或者补偿；

（3）遗嘱或者赠与合同中确定只归一方的财产；

（4）一方专用的生活用品；

（5）其他应当归一方的财产。

内地法院较为关注财产究竟是在什么时候产生或获得的，所依据的原则也较为清晰，只要是婚姻关系存续期间所得均会纳入共同财产。只有婚前获得，或是清楚被划分为只归一方的赔偿或赠与等财产才会被界定为个人财产。

香港法庭裁决怎样分割家庭财产时，首先要考虑家庭之财产有多少。法庭会根据家庭财产将案件分为两类：只足够满足双方需要的案件（一般情况都是此类案件，意即满足了双方的经济需要后便无多余的财产剩下）或财产可供分享的案件（满足了双方的经济需要后仍有巨额婚姻财富剩余）。

根据《香港法例》第 192 章《婚姻法律程序与财产条例》第 7 条第 1 款，法院在处理离婚财产分配及赡养费给付时，需要考虑的因素包括：

（1）婚姻双方的收入、谋生能力、财产及其他经济来源；

（2）婚姻双方可预见的将来的经济需要、负担及责任；

（3）双方的生活水平；

（4）双方的年龄和婚姻的持续期；

（5）双方的身体或者精神状况；

（6）双方对家庭的贡献；

（7）因离婚而丧失的利益价值。

香港对离婚财产分割的标志性案件，非 LWK 诉原配偶 DD 案莫属。案中香港终审法院对迄今适用的、处理财产分配和赡养费给付的普通法原则进行了详细的阐述。总体来说，法庭会分五个步骤，并以公平为首要考虑的原则处理财产分割。

第一步：确立夫妻双方的财产。

双方名下的财产包括夫妻双方婚前及婚姻存续期间的财富，法院在此时不会把婚姻和非婚姻财产进行区分。目的是让法庭知道双方及各自的经济状况、财政资产等。

第二步：确定双方（及子女）在离婚后的财务需求。

法庭会作粗略的考虑，并尽可能以维持婚前生活水平为目标。

非婚姻财产并不会自动排除在法院的处置权之外。法院在这一步会决定是否应该将之分配、分配的比例是多少。在作出这样的决定时，它体现了一个现象，即婚姻时间越长，非婚姻财产就越有可能与婚姻财产混合或纠缠在一起。相比之下，在短期婚姻案例中，除非需要，否则也不太可能会对非婚姻资产进行分割。总体而言，这代表了一方的贡献将使得另一方的非婚姻财产成为需要被分割的婚姻财产。

第三步及第四步：决定应否应用均分原则并考虑是否有充分的理由背离平均分配。

如果双方财产在满足双方财务需求外还有剩余，则名下的财产将按照本步骤的原则进行分配。除非一方提出有其他考虑因素以背离均分原则，例如财产的来源、婚姻存续的时间长短、一方为婚姻作出的牺牲、对婚姻家庭的贡献等事实说明不进行平均分割更加公平，否则分配原则上以均分为目标。法庭如果决定不进行平均分割，需要明确地阐明其作出此等偏离的考虑因素和理由。如上所述，香港与内地不同，除非婚姻期间一方的过错行为特别明显和严重，否则过错一般不会作为分割财产的影响因素。

第五步：香港法院根据案情可能颁布的命令种类。

香港法庭根据《香港法例》第 192 章《婚姻法律程序与财产条例》可作出定期付款令、整笔付款令、财产转让令、变卖物业令等命令，并且法庭会倾向于彻底分清的财产安排，以尽可能让双方能在离婚诉讼里得到最终及完满的解决方案。

综观上述，虽然内地与香港在体制及法律条文上并不是完全一致，但也可看到两地法院均有意识地将婚姻财产和非婚姻财产进行区分。在没有协议的情况下，内地法庭明显注重在体制上的家风建设——除对婚姻存续期间双方之道德及行为有明确的评价标准外，内地法庭也在财产分配上有惩恶、护弱之考虑。而香港法庭则相对并不会关注婚姻中双方的对错，而是处理实际上离婚后双方与孩子之经济需要是否被满足。因此，除了考虑内地与香港法院的管辖权、受理理由和程序外，内地与香港法院分割双方财产的倾向，也是内地与香港同业在同客户制定离婚方案时可考虑的因素。内地律师和香港律师可通过和客户充分沟通有关内地与香港法律体制差异的问题，帮助客户选择最适合的离婚地。

第二章　子女事宜

1989 年联合国《儿童权利公约》提出了“儿童利益优先原则”，正面影响了很多地区的婚姻家庭法，内地及香港也不例外。

继上一章介绍了内地与香港就办理离婚以及财产分割的异同后，本章会专注讨论内地与香港婚姻家事中有关父母对子女所享有的权利及肩负的义务，同时，相应地分析内地与香港法律体制及条文在审理有关子女事宜上不同的着眼点及法律框架。内地与香港为履行作为联合国《儿童权利公约》签署成员的承诺，即以子女之最终利益为大原则，均可体现在各自对子女事宜的规范及赋予父母的权利上。

本章会分别讨论婚生子女及非婚生子女的情况。本章首先会比较内地与香港父母在离婚诉讼下对子女享有的权利及肩负的义务，以及将家庭子女带离出境的规限，再比较内地与香港法例对非婚生子女的保障。

一、内地与香港父母在离婚诉讼下可享有的权利

内地和香港的相关法例均以子女的最佳利益为最高的原则。内地与香港的婚姻家事法律框架把子女如何及由谁管养 / 抚养这平凡世俗的义务，体现于离婚父母在日常生活中对子女的责任和权利，其主要体现在三大层面的规范上：宏观上为子女作出重大决定、日常生活上照顾子女以及与子女切实相处和沟通。

（一）内地

《民法典》第 1084 条规定，父母与子女间的关系，不因父母离婚而消除。

离婚后，父母对于子女仍有抚养、教育、保护的权利和义务，可是并未对抚养权作出解释。申文连在《论离婚后父母之抚养权与监护权》一文中谈及，“抚养与监护是两个不同的法律概念。监护是监护人对被监护人的人身、财产和其他合法权益依法行使监督和保护。抚养权的概念……个人认为……是由传统民间的一种说法引申而来，包含了父母对子女生活的照顾、教育的督促和管理等”，也似乎有子女跟随其生活的隐含意思。①

详细来说，内地法规对抚养权归属的考量，是以子女的年龄以及最有利于未成年子女的原则作为考量因素。重点如下：

1. 离婚后，不满 2 周岁的子女，除符合法律规定情形以外，均以由母亲直接抚养为原则。

2. 至于已满 2 周岁的子女，父母双方对抚养问题协商不成的，由人民法院根据双方的具体情况，按照最有利于未成年子女的原则判决。法庭考虑父母是否适宜与子女共同生活的因素包括：父母一方是否已做绝育手术或因其他原因丧失生育能力；子女随谁生活时间较长；此抚养安排是否需要改变子女现有生活环境（可能会被认为对子女健康成长不利）；父母一方是否有其他子女；父母一方是否患有久治不愈的传染性疾病或其他严重疾病，或者有其他不利于子女身心健康的情形等。

3. 子女已满 8 周岁的，如父母未能就抚养权达成共识，应当尊重子女的真实意愿，②法庭会认为此年纪的子女“已有一定的自主意识和认知能力”，而且抚养权归谁终究影响着子女的自身权益，因此，没有比子女的自主意见更为有力的考虑因素，而法庭出于有利于未成年人健康成长的考虑，大概率会按照子女的意见，判决由父或者母一方直接抚养子女。③

《民法典》第 1086 条规定，离婚后不直接抚养子女的父亲或母亲一方享有

---

① 申文连：《论离婚后父母之抚养权与监护权》，载中国法院网 2010 年 9 月 8 日，https://www.chinacourt.org/article/detail/2010/09/id/426559.shtml。

② 《民法典》第 1084 条。

③ 王莹等：《夫妻离婚争夺抚养权，孩子的意见很重要！》，载法治网 2022 年 3 月 30 日，http://www.legaldaily.com.cn/Lawyer/content/2022-03/30/content_8658360.html。

探望子女的权利，而另一方有协助的义务。行使探望权利的方式、时间由当事人协商，协商不成的，则由人民法院判决。

实际执行上，《刑法》第 313 条第 1 款规定，对人民法院的判决、裁定有能力执行而拒不执行，情节严重的，处 3 年以下有期徒刑、拘役或者罚金；情节特别严重的，处 3 年以上 7 年以下有期徒刑，并处罚金。因此，在法院判决抚养权而任何一方未遵从或履行该义务，则可能触犯拒不执行判决、裁定罪而需面临刑事处罚。2023 年 5 月 29 日，最高人民法院联同全国妇联制定了《关于开展家庭教育指导工作的意见》，① 并规定法院如有发现父母任意一方以抢夺、藏匿未成年人等方式干扰对方行使探望权、监护权的情况，应当对其进行监护职责教育，敦促其改正错误行为。②

由此可见，内地法律以及相关机制均对婚姻家事有着较大力度的执法权，也会较主动地把法制、法治延展到家庭生活上。《民法典》第 1041 条亦体现了保护婚姻家庭、保护未成年人的合法权益的主张。

（二）香港

上一章介绍过香港离婚诉讼分为三大部分：主案（离婚本身）、子女事宜及财产分割。家庭子女的事务是否得到圆满解决是获得绝对离婚令的先决条件，实际上也是处理完主案后，法庭首先关注的事宜。而安排好了子女的去向，才能更清晰地决定家庭财产该怎么走。③ 由此可见，在香港的离婚诉讼中，法庭在处理家事诉讼中有关子女的一切事项及作出判决前，跟内地一样首要考虑的也是以子女本身的最佳利益为依归。④ 而考虑此事项时须对未成年人的意愿（顾及未成年人的年龄及理解力）及社会福利署报告给予适当考虑，但没有如内地一样以子女的年龄作为界限来厘定法庭该怎样判决该子女的抚养权。而实际

① 广东普法：《离婚后孩子归谁？记住这 15 个法律要点》，载清远市民政局网 2022 年 10 月 12 日，http://www.gdqy.gov.cn/xxgk/zzjg/zfjg/qysmzj/bszn/content/post_1623170.html。

② 何雨潇：《全国人大代表杨宝玲、冉慧、唐利军谈离婚后抚养权、探望权的执行——依法督促父母履行责任多效并举撑起“法治蓝天”》，载中国法院网 2024 年 3 月 15 日，https://www.chinacourt.org/article/detail/2024/03/id/7849672.shtml。

③ 《香港法例》第 192 章《婚姻法律程序与财产条例》第 18 条。

④ 《香港法例》第 13 章《未成年人监护条例》第 3（1）（a）（i）条。

上，法庭在考虑子女的管养权、照顾及管束权及探视权时，会参考一个子女的“福利清单”（welfare checklist）中一系列的因素。香港法律改革委员会有关管养权及探视的报告中，阐述了法庭在决定家庭子女最佳利益时会考虑到的各方面因素，其中包括：

（1）尽量保持现状，尽量避免扰乱他们现时的家庭生活，从而减少父母离异对子女的影响；

（2）让所有兄弟姊妹同住，法庭一般都认同并会判处兄弟姊妹一起生活；

（3）子女的年龄、身体和精神健康、成熟度；

（4）双亲的年龄、品格、能力和个性、财务资源、可提供给子女的住所；

（5）子女本身的意愿；

（6）家庭的宗教和文化；

（7）任何专业报告，例如医疗、学校或法庭福利官的报告，而有关报告可涉及子女与家人的关系、居住条件、精神或健康等。①

因此，尽管子女的意愿是香港法庭的重要考虑因素之一，但并非凌驾一切，法庭最终关注的是子女的意愿是否符合其最佳利益。②

除了大原则上的考虑，香港法律在规范父母对于子女的权利及义务方面似乎较为清晰，大致分为三大部分：

1. 管养权（共同管养权或单独管养权）（joint/sole custody）

管养权是指为家庭子女在成长中重要事项作出决定的权利，例如有关子女医疗、健康、教育、宗教信仰等，③ 分为共同管养权和单独管养权。法庭认为即使离婚，父母双方皆对家庭子女具有养育责任，双方也应有权利参与子女的事务，法庭因此一般作出并鼓励双方同意共同管养权。法庭在相关的经典案例中

---

① 香港社区法网：《法庭会考虑什么因素，才会将子女抚养权判给其中一方或双方？》，载香港社区法网 2024 年 5 月 21 日，https://www.clic.org.hk/cn/topics/familyMatrimonialAndCohabitation/divorce/childrenMatters/q1。

② 《香港法例》第 13 章《未成年人监护条例》第 3（1）（a）（i）条。

③ 香港社区法网：《如果父母一方获得子女的管养权，可以为子女做出哪些决定？》，载香港社区法网 2024 年 5 月 21 日，https://www.clic.org.hk/cn/topics/familyMatrimonialAndCohabitation/divorce/childrenMatters/custody_care_control_and_access/enforcement/decisions_made_for_children_if_parent_is_granted_custody。

亦表明，即使家长获得单方面管养权，家长作出重大决定时亦需要咨询没有管养权的家长的意见，[①] 如果他 / 她不同意有管养权父母提出的方案，便有权向法庭作出申请并请法庭协助双方解决争议。因此，“虽然最后的决定权都是在获得管养权的一方”，但无管养权的父母显然也“有权在所有与子女的成长有关的问题上被咨询”。[②]

2. 照顾及管束权（care and control）

照顾及管束权则指作出比较平凡、日常性的决定的权利。这些决定本身虽然未必为重大决定，但长远来说可算是“塑造子女性格”的基石，例如子女“当天穿什么衣服，可以看什么电视，什么时候开始做作业，什么时候上床睡觉等”。[③] 照顾及管束权一般是在离婚诉讼中双方父母争议最多的一环，因为法庭一般会判照顾及管束权给父或母的任何一方，也与内地对于“抚养权”的理解接近。但在个别情况允许下，例如双方住处非常近、不太影响子女的现有生活等，也有机会批准共享照顾及管束权（shared care and control），让双方可平均分配子女在各方住所生活的安排。

3. 探视权（access）

探视权是给予无照顾及管束权父母的，并给予该父母以探视或留宿的方式与子女相处的权利。虽然香港与内地不同，未有明文规定有照顾及管束权的父母有义务协助无照顾及管束权的父母的探视，但当没有照顾及管束权的家长被无理地阻止探视子女时，香港法庭也有机制帮助被拒绝探视的一方。不遵从法庭的命令或不遵守已作出的对法庭的承诺可以构成藐视法庭，最严重的处罚跟内地一样为可被判处监禁。[④]

---

① PD v. KWW（Child:Joint Custody）[2010] 4 HKLRD 191; [2010] HKFLR 184.

② 香港社区法网:《管养权、照顾和管束权、探视权》，载香港社区法网 2024 年 5 月 21 日，https://www.clic.org.hk/zh/topics/familyMatrimonialAndCohabitation/divorce/childrenMatters/custody_care_control_and_access。

③ PD v. KWW（Child:Joint Custody）[2010] 4 HKLRD 191; [2010] HKFLR 184.

④ 香港社区法网:《如果没有管养权的父母被另一方无合理理由阻止探望子女，他 / 她可以怎么办？》，载香港社区法网 2024 年 5 月 21 日，https://www.clic.org.hk/zh/topics/familyMatrimonialAndCohabitation/divorce/childrenMatters/custody_care_control_and_access/enforcement/non-custodial_parent_is_stopped_from_visiting_children。

(三)比较

内地与香港婚姻家事法律关于子女的安排,相似之处为法院最关心的终归是子女的最大利益,通过条文及案例可以看出离婚后父母对子女各自的责任仍然存续。可是,内地在“立法上没有完全厘清抚养权与监护权的概念”,[①] 香港则有更详尽、细化的区别。内地对规范谁应拥有监护权已清楚列明会考虑的因素,包括哪种行为是争取享有抚养权时不会被接受等,似乎是一种从上而下对家风建设、加强道德标准的有力、有效的方法。

二、内地与香港父母在离婚诉讼下携带家庭子女离开居住地之事宜

父母携带子女出国旅游、留学或者出国定居也是现今常见的家庭生活的一部分。可是如将离婚父母享有的监护权(香港的管养权)、抚养权(香港的照顾及管束权)及探视权作为考虑因素,便使看似简单的举动顿时变得复杂。内地与香港法院怎样规范上述事宜,是值得处理跨境婚姻家事的律师同业了解的。

(一)内地

内地法院似乎一般倾向于把抚养权判给父或母的其中一方,而上文提到,没有得到抚养权的另一方则依法获得探视权。如果抚养一方想把子女带到外地短暂旅游、留学或者移民等,内地法庭在现阶段的司法体制中尚未有明确的机制解决此类申请。

虽然内地法律未有明文说明有关情况,但综观整个与子女监护、抚养权有关的法律框架,一般而言,有子女抚养权的一方既然负责监督、保护子女以及照顾子女日常生活的一切,自然也可以带着子女出国留学及 / 或决定子女的居留地,但前提是必须知会对方,并通过其他的方式协商使另一方探望子女,不能随意剥夺另一方探视子女的(法定)权利。

可是若一方无理地在没有对方同意的情况下把子女带走,内地法院能做的似乎不多。正如易轶律师在其文章中的分析,如果有抚养权的一方不让另

① 申文连:《论离婚后父母之抚养权与监护权》,载中国法院网 2010 年 9 月 8 日,https://www.chinacourt.org/article/detail/2010/09/id/426559.shtml。

一方探望子女而双方身在内地，可以采取的措施包括跟对方协商、向法庭申请强制执行探望权利、剥夺另一方探望子女的法定权利，甚至还可让当事人堕入《最高人民法院关于公布失信被执行人名单信息的若干规定》规定的失信人名单，[①]这对于该人在出行、高消费、出入境等方面会有诸多的限制。[②]但若带走子女的一方跑到了外地，由于超出了内地法庭的管辖权，便会增加执行上的难度以及“司法成本”。

（二）香港

香港法律体制下，对于离婚父母一方把子女带离香港以及家庭子女被父母一方拐走，均有法律及机制处理相关争议。

1. 情况一：把子女带离香港

获得子女抚养权的父或母如打算将子女永久带离香港，必须向法庭申请取得有关命令，准许他 / 她带同子女永久离开。[③]法庭会根据经典案例佩某诉佩某案[④]中阐述的考虑因素处理申请，这些考虑因素会以一系列问题来引导法官作出相关决定：

（1）申请子女永久到海外生活的意图是否真诚，即提出申请的父或母动机是否出于对子女利益的真正关切而不是出于某种自私的意愿或别有用心的动机，企图将子女的另一方父母排除在子女的生活外？

如属真诚意图，该申请是否现实，即申请人的提议是否切实可行，并且经过了充分的研究和调查？

（2）同样，另一方对申请人的提议的反对是否有真诚意图，即反对提议的父或母动机是否出于对子女利益的真正关切而不是出于某种自私的意愿或别有用心的动机，企图将申请人排除在子女的生活之外？

---

① 易铁：《离婚后获得抚养权一方把孩子带到国外，另一方见不到怎么办？》，载律图网 2019 年 7 月 15 日，https://wenji.64365.com/22212/。

② 《最高人民法院关于公布失信被执行人名单信息的若干规定》第 1 条。

③ 香港社区法网：《父亲或母亲可否在获得抚养权后，带同有关子女离开香港？》，载香港社区法网 2024 年 5 月 21 日，https://www.clic.org.hk/zh/topics/familyMatrimonialAndCohabitation/divorce/childrenMatters/q4。

④ 佩某诉佩某案［2001］EWCA Civ 166。

如果子女留在香港，反对人的提议是否现实？即反对人的提议是否切实可行，并且经过了充分的研究和调查？

（3）如果永久带离香港的申请获得批准，将对留港的父 / 母产生哪些影响？此外，这将对另一方及其子女之间未来的关系造成多大程度的不利影响？在多大程度上，通过增强子女与申请人在海外的家庭关系，可以抵消这些不利影响？

（4）如果永久带离香港的申请被拒绝，这将对被申请人、申请人及其子女之间未来关系造成多大的不利影响？

综观上述，可以看出香港法庭在考量相关因素时，最为关注的仍是该申请是否最有利于家庭子女的最佳利益。

2. 情况二：家庭子女在未经另一方同意的情况下，被父母一方擅自拐走

香港是海牙《国际掳拐儿童民事方面公约》（以下简称《公约》）的签署成员。《公约》旨在解决拐走儿童超出受影响父母所在地法院的管辖权问题，通过司法及执法上的合作在国际层面上保护儿童，"避免儿童被不当迁移或扣留所造成的有害影响"、"定下民事程序以确保儿童获迅速交还其惯常居住地"以及"确保任何缔约成员法律规定的管养权及探视权有效地获得其他缔约成员方尊重"。[①]

有需要的一方可依据《公约》申请要求协助交还被掳拐儿童。如该名儿童未满 16 岁，且在迁移或扣留发生之前，其惯常居住地为香港，若该名儿童被迁移至或扣留于《公约》缔约成员或地区，那香港相关部门"会协助确保被不当迁移或扣留的儿童获交还其惯常居住地"。如果受影响的父母在子女被不当迁移或扣留发生之时对该名儿童拥有管养权，即可申请将该名儿童交还。[②]

但申请人能否成功也受多个因素影响。如"司法或行政程序是否在迁移或扣留的 1 年之后才展开，而该名子女已在新环境安顿""申请人同意或事后默

① 香港律政司：《国际儿童掳拐》，载香港律政司网 2020 年 10 月 29 日，https://www.doj.gov.hk/childabduct/sc/application-for-assistance/return-of-child/index.html。

② 佩某诉佩某案［2001］EWCA Civ 166。

许该项迁移或扣留”，或交还会令子女“在身体或心理方面遭受损害”，或子女“反对被交还”，那子女身处的缔约成员或地区便可能不会将其交还。①

另外，虽然在跨境婚姻甚为普遍的趋势下，子女被父母一方在未得到另一方同意的情况下带到内地与香港的情形屡见不鲜，但由于《公约》并不适用于同一国家的不同地区，所以《公约》无法在涉及内地与香港的拐带案件中协助受影响的父母。②

（三）比较

内地与香港对于保障父母能依法享有对子女的探视权有不同的机制与考量。内地既有拒不执行判决、裁定罪保障有关探视权的判决或裁定得以执行，也可将剥夺另一方的探视权利又不履行法庭判决的当事人列入社会失信人名单，能给“榜上有名”的当事人带来生活上的不便及道德上的羞耻感，从而起到震慑的作用。

香港法庭步骤化的考量以及作为《公约》的缔约地区，主要从实际层面上采取行动来保障父母。

尽管两者的处理方法可能存在差异，但立法者的初衷显然是为了确保父母即使在离异情况下，仍应享有探视子女的权利。

三、内地与香港父母对于非婚生子女之监护权事宜

（一）内地

《民法典》第 1071 条列明：非婚生子女享有与婚生子女同等的权利，任何组织或者个人不得加以危害和歧视。不直接抚养非婚生子女的生父或者生母，应当负担未成年子女或者不能独立生活的成年子女的抚养费。《民法典》第 27 条第 1 款也列明，父母是未成年子女的监护人。因此，在内地，非婚父母均对非婚生子女享有监护权，条文也列明非婚父母对于子女的抚养责任不因非婚生

① 佩某诉佩某案［2001］EWCA Civ 166。

② 香港律政司：《国际儿童掳拐》，载香港律政司网 2020 年 10 月 29 日，https://www.doj.gov.hk/childabduct/sc/application-for-assistance/return-of-child/index.html。

的关系而削减。

（二）香港

《香港法例》第13章《未成年人监护条例》是有关规管与管养儿童的主要法例。该条例述明法庭须以有关儿童的福利作为首要考虑。虽然亲生父亲和母亲对婚生子女具有相同的权利及权能，但就非婚生子女而言，与内地离婚后2周岁以下的婚生子女“原则上由母亲直接抚养”类似，[①] 香港非婚母亲单方面在法律上自动具有所有父母权利及权能。

相反，非婚生子女的父亲并不会自动享有父母权利。非婚父亲需积极主动作出法律行动，才能确立法律上享有作为父亲的权利。非婚父亲可根据《香港法例》第13章《未成年人监护条例》第3条向法庭申请“批予他某些或全部法律赋予父亲的权利及权能，犹如有关子女出生时即具婚生地位一样”。[②]

母亲主观地拒绝父亲之申请或是父亲未有被登记在子女的出生记录中也不会成为拒绝申请的理由。但是，在有争议的申请中，非婚生子女的父亲有责任通过如脱氧核醣核酸（DNA）等科学证据来证明亲子关系。[③]

正如前文所述，家庭子女的最佳利益仍然是法庭的首要考虑，详细来说明法庭需权衡：

（1）父亲对子女的承担；

（2）父亲目前与子女的关系状况；

（3）他提出申请的理由。[④]

---

① 《最高人民法院关于适用〈中华人民共和国民法典〉婚姻家庭编的解释（一）》第44条。

② 香港律政司：《国际儿童掳拐》，载香港律政司网2018年2月14日，https://www.doj.gov.hk/childabduct/tc/related-information/abduct_ricustody.html。

③ 香港社区法网：《父亲对非婚生子女有父母权利吗？如果非婚生子女在出生登记时未有注册父亲名字，该名父亲其后是否可以行使父母权利？需要子女的母亲同意吗？是否需要任何证据（例如脱氧核醣核酸测试报告）？》，载香港社区法网2024年5月21日，https://www.clic.org.hk/zh/topics/familyMatrimonialAndCohabitation/parental_rights_and_duties/illegitimate_children。

④ 香港律政司：《国际儿童掳拐》，载香港律政司网2018年2月14日，https://www.doj.gov.hk/childabduct/tc/related-information/abduct_ricustody.html。

（三）比较

比起内地非婚父母对非婚生子女有法律赋予的平等权利与责任，香港的法律体制显然较保障母亲对非婚生子女的权利，但也有公平的机制让亲生父亲通过法庭的帮助，确立其作为亲生父亲对子女拥有的权利。由此可见，内地与香港均注重保障非婚生子女的权益，确保非婚父母明确其对子女的养育责任，也提供机制让非婚父母在法律上确立与子女的关系，尽可能让非婚子女享受到与婚生子女无异的法律地位。

四、监护权与抚养权在内地的模糊地带，以及“父母责任”的概念在香港未来之发展趋势

在内地，有监护权的人并不一定同时有抚养权。抚养权与监护权由谁履行、如何履行存在模糊地带，主要是因为法律规定不够明确以及实际执行难度较大。

在香港，如果立法会最终通过《子女法律程序（父母责任）条例草案》，“父母责任”的概念将重新定义法律中的亲子关系。正如法律改革委员会的报告中所提及的，父母与子女的关系不再被视为“权利”，而会被视作为人父母的“责任”，未婚父亲能够向法庭申请授予他“父母责任”而不是“权利和权能”。这将清晰地从法律层面厘清父母对于子女所享有的是（即使离婚后也永续的）责任及参与，从而避免在子女的争端中有赢家或输家的示意。

“儿童利益优先原则”虽早在1989年便在联合国《儿童权利公约》中提出，但其概念及初衷仍可体现在现今30多年后内地与香港的法规当中。内地的成文法清晰地划分了父母的责任、权利及相关的惩罚，当中的条文及处罚机制也能有效地警醒他人并树立良好的家庭标准及家风，成为规范内地家庭道德上的指标；而香港的法例及机制虽未有相应道德教育的推广与实施，但有较为细化务实的步骤及程序以协助父母。

列夫·托尔斯泰在《安娜·卡列尼娜》一书中说过：快乐之家总是一个模

样，不快乐的家庭却以不同方式出现[①]，子女安排便是不快乐家庭之核心问题。尽管内地与香港的法律、法规存在差异，但两者均基于对保障家庭子女权益的关注，力求避免因父母离婚或不婚而影响子女应享有的父母关爱及养育的权利。

① Leo Tolstoy, *Anna Karenina (Russian Edition)*, Create Space 2011, p.3.

第三章 遗嘱继承

《继承法》由全国人民代表大会于 1985 年 4 月 10 日正式发布，并于 1985 年 10 月 1 日起施行。随后，最高人民法院发布《最高人民法院关于贯彻执行〈中华人民共和国继承法〉若干问题的意见》，至此内地建立起完整的继承法律体系。2021 年 1 月 1 日《民法典》正式实施，同日，《最高人民法院关于适用〈中华人民共和国民法典〉继承编的解释（一）》施行，《继承法》及司法解释均已废止。《民法典》开启了中国民事法律新时代，其所构建的新继承法律制度更具中国特色、体现时代特点、反映人民意愿。

而在香港，遗产继承主要依据几部不同的条例及规则，这些条例及规则的定位及作用各不相同。《香港法例》第 10 章《遗嘱认证及遗产管理条例》旨在综合及修订关于遗嘱认证、遗产管理书以及管理遗产的法律；《香港法例》第 73 章《无遗嘱者遗产条例》旨在修订关于无遗嘱者遗产分配事宜的法律；《香港法例》第 10A 章《无争议遗嘱认证规则》规定了在继承人之间无争议的情况下通过遗嘱进行继承所需要的程序要求；《香港法例》第 4A 章《高等法院规则》第 76 号命令规定了有争议的遗嘱认证程序，第 85 号命令规定了遗产管理诉讼及类似诉讼的程序；《香港法例》第 481 章《财产继承〈供养遗属及受养人〉条例》旨在赋予法院权力，使法院有权命令供出被继承人的遗产以供养某些遗属及受养人，并就相关事宜订立条文。除此之外，还有一系列判例法中确立的法律原则，均可在处理遗产继承事务时进行援引。

内地与香港一衣带水，居民往来频繁，由于法律体系不同，如何处理当事人的跨境家庭财产继承成为内地与香港法律工作者需要面对的共同课题。本章将从实务角度阐述内地与香港有关遗嘱订立之要求及异同，再具体探讨不同典型场景下该如何妥立遗嘱。

一、内地和香港遗嘱订立要求比较

（一）立遗嘱人的行为能力

根据内地法律的判断标准，立遗嘱人的行为能力是其在法律意义上的民事行为能力。根据《民法典》的规定，无民事行为能力人或限制民事行为能力人所立的遗嘱无效。无民事行为能力人包括不满8周岁的未成年人以及不能辨认自己行为的成年人，限制民事行为能力人包括8周岁以上的未成年人以及不能完全辨认自己行为的成年人。①

香港也有类似规定。在香港，立遗嘱人的行为能力主要指的是立遗嘱人的年龄及其精神上的行为能力。②

在年龄方面，一般来说，由未成年人所立的遗嘱均属无效。③但已婚者，实际服役于海军、陆军或空军的人员，以及海上的船员或海员，即使未届成年，也可订立有效的遗嘱，还可有效地撤销遗嘱。④

在判断立遗嘱人是否具备精神上的行为能力时，香港法庭的出发点是拜某克斯诉古某费劳案⑤中确立的三个考虑原则：

（1）立遗嘱人是否明白立遗嘱这一行为的性质及影响；

（2）立遗嘱人是否明白自己正在处置的财产所涉范围；

（3）立遗嘱人是否能够明白和理解继承人可依据该遗嘱提出法律申索。

因此，在为当事人立遗嘱时，律师首先需要根据当事人的健康状况及年纪考虑是否需要请医生出具医学意见，以证明当事人满足上述案例中确立的要求。

---

① 《民法典》第19条至第22条、第1143条。

② Rebecca Ong , *A Guide to Wills and Probate in Hong Kong*, Sweet and Maxwell, 2016, p.14–16.

③ 《香港法例》第30章《遗嘱条例》第4(1)条。

④ 《香港法例》第30章《遗嘱条例》第4(2)条。

⑤ 拜某克斯诉古某费劳案[1869–1870]LR5QB。

其次，还须确保其在订立遗嘱时没有受到不当影响（undue influence）或者欺诈。如果在某一影响下，遗嘱体现的不再是立遗嘱人本人的意志，而是其他人的意志，那这一影响就会被视为“不当影响”。[①] 根据这一理由主张遗嘱无效，提出此主张的一方要承担举证责任，须提交直接证据证明存在不当影响。[②]

同时，立遗嘱人在被欺诈的状态下所立的遗嘱也无效。欺诈行为包括任何形式的欺骗与蒙蔽，如对立遗嘱人进行虚假陈述、偷偷在立遗嘱人签署前增加条款、向立遗嘱人宣读的遗嘱和其实际签署的遗嘱不一致等情况。[③]

就立遗嘱人的行为能力而言，香港与内地对有效订立遗嘱的考量是相当一致的，目的都是确保立遗嘱人有足够的行为能力并能客观地表达自己的真实意愿。《民法典》第 1143 条规定，遗嘱必须表示遗嘱人的真实意思，受欺诈、胁迫所立的遗嘱无效，伪造的遗嘱无效，被篡改的遗嘱中篡改的部分无效。香港法例中不当影响或欺诈会使遗嘱无效的规定与《民法典》的规定类似。

（二）遗嘱的形式及对见证人的要求

本部分将首先结合遗嘱形式说明内地和香港在不同遗嘱形式下对见证人的不同要求，再比较内地与香港对于见证人要求的异同。

1. 遗嘱的形式

内地遗嘱有以下六种形式：自书遗嘱、代书遗嘱、打印遗嘱、录音录像遗嘱、口头遗嘱以及公证遗嘱。除自书遗嘱及公证遗嘱以外，其他遗嘱形式均需要有两名以上见证人在场。

代书遗嘱要求有两名以上见证人在场见证，其中一名见证人代书，并由遗嘱人、代书人以及其他见证人签名并注明年、月、日；打印遗嘱要求有两名以上见证人见证，并且遗嘱人和见证人均须在遗嘱的每一页签名并注明年、月、日；录音录像遗嘱要求有两名以上见证人见证，并且遗嘱人和见证人应当在录音录像中记录其姓名或者肖像以及年、月、日；在危急情况下立的口头遗嘱也需要

① 霍某诉霍某案［1865–1869］LR1P&D481。
② 李某来诉李某兰案［2008］5 HKLRD 74。
③ 韦某金森诉乔某案［1866］LR 2 Eq 319。

有两名以上见证人在场见证。[①] 目前实践当中，不符合《民法典》形式要求的遗嘱很可能被视为无效。

与内地有别，香港法律并未把遗嘱划分为各种形式，一般来说一份有效的遗嘱须符合以下几点要求：

（1）以书面订立，并由立遗嘱人签署，或由其他人在立遗嘱人面前并依其指示签署；

（2）立遗嘱人表现出想要通过签署遗嘱使遗嘱生效的意愿；

（3）立遗嘱人是在两名或两名以上同时在场的见证人面前作出遗嘱的签署或者承认该签署；

（4）每名见证人在立遗嘱人面前作见证并签署该遗嘱，或承认其所作的签署。[②]

然而，即使一份文件不符合上述四点要求，也有可能成为有效遗嘱。《香港法例》第 30 章《遗嘱条例》第 5（2）条规定，任何看来是体现立遗嘱人遗愿的文件，即使未有按照第 1 款所述规定订立，但只要有人提出申请，而法庭在无合理疑问的情况下信纳该文件是体现立遗嘱人的遗愿的，则该文件须当作已有效签立。

由此可见，见证人并不是香港遗嘱有效的必要条件，与内地遗嘱形式要求相比，香港的要求相对宽松。此外，内地的遗嘱形式较为多样，以适应不同情况。

2. 对见证人的要求

根据《民法典》第 1140 条的规定，无民事行为能力人、限制民事行为能力人及其他不具有见证能力的人不能作为遗嘱见证人；继承人、受遗赠人或与继承人、受遗赠人有利害关系的人也不能作为遗嘱见证人。

香港对于遗嘱见证人也有类似规定，从见证人本人的行为能力以及其与立遗嘱人的利害关系两方面进行限制。根据香港《遗嘱条例》第 10 条的规定，遗

---

① 《民法典》第 1135 条至第 1138 条。

② 《香港法例》第 30 章《遗嘱条例》第 5（1）条。

嘱的受益人及其配偶通常不能作为遗嘱的见证人。实务中，律师或律所的工作人员，以及翻译、文书助理等如非受益人通常可担任见证人。

3. 违反遗嘱见证要求的法律后果

根据《民法典》第1140条的规定，下列人员不能作为遗嘱见证人：(1)无民事行为能力人、限制民事行为能力人以及其他不具有见证能力的人；(2)继承人、受遗赠人；(3)与继承人、受遗赠人有利害关系的人。

《香港法例》第30章《遗嘱条例》第9条规定，遗嘱不因见证人没有资格而无效。见证遗嘱签立的人，如于签立时或其后任何时间，没有资格获接受为可证明该项签立的见证人，该遗嘱并不因此而无效。

在香港，如果遗嘱的见证人及其配偶同时为遗嘱的受益人，则遗嘱中与该名见证人有关的财产处置均属无效。① 但如果该遗嘱没有其见证已属有效签立，则可不予理会该名见证人的见证。② 也就是说，假如一份遗嘱有3名见证人，其中2名为合资格的见证人，另1名见证人同时是遗嘱的受益人，因为在2名合资格见证人的见证下遗嘱已属有效签立，所以此时第3名不合格的见证人兼受益人的见证不会导致相关财产安排的无效。

二、典型场景A：香港居民在内地和香港均有财产

（一）如何通过订立遗嘱使得立遗嘱人的意愿可以在其去世后实现

涉及内地和香港的跨境继承时，常见主要风险在于：(1)在内地与香港立有多份遗嘱，并且多份遗嘱冲突，导致立遗嘱人意愿不能实现，最后以无遗嘱继承或法定继承分割，甚至诉至法院；(2)遗嘱内容未能完全分配遗产，使得部分遗产以无遗嘱继承或法定继承分割，甚至诉至法院。

1. 遗嘱数量

针对香港居民在内地和香港均有遗产的情况，实务中常见以下两种情况：第一种是立遗嘱人在香港立有一份遗嘱，同时处理内地和香港的遗产；第二种

① 《香港法例》第30章《遗嘱条例》第10(1)条。

② 《香港法例》第30章《遗嘱条例》第10(3)条。

是立遗嘱人在香港立有一份遗嘱处理香港遗产，同时在内地立有另外一份遗嘱处理内地遗产。

第一种情况，立遗嘱人可通过香港遗嘱处置其去世时享有实益的所有资产，也包括其在内地的资产。这种处理方式通常适用于立遗嘱人在香港持有比较多不动产和动产，而在内地持有少量不动产和动产的情况。

处理香港遗产，需要的手续与一般的遗嘱继承流程无异。需要遗嘱中任命的遗嘱执行人向高等法院遗产承办处（probate registry）提交申请，请法院发出授予书（grant），亦称遗嘱认证（probate）。随后，遗嘱执行人方可根据遗嘱处理香港的遗产。

处理内地遗产，需要由遗嘱执行人将法院授予的遗嘱授予书转交中国委托公证人（香港）进行公证，并出具一份《亲属关系及遗嘱状况声明书》，遗嘱执行人即可将其提交给内地的公证处，通过内地公证处继承处理香港居民在内地的遗产。

第二种情况，立遗嘱人在香港立一份遗嘱处理在香港的资产，同时在内地立一份遗嘱处理在内地的资产。这种做法通常适用于立遗嘱人穿梭内地与香港工作和生活，并且内地与香港财产数量相当的情况。

首先，立遗嘱人必须注意香港遗嘱和内地遗嘱处理遗产的范围。两份遗嘱在同时有效的情况下，其各自处理的资产范围务必不能重叠。因为根据内地法律，如存在多份遗嘱，内容相抵触的，以最后一份遗嘱内容为准。[①] 在实践操作中，通常香港的遗嘱表明只处理立遗嘱人在香港的所有财产，内地的遗嘱表明只处理立遗嘱人在内地的所有财产，确保两份遗嘱在范围上不重叠。

其次，立遗嘱人必须确保香港遗嘱和内地遗嘱能完全处理立遗嘱人的所有财产，而没有出现缺失的情况。在内地和香港，立遗嘱人均可以立有多份遗嘱处理部分财产，若这些遗嘱内容范围没有抵触，都可以被认为是有效的。例如，立遗嘱人分别在内地立有一份遗嘱处理内地 1 处房产，在香港立有两份遗

① 《民法典》第 1142 条。

嘱处理香港 2 处房产，但是立遗嘱人并没有在以上三份遗嘱里处理其动产，由此出现缺失情况。那么在立遗嘱人去世后，其动产就须分别根据内地和香港的法定继承来处理。所以在处理内地与香港遗嘱拟定的法律业务中，内地与香港律师均应提醒当事人分配所有资产，并且增加“兜底条款”以防止缺失情况。

最后，立遗嘱人如果想对已有的资产安排作出变动，也必须同时考虑内地与香港遗嘱及其范围进行修改。遗嘱修改前后所覆盖的范围须一致。同时要以“牵一发而动全身”的眼光同时审视内地与香港遗嘱。若没有同步考虑内地与香港遗嘱、立遗嘱人最新财产情况、内地与香港遗嘱财产范围等，立遗嘱人就得承担修改不当带来的新风险。

确保两份遗嘱“时空正确”需要专业且精细的法律技术，必须通过内地与香港律师沟通协作处理。如果立遗嘱人以“想当然”的态度订立遗嘱，容易导致去世后生前的意愿得不到实现的后果，并且可能引发继承人的诉讼。

2. 遗嘱内容

在香港，仅立一份有效遗嘱的前提下，为了让遗嘱充分表达立遗嘱人意愿并且可在其去世后实现，需要律师与立遗嘱人进行充分沟通，获得明确指示，并且严谨起草遗嘱内容。

（1）明确立遗嘱人的意愿

实务中，作为当事人的立遗嘱人的指示往往可能仅出自朴素的心愿，其本身可能并不了解其指示在法律上的效果以及可行性。比如，依靠立遗嘱人生活的子女有权依据《香港法例》第 481 章《财产继承〈供养遗属及受养人〉条例》向法庭申请命令，以获得其在遗产中的合理份额。

因此，律师应当清楚了解立遗嘱人的财产细节，包括其详细的资产及负债、家庭成员情况等，并且明确立遗嘱人有意向的遗嘱受惠人。如果立遗嘱人执意不给依靠自己为生的人分配合理份额的遗产，律师则需要清晰告知这种安排的效力和可能产生的问题，提前周详考虑立遗嘱人的亲属及受养人份额。

（2）避免遗嘱中所作的赠与分配失效

在香港，遗嘱通常通过三种形式将遗产赠与遗嘱受益人：特定赠与

（specific gift）、一般赠与（general gift）以及剩余遗产赠与（residuary gift）。

① 特定赠与：将立遗嘱人认为其在去世时拥有的某一特定财物分配给受益人。

② 一般赠与：立遗嘱人将其在去世时还可能未拥有的财物分配给受益人。

此外，还可在遗嘱中加入“替代赠与”（substitute gift）条款：在原本的赠与财产因损毁或被出售不复存在时为遗嘱受益人提供另一项财产作为替代。

③ 剩余遗产赠与：在所有其他赠与的遗产都分配完后的剩余遗产。

（二）未订立有效遗嘱的后果

无遗嘱情况下，香港遗产继承区别于内地的一大特点就是针对在世配偶的法定遗产（statutory legacy）的规定。

法定遗产可以理解为法律规定的一笔从被继承人遗产中划分出的、固定分配给配偶的钱，其金额根据有无子女在世有所不同。对比内地法定继承围绕顺位开展，香港的法定遗产分配针对具体家庭成员构成形式开展。根据被继承人在世亲属的不同情况，概括来说有以下几种法定遗产处理方式（见表2-3-1）。

表2-3-1　香港法定遗产继承情况

在世亲属	其他亲属	遗产分配
配偶、子女和父母	—	父母不能分配 配偶分得非土地实产、500,000港元以及剩余遗产的一半 剩余遗产的另一半为子女以法定信托形式持有
仅配偶在世	无子女、父母、同胞兄弟姐妹或同胞兄弟姐妹的子女在世	所有财产归配偶所有
配偶及子女	无父母和其他重要亲属在世	配偶分得非土地实产、500,000港元以及剩余遗产的一半 剩余遗产的另一半由子女分配
配偶以及同胞兄弟姐妹或同胞兄弟姐妹子女	无子女及父母在世	配偶分得非土地实产、1,000,000港元以及剩余遗产的一半 剩余遗产的另一半由同胞兄弟姐妹所有

续表

在世亲属	其他亲属	遗产分配
仅子女	无配偶在世，无父母在世	所有遗产由子女分配
仅父母	无配偶或子女在世	所有遗产归父母所有
仅同胞兄弟姐妹	无配偶、子女或父母	所有遗产归同胞兄弟姐妹

从上述对于无遗嘱继承的概述可以看出，相对于内地，香港无遗嘱继承制度偏向惠及配偶以及子女，根据香港法律定义，“子女”包括养子女以及胎儿。① 自 1973 年 6 月 19 日起，非婚生子女与婚生子女享受同等待遇。② 自 1995 年 11 月 3 日起，经过合法程序领养的养子女与亲生子女享受同样待遇。③ 但家庭的继子女，如果没有经过领养程序，则不能享受无遗嘱继承中的“子女”待遇。④ 此外，祖父母、外祖父母等都不能由无遗嘱继承分得遗产。因此，如果想为这些亲属做财产安排，必须通过订立有效遗嘱实现。

此外，香港在无遗嘱继承情境下，配偶所得一般为遗嘱中最大部分，或者全部分配给配偶。因此，如果被继承人有意更平均地分配遗产，无遗嘱继承的分配结果很可能违背其意愿。

三、典型场景 B：内地居民在内地和香港均有财产

（一）如何通过订立遗嘱使立遗嘱者的意愿在其去世后实现

与上一场景类似，内地居民在内地和香港均有财产时，也面临着内地与香港所立遗嘱可能无效以及不能充分处理遗产的问题。

1. 遗嘱数量

针对上述情况，实务中当事人通常立两份遗嘱，分别处理内地和香港的财产。

如当事人健康状况允许，可在内地公证处立一份公证遗嘱处理内地财产，

① 《香港法例》第 73 章《无遗嘱者遗产条例》第 2(2)条、第 2(3)条。
② 《香港法例》第 429 章《父母与子女条例》第 3 条。
③ 《香港法例》第 290 章《领养条例》第 15 条。
④ Rebecca Ong,*A Guide to Wills and Probate in Hong Kong*,Sweetand Maxwell 2016,p.164.

并在香港律师行立一份有限遗嘱处理香港财产。如当事人健康状况不允许，可在内地公证处立两份遗嘱，分别处理内地和香港的遗产。在继承开始时，可将处理香港遗产的遗嘱进行公证承办或诉讼确权，再提交香港高等法院遗产承办处获得遗嘱承办权，以处理其香港财产。

现实中，也常见拥有跨境遗产的内地人在内地和香港均立有遗嘱的情况。如上文所述，这种做法可能导致的问题是内地与香港遗嘱在内容上出现重叠或者空当，甚至存在冲突。

无论有无遗嘱，如果遗嘱执行人（executor）或遗产管理人（administrator）的居留地不是香港，在申请遗嘱承办时香港高等法院一般会要求执行人或管理人提供担保，[①] 这一规定会增强承办的复杂性。

2. 遗嘱的有效性

内地法律对遗嘱形式的要求比香港更严格，且未满足要求的后果更严重，因此在内地订立遗嘱需要特别留意：

（1）因遗嘱无效而不得不对遗产进行法定继承；

（2）遗嘱被撤回。

内地遗嘱规定的六种形式各有其优势，也各有风险。作为法律工作者，在为当事人建议适合的遗嘱形式时，应充分考虑当事人的实际情况并告知各种形式遗嘱的法律效果，使当事人在信息充分的情况下作出决定。

（1）自书遗嘱

自书遗嘱要求由立遗嘱人亲笔书写，签名，注明年、月、日。[②] 此外，自然人在遗嘱中涉及死后个人财产处分的内容，如确为死者真实意思表示，且有本人签名并注明了年、月、日，又无相反证据的，可以按照自书遗嘱对待。[③]

自书遗嘱的优势在于便捷且私密，立遗嘱人随时可单独完成。但正因其便捷且私密的特点，自书遗嘱的形式要求非常严格，这也正是它的风险所在。

---

① 《香港法例》第 10A 章《无争议遗嘱认证规则》第 38（1）条。

② 《民法典》第 1134 条。

③ 《最高人民法院关于适用〈中华人民共和国民法典〉继承编的解释（一）》第 27 条。

（2）代书遗嘱

代书遗嘱要求有两位以上见证人在场见证，并且由其中一人代书，由立遗嘱人、代书人和其他见证人签名，并注明年、月、日。[①]

代书遗嘱的优势在于能够使不能自主书写的立遗嘱人在他人的协助下订立有效遗嘱。但因其要求有两位以上见证人见证，需特别注意见证人的人数及其是否合资格。

另外，代书遗嘱要求立遗嘱人必须亲自口述遗嘱内容，代书人须如实记载立遗嘱人口述的遗嘱内容。在实际订立遗嘱的过程中，为避免日后纠纷，最好建议当事人就这一部分事实留存证据，以避免遗嘱无效。

（3）打印遗嘱

打印遗嘱要求有两名以上的见证人在场见证，且立遗嘱人和见证人必须在遗嘱每一页签名并注明年、月、日。[②] 打印遗嘱的优势与风险与代书遗嘱相似，但由于打印形式的遗嘱更容易被后续篡改或伪造，所以法律增加了立遗嘱人和见证人须在每一页签名并注明日期的规定。

（4）录音录像遗嘱

录音录像遗嘱同样要求有两名以上见证人在场见证，且遗嘱人和见证人应当在录音录像中记录其姓名或者肖像以及年、月、日。[③] 由于视频及音频编辑技术发达，录音录像遗嘱非常容易遭到篡改或伪造，所以实践中为保证信息的完整性和真实性，一般采用"一镜到底"的形式进行录制，并保证录音录像原始载体（源文件）的完整性，保证文件无修改、编辑操作痕迹。

（5）口头遗嘱

口头遗嘱一般适用于危急情况下，同样要求有两名以上见证人见证。在危急情况消除后，如果立遗嘱人能够以书面或者录音录像形式立遗嘱的，其所立

---

① 《民法典》第 1135 条。
② 《民法典》第 1136 条。
③ 《民法典》第 1137 条。

的口头遗嘱无效。① 因口头遗嘱极易被伪造、篡改,不确定性极大,根据口头遗嘱向法院进行遗嘱继承的难度也极大。为尽量实现立遗嘱人的意愿,律师通常不建议当事人仅立一个口头遗嘱。

(6)公证遗嘱

出于确定性考虑,公证遗嘱是规避潜在风险的一个选择。公证遗嘱的优点在于,因有公证机关背书,在立遗嘱时即可确保遗嘱的有效性。但《民法典》实施后,公证遗嘱效力不再优先。在公证遗嘱之后不可有内容相抵触的其他遗嘱,否则公证遗嘱依然会失效。②

(二)未订立有效遗嘱的后果

如果被继承人生前并未订立有效遗嘱,或其遗嘱未对所有受内地法律管辖的遗产进行有效处理,那么该遗产或其中的有关部分即按照法定继承办理。③

《民法典》将有资格的法定继承人分为两个顺序:第一顺序为配偶、子女及父母,第二顺序为兄弟姐妹、祖父母及外祖父母。法定继承开始后,先由第一顺序继承人继承,第二顺序继承人不继承;如果没有第一顺序继承人继承的,由第二顺序继承人继承。④ 原则上,同一顺序继承人继承遗产的份额一般均等,但如果继承人协商同意的,也可以不均等。⑤

与香港法无遗嘱继承不同,内地法律并未规定固定划分给配偶的法定遗产。配偶在内地法律背景下并未享受格外优待。原则上,配偶与子女及被继承人父母平分遗产。但对于生活有特殊困难又缺乏劳动能力的继承人,在处理遗产分配问题时,内地法院会予以照顾。⑥ 同样,对于需要特别照顾的继承人,香港法院也会综合考虑其肢体或心智上的弱能状况、将来可能面对的经济需要及其可能会拥有的经济资源进行遗产分配。⑦

---

① 《民法典》第 1138 条。
② 《民法典》第 1142 条。
③ 《民法典》第 1154 条。
④ 《民法典》第 1127 条。
⑤ 《民法典》第 1130 条。
⑥ 《民法典》第 1130 条。
⑦ 《香港法例》第 481 章《遗产继承〈供养遗属及受养人〉条例》第 5(1)(c)条、第 5(1)(f)条。

第四章　内地与香港遗产管理

2021 年 1 月 1 日，《民法典》正式施行，使内地的继承制度更加条理化、系统化，其中新增的遗产管理人制度也广受关注。相比而言，内地的遗产管理人制度尚属起步阶段，而香港遗产代理人制度实施多年，已积累成熟经验。如何运用遗产管理人制度，保障继承人、被继承人、其他利害关系人的权益是法律工作者、司法人员以及公证员需要一起了解、探讨的。本章通过比较内地与香港遗产管理人和代理人制度，结合不同具体场景，讨论遗产管理需要注意的主要问题。

一、内地遗产管理人制度和香港遗产代理人制度比较

（一）产生方式

1. 内地遗产管理人

内地自 2021 年施行的《民法典》设立了遗产管理人制度，至今只有几年时间，涉及条文仅五条，相关配套制度亦未完善。在司法实务中，就遗产管理人的产生与确定仍面临不少难题。

内地的遗产管理人泛指遗嘱执行人或遗产管理人。

（1）有遗嘱情况

如果被继承人在去世前立下有效遗嘱且明确指定了遗嘱执行人的，该遗嘱执行人就是遗产管理人。①

① 《民法典》第 1133 条、第 1145 条。

（2）无遗嘱或有遗嘱但未指定遗嘱执行人的情况

如果被继承人在去世前订立了遗嘱但未指定遗嘱执行人，或没有订立遗嘱的，遗产管理人的产生是有明确的优先次序的。根据《民法典》第 1145 条的规定，按以下顺序确定遗产管理人：

①继承人应当及时推选遗产管理人；

②继承人未推选的，由继承人共同担任遗产管理人；

③没有继承人或者继承人均放弃继承的，由被继承人生前住所地的民政部门或者村民委员会担任遗产管理人。

从上述产生方式不难看出，在被继承人立有遗嘱，并且有指定遗嘱执行人的情况下，内地与香港的规定是一致的，反映了内地与香港的法律均以实现被继承人意愿为首要目标。相反，在被继承人没有遗嘱的情况下，香港对于遗产管理人的产生方式有严格的优先次序，内地遗产管理人反而着重通过家庭和亲属之间推选的方式产生。

依内地法律规定，在遗嘱没有指定遗嘱执行人或没有遗嘱的情况下，须优先以由继承人推选的方式确定遗产管理人，且须由全体继承人共同推选。共同推选的要求在实践中较难满足。

若全体继承人能和和气气、有商有量地推选出遗产管理人，则通常全体继承人可以通过协商的方式进行继承，并互相配合，尽快完成继承手续的办理，使得遗产分割清楚，进而不需要推选遗产管理人。

需要遗产管理人的情形，往往是由于继承人之间对遗产处理存在不同意见，无法顺利完成继承而需要先进行遗产管理。该种情况下继承人自然难以共同推选出遗产管理人。同理，若继承人未能顺利推选出遗产管理人，而由所有继承人共同担任遗产管理人，亦容易出现因多种意见并存而无法决策、引起僵局的情形，亦不能实际解决遗产管理的问题。

2. 香港遗产代理人（personal representative）

香港遗产代理人制度建立已久。在香港，遗产代理人泛指遗嘱执行人（executor）或遗产管理人（administrator）。遗产代理人有权处理被继承人的遗产，包括管理或分配相关资产予受益人。被继承人一旦去世，其财产就被法定冻结，直至法院发出授予书（遗嘱认证书或遗产管理书），授权一名或以上的遗产代理人处理被继承人的遗产。在遗产冻结期间，任何人未经法律许可而领取、动用或处置遗产，便要负民事责任，更可能负刑事责任。[①] 所以在遗产继承过程中，遗产代理人扮演着重要的角色，负责处理遗产事务、代表被继承人行使权利以及保护遗产利益。

（1）有遗嘱情况

如果被继承人在去世前立下有效遗嘱并且委任了遗嘱执行人，遗产代理人就是该遗嘱执行人，也是唯一有资格申请遗嘱认证书（probate）的人。

（2）无遗嘱情况

如果被继承人未立有遗嘱便去世，或遗嘱内没有订明遗嘱执行人，遗产代理人就是指遗产管理人（administrator），其可申请法院授予遗产管理书（letters of administration）。遗产管理人通常是被继承人的近亲。根据香港法律规定，[②] 可以申请遗产管理书人士之优先次序如下：

①被继承人在世的配偶；

②被继承人的子女，或子女的后嗣（倘该子女比被继承人早逝）；

③被继承人在世的父亲或母亲；

④被继承人的兄弟姐妹，或兄弟姐妹的后嗣（倘该兄弟姐妹比被继承人早逝）；

⑤被继承人在世的祖父或祖母；

⑥伯父、叔父、舅父、姑母、姨母，或其后嗣（倘该伯父、叔父、舅父、姑母或姨母比被继承人早逝）。

申请成为遗产管理人应由上列次序中享有较高优先权的人士申请，如享有较高优先权的人士已经去世或者放弃申请，则轮到优先权较低的人士，但必须向香港遗产承办处出示死亡证，或者已签署的《放弃遗产管理权利书》。

---

① 《香港法例》第10章《遗嘱认证及遗产管理条例》第60J条。

② 《香港法例》第10A章《无争议遗嘱认证规则》第21条。

遗嘱执行人和遗产管理人两者之间有一个重大区别。遗嘱执行人的权力源自被继承人遗嘱，因此他 / 她的权力和责任，在立遗嘱人去世那一刻便开始。但是，遗产管理人则从遗产管理书取得权力，他 / 她行使权力的时间是从遗产管理书上的日期开始，而并非从被继承人去世当日开始。

（二）内地遗产管理人及香港遗产代理人之权限比较

1. 内地遗产管理人

根据《民法典》第 1147 条，遗产管理人应当履行下列职责：

（1）清理遗产并制作遗产清单；

（2）向继承人报告遗产情况；

（3）采取必要措施防止遗产毁损、灭失；

（4）处理被继承人的债权债务；

（5）按照遗嘱或者依照法律规定分割遗产；

（6）实施与管理遗产有关的其他必要行为。

根据《民法典》第 1148 条，遗产管理人应当依法履行职责，因故意或者重大过失造成继承人、受遗赠人、债权人损害的，应当承担民事责任。

2. 香港遗产代理人的权责

对比内地，香港遗产管理人的权责则比较复杂。香港遗产代理人的权利、职责及义务，在《香港法例》第 10 章《遗嘱认证及遗产管理条例》第Ⅴ及Ⅵ部有详细说明，大致概括如下：

（1）遗产代理人的权力

遗产代理人的权力如下：

①处置财产的权力；[①]

②交出土地管有权的权力；[②]

③就幼年人的财产委托受托人的权力；[③]

---

① 《香港法例》第 10 章《遗嘱认证及遗产管理条例》第 54 条、第 66 条、第 68 条。
② 《香港法例》第 10 章《遗嘱认证及遗产管理条例》第 70 条。
③ 《香港法例》第 10 章《遗嘱认证及遗产管理条例》第 69 条。

④支付报酬予遗嘱执行人（遗嘱情况）、遗产管理人（无遗嘱情况）或受托人的权力。[①]

（2）遗产代理人的权利

遗产代理人的权利如下：

①起诉权利；[②]

②直接或间接购买被继承人任何财产的权利，除非有利害关系的人提出反对。[③]

（3）遗产代理人的职责

遗产代理人的职责如下：

①确认被继承人的遗嘱，并且尽可能根据遗嘱中的指示及遗愿将财产分配给指定受益人。

②向法院提交有关被继承人的动产及不动产的真实性及完整财产清单及账目。[④]

③遗产执行人需确保被继承人的所有资产都得到适当的保管，也要确保后续的评估、转移和出售在保障受益人的权利的前提下进行。

遗产须由遗产代理人按以下规定持有：[⑤]

◇如属不动产，以信托方式持有，并在符合规定的情况下出售该不动产；

◇如属动产，以信托方式持有，并将该动产中并非金钱的部分收回、出售及转换为金钱。

④交纳被继承人一切殡殓、遗嘱管理或遗产管理的开支、债项与其他法律责任涉及的费用，并且清偿任何未付的债务和赔偿金。

⑤负责处理所有遗产相关文件和程序，包括法院文件、税务申报和后续的资产转移等。

---

① 《香港法例》第10章《遗嘱认证及遗产管理条例》第60条。
② 《香港法例》第10章《遗嘱认证及遗产管理条例》第53条。
③ 《香港法例》第10章《遗嘱认证及遗产管理条例》第53条。
④ 《香港法例》第10章《遗嘱认证及遗产管理条例》第56条。
⑤ 《香港法例》第10章《遗嘱认证及遗产管理条例》第62条。

⑥对已遭浪费或被据为己用的被继承人财产追诉法律责任。

上述权责旨在确保遗嘱代理人有足够的法律基础妥善管理遗产。

从上述的权责可见，香港着重通过信托方式使遗产代理人持有并管理遗产，受益人不进行实际操作和管理，整体上充分秉持着普通法下信托概念，如《香港法例》第 29 章《受托人条例》规定有具体的信托方式，包括受托人及遗产代理人的一般权利、权利和信托的转予等；内地则着重于处理和执行，围绕分割遗产及其相关家庭活动展开行动。内地遗产管理人制度的完善，需经过时间的沉淀和大众的实践，且特别要加深一般百姓对遗产管理人制度和相关专业人士角色的认知。

二、代理人或者管理人的身份受到争议及挑战

（一）内地

在内地，如继承人对遗产管理人的确定存在争议，可通过诉讼的方式申请指定遗产管理人。根据《民法典》第 1146 条的规定，对遗产管理人的确定有争议的，利害关系人可以向人民法院申请指定遗产管理人。该诉讼程序是特别程序，是一审终审制。因目前内地对遗产管理人身份的确定，没有如内地监护人制度或香港遗产代理人制度一般，有着明确的基于身份关系的优先次序。因此，法院的裁判没有确定的标准，法院的自由裁量权较大。为避免错判，法院在处理相关纠纷时，会比较保守，更多是裁判不指定遗产管理人，或指定多名遗产管理人以分担风险，限制权利。而指定遗产管理人通常是某主要争议遗产的现行实际管理人。

例如，在办理的一起案件中，主要的遗产是公司股权，被继承人是公司的绝对大股东。被继承人死后，公司涉及一系列运作、债务清偿等事宜需要处理。因被继承人的配偶及父亲对公司的多笔债务进行了担保，故公司的运作及债务清偿事宜将影响他们各自的利益。配偶率先向法院起诉申请要求由其一人担任遗产管理人。经过一年的时间，法院结合公司当前的运作情况、配偶与父亲对公司过往的贡献以及两人与公司间的利害关系，最终指定配偶与父亲共

同作为遗产管理人。

在内地司法实践中，各地公证机构也开展了一系列的尝试。上海、江苏、浙江、湖北、广东、重庆等多地的公证机构探索尝试遗产管理人入库，并组织了遗产管理人推荐互认计划，以达到让专业人员依法妥善管理、分割遗产的目的。有的省市制定了业务规则，明确了入库备案以及后续确认遗产管理人的操作规范。上海、浙江、广东、四川、重庆、云南等地已出现单独由公证机构确认遗产管理人的案例，并取得了良好效果。江苏和广东有公证机构在遗嘱中明确将公证机构指定为遗嘱执行人，并已在落地阶段。①

而有关第三方机构担任遗产管理人，即第三方机构行使职权，是否需要承担对应责任、律师事务所或者律师是否能胜任此角色，还需要经过社会进一步实践和探索。

对比香港，内地对于委任内地律师作为遗产管理人的做法，社会接受度还相对不高。按照目前内地法律的规定，民政局、村委会是遗产管理人选任制度中的兜底角色。北京市民政局《民政部门担任遗产管理人工作指引》表示，民政部门有权将全部或部分事务委托给第三方机构。② 间接选任第三方机构必然使得遗产管理人制度能更好落地，并且使得遗产管理人的路径更为宽广。

此外，根据法律规定，遗产管理人的最终兜底者仍然是政府部门。诚然，在普通老百姓的简单案件中，政府部门或继承人亲属在家事继承范围内可自行处理。但是，不可否认，在庞大的百姓群体中存在对遗产管理的差异性需求。政府部门在满足这些差异性需求时，仍面临巨大挑战。遗产管理人配套制度也有进一步完善之处，如统一确认遗产管理人的外观权利证书、统一准入资质、统一管理机构等。

（二）香港

在香港，被继承人无遗嘱的情况下最多同时有四名遗产管理人。如有多人

① 阮啸、陈保君：《遗产管理人制度下的公证实践与展望》，载《中国公证》2023 年第 7 期。

② 吕春娟：《民政部门担任遗产管理人工作指引》，载中华人民共和国民政部网 2022 年 8 月 1 日，https://www.mca.gov.cn/n152/n166/c45586/content.html。

具备同等申请遗产管理书的资格，就申请问题存在争议的，可向高等法院提出申请，由法庭决定委任遗产管理人。实践中，也有享有申请遗产授予书同级优先权的子女，为谁可成为遗产管理人而争拗，其后经法庭裁决，由独立专业人士代替成为遗产管理人。

在洪某继承纠纷案（案件编号：HCCA 261/2012）中，被继承人洪某在菲律宾去世，没有留遗嘱，她的合法丈夫先于她去世，而她在香港留有一市值3,800,000港元的物业。施某1第一次以合法亲生儿子身份在遗产承办处申请被继承人的遗产管理书，并在誓章中声称被继承人只有施某1及其妹妹施某2两名亲生子女。

针对施某1提出授予遗产管理书的申请，施某2提出申请阻止，并要求与施某1共同申请授予书成为遗产管理人。及后，法庭认为施某1誓章内容涉及虚假成分，于是撤销施某1之前的遗产授予书申请，并将案件交由律政司跟进。法庭也随之撤销施某2提出与施某1共同获授予书的申请。

施某1随后被控使用虚假誓章一罪，法庭判他罪名成立，监禁4个星期，缓刑12个月。施某1之后再次申请授予遗产管理书，在第二次申请中改称他和施某2均是被继承人合法收养子女，并披露被继承人还有额外三个合法收养儿子。之后，施某1和施某2争夺成为被继承人遗产管理人的诉讼正式开展。

施某2提议委任自己的代表律师曾律师为独立遗产管理人，申请理由包括双方互不信任、质疑施某1的诚信，也提及自己与施某1成为共同遗产管理人会引起僵局，并称由独立律师处理遗产管理会较为理想。其中一个因素是，施某1一直居住于被继承人的物业中，而该物业也是被继承人的唯一资产，因此施某1可能须支付租金或中间收益作为遗产。鉴于遗产管理人于分配被继承人的财产时，需要处理施某1应否向遗产支付租金的问题，因此让独立律师管理遗产，除了有法律知识还具独立性，有助于遗产管理，也不会产生施某1或是施某2单独一方作为遗产管理人时可能造成的利益冲突，更能为遗产分配提供独立法律意见。另外曾律师是按时收费，以上限为遗产总值之5%计算，施某2认为支出算是用得其所。

施某1则反对委任律师为遗产管理人，认为大家有相同等级优先权申请授予遗产管理书。同时，其表示若法庭不接受他的意见，退而求其次，可以接受与施某2共同申请授予遗产管理书，或甚至加上其他收养人共同申请授予遗产管理书。

最后法庭根据《香港法例》第10章《遗嘱认证及遗产管理条例》第36条有关无遗嘱者遗产委任遗产管理人的相关规定，委任曾律师为独立遗产管理人，并且容许曾律师的费用从被继承人遗产中支付。

由上述案例可见，在香港因遗产管理人身份发生争议时，也可以委任律师作为独立遗产管理人进而解决争议。实务中，香港法院可能委任律师作为独立遗产管理人的情况包括：

（1）处理正在进行或潜在的诉讼；

（2）处理涉及法律协议的遗产（例如和解协议、家庭安排等）；

（3）处理遗产管理中的复杂法律问题，如牵涉复杂问题的授予书申请和确定遗产资产；

（4）处理信托资产；

（5）在不损害双方利益的前提下，指引双方进行讨论和调解；

（6）适当时在法庭诉讼中承办遗产及代表遗产受益人利益行事；

（7）有处理和出售房产的经验。

对此，在处理跨境家庭财产继承的时候，若客户想通过立遗嘱处理遗产，考虑委任遗嘱执行人时，除了家人或受益人，律师或者其他专业人士也是一个可行的选项。

综上，内地的遗产管理人制度有进一步完善的空间，相关金融部门与房管部门尚未认可遗产管理人身份所取得的权利，使得实际管理遗产时对外行使权利相比遗产分割较为困难。

内地与香港法律在当事人立有遗嘱的情况下，均有意识地将尊重当事人意愿放在首位。而在当事人未立有遗嘱的情况下，香港法律注重对遗产代理人的信任和务实有效地管理遗产；而内地法律更多以家庭为本，注重维系家庭亲属关系，鼓励家庭在内部以和平方式继承。《民法典》规定的遗产管理人制度有利于继承中遗产的分配和债权的清偿，但仍有进一步完善之处，例如，在家庭内部无法确定遗产管理人时该如何引入机构或专业人员担任遗产管理人，无约定情况下遗产管理人报酬的标准，遗产管理人报酬在遗产分配及债务处理中的优先顺序问题，遗产管理人的诉讼主体资格等事宜仍待进一步细化规定。

第五章　家庭财产继承争议

本章将从内地与香港遗产继承的程序、形式以及过程中可能产生的争议诉讼的处理等方面，对内地与香港遗产继承的实务经验进行探讨。

一、无争议遗产继承

（一）内地

在无争议的情况下，内地的遗产继承主要有协商继承和公证继承两种形式。

1. 协商继承

协商继承，通常是指继承人就遗产继承协商一致，且继承文件齐备，无须通过诉讼办理继承的一种方式。

以不动产继承为例，所有继承人就遗产继承协商达成一致，继承人持被继承人死亡证明、婚姻证明、亲属关系证明、户口簿、身份证、不动产权证等必要继承材料共同前往不动产登记中心办理产权变更登记手续。如部分继承人无法亲自到场办理则需提交公证书。如部分继承人在继承开始后、遗产分割前去世，还应提供去世继承人的死亡证明、转继承人的身份证明、亲属关系证明等文件。此外，所有继承人还需签署声明资料，声明如提供不实继承材料将承担相应的法律后果。

协商继承的优点是经济成本低。目前国内遗产继承不征税，办理遗产继承几乎没有经济成本，只需付出时间成本，如果继承人对遗产继承没有争议，协商继承是大多数普通民众首选继承遗产的方式。但如果有遗产较多、继承人较多、继承所需材料繁杂、继承人自行调取材料困难等情形，建议选择公证继承。

2. 公证继承

公证继承，通常是指继承人就遗产继承到公证机构办理继承权公证，由公证机构主动审查遗嘱（如有）、被继承人死亡证明、继承人身份，核查房产（如有），调取亲属关系等材料，查证继承相关事实后，对符合条件的继承人出具《继承权公证书》，继承人根据《继承权公证书》办理遗产继承的一种方式。

公证继承的优点是专业、高效。当被继承人家庭关系复杂、继承人人数较多且有跨境继承人、共同办理继承的难度较大或者继承人自行调查和收集继承材料困难时，继承人应优先考虑选择公证继承。以不动产继承为例，继承人通常只需提交遗嘱、被继承人死亡证明、身份证、户口簿、房地产权证、亲属关系证明（如有）等材料给公证机构，由公证员负责审查和调取继承公证所需的其他材料，对符合条件的继承人出具《继承权公证书》。继承人持《继承权公证书》通常就能顺利办理产权过户手续。

公证继承相对而言经济成本较高，需要当事人按遗产价值的一定比例缴纳公证费。公证处通常参照政府指导价进行收费。

综上所述，在内地，无争议继承主要有协商继承和公证继承两种形式，是否有遗嘱对于继承的程序影响不大。

（二）香港

在确定谁有资格申请成为遗产代理人时，香港律师首先考虑的是被继承人是否立有遗嘱。在没有争议的情况下，遗产代理人按照以下规定确定：

1. 有遗嘱的情况

《香港法例》第10A章《无争议遗嘱认证规则》第19条规定，遗嘱上指明的遗嘱执行人有申请授予遗嘱认证书的优先权。

2. 无遗嘱的情况

如果被继承人去世时没有留下遗嘱，有权申请授予遗产管理书的近亲属的优先次序由《香港法例》第10A章《无争议遗嘱认证规则》第21条规定，在“内地与香港遗产管理”一章中已有详尽讨论。

得到法庭授予遗产管理书的遗产管理人有责任先安排支付被继承人的债项、葬礼费用以及其他处理遗产的费用，然后根据遗嘱或《香港法例》第73章《无遗嘱者遗产条例》等相关法律将遗产分发给所有相关受益人。

二、有争议遗产继承

（一）内地

诉讼继承，通常是指继承人不能就遗产继承协商达成一致意见，或者虽然达成一致意见，但由于亲属关系证明不能涵盖所有法定继承人、无法确认法定继承人范围，难以通过协商、公证办理继承，而进行诉讼的一种继承方式。

以下将以刘某遗产继承案件为例（见图2-5-1），说明诉讼继承相关法律在实务中的应用。

刘某自幼父母双亡，25岁移民加拿大，60岁落叶归根回到了广州。刘某与第一位妻子李某生育一女一子，分别是刘一、刘二。刘某与李某离婚后，迎娶第二位妻子陈某，陈某带着自己未成年的女儿陈一与刘某共同生活，婚后陈某又为刘某生育一女刘三。后刘某又去灾区收养了一名孤儿刘四。

2021年8月1日，刘某因病在广州去世。刘某在北京、上海、广州留有数套别墅、办公楼、商铺及几家公司的股权，还有大量银行存款、理财、保险。刘某生前立有一份代书《遗嘱》和一份公证《遗赠》。刘某的大女儿刘一于2020年2月1日去世，其法定继承人为配偶吴某及儿子吴一。刘二于2022年12月12日去世，其法定继承人为配偶张某和女儿刘小二。继女陈一、小女儿刘三、养子刘四健在。刘某继承人对遗产继承争议较大，无法达成一致意见，继承需通过诉讼才能解决。

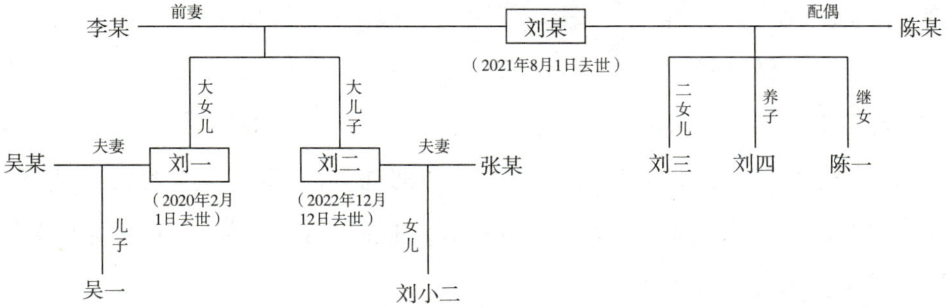

图 2-5-1　被继承人刘某亲属关系

1. 立案

（1）确定诉讼管辖法院

诉讼继承首先需要确定继承纠纷的管辖法院，以便后续委托律师、调查收集相关材料。

根据《民事诉讼法》第 34 条的规定，因继承遗产纠纷提起的诉讼，由被继承人死亡时住所地或者主要遗产所在地人民法院管辖。即继承人可以选择被继承人死亡时的住所地法院或主要遗产所在地法院作为管辖法院。

其中，被继承人死亡时的住所地是指被继承人死亡时的户籍地。具有中国户籍的被继承人，当被继承人死亡时的经常居所与户籍地不同时，经常居所视为住所；当被继承人为外国人或无国籍人，在国内没有户籍时，如在国内有有效的身份登记记载的居所，可以将该登记的居所视为住所地，有证据证明经常居所与登记的住所不一致的，经常居所视为住所。就遗产所在地而言，实务中一般认为价值较大的遗产所在地为主要遗产所在地。如各项遗产价值无法确定或相差不大的，有的法院认为各主要遗产所在地法院均有管辖权，也有法院认为无法确认时由被继承人死亡时住所地法院管辖更为适宜。因此，选择主要遗产所在地法院进行立案时需灵活应对。

在刘某继承纠纷中，刘某虽然已移民加拿大，但是去世前经常居住在中国广东省广州市越秀区，则中国广州市越秀区为刘某死亡时的住所地，可选择向广州市越秀区人民法院起诉。另外，刘某在广州、北京、上海等地都置办了不动产和动产，其中在北京市朝阳区置办的不动产和动产数量最多、价值最大，亦可选择向北京市朝阳区人民法院起诉。

（2）确定诉讼当事人

确定诉讼当事人，即确定哪些人为刘某的继承人，有权继承其遗产。

根据《民法典》第1127条至第1131条的规定，法定继承人的范围根据普通亲属关系原则由法律直接规定，具有法定性和强行性。此外，在特殊情况下还有代位继承和转继承等规定。

刘某的配偶陈某、二女儿刘三、养子刘四、继女陈一是刘某的第一顺序继承人；大女儿刘一因先于刘某去世，发生代位继承，其儿子吴一代位继承刘一有权继承的财产份额；大儿子刘二在遗产分割前去世，发生转继承，刘二应当继承的遗产转给其继承人配偶张某和女儿刘小二继承。

（3）调查被继承人的亲属关系

确定法定继承人后，还需要向法院提供这些继承人与被继承人刘某的亲属关系证明文件，因刘某25岁时已移民加拿大，其在国内的人事档案资料并不完整，所以调取继承人与刘某的亲属关系证明也是诉讼继承的一个难点所在。

刘某去世时是加拿大籍，其与子女从未登记在同一户口簿上，且其子女众多，子女成年后移居至国内外各地，内地公安机关难以查询到被继承人所有的亲属关系，难以开具刘某与被继承人的亲属关系证明。这时需要从多途径、多角度了解被继承人、继承人的人生经历、工作过往，调查各继承人的人事档案资料，从而进行相互印证，综合各类证明文件，尽可能反映被继承人真实完整的亲属关系。

（4）梳理遗产，制作遗产清单

根据《民法典》第1122条的规定，遗产是自然人死亡时遗留的个人合法财产。遗产清单，是记载被继承人遗留的个人财产方面权利义务的清册，其中包括被继承人遗留的积极财产和遗产债务。继承开始后，为明确继承人可继承的遗产，可以制作遗产清单，对被继承人的财产、债权债务等进行列举，包括但不限于房产、银行存款、股权、文物古董、虚拟财产、宅基地使用权、土地承包经营权等。继承人可以从被继承人的生平中调取身份等信息，查询被继承人名下所有财产。

刘某的继承人仅知道刘某在上海、广州、北京等地购置有动产和不动产，但不清楚财产的具体地址门牌。刘某的继承人可以先持刘某的死亡证明、继承人的出生证等材料前往各地不动产登记中心、银行网点、车辆管理所等有关单位，尝试查询被继承人名下的财产情况，梳理出一个简单的遗产清单。

（5）制作诉讼文书，起草起诉状，整理证据清单

提起继承纠纷诉讼，需要向法院提交起诉状、证据清单等材料。起诉状上应载明原被告身份信息、诉讼请求、事实与理由等信息，证据清单应包含被继承人身份信息、死亡证明、亲属关系证明、遗产情况等材料，法院审核通过后即可立案。立案后再向法院申请律师调查令，调取刘某名下更为详尽的遗产信息，再行增加诉讼请求。

对比内地，香港在管辖、适格、调查、准备证据文书等方面有所不同。首先，香港法院（包括遗产承办处）的遗嘱认证司法管辖权只涵盖在香港的遗产；其次，在审阅申请人或其律师准备的申请文件后，法庭有责任确保其对申请人的案情没有疑问，之后方可授予遗产承办。因此法庭可能对申请人发出各种提问，包括要求提供补充证据和文件以证明申请人在支持誓章内的事实（例如婚姻、出生、死亡等）和各方之间的关系等，直至法庭认为申请人所有对疑问的回答及提交的证明均令人满意。申请人如有不能使法庭满意的地方，可以约见遗产承办处的聆案官，对为何不能达到相关要求进行陈述，请法庭酌情处理。

2. 审理

（1）遗嘱继承：审查遗嘱的法律效力

关于遗嘱的效力，主要法律依据是《民法典》第 143 条至第 148 条。

刘某的女儿刘一在诉讼继承过程中提供了其代书的《遗嘱》。《遗嘱》上载明了刘某名下的所有财产由刘一继承，遗嘱上有刘某亲笔签名。法院认为《遗嘱》并未有两名以上见证人在场见证，不符合代书遗嘱的形式要求，认定该代书《遗嘱》无效。

（2）遗赠：审查遗赠的法律效力

被继承人通过立遗嘱将个人财产分配给法定继承人范围内的人属于遗嘱继承，而将个人财产在遗嘱中分配给法定继承人范围外的人属于遗赠。其中遗赠的要件与有效遗嘱的要件相似。

刘某前妻李某在诉讼过程中提交了公证的《遗赠》，载明刘某将其在上海的某一房产遗赠给前妻李某。经法院审查，该《遗赠》符合遗赠的形式要件，具有法律效力。李某在刘某去世后60日内已向刘某的继承人表示接受遗赠。

（3）法定继承

有关审查法定继承人的范围，确定法定继承人和遗产内容，明确是否有需多分、少分、预留的情形以及在各继承人之间遗产分配的具体比例原则可见“内地与香港遗产管理”一章。

因刘某无有效遗嘱，除遗赠给前妻李某的上海房产外，其遗产应当由继承人法定继承，刘某的配偶陈某与其共同生活，承担了较多的扶养、照顾义务，分配遗产时多分。养子刘四结婚后从未尽过扶养义务，未曾看望、关心、照顾过刘某，分配遗产时少分。

3. 调解或者判决

法院审理后将作出民事判决书或者根据继承人共同达成的调解协议出具民事调解书，继承人依据民事判决书或者民事调解书进行遗产析产手续，继承遗产。

在刘某的继承纠纷诉讼中，法院经审理作出民事判决书，判决：上海房产归前妻李某所有，剩余遗产由配偶陈某继承1/4份额、刘三继承1/6份额、陈一继承1/6份额、刘四继承1/12份额、吴一继承1/6份额、张某继承1/12份额、刘小二继承1/12份额。最终，刘某的遗产通过诉讼方式进行了继承。

（二）香港

与内地相比，香港的遗产继承诉讼主要分为两类：遗嘱认证诉讼以及遗产管理（分配）诉讼。

1. 遗嘱认证诉讼

根据《香港法例》第4A章《高等法院规则》第76号命令第1条第2款，

遗嘱认证诉讼是指一宗就下述事宜而提出的诉讼，即授予死者遗嘱的遗嘱认证或死者遗产的遗产管理书，或撤销该授予，或要求作出判令宣告一份指称已订立的遗嘱有效或无效，而该宗诉讼并非无争议或普通形式的遗嘱认证事务。

因此，遗嘱认证有以下三种常见的争议情况：遗嘱的有效性；就无遗嘱者的遗产委任遗产管理人以及撤销授予，即撤销遗嘱的认证书或遗产管理书。

（1）遗嘱的有效性

1）遗嘱认证诉讼发起阶段

在正式发起遗嘱认证诉讼之前，通常提出争议的一方会向法庭遗产承办处提交一份《知会备忘》(caveat)。《知会备忘》可防止法庭在遗嘱认证诉讼的发起阶段发出遗嘱认证书或遗产管理书。此外，无论是否提交《知会备忘》，一旦遗嘱认证诉讼开始，任何已由法庭盖印的遗嘱认证书或遗嘱授予书的效力均中止，① 但法庭在诉讼待决期间可委任遗产管理人，每名遗产管理人均受法庭直接管辖，并根据法庭指示行事。获得如此委任的遗产管理人享有一般遗产管理人所享有的一切权利及权力，但分配剩余遗产的权利除外。②

2）反对授予遗嘱认证的理由

要反对一份遗嘱的有效性，一般可从下列三个方面进行质疑：遗嘱是否有效签立；立遗嘱人是否有所需的行为能力；立遗嘱者是否有必需的知情权以及是否给予许可。对上述三个方面的质疑，提出争议的一方需要承担举证责任。

①是否有效签立

一份有效签立的遗嘱一般包含以下两点：遗嘱是由立遗嘱人实际签署的，以及遗嘱符合《香港法例》第 30 章《遗嘱条例》第 5 条规定的遗嘱签署及见证要求。

---

① 《香港法例》第 10A 章《无争议遗嘱认证规则》第 44（12）条。

② 《香港法例》第 10 章《遗嘱认证及遗产管理条例》第 40 条。

案例分析：华懋慈善基金有限公司诉陈某聪及另外数方案[①]

在以是否有效签立为理由质疑遗嘱有效性的案件中，最常见的就是指控遗嘱实属伪造的案例。在此案中，被继承人龚某心生前是华懋集团的唯一最终所有人以及主席，并且成为亚洲最富有女性之一。在她去世后，围绕她所留的遗嘱，各遗嘱受益方产生了争议。其中一位名叫陈某聪，是龚某心的个人风水大师，其声称之后成为她的情人。他表示他手上有龚某心的最后一份遗嘱，立于2006年10月16日（以下简称2006年遗嘱）。据陈某聪称，2006年遗嘱将龚某心的剩余遗产都赠与陈某聪本人。华懋慈善基金有限公司（以下简称华懋慈善基金）提出反对，他们声称根据龚某心在2002年所立的遗嘱（以下简称2002年遗嘱），龚某心所有的遗产均应归他们所有。

龚某心在2006年10月16日于两名见证人见证下确实签署了一份文件，这一点双方并无争议。但华懋慈善基金认为这份文件仅仅是将约1000万港元遗赠给陈某聪，因而仅仅是一份“特定遗赠遗嘱”，但该份特定遗赠遗嘱在龚某心去世时并未找到。法庭询问前述龚某心在2006年10月16日签署的文件到底是陈某聪所说的2006年遗嘱，还是华懋慈善基金所说的特定遗赠遗嘱。假如该份文件是特定遗赠遗嘱，那么2006年遗嘱就是伪造的，因为没有迹象表明龚某心在当时还签署了其他文件。

法庭非常重视该份文件的两位见证人的证词。他们表示他们在2006年10月16日见证签署的文件是一份不完全遗嘱（partial will）。最后法庭作出结论，认为两位见证人见证的文件并非2006年遗嘱。在考虑了手写专家的意见证据之后，法庭判断2006年遗嘱并非由龚某心签署。

最后，法庭判决“当时签署的文件是特定遗赠遗嘱”，2006年遗嘱是由陈某聪伪造的。2002年遗嘱的有效性得到了法庭的支持，龚某心的遗产最终归属于华懋慈善基金。

---

① 华懋慈善基金有限公司诉陈某聪及另外数方案［2010］HKCU 273。

②立遗嘱人的行为能力

订立遗嘱的能力是指订立有效遗嘱所需的精神上的行为能力。其中主要方面以及相关的成文法及判例法等可详见“内地与香港遗产管理”一章。以下将以真实判例说明上述法律规则在实际中的运用。

案例分析：蔡某珍及另外一方诉区某麟案[①]

在此案中，立遗嘱者在2002年订立了一份遗嘱（以下简称2002年遗嘱），时年86岁。后在2008年订立了另外一份遗嘱（以下简称2008年遗嘱），时年92岁，居住在养老院，长期患病。

2002年遗嘱表明，遗留的所有资产将由6个孙子女平均分配。2008年遗嘱则表明撤销2002年遗嘱，遗留的所有资产将由其中2个儿子及2个孙子分配，不包括4个孙女。

此案的争议点是：立遗嘱者是否有效签立2008年遗嘱；立遗嘱者签立该遗嘱时，是否具有立遗嘱的能力；签立该遗嘱时，立遗嘱者是否知悉和同意该遗嘱的内容。在遗嘱认证诉讼中，原审法官原本采纳了长子所提出的2008年遗嘱，确认了2008年遗嘱的效力和有效性，但后来幼子上诉并且成功。

在2008年遗嘱订立时，立遗嘱的指示并非由立遗嘱者亲自传达给律师，而是通过长子，且由长子安排的律师在为遗嘱签署而去往养老院之前从未与立遗嘱者有任何联系。在遗嘱签署前，律师向立遗嘱人宣读并解释了遗嘱，但立遗嘱人向律师表示他不理解遗嘱的内容。而律师向他再次解释遗嘱内容后，立遗嘱人表示他理解了遗嘱的内容。对此，上诉法庭裁定，未能证明立遗嘱人具有立遗嘱的行为能力，撤销判决2008年遗嘱形式合法的决定，并且下达命令，宣布2002年遗嘱就其效力和真实性而言形式合法。

在此案中，律师并没有根据核对表进行查验，因而备受法庭批评。上诉法庭也由此案给了律师以下指引：如果草拟遗嘱的指示，是由年老或健康欠佳的立遗嘱人的成年子女作出，律师为适当履行其职务，应在指定的遗嘱签立日期

---

① 蔡某珍及另外一方诉区某麟案（CACV177/2017）。

之前与立遗嘱人亲自会面，以取得其指示或确认有关指示。另外，当律师为年迈或重病的立遗嘱人准备签署遗嘱时，应由医生作为见证人，并由医生记录其对立遗嘱人的检查及结果。同时，律师还应查验立遗嘱人先前的遗嘱，并与立遗嘱人讨论相关修改事宜。

③知情权及认可

在签立遗嘱时，立遗嘱人必须对遗嘱的内容知情且认可。通常而言，如果证明了立遗嘱人具有充分行为能力以及遗嘱已有效签立，如无相反证据，则无须援引更多证据证明立遗嘱人对遗嘱内容知情且认可。

案例分析：覃某金诉汇丰国际信托有限公司及另外数方案[①]

2003 年 12 月 30 日，著名粤语歌手及演员梅艳芳过世，留下其母亲覃某金以及她的两位哥哥。

梅艳芳于 2003 年 12 月 3 日签立遗嘱，将其剩余遗产设立为一个酌情信托(discretionary trust)(以下简称信托)，该信托于遗嘱签立日同日通过契据设立。她的遗嘱任命汇丰国际信托有限公司(HSBC International Trustee Ltd.)作为遗嘱的唯一执行人以及信托的受托人。覃某金是梅艳芳遗嘱的受益人之一，她可享有“每月 70,000 港元的津贴直到她去世，以维持她当时拥有一个司机和两位佣人的生活水平”。

2004 年，覃某金试图挑战梅艳芳遗嘱以及信托的有效性，并且要求声明“(梅艳芳)去世时无遗嘱，我应被授予遗产管理书以管理逝者遗产”。

当时原诉法庭负责审理的法官驳回了她的申索，认为“遗嘱由梅艳芳有效签立，她在签署时具有充分的立遗嘱行为能力，了解且认可遗嘱的内容”。覃某金的上诉也被上诉法庭和终审法院驳回。

(2)就无遗嘱者的遗产委任遗产管理人

相比于内地遗产管理人主要通过各继承人共同推选产生的规定，香港主要根据成文法规定的优先次序，以及法院行使自由裁量权进行任命。

---

① 覃某金诉汇丰国际信托有限公司及另外数方案[2008]HKCFI 1023。

根据《香港法例》第10章《遗产认证及遗产管理条例》第36条的规定，法院对任命遗产管理人具有广泛的自由裁量权。这一自由裁量权必须根据案件的实际情况行使。法院不仅会考虑与遗产本身及其管理人相关的因素，还会考虑其认为必需或便利的因素来决定如何任命遗产管理人。在这一过程中，原告承担举证责任，而法院应客观合理地衡量其提供的证据。

案例分析：曾某灵诉侯某珠及另外一方案[①]

原告是被继承人的亲生女儿，由其母亲代为起诉，聆讯时原告15岁，是未成年人。第一被告是被继承人的法定妻子。第一被告和被继承人是第二被告的父母。

被继承人生前在内地创办了企业，经营一家工厂（以下简称东莞公司）。东莞公司由一家香港公司全资持有。被继承人于2009年逝世，未立遗嘱。由于死因裁判法庭的程序规定，被继承人的死亡证在2010年8月才颁发。

2011年1月，原告母亲和被告在内地展开诉讼，当时被告拒绝承认原告是被继承人的亲生女儿。在内地诉讼判决之前，2011年5月4日，第一被告以遗孀的身份提交了第一次遗产管理书申请（以下简称第一次申请）。第一被告并没有将原告列为被继承人的合法女儿。

2011年8月9日，内地法院凭借DNA报告认可原告是被继承人的亲生女儿。在内地法院判决之后，两名被告在2012年7月11日提交了第二次遗产管理书共同申请（以下简称第二次申请），这次被告将原告列为被继承人的女儿和遗产的受益人。很明显，第二次申请是由被告共同提出的，因为涉及未成年人权益的，遗产管理应授予不少于两个人。[②] 原告和两名被告对他们三人是仅有的三名有权获得被继承人无遗嘱遗产的受益人是没有争议的。

但在提交了第二次申请之后，原告和两被告谈判均未果，第二次申请没有进一步进展，陷入僵局。因此，原告向法庭申请，请求法庭根据《香港法例》第10章《遗嘱认证及遗产管理条例》第36条任命两名职业遗产管理人，以此推

① 曾某灵诉侯某珠及另外一方案[2015]HKCU 2238。

② 《香港法例》第10章《遗嘱认证及遗产管理条例》第25(1)条。

进继承程序。被告反对原告的申请。

法院行使了自由裁量权，任命两名职业遗产管理人来管理被继承人的遗产，认为这是“必要和便利的”。理由是：①第二被告在被继承人去世后干预了部分资产的处理，法庭认为他不适合担任遗产管理人。②如上述所提及，涉及未成年人权益的，遗产管理授予至少要两个人。由于仅有三名受益人，原告是未成年人，第二被告不适合担任遗产管理人，第一被告又未曾表示愿意和一名职业遗产管理人来管理被继承人的遗产。③第一被告在管理遗产方面没有经验，本来就需要聘用专业人士协助。④考虑到遗产的价值，法庭认为因职业遗产管理人而产生的支出合理。

（3）撤销遗嘱的认证书或遗产管理书

根据《香港法例》第 10 章《遗嘱认证及遗产管理条例》第 33 条的规定，如果高等法院认为任何遗嘱认证或遗产管理本不应授予，或觉得其中有错误，一般可基于以下两点理由撤销授予：

①被继承人实际上立有遗嘱，而法院基于申请人虚假或错误的陈述误以为被继承人没有遗嘱，从而授予了遗产管理书。在这种情况下，遗产管理书应被撤销。

② 在单方面申请中提出了未曾披露的重要事实。

如果要以被继承人实际立有遗嘱为理由撤销遗产管理书，关键在于要有证据证明遗嘱的有效性。法院不应仅以各方无法达成合意为由撤销遗产管理书或遗嘱认证书。

案例分析：卡拉哈博达斯有限公司诉印尼国家石油天然气开采公司案[①]

原告清晰且不可撤回地告知被告：①被继承人立有遗嘱；②根据遗嘱，唯一的遗嘱执行人及受益人是原告。然而，被告仍设法向法院申请了被继承人遗产的遗产管理书。

该遗产管理书被成功撤销的原因是，被继承人立有遗嘱以及存在被告未披

① 卡拉哈博达斯有限公司诉印尼国家石油天然气开采公司案［2020］HKCFI 343。

露的重要事实。

本案中，被告被命令支付双方讼费，因为被告故意无视原告关于遗嘱存在的通知，并导致了未能将这一事实披露给遗产承办处。

虽然遗嘱认证诉讼的讼费支付由法院自由裁量，但正如其他的诉讼一样，一般原则是败诉方承担讼费。

而在覃某金诉汇丰国际信托有限公司及另外数方案[①]中，法庭亦总结了与遗嘱认证诉讼讼费相关的法律原则。

2. 遗产管理（分配）诉讼

与内地诉讼继承方式不一样，在香港，当遗产代理人和受益人之间就遗产管理问题产生纠纷时，通常各方会向法庭寻求解决方法以妥善管理遗产。其中涉及的法律程序就被称为遗产管理诉讼（administration action），其程序由《香港法例》第4A章《高等法院规则》第85号命令规定。

（1）遗产管理诉讼的范围

根据《香港法例》第4A章《高等法院规则》第85号命令第1条的规定，遗产管理诉讼指“为获得在法庭指示下进行死者遗产管理而提出的诉讼，以及为获得在法庭指示下进行信托执行而提出的诉讼”。

（2）遗嘱解释的一般原则

就遗嘱内容的理解产生异议是遗产管理诉讼产生的一个常见原因。法院对于遗嘱解释的一般规则可总结为如下几点：

在解释遗嘱时，法院的首要责任就是确定立遗嘱者的意愿：

①一般根据遗嘱用词的通常含义解释遗嘱内容，并将遗嘱作为一个整体进行解释；

②在确定立遗嘱者意愿时，法院采取整体视角，以遗嘱整体作为语境对遗嘱内容以及立遗嘱者的意愿进行解读；

③法院并不会脱离语境解释遗嘱，而是根据立遗嘱人立遗嘱时所知所感的

---

① 覃某金诉汇丰国际信托有限公司及另外数方案［2008］HKCFI 1023。

周围因素来解释其用词。

(3)贝多命令(受托人特许令)

贝多命令(Beddoe order),也称为受托人特许令,即准许受托人为受益人提起诉讼或抗辩的命令。

虽然一个遗产代理人如以遗产代理人的身份成为任何法律程序的一方,有权从其持有的遗产中取回该等法律程序的讼费,但法庭仍可能以“该受托人或遗产代理人实质上曾为其本人的利益而非为该基金或款项的利益行事”为理由反对。[①] 因此,一名遗产代理人如果被诉或即将被诉,为避免法庭以上述理由反对自己从遗产中取得讼费,常常会申请贝多命令,以获得法庭准许,为自己后续取回讼费增加保障。

在决定是否要颁布一个贝多命令时,法院会考虑下列三个问题:

①遗产管理人的申索的优势和劣势是什么?

②有哪些方式可以支付遗产管理人的讼费?

③该申索或抗辩的预估讼费是多少?

(4)申请本杰明命令(受益人失踪令)

如果遗产代理人不确定谁有权获得遗产,遗产分配可能会被暂时搁置,例如,一名潜在的遗产受益人多年来杳无音信等。在这种情况下,遗产代理人可向法院申请本杰明命令(Benjamin order),即允许他们基于特定事项发生或没发生的情况进行遗产分配的命令。本杰明命令的作用是对特定事项的假定在后续被发现与事实不符的情况下,免除遗产代理人的责任。因此,如果一个本来被认为在立遗嘱人去世前就已去世的遗产受益人后又突然出现,这名遗产受益人无权对遗产代理人就其本应享有的遗产份额而提出申索。但这名遗产受益人可以基于衡平法,向得到错误分配的其他遗产受益人提出申索。

(5)诉讼待决期间的遗产管理

《香港法例》第10章《遗嘱认证及遗产管理条例》第40条规定,凡涉及遗

① 《香港法例》第4A章《高等法院规则》第62号命令第6条。

嘱效力或为获取、召回或撤销任何授予的法律程序仍然待决时，法院可任命遗产管理人。

如果仅仅是因为存在待决诉讼且没有遗产代理人管理遗产，法院并不会自动任命诉讼待决期间的遗产管理人。只有在考虑了所有实际情况之后，法院认为有必要或适合任命诉讼待决期间遗产管理人时才会任命，比如有必要在诉讼待决期间保护遗产，或为保护遗产有必要向第三方在诉讼待决期间采取法律行动等。

（6）《财产继承〈供养遗属及受养人〉条例》

根据《香港法例》第 481 章《财产继承〈供养遗属及受养人〉条例》[Inheritance（Provision for Family and Dependants）Ordinance, IPFDO]第 3 条和第 4 条，如果依照被继承人遗嘱或关于无遗嘱继承的法律，或综合被继承人遗嘱及该等法律而作出的遗产处置并没有为申请人提供合理经济给养，且满足一定条件，便可向高等法院申请从被继承人遗产中提供"合理经济给养"。

同样，内地的法律也有类似规定。根据《民法典》第 1131 条的规定，在法定继承中，对继承人以外的依靠被继承人扶养的人，或者继承人以外的对被继承人扶养较多的人，可以分给适当的遗产。根据《民法典》第 1141 条的规定，遗嘱应当为缺乏劳动能力又没有生活来源的继承人保留必要的遗产份额。遗嘱人未保留缺乏劳动能力又没有生活来源的继承人的遗产份额，遗产处理时，应当为该继承人留下必要的遗产，所剩余的部分，才可参照遗嘱确定的分配原则处理。

回到香港法律框架下，如果要根据 IPFDO 第 3 条及第 4 条向高等法院申请从死者遗产中提供"合理经济给养"，需要满足以下两个条件：

①被继承人以香港为居籍，或在紧接他或她去世前的 3 年内曾在任何一段时间内通常居于香港；

②申请人属于被继承人"受养人"范畴，包括其尚存配偶、子女（无论是否婚生）、父母、兄弟姐妹甚至任何在紧接被继承人去世前完全或主要靠被继承人供养的人。①

① 《香港法例》第 481 章《财产继承〈供养遗属及受养人〉条例》第 3 条。

如果申请是根据 IPFDO 第 4 条提出，法院必须考虑 IPFDO 第 5 条中列出的因素来决定以下问题：

①被继承人遗产的分配处理是否为申请人提供了合理的经济支持；

②如果没有，法院应如何行使其权力。

IPFDO 第 5 条列出的因素包括：

①申请人和被继承人遗产的任何受益人所拥有或在可预见的将来相当可能会拥有的经济资源、所面对或在可预见的将来相当可能会面对的经济需要；

②申请人和被继承人遗产的任何受益人在肢体或心智上的弱能状况；

③被继承人对任何申请人和被继承人遗产的任何受益人所负有的任何义务和责任；

④被继承人净遗产的多少及性质。

案例分析：陈某端诉黎某及另七人案[①]

原告与第一被告（被继承人）为合法夫妇。被继承人一直供养原告，与原告和视如己出的继子同住。其后，被继承人购买一处物业作为婚姻居所。

被继承人随后病逝，留有一遗嘱。根据遗嘱指示，他遗赠原告的两项财产价值微薄甚至已不存在，反而将婚姻居所赠与居于内地的侄儿侄女。因此，原告根据 IPFDO 提出申请，指控被继承人没有作出合理经济给养，要求法庭下令将香港物业转移给她。

由于如果依照被继承人遗嘱，原告人随时可能无家可归，反而侄儿侄女都是内地公民，没有证据显示他们需要婚姻居所作为居处，也没有证据显示他们需要经济的支持，加上婚姻居所是由原告人和被继承人共同储蓄创建，法庭也考虑到原告已经移居香港多年，再回归祖籍有一定困难，所以裁定被继承人没有为原告作出合理的经济给养安排，依据 IPFDO 第 4 条，命令将香港物业转移给原告。

从以上案例分析中可以看出，内地和香港在遗产继承实务上存在较大差

① 陈某端诉黎某及另七人案 DCMP 2246/2001。

异，主要体现在法律依据、继承方式和程序以及争议解决方式等方面。这些差异既有历史的原因，也有现实社会的影响。因此，内地与香港的遗产继承实务应根据各自的特点和需要，加强业界沟通和协调，了解彼此的法律制度，保护当事人的合法权益，促进家庭和社会和谐。

第六章　从法律维度看内地与香港房地产制度异同

房地产一直是与民生和经济投资都息息相关的重要领域。该领域的法律法规规范着房地产交易的有序运作。香港作为我国实行普通法体系的特别行政区，其房地产相关法律与内地有所不同。本章将从土地制度、房地产的持有形式、房地产交易时土地权益的确认及公示方式等几方面对内地与香港房地产制度进行对比，为内地与香港法律从业者提供参考。

一、内地与香港土地制度总览

内地与香港的土地制度总体类似，都由国家持有土地的所有权，并将土地使用权通过政府出让、划拨、批出租契等方式交予个人或集体。

（一）内地：社会主义公有制

内地实行土地的社会主义公有制，即全民所有制和劳动群众集体所有制。全民所有，即国家所有土地的所有权由国务院代表国家行使。[①] 具体来说，内地实行城乡二元的土地公有制结构，城市市区的土地属于国家所有，农村和城市郊区的土地，除由法律规定属于国家所有的以外，属于农民集体所有。[②]

此外，国家按照所有权与使用权分离的原则，实行城镇国有土地使用权出让、转让制度，国有土地可以依法出让、划拨给单位或个人使用，[③] 单位和个人

---

① 《土地管理法》第2条。

② 《土地管理法》第9条。

③ 《土地管理法》第10条。

在一定的期限内对土地享有使用权。具体的使用年限由法律进行严格的规定，政府部门根据国家总体规划，将土地按照住宅、商业或者其他类别进行出让，土地使用权出让最高年限按下列用途确定：（1）居住用地70年；（2）工业用地50年；（3）教育、科技、文化、卫生、体育用地50年；（4）商业、旅游、娱乐用地40年；（5）综合或者其他用地50年。取得土地使用权的土地使用者，其使用权在使用年限内可以转让、出租、抵押或者用于其他经济活动。

（二）香港：政府批租制

根据《香港特别行政区基本法》，香港境内的土地和自然资源属于国家所有，由香港政府负责管理、使用、开发、出租或批给个人、法人或团体使用或开发。[①]

绝大部分香港的土地由特区政府通过批出租契（lease）的形式，交予个人、法人或团体使用或开发。[②]因此，获得授权的个人、法人或团体仅获得一段期限内的土地权益。

法律规定针对土地可享有的权益称为法定产业权（legal estate），其中包括：（1）土地的绝对年期（term of years absolute）；（2）土地或其上的任何地役权（easement）、权利（right）或特权（privilege）的法定权益，而土地的权益相当于绝对年期者；（3）法定押记（legal charge）。[③]在现实生活中，产业权可通过租契（lease）、地役权约定、契诺（covenant）、押记或按揭等形式实现。

土地的法定产业权具有所有人权益（proprietary interest）的性质，具体表现为权益跟随土地流转。当土地的业权转移时，原业权人与该土地相关的权利与义务均会转移给新业权人，即使新业权人并未参与缔结产生这些权利义务的合同。

但若要根据所有人权益性质向第三人行使土地产业权，该土地产业权须满足以下4个要素才可被认为具有所有人权益性质：（1）土地产业权可确定；

---

① 《香港特别行政区基本法》第7条。

② 例外为圣约翰座堂（St John's Cathedral），其是香港唯一具有永久业权（freehold）的土地。

③ 《香港法例》第219章《物业转易及财产条例》第2条。

(2)第三方可认知;(3)就其性质而言可转让;(4)有一定程度的稳定性或永久性。①

内地法律对于房地产上附着的其他权益也有类似规定,如地役权未经登记不得对抗善意第三人等。② 虽然在香港房地产制度背景下,将土地产业权在土地注册处进行登记,是最常用且有效的使第三方认知到此土地产业权存在的方式,但与内地不同,香港并未排除其他使第三方认知到该地役权的方式。

二、房地产的持有形式

内地与香港的房地产持有形式总体相似,均有单独持有和两个或以上组织、个人共同持有几种形式。本部分主要比较内地与香港房地产的共有形式。

(一)内地:按份共有以及共同共有

根据《民法典》,不动产可以由两个以上组织、个人共有。共有包括按份共有以及共同共有两种形式。③

按份共有,指数人按应有份额对共有物共同享有权利和分担义务。在按份共有中,各共有人对共有物享有不同的份额。各共有人的份额,又称应有份,其具体数额一般由共有人按照约定明确。在按份共有中,每个共有人对共有财产享有的权利和承担的义务,是依据其不同的份额确定的,而共有人之间对于份额的确定,可以根据协议约定均等或不均等分配。

共同共有,指根据某种共同关系而对某项财产不分份额地共同享有权利并承担义务。共同共有的特征是根据共同关系而产生,以共同关系的存在为前提,例如,夫妻关系、家庭关系。其中,以夫妻关系所产生的共有最为特别,配偶所享有的份额不以登记为准,主要看产权取得的时间及双方约定。例如,夫妻双方在婚后购买/取得的不动产,即使只登记在配偶一方名下,但根据《民

---

① 英国国民省银行诉安某斯沃斯案[1965]A.C.1175。

② 《民法典》第374条。

③ 《民法典》第297条。

法典》婚姻家庭编的规定，另一方对该不动产也享有产权；又如，夫妻一方在婚前购买的房产，可在婚内进行财产约定，约定该房产为夫妻双方共同所有，则即使该房产仅登记在一方名下，另一方在离婚时仍然可要求对该房产进行分割。在共同共有关系存续期间，共有财产不分份额，各共有人平等地对共有物享受权利和承担义务。

共同共有可以通过协议约定为按份共有，但按份共有无法通过约定形成共同共有。在实践操作中，共同共有的产权人之间需要先明确各自的份额之后，方能进行买卖、赠与等权属转移行为。

共有人出售份额给共有人之外的第三人，须取得其他第三人的同意之后方可办理转让手续，共有人在交易中具有优先购买权。

（二）香港：联权共有以及分权共有

和内地相同，香港的房地产也支持共同持有，分为两种形式：（1）联权共有（joint tenancy）；（2）分权共有（tenancy in common）。

1. 联权共有

联权共有，俗称“长命契”，类似内地法律规定的共同共有，指的是两人或多于两人共同拥有某项土地财产的业权，各人权益相同。

与内地不同的是，在联权共有制度下，一人去世后，其业权归于余下在世者；而在内地的共同共有制度下，共同共有人去世后，其财产权益并非自动归剩余的共同共有人，而是归于其继承人。如果继承人是剩余的共同共有人之一，则由剩余的共同共有人继续共同共有该财产；如果继承人不是共有人，则须先明确去世的共同共有人在共同共有财产中的份额，方能办理继承手续。

此外，香港的联权共有制度并不要求各联权共有人之间存在某种特定关系，而内地的共同共有制度是根据共同关系而产生，以共同关系的存在为前提，如夫妻关系、家庭关系。

2. 分权共有

分权共有，类似内地法律规定的按份共有制度，指的是两人或多于两人按不分割份数的均等或不均等份额各自拥有同一项土地财产的业权，一人去世后，其业权归其继承人。

三、房地产交易过程中土地权益的确认及公示方式

房地产权益的公示方式一般可分为产权登记制度（registration of title）和契约登记制度（registration of deeds）。两者区别在于其登记效果。在产权登记制度下，房地产一经登记，业主的权益就得以确认，经过登记的房地产产权受到法律保护，任何人不得侵犯。而在契约登记制度下，政府将与房地产产权相关的资料按照先后顺序进行登记，而不对资料的效力、真实性等进行审查。政府既不保证已登记的房地产业主的产权合法，也不保证其登记资料的法律效力，其登记的作用主要在于表明优先性，即已登记的房地产业权优先于未登记的，并且使信息公开，以便进行房地产交易。①

（一）内地：产权登记制度

内地的房地产登记制度，可归类为产权登记制度。一般来说，房地产上物权的设立、变更、转让和消灭须依法登记于不动产登记簿上，方可产生效力。②不动产登记簿是不动产物权归属和内容的依据。③不动产物权从记载于不动产登记簿之日起发生效力。④

1. 产权登记

房地产登记手续，必须到不动产登记部门办理，如果产权人不能亲自办理，则需要通过公证办理委托手续，由受托人前往办理。产权人办理登记后，不动产登记部门会颁发不动产权证书，即俗称的房产证。不动产权证书是以单元为单位进行登记，即使有多个产权人共有，也只有一个登记字号，具有唯一编码。不动产权证书会记载产权人姓名、证件号码、权属来源等相关信息，以及不动产的坐落、界址、空间界线、面积、用途等自然状况。

---

① 李倩:《香港房地产登记制度及其启示》，载《中国房地产》2000年第12期。
② 《民法典》第209条。
③ 《民法典》第216条。
④ 《民法典》第214条。

2. 产权信息查询

不动产登记信息依申请公开，申请人需与产权存在利害关系，如拟购买、承租、受赠、继承等，如非利害关系人不得申请公开。而在实践中，各个城市对于申请公开的标准不一样，所需要的资料也会有所不同，以广州市和深圳市为例，两者存在很大的不同。在广州，知道明确的产权地址就可以查询到简单版的不动产登记查册表，记载有房屋的基本情况，包括权利性质、不动产权证号、登记时间、建筑面积、有无共有情形、有无抵押权登记、有无查封登记或其他限制处分情形等相关信息，但无法显示权利人名称，也无房屋历史档案资料；而在深圳，则需要提供证据证明存在买卖合约、承租合同、诉讼纠纷等利害关系，方能查询。

3. 产权交易

在内地，房屋买卖过程中房地产中介机构仍然居于主导地位。由中介机构居间联系买卖双方，对交易房屋进行实体查看，磋商交易细节，提供买卖合同，寻找按揭机构，到不动产登记机构办理产权过户登记手续。

随着民众法治意识的提高，有部分客户开始有意识地委托律师介入，参与房屋交易的过程，如对买卖合同条款及交易细节进行谈判、税费规划、配合双方办理过户手续等。律师在交易过程中，会建议买卖双方明确交易房屋的基本情况，如权利人基本信息，有无抵押权登记、居住权登记、司法查封等限制交易的情形，以及买卖双方在房屋交易时是否符合当地房地产市场限购、限售政策，税费减免条件。

4. 房屋存在抵押权登记时如何处理

房屋交易过程中，如交易房屋存在抵押登记，则需明确该抵押权的具体情形。《民法典》施行后，抵押期间，抵押人可以转让抵押财产。当事人另有约定的，按照其约定。[①] 如双方无特别约定，则买卖双方可以选择带抵押过户，减少交易程序。

---

① 《民法典》第406条。

如果双方约定，需经过抵押权人同意才能办理转移登记，则卖方需先办理抵押权涂销登记，方可办理转移登记手续。

5. 房屋存在司法查封情形时如何处理

如交易的房屋存在司法查封，则需先解除该查封情形，方可办理转移登记手续。

（二）香港：土地契约注册制度

与内地不同，香港现实行土地契约注册制度，其效力类似于契约登记制度。根据这一制度，土地及其上建筑物的有关资料均会载入相关土地登记册内，由土地注册处（Land Registry）管理。在交纳一定的费用之后，公众即可在线上和线下进行土地查册，并获得相关文件的复印本。

与内地的产权登记制度不同，香港土地注册处并不保证其登记的相关契据的法律效力，也不保证谁是真正的业主。因而仍需要买方律师对业权契据文件进行验证及确认、对土地及房产进行视察，从而确定业权的真实性。因此，在需要进行土地权益确认时，如在进行房地产交易时，交易双方会聘请律师进行包括土地权益确认在内的交易流程手续。

在买方律师确认之前，为稳妥起见，卖方律师通常会预先确认卖方的权益是否有瑕疵。卖方律师会首先从卖方处获得所有业权契据（title deeds），并在土地注册处以及公司注册处进行初步的检索。确认之后，卖方律师会将业权契据交给买方律师进行业权质询（requisition on title）。

买方律师收到业权契据之后，首先会在土地注册处对房产进行查册。如果买方或卖方是公司，还需要在公司注册处进行查册。买方及贷款银行亦有权进行房产的实地视察。买方律师会根据查册结果以及业权契据从以下几个方面对房产的业权进行确认和检验。

1. 所有权流转历史是否完整

买方律师会查验收到的业权契据是否显示了一条从政府租契（government lease）或者中期业权根源（intermediate root of title）直到卖方的完整所有权流转链条。其中，中期业权根源指的是：（1）售卖合约日期前 15 年内的政府租契;(2)文件日期在售卖合约日期之前至少15年的、处理全部产业权和权益的文件,比如转让契(assignment)、以转让方式作出的按揭文件(mortgage by assignment)或法定押记文件(legal charge)。[①]

2. 有无未还清的按揭贷款

卖方律师交付的业权契据中包含待交易房产的所有按揭文件,包括当前的按揭文件。买方律师需要确认待交易房产的所有历史按揭是否都已被清偿。在交易完成时,当前按揭的清偿一般会由买方律师直接从房款分拆支票送交贷款银行。

3. 是否需要补充文件

买方律师需要根据物业交易相关法律法规判断是否需要卖方提交补充文件证明待交易房产的业权合法合规。常见的瑕疵有违规建筑、违法占用、违反大厦公契等。因此,买方律师可能要求卖方律师提供一些补充文件,比如合规证明书(certificate of compliance)、占用许可证(occupation permit)、大厦公契(deed of mutual covenant)等。

4. 房产业权没有负担义务或瑕疵

买方律师需要根据土地查册结果以及业权契据确认这些文件中是否有迹象表明待交易房产的业权上附有额外的负担义务或者瑕疵,例如建筑事务监督(building authority)的命令、由大厦公契产生的未结清费用、未决诉讼、按揭、未完成的售卖合同等。买方律师需要查证这些潜在的负担义务与瑕疵是否会影响交易安全。

如果买方律师对业权有疑问,可书面向卖方及卖方律师提出业权质询。卖方及卖方律师有义务对买方提出的查询进行回复,负有证明其享有该财产业权的责任,且需要承担证明过程中可能产生的费用。[②]

---

① 《香港法例》第219章《物业转易及财产条例》第13条。

② 《香港法例》第219章《物业转易及财产条例》附表2,A部,第9条。

最后在买方律师的综合建议下，买方需要决定是否能确信卖方可以将房产的业权安全、合法地转移给自己，以及是否与卖方继续进行交易。香港房产交易无疑带给律师相当的业务量，但如因律师疏忽而导致客户购入有问题的业权，律师将负责赔偿所引致的损失。

5. 未来发展方向

由于根据香港土地登记册不能确定地上物业拥有权，在每次进行物业交易时都需要彻底翻查过往业权文件。如果交易多次，对于过往业权文件的清查也可能需要重复进行，消耗交易双方的时间、精力以及金钱。在此背景下，香港政府于 2004 年草拟了《香港法例》第 585 章《土地业权条例》(现仍未生效)，意图以业权注册制度取代契约注册制度，从而使土地业权通过注册获得，为物业业权提供更大保证和明确性，并且简化物业转易程序。一般而言，除一些凌驾性权益外，业权注册记录是物业业权不可推翻的证据。①

在《香港法例》第 585 章《土地业权条例》正式生效前，土地注册处仍在广泛咨询公众和持份者，并且将来会向香港立法会提交有关《香港法例》第 585 章《土地业权条例》的修订草案，以制定新的两阶段转换机制及新土地先行方案。② 目前来看，距离《香港法例》第 585 章《土地业权条例》正式生效并发挥作用还有漫长的过程。③

内地和香港的土地制度均以土地公有为原则，但在不同的法律体系下呈现出不同的房产权属公示形式，化繁为简，现以表 2-6-1 概括之。

① 香港立法会发展事务委员会:《在“新批土地”实施业权注册的方案》，载香港立法会发展事务委员会官网 2022 年 12 月 19 日，https://www.legco.gov.hk/tc/legco-business/committees/panel.html?development&2024#papers-and-reports&cat=g。

② 香港土地注册处:《制定后的检讨及业权注册的准备工作》，载香港土地注册处官网 2024 年 3 月 11 日，https://www.landreg.gov.hk/tc/title/postenactment.htm。

③ 香港立法会发展事务委员会:《在“新批土地”实施业权注册的方案》，载香港立法会发展事务委员会官网 2022 年 12 月 19 日，https://www.legco.gov.hk/tc/legco-business/committees/panel.html?development&2024#papers-and-reports&cat=g。

表 2-6-1　内地和香港房产权属公示形式及律师在房地产交易中的角色

权属公示形式	内地	香港
共有形式	共同共有：其中一名共同共有人去世，其财产权益归其继承人所有	联权共有：其中一名联权共有人去世，其业权归剩余的联权共有人所有
对第三人行使土地权益	主要以登记为准，未经登记不得对抗善意第三人	未排除除登记外其他使第三方认识到该土地权益方式的有效性 须满足 4 个要素：(1)土地产权可确定；(2)第三方可认知；(3)就权益性质而言可转让；(4)有一定程度的稳定性或永久性
公示登记制度	产权登记制度：一般来说，房地产上物权的设立、变更、转让和消灭须依法登记于不动产登记簿上方可产生效力	土地契约注册制度：土地注册处并不保证其登记的相关契据的法律效力，也不保证谁是真正的业主，须通过律师进行土地权益确认以及其他交易流程手续
	须有利害关系方可进行房地产查册	无须证明利害关系，普通公众交纳一定费用即可在土地注册处对房产进行查册
律师在房地产交易中的角色	尚未普遍介入房地产交易过程，但亦有部分客户开始委托律师处理合同谈判、税费规划、办理过户等工作	普遍需要律师确认交易业权的真实性以及是否存在权利瑕疵及风险，并办理其他相关的交易流程手续

比较内地与香港房产制度的不同，有助于增进内地与香港法律工作者对彼此法域以及彼此相关工作内容的认识，从而促进内地与香港间业务合作。

第三篇
商事与投资

第一章　内地与香港公司法主要不同概念及实务

一、内地与香港公司法中的主要不同概念

2023 年 12 月 29 日，第十四届全国人民代表大会常务委员会第七次会议表决通过了新修订的《公司法》，于 2024 年 7 月 1 日起施行。《香港法例》第 622 章《公司条例》则自 2014 年 3 月 3 日生效。

香港公司法既包括成文法，即《香港法例》第 622 章《公司条例》，也包括与公司相关的判例法。香港公司法既承袭了普通法系公司法的传统，又立足于香港的实际。比较分析内地与香港公司法的异同，可互通有无、取长补短，促进内地与香港商业活动发展。

（一）公司的分类

内地公司分为有限责任公司和股份有限公司。有限责任公司是指由一个以上五十个以下的股东出资设立，每个股东以其所认缴的出资额为限对公司承担责任，公司以其全部资产对公司债务承担责任的经济组织。股份有限公司是指公司的全部注册资本由等额股份构成，并通过发行股票（或股权证）筹集资本，每个股东以其认购的股份为限对公司承担责任，公司以其全部资产对公司债务承担责任的经济组织。

香港根据公司成员承担的法律责任是否有上限，将公司分为有限公司（limited company）和无限公司（unlimited company）。如某公司的成员的法律责任无上限，则该公司属于无限公司。[1] 有限公司可进一步分为股份有

---

① 《香港法例》第 622 章《公司条例》第 10 条。

限公司（company limited by shares）以及担保有限公司（company limited by guarantee）。[①]

担保有限公司是指没有股本的公司，且该公司的章程细则将其成员的法律责任限于该成员借该章程细则承诺在该公司清盘时支付作为该公司资产的款额。[②]

如果某公司的章程细则将其成员的法律责任限于该成员持有的股份的未缴数额，则该公司属于股份有限公司。[③]

此外，根据公司章程细则是否对成员转让股份的权利以及公司成员的人数有限制，可分为私人公司（private company）和公众公司（public company）。

私人公司：（1）公司的章程细则限制成员转让股份的权利，且将成员最高人数限于50人，以及禁止邀请公众人士认购该公司的任何股份或债权证；（2）公司不属于担保有限公司。[④]因此，私人公司可包括股份有限公司、无限公司以及保证有限公司。

公众公司：如果一个公司既不属于私人公司，也不属于担保有限公司，则属于公众公司。[⑤]

（二）"注册资本"与"股本"

在香港，与"注册资本"概念类似的是"股本"（share capital）。"股本"是香港公司法中的概念，指的是所有股东为其各自在公司的股份所支付的资金的总和。同时，在公司清盘时，公司也负有将这些股本返还股东的相应的义务。

现行的香港公司法对公司股份的票面价值没有最低价限制（no par value regime）。因此，与之相关的其他概念，如股份溢价（share premium），即超出票面价值的部分价值，也不复适用，仅分为已缴股本和未缴股本。在此机制下，公司能够更灵活地架构自己的股本以适应发展需要。

---

① 《香港法例》第622章《公司条例》第7条。
② 《香港法例》第622章《公司条例》第9（1）条。
③ 《香港法例》第622章《公司条例》第8（1）条。
④ 《香港法例》第622章《公司条例》第11（1）条。
⑤ 《香港法例》第622章《公司条例》第12条。

(三)股份的配发与转让

根据《公司法》(2023修订)第59条,有限责任公司的股东会有权决议增加公司注册资本。在内地,有限责任公司股权的转让一般通过股权转让协议进行。股权转让自合同成立时生效,对股权转让双方发生效力。根据《公司法》(2023修订)第56条的规定,记载于股东名册的股东可以依股东名册主张行使股东权利。当事人之间转让有限责任公司股权,受让人以其姓名或者名称已记载于股东名册为由主张其已经取得股权的,人民法院依法予以支持,但法律、行政法规规定应当办理批准手续生效的股权转让除外。未向公司登记机关办理股权变更登记的,不得对抗善意相对人。①

而在现行香港公司法框架下,除了按公司成员既有的持股比例向他们配发股份(rights offering/ bonus issue),②公司配发新股份必须经过公司成员大会(general meeting)的决议通过。③

此外,如要转让香港私人公司的股份,需要通过转让文书(instrument of transfer)④以及成交单据(bought and sold notes)。其中,转让文书转移股份的法定权益(legal interest),而成交单据转移股份的实益权益(beneficial interest)。在两份文件签署完毕并缴纳印花税之后,⑤即可提交公司批准,⑥以向买方出具股票证书(share certificate),并将其登记于成员登记册(register of members)中。

(四)"公司秘书"

公司秘书(company secretary)是香港公司法以及英美法系下的特别设置,内地并无类似规定。根据香港公司法,每个公司必须有一名公司秘书。⑦公司秘书可以是自然人,也可以是法人团体。如果是自然人,则须通常居住于香

① 《全国法院民商事审判工作会议纪要》第8条。
② 《香港法例》第622章《公司条例》第140(2)条。
③ 《香港法例》第622章《公司条例》第141(1)条。
④ 《香港法例》第622章《公司条例》第150条。
⑤ 《香港法例》第117章《印花税条例》第15(2)条。
⑥ 《香港法例》第622章《公司条例》第151条。
⑦ 《香港法例》第622章《公司条例》第474(1)条。

港；如属于法人团体，其注册办事处须设于香港或在香港有营业地点。[①]

公司秘书的作用主要在于保证公司的运营合法合规，其主要职能包括负责处理公司税务、保存并更新公司文件、安排并参加会议、更新公司登记资料，以及与相关政府部门合作和沟通等。

（五）"董事会"与"法定代表人"

在内地，法人的法定代表人，是指依照法律或者法人章程的规定，代表法人从事民事活动的负责人。公司的法定代表人按照公司章程的规定，由代表公司执行公司事务的董事或者经理担任。[②]法定代表人以法人名义从事的民事活动，其法律后果由法人承受。法人章程或者法人权力机构对法定代表人代表权的限制，不得对抗善意相对人。[③]

与内地不同，香港的公司法没有法定代表人概念。一般来说，通过董事会授权的人或公司的代理人表达公司的意思表示。董事会作为一个整体对公司事务作出决定。一般来说，如果没有董事会或公司的授权，单个董事没有单独代表和约束公司的显见个人权利。公司可对董事超出权限的行为起诉，但如果该行为已成为合法的公司行为，则可能不能撤销。

此外，为保护与公司进行交易的善意第三人，香港公司法还规定了法定内部管理原则（statutory indoor management rule），以避免公司内部的章程细则、协议等影响外部的第三人，因而影响交易安全。内部管理原则具体表现为：如该公司的董事有权使该公司受约束，或有权授权其他人使该公司受约束，该权力须视为不受该公司有关文件下的任何限制所规限。其中，有关文件包括该公司的章程细则、该公司的任何决议或成员之间的协议。[④]且香港公司法并不默认与公司进行交易的人会知悉包括公司章程细则在内的公司内部文件中披露的事宜。[⑤]

---

① 《香港法例》第622章《公司条例》第474(4)条。
② 《公司法》(2023修订)第10条。
③ 《民法典》第61条。
④ 《香港法例》第622章《公司条例》第117条。
⑤ 《香港法例》第622章《公司条例》第120条。

（六）“公章”与“法团印章”

《公司登记管理条例》规定，公司凭公司登记机关核发的企业法人营业执照刻制印章，即公章。[①]一般而言，公章起推定法人意思表示的作用。公章之于法人，就如签名之于自然人一般。

与内地不同，香港公司法没有强制要求公司必须备有法团印章（Common Seal）。[②]在签立文件时，公司可依照章程细则的规定盖上法团印章。此外，公司通过以下方式签立的文件，其效果等同于通过盖章签立的文件：设有唯一董事的公司，由唯一董事代表公司签署文件；设有 2 名及以上董事的公司，由 2 名董事代表公司签署文件，或由任何董事和公司秘书共同代表公司签署文件。[③]

（七）“股份质押登记”与“指明押记”

在内地与香港公司法的背景下，公司的股权均可进行质押。

《民法典》规定，“可以转让的基金份额、股权”可以质押。[④]出质人与质权人应当订立书面合同，并向证券登记机构办理出质登记。质押合同自登记之日起生效。以有限责任公司的股份出质的，适用《公司法》（2023 修订）股份转让的有关规定。质押合同自股份出质记载于股东名册之日起生效。

而在香港，外界一般难以查询公司的股份是否被质押。根据香港公司法，只有香港本地公司或注册非香港公司在设立指明押记（specified charge）或在取得的财产上有指明押记时需要登记，指定类型的质押包括未缴股本、账面债项、土地、飞机、船舶以及知识产权等。[⑤]因此，若是自然人或内地公司以其在香港公司中的股份设立质押时，便无须进行登记。

二、内地《公司法》（2023 修订）的亮点

《公司法》（2023 修订）中修改的一些法律规定呈现出一些与以香港公司法

① 《公司登记管理条例》第 25 条。
② 《香港法例》第 622 章《公司条例》第 124（1）条。
③ 《香港法例》第 622 章《公司条例》第 127 条。
④ 《民法典》第 440 条。
⑤ 《香港法例》第 622 章《公司条例》第 334 条。

为代表的普通法系接轨的亮点，主要可分为以下两方面：(1)规范市场秩序，保护债权人投资安全；(2)规范公司管理，保护股东尤其是中小股东权益。

(一)规范市场秩序，保护债权人投资安全

1. 股东认缴出资额应在5年内缴足

自《公司法》(2013修正)实施注册资本认缴制(除非法律、行政法规及国务院决定另外规定的)，取消出资期限、最低注册资本和首期出资比例以来，资本认缴制虽然方便了公司设立，有助于激发经济活力，但实践中也出现股东认缴数额、认缴期限异常的现象，以致影响交易安全、损害债权人利益。因此，《公司法》(2023修订)对有限责任公司实行限期实缴制，明确规定了全体股东认缴的出资额应当在公司成立之日起5年内缴足。①

《公司法》(2023修订)针对出资额的修订，与香港公司法中的公司催缴股本机制(called-up share capital)类似。根据香港公司法，在认购股本时，股东不需要全额支付出资额，但后续公司可随时或按照与股东的约定催缴(call up)股本，以避免出现认缴期限过长、损害债权人利益的情形。如果股东在公司催缴股本后仍未缴足，公司可对股东发起诉讼。

2. 法人人格否认制度

《公司法》(2023修订)在现有的法人人格否认制度的基础上对其进一步扩充，增加了针对“公司股东利用其控制的两个以上公司滥用公司法人独立地位和股东有限责任”情况的规定，并规定“只有一个股东的公司，股东不能证明公司财产独立于股东自己的财产的，应当对公司债务承担连带责任”。由此，《公司法》(2023修订)进一步具象化法人人格否认制度的适用情况。

公司的股份的所有者在内地被习惯称为“公司股东”，而在香港被习惯称为“公司成员”。与内地法人人格否认制度类似，香港的公司成员在一定条件下需要对公司承担的债务负责。

在香港的商业实践中，股份有限公司是最常见的组织形式。其特点首先在

① 《公司法》(2023修订)第47条。

于，作为公司的一种，股份有限公司被视为独立的法人，可持有财产、以自己名义进行交易。[①]同时，在股份有限公司中，成员的法律责任限于其未缴付的股份款额。如公司清盘，且没有足够财产偿还债务，成员无须作出超过股份的未缴款额（如果有）的分担。[②]因此，股份有限公司作为法人，可以起到隔离公司及公司成员财产的作用，以降低公司成员的投资风险。

与此同时，股份有限公司的独立法人地位及有限责任规定有可能被滥用，使公司的债权人承担过高风险，导致不公。因此，法院可以在特定情况下否认公司的独立法人地位，将公司的权利和义务视为公司背后的人（通常为成员、董事等）或其他法人的权利及义务，也称“揭开公司面纱”（piercing the corporate veil）。针对这一点，香港法律通过成文法以及判例法，对法人人格否认的判定进行详细的规定。在判断法人人格及有限责任是否被滥用时，法院通常综合案件的各种事实因素考虑公司形式是否仅仅是一个为实现不法目的而伪装的外壳（mere facade）。[③]

3. 登记事项、公示及披露

《公司法》（2018 修正）没有规定公司登记事项，仅在第 6 条第 3 款规定公众可以申请查询公司登记事项。而《公司法》（2023 修订）对这一空缺进行了补足，明确规定了公司登记事项包括名称、住所、注册资本、经营范围、法定代表人、发起人等，并规定公司登记机关应当将这些登记事项通过国家企业信用信息公示系统向社会公示。此外，针对上市公司，《公司法》（2023 修订）也新增了相关规定，如上市公司应当依法披露股东、实际控制人的信息，相关信息应当真实、准确、完整。禁止违反法律、行政法规的规定，代持上市公司股票。由此，顺应企业信息透明公开的趋势，保护包括公司债权人及投资者在内的公众利益。

与之类似，香港公司注册登记时需要向公司注册处（Companies Registry）提交法团成立表格，其中包括公司名称、公司类型、注册办事处地址、股本详情

① 所某门诉所某门案［1897］AC 22。
② 《香港法例》第 32 章《公司（清盘及杂项条文）条例》第 170（1）（d）条。
③ 温兰企业集团公司诉韦克斯制药公司案［2012］2 HKLRD 757。

及最初股份持有情况、创始人详情、董事及公司秘书详情、公司章程细则等信息。[①] 此外，公司注册处还留存有公司注册证书、商业登记证以及由公司秘书每年提交的周年申报表。公众向公司注册处支付一定的费用，即可查询某公司的相关资料。

（二）规范公司管理，保护股东尤其是中小股东权益

1. 异议股东回购请求权

《公司法》（2023 修订）中新增了异议股东回购请求权的情形：控股股东滥用股东权利，严重损害公司或者其他股东利益的，其他股东有权请求公司按照合理的价格收购其股权。此项修改进一步保护了中小股东的权利，同时也为处理公司僵局提供了新方案。

与之类似，香港公司回购异议股东股权的机制主要由法律、公司章程细则以及股东协议调节。根据法律规定，公司有权回购其本身的股权，[②] 无须经过公司章程细则明确授权。为了避免公司运行陷入僵局，实践中，股东一般还会在股东协议中商定，如一方有意出售所持股权并退出公司，则其他股东享有同等条件优先购买权，如果其他股东均放弃购买，则公司对股权进行回购。

2. 无因解任董事

《公司法》（2023 修订）的修订过程中，无因解任董事制度得到了一定程度的借鉴与接受。内地无因解任董事制度源于《最高人民法院关于适用〈中华人民共和国公司法〉若干问题的规定（五）》第 3 条第 1 款，即董事任期届满前被股东会或者股东大会有效决议解除职务，其主张解除不发生法律效力的，人民法院不予支持。《公司法》修订草案一审稿中亦延续了无因解任董事制度，规定“股东会可以决议解任董事；无正当理由，在任期届满前解任董事的，该董事可以要求公司予以补偿”。[③] 无因解任董事制度一方面体现了股东至上的价值追求，另一方面也削弱了董事的独立性。因此，无因解任董事制度尽管保护了

① 《香港法例》第 622 章《公司条例》附表 2。
② 《香港法例》第 622 章《公司条例》第 236 条。
③ 《公司法》修订草案一审稿第 66 条。

股东的权益，但可能更多保护的是大股东的权益。

与一审稿相区别，内地《公司法》修订草案二审、三审稿和最终通过的《公司法》（2023 修订）中规定，股东会可以决议解任董事，决议作出之日解任生效；无正当理由，在任期届满前解任董事的，该董事可以要求公司予以赔偿。[①] 即由规定被无正当理由解任的董事可以要求公司予以"补偿"改为"赔偿"。"赔偿"与"补偿"的区别在于，作出补偿的一方一般不认为具有过错，而作出赔偿的一方一般被认为存在过错。因此，股东会无正当理由在任期届满前解任董事的行为，仅被二审、三审稿和《公司法》（2023 修订）有限度地认可。此项修改在肯定无因解任董事制度的同时，亦一定程度上维护了董事的独立性，从而保护中小股东的权益。

与之类似，根据香港公司法，不论公司章程细则或公司与董事之间的协议有何规定，在该董事任期届满前，该公司均可借在成员大会上通过的普通决议（ordinary resolution），罢免该董事。[②]

3. 董监高、实控人勤勉义务

《公司法》（2018 修正）第 147 条第 1 款规定了董事、监事、高级管理人员（以下简称董监高）的忠实义务和勤勉义务，而《公司法》（2023 修订）也在此基础上进一步细化。继《公司法》修订草案一审、二审稿将忠实义务细化阐述为"不得利用职权谋取不正当利益"，将勤勉义务细化阐述为"执行职务应当为公司的最大利益尽到管理者通常应有的合理注意"后，[③] 三审稿和《公司法》（2023 修订）将忠实义务和勤勉义务的适用对象从董监高拓展至不担任公司董事但实际执行公司事务的公司控股股东和实际控制人。[④] 这与香港法律下的事实董事（de facto director）原则类似，即未经实际及合法委任但实际上行使董事职权的人士同样属于董事，并对公司负有责任和义务。三审稿第 184 条、第

① 《公司法》修订草案二审稿、《公司法》修订草案三审稿、《公司法》（2023 修订）第 71 条。

② 《香港法例》第 622 章《公司条例》第 462 条。

③ 《公司法》修订草案一审稿、《公司法》修订草案二审稿第 180 条。

④ 《公司法》修订草案三审稿、《公司法》（2023 修订）第 180 条。

185 条和《公司法》(2023 修订)第 183 条、第 184 条亦分别规定董监高不得利用职务便利为自己或者他人谋取属于公司的商业机会(特定情况除外),董监高不得未经董事会或股东会决议允许自营或者为他人经营与其任职公司同类的业务。

上述修订内容进一步明确了公司董监高的义务,也进一步保护了股东(尤其是中小股东)的权益。

与之类似,根据香港判例法及衡平法,董事与公司之间存在受信关系(fiduciary relationship)。董事对公司负有的责任和义务包括:(1)从公司利益出发真诚行事;①(2)为正当理由行使权力;②(3)避免利益冲突;③(4)不获取不公开利润;④(5)不挪用公司资产。⑤ 同时,《香港法例》第 622 章《公司条例》第 465 条还规定“公司的董事须以合理水平的谨慎、技巧及努力行事”。如董事违反其受信责任(fiduciary duty),或未履行以合理水平的谨慎、技巧及努力行事的义务,公司可起诉并要求其赔偿损失等。⑥

三、如何在内地与香港成立公司

(一)香港居民 / 企业如何在内地成立公司

1. 选定公司类型

设立人可根据需求,在有限责任公司和股份有限公司中选定设立的公司类型。

2. 拟定公司名称

内地对公司名称的限制主要依据的是《企业名称登记管理规定》(以下简称《规定》)。

根据《规定》,企业名称应使用规范汉字,⑦ 由行政区划名称、字号、行业或

① 史某斯与福西特公司案[1942]Ch 304。
② 霍某诉克兰普恩有限公司案[1967]Ch 254。
③ 阿伯丁铁路公司诉布雷奇兄弟公司案[1854]1 Macq 461。
④ 瑞格尔(哈斯汀)公司诉格某弗案[1942]UKHL 1。
⑤ 穆某德诉阿某萨拉伊案及三业贸易有限公司诉盛田企业有限公司案 HCA 5370/1993。
⑥ 《香港法例》第 622 章《公司条例》第 466 条。
⑦ 《企业名称登记管理规定》第 5 条。

者经营特点、组织形式组成。① 企业名称不得出现以下情形：(1)损害国家尊严或者利益；(2)损害社会公共利益或者妨碍社会公共秩序；(3)使用或者变相使用政党、党政军机关、群团组织名称及其简称、特定称谓和部队番号；(4)使用外国国家(地区)、国际组织名称及其通用简称、特定称谓；(5)含有淫秽、色情、赌博、迷信、恐怖、暴力的内容；(6)含有民族、种族、宗教、性别歧视的内容；(7)违背公序良俗或者可能有其他不良影响；(8)可能使公众受骗或者产生误解；(9)法律、行政法规以及国家规定禁止的其他情形。②

根据《企业名称登记管理规定实施办法》，各省、自治区、直辖市人民政府市场监督管理部门负责建立、管理和维护本行政区域内的企业名称申报系统。③ 因内地幅员辽阔，各地的名称申报步骤有些许差异。

3. 需要委任的人员

就有限责任公司而言，需要设由至少 3 名董事组成的董事会，④ 规模较小或股东人数较少的有限责任公司可以设 1 名董事行使董事会的职权。该董事可以兼任公司经理。⑤

有限责任公司还需设由至少 3 名监事组成的监事会，⑥ 规模较小或股东人数较少的有限责任公司可以设 1 名监事行使监事会的职权；经全体股东一致同意，也可以不设监事。⑦ 董事、高级管理人员不能兼任监事。⑧

有限公司还需设法定代表人。法定代表人按照公司章程的规定，由代表公司执行事务的董事或者经理担任。⑨

除了法定代表人、董事、监事外，在设立公司时一般还需登记经理、企业联

① 《企业名称登记管理规定》第 6 条。
② 《企业名称登记管理规定》第 11 条。
③ 《企业名称登记管理规定实施办法》第 5 条。
④ 《公司法》(2023 修订)第 68 条。
⑤ 《公司法》(2023 修订)第 75 条。
⑥ 《公司法》(2023 修订)第 76 条。
⑦ 《公司法》(2023 修订)第 83 条。
⑧ 《公司法》(2023 修订)第 76 条。
⑨ 《公司法》(2023 修订)第 10 条。

系人、财务负责人、经办人的信息。

4. 填写并递交相关材料

根据《市场主体登记管理条例实施细则》，申请办理市场主体的设立登记，应当提交：(1)申请书(需包含企业相关信息，如名称、住所、企业类型、注册资本、股东出资情况、经营范围、人员信息等)；(2)申请人主体资格文件或者自然人身份证明；(3)住所(主要经营场所、经营场所)相关文件；(4)公司、非公司企业法人、农民专业合作社(联合社)章程或者合伙企业合伙协议；[①](5)法定代表人、董监高任职文件和自然人身份证明。[②]

设立人可通过设立公司当地的市场监督管理局网站或线下窗口提交上述材料。为满足上述第(2)项提交申请人主体资格文件或者自然人身份证明的要求，作为设立人的香港企业需要办理《公司董事决议证明》的中国委托公证(香港)。该公证书会证明该香港公司的基本信息及其作出的“确认在内地某省市设立公司及委任有权签字人”的决议，并一般会包含以下文件的复印件：公司注册证书/反映公司名称变更的公司更改名称证书、商业登记证、“确认在内地某省市设立公司及委任有权签字人”的董事决议。香港自然人到内地设立企业，可提交香港居民居住证或香港居民往来内地通行证作为身份证明，一般无须办理公证。

5. 领取证书

如申请人提交的设立登记符合规定，市场监督管理局将发给营业执照。公司凭营业执照等文件可向税务部门申领发票、刻制公章、开立银行账户、进行外汇登记等。

(二)内地居民/企业在香港成立公司

1. 选定公司类型

根据成立公司的目的，设立人可在无限公司、股份有限公司、担保有限公司中选定合适的公司类型。

---

① 《市场主体登记管理条例实施细则》第25条。

② 《市场主体登记管理条例实施细则》第26条。

2. 拟定公司名称

选定公司类型后，设立人还需拟定一个公司名称，该名称需要符合《香港法例》第 622 章《公司条例》对公司名称的规定。

根据《香港法例》第 622 章《公司条例》的规定，公司名称可以是一个繁体中文名称或英文名称，公司也可以同时分别有一个繁体中文名称和英文名称，但名称之中不可以中英文混用。有限公司的公司名称，其中文名称最后四个字必须是“有限公司”，其英文名称最后一个词必须是“Limited”。① 除非该公司是因促进某一宗旨而组成，且将其利润用于促进该宗旨而不向成员支付股息，并获得香港公司注册处处长（以下简称公司注册处处长）批予的特许证。②

《香港法例》第 622 章《公司条例》还规定了名称被禁止使用的情形，主要包括：(1)与现有公司、法人团体名称相同；(2)公司注册处处长认为由该公司使用即会构成刑事罪行的名称；(3)公司注册处处长认为属令人反感或因其他原因属违反公众利益的名称。③ 此外，公司注册处处长认为会使人与中央人民政府和香港政府及其部门产生联系的名称，需要事先获得公司注册处处长的批准才能使用。④

香港公司注册处只有在处理正式的公司注册申请后，才会确定所拟的公司名称是否可以注册。因此，设立人在拟定公司名称时应尽量确保名称符合相关规定，以免公司注册处拒绝注册申请。设立人可通过在公司注册处的电子服务网站查阅拟定公司名称的方式，检查其是否与现有公司的名称相同。香港公司注册处亦在其官网载有《香港公司名称注册指引》，⑤ 供设立人参考。

3. 需要委任的人员

一般的股份有限公司至少须有一名董事。⑥ 董事可由公司或自然人担任，

---

① 《香港法例》第 622 章《公司条例》第 102 条。

② 《香港法例》第 622 章《公司条例》第 103 条。

③ 《香港法例》第 622 章《公司条例》第 100 条。

④ 《香港法例》第 622 章《公司条例》第 100 条。

⑤ 香港公司注册处：《香港公司名称注册指引》，载香港公司注册处官网 2024 年 1 月，https://www.cr.gov.hk/sc/companies_ordinance/docs/Guide_RegCompName-c.pdf。

⑥ 《香港法例》第 622 章《公司条例》第 454 条。

但至少须有一名自然人董事。[①]公司成员和公司董事可以兼任。董事如由自然人担任，必须年满18岁。[②]

股份有限公司还需要有一名公司秘书。公司秘书须为一名年满18岁的香港居民或一家持有秘书牌照的香港公司。[③]

4. 填写并递交相关材料

就申请设立股份有限公司而言，设立人共需要准备三项文件，分别是法团成立表格（股份有限公司）（也称为NNC1表格）、公司组织章程细则和致商业登记署的通知书（也称为IRBR1表格）。设立人可在公司注册处网站以电子形式递交材料，也可以本人到香港金钟道66号金钟道政府合署以印本形式递交。

法团成立表格记载了拟成立公司的基本信息，包括拟采用的公司名称、公司类别、拟经营业务的性质、在香港的注册办事处地址、联络资料、股本、股份持有情况、成员资料、董事资料、公司秘书资料等。

公司组织章程细则，类似于内地的公司章程。股份有限公司的公司组织章程细则需包含如下必备条文：公司名称、公司宗旨、公司成员的法律责任或分担的款项、股本及最初的股份持有情况、说明属私人公司性质。公司组织章程细则的段落须顺序编号。《香港法例》第622H章《公司（章程细则范本）公告》载有公司组织章程细则范本以供参考。

致商业登记署的通知书，是用于选择申请1年有效期或3年有效期的商业登记证的文件。根据《香港法例》第310章《商业登记条例》的规定，任何人士申请成立本地公司时交付商业登记费、征费和上述通知书，即会被视作已提出申请商业登记。[④]因此，设立人无须另行专门向商业登记署申请商业登记证，只需填写致商业登记署的通知书即可。

---

① 《香港法例》第622章《公司条例》第457条。
② 《香港法例》第622章《公司条例》第459条。
③ 《香港法例》第622章《公司条例》第474条。
④ 《香港法例》第310章《商业登记条例》第5A条。

5. 领取证书

如注册申请获批准，公司注册处会同时发出公司注册证明书及商业登记证。如以电子形式交付申请，证书会以电子形式发出；如以印本形式交付申请，会获发印本证书。电子证书与印本证书具有相同法律效力。一般而言，以电子形式申请所需的时间较短。

四、内地与香港公司如何解散

根据内地与香港的规定，香港投资者设立的内地公司和内地投资者设立的香港公司的解散程序，与一般公司的解散程序无异。故本部分介绍内地与香港一般的公司解散流程。

（一）内地公司解散

内地公司注销流程一般包括三个阶段，即产生解散事由、清算分配和注销登记。

1. 产生解散事由

公司解散，首先需要产生解散事由。解散事由分为自愿解散、强制解散和破产。

自愿解散，是指市场主体基于其意愿解散。公司可因下列原因解散：公司章程规定的营业期限届满或者公司章程规定的其他解散事由出现、股东会决议解散、因公司合并或者分立需要解散。①

强制解散，是指市场主体因行政机关决定或法院判决解散。公司可因依法被行政机关吊销营业执照、责令关闭或者被撤销而解散。② 此外，公司经营管理发生严重困难，继续存续会使股东利益受到重大损失，通过其他途径不能解决的，持有公司 10% 以上表决权的股东，可以请求人民法院解散公司。③

破产，是指根据《企业破产法》的规定，企业不能清偿到期债务，并且资产不足以清偿全部债务或明显缺乏清偿能力，未进行和解或重整，经人民法院审查并

---

① 《公司法》(2023 修订)第 229 条。
② 《公司法》(2023 修订)第 229 条。
③ 《公司法》(2023 修订)第 231 条。

宣告破产。公司被依法宣告破产的，依照有关企业破产的法律实施破产清算。①

2. 清算分配

根据《民法典》的规定，法人解散的，除合并或者分立的情形外，清算义务人应当及时组成清算组进行清算。②

（1）成立清算组

根据《民法典》的规定，法人的董事、理事等执行机构或者决策机构的成员为清算义务人。法律、行政法规另有规定的，依照其规定。③公司因合并或者分立以外原因解散的，应当清算；董事为公司清算义务人，应当在解散事由出现之日起 15 日内组成清算组进行清算；清算组由董事组成，但是公司章程另有规定或者股东会决议另选他人的除外；清算义务人未及时履行清算义务，给公司或者债权人造成损失的，应当承担赔偿责任。④

（2）发布清算组信息和债权人公告

清算组成立后，一般需要发布清算组信息和债权人公告。清算组信息需要通过国家企业信用信息公示系统公告，包括企业基本信息、注销原因、清算组联系方式和成员信息等。清算组还需通知债权人并发布债权人公告，以供债权人向清算组申报其债权。

（3）清算及分配剩余财产

公司的清算组应首先清理财产，分别编制资产负债表和财产清单，并制定清算方案，报股东会或法院确认。公司的财产应先用于支付清算费用、职工工资、社会保险费用、缴纳税款、清偿公司债务。上述费用支付后，公司的剩余财产才可按出资比例或控股比例分配给股东。⑤

如公司清算组在清理公司财产、编制资产负债表和财产清单后，发现公司财产不足清偿债务的，应当依法向人民法院申请破产清算。人民法院受理破产

---

① 《公司法》（2023 修订）第 242 条。
② 《民法典》第 70 条。
③ 《民法典》第 70 条。
④ 《公司法》（2023 修订）第 232 条。
⑤ 《公司法》（2023 修订）第 236 条。

申请后，清算组应当将清算事务移交给人民法院指定的破产管理人。①

3. 注销登记

公司清算结束后，清算组应当制作清算报告，报股东会或者人民法院确认，并报送公司登记机关，申请注销公司登记。② 此外，还需办理注销税务登记、社会保险登记。如企业有涉及海关报关等业务，还需办理海关单位备案注销。

（二）香港公司解散

香港公司的解散情形有两种，分别为撤销注册及除名。与内地不同，香港公司解散后在一定条件下可以恢复注册。

1. 撤销注册

私人公司或其任何董事或成员，可以在以下情形均获满足时向公司注册处处长申请撤销该公司的注册：（1）所有成员均同意撤销注册；（2）上述公司仍未开始营运或经营业务，或在紧接提出申请之前的 3 个月内没有营运或经营业务；（3）该公司没有尚未清偿的债务；（4）该公司不是任何法律程序的一方；（5）该公司的资产不包含位于香港的不动产；（6）（如该公司是控权公司③）该公司的所有附属公司的资产均不包含位于香港的不动产；（7）该公司已取得税务局局长的《不反对撤销公司注册通知书》（以下简称《不反对通知书》）。④

撤销注册申请，须在《不反对通知书》发出日期起 3 个月内向公司注册处一并交付填妥的《私人公司或担保有限公司撤销注册申请书》（也称为 NDR1 表格）、《不反对通知书》及所需费用。公司注册处处长在收到上述撤销注册申请后，可要求申请人进一步提供资料。⑤

如撤销注册的申请符合规定，公司注册处处长在收到上述申请后将在宪报刊登关于建议撤销有关公司的注册的公告。公告刊登 3 个月后，如公司注册处

---

① 《公司法》（2023 修订）第 237 条。

② 《公司法》（2023 修订）第 239 条。

③ 根据《香港法例》第 622 章《公司条例》第 13 条，如某法人团体（前者）控制另一法人团体（后者）的董事局的组成，或控制另一法人团体（后者）超过半数的表决权，或持有另一法人团体（后者）超过半数的已发行股本，则前者即属后者的控权公司。

④ 《香港法例》第 622 章《公司条例》第 750 条。

⑤ 《香港法例》第 622 章《公司条例》第 750 条。

处长仍未收到对撤销注册的反对意见，则公司注册处处长可在宪报刊登另一公告，宣布有关公司的注册在该公告刊登的日期撤销。该公告刊登之日，有关公司的注册即被撤销，公司解散。①

2. 除名

公司注册处处长有从公司登记册剔除不营运或不经营业务公司名称的权力和在公司清盘时将其名称从公司登记册剔除的权力。②

（1）剔除不营运或不经营业务的公司的名称

如公司注册处处长有合理理由相信，某公司并非正在营运或经营业务，则公司注册处处长可向该公司邮寄信件，以查询该公司是否正在营运或经营业务。③在寄出信件的 1 个月内，如公司注册处处长没有收到对该信件作出的回复，或收到对该信件作出的回复，表明该公司“并非正在营运，亦非正在经营业务”，公司注册处处长需寄送第二封信件，述明其没有收到对首封信件的回复或收到了“该公司并非正在营运，亦非正在经营业务”的回复，并在宪报刊登公告。

如公司注册处处长认为该公司的注册办事处的地址无法确定，或认为该公司相当可能不会收到上述信件，则公司注册处处长无须邮寄首封信件，或在邮寄首封信件后不再邮寄第二封信件，直接在宪报刊登公告以代替邮寄信件。④

（2）在公司清盘时将其名称从公司登记册剔除

如某公司正进行清盘，而公司注册处处长有合理理由相信并无清盘人亦无临时清盘人正在行事或该公司的事务已完全处理完毕，须由清盘人或临时清盘人作出的申报表，已在一段连续 6 个月的期间内没有作出，则公司注册处处长须在宪报刊登公告，并向有关公司或清盘人或临时清盘人（如有）送交一份通知。⑤

如公司注册处处长认为该公司的注册办事处的地址或该清盘人或临时清

① 《香港法例》第 622 章《公司条例》第 751 条。
② 《香港法例》第 622 章《公司条例》第 744 条至第 748 条。
③ 《香港法例》第 622 章《公司条例》第 744 条。
④ 《香港法例》第 622 章《公司条例》第 744 条至第 745 条。
⑤ 《香港法例》第 622 章《公司条例》第 747 条。

盘人的姓名或名称及地址无法确定，或该公司或清盘人或临时清盘人相当可能不会收到该通知，则公司注册处处长无须送交上述通知。

公司注册处处长就上述两种情形在宪报刊登的公告需述明，除非有反对因由提出，否则在该公告的日期后3个月终结时，该公司的名称将会从公司登记册剔除，该公司将会解散。① 如没有反对因由提出，公司注册处处长可于该期限终结时从公司登记册剔除该公司的名称，同时再次刊登公告示明。该公司在第二次公告刊登时即告解散。②

此外，高等法院原讼法庭也可以命令的方式除名公司。如原讼法庭应公司注册处处长的申请，觉得某公司应解散，但顾及该公司的资产或基于其他理由，觉得将该公司清盘并不适当，则原讼法庭可命令从公司登记册剔除该公司的名称，并解散该公司。在上述命令作出的日期，该公司即告解散。③

3. 恢复注册

因撤销注册而解散的私人公司或担保有限公司，认为该项撤销注册不准确，可向原讼法庭提出申请，要求将该公司恢复列入公司登记册。

私人公司或担保有限公司因除名而解散的，曾是该公司的董事、成员或债权人及认为该项除名不准确的人，可向原讼法庭提出申请，要求将该公司恢复列入公司登记册；④ 曾是该公司的董事、成员的人，可向公司注册处处长申请以行政方式将该公司恢复列入公司登记册。⑤

探究内地和香港公司法制度的异同，可以帮助法律工作者加深对内地与香港商事法律法规的了解，促进法律服务的衔接，有利于内地与香港公司法的共同发展和完善。内地《公司法》(2023修订)呈现出一些令人鼓舞的新元素。比较香港《公司条例》和内地《公司法》(2023修订)，有助于推崇与学习良法，理解立法意图，把握法律制度的适用。

---

① 《香港法例》第622章《公司条例》第745条、第747条。
② 《香港法例》第622章《公司条例》第746条至第747条。
③ 《香港法例》第622章《公司条例》第748条。
④ 《香港法例》第622章《公司条例》第765条。
⑤ 《香港法例》第622章《公司条例》第760条。

第二章 新形势下跨境投资并购中的政府审批

近些年，外商跨境投资并购的趋势随着中国经济转型发展发生了较大变化，一部分外资企业选择逐步缩减中国市场的业务份额甚至退出中国市场，或是出售部分资产以调整其在中国的投资战略，但生物医药、先进制造、化工能源、现代服务业等重点行业领域以及1亿元以上的重点项目仍持续吸引着大量外资企业对华投资。

根据商务部发布的数据，[①]2023年1—10月全国高技术制造业实际使用外资增长9.5%，医疗仪器设备及仪器仪表制造业、电子及通信设备制造业分别增长34.6%、14.8%；2022年高技术产业实际使用外资同比增长28.3%，2022年合同外资1亿美元以上大项目实到外资6534.7亿元人民币，同比增长15.3%，占全国实际使用外资的53%。[②]

在外资企业进一步布局特定行业领域、聚焦重大重点项目的趋势下，跨境并购交易更可能会因其所在的特定的行业领域（如金融行业）、全球的销售规模、大额外汇交易等因素而面临更加复杂的政府审批、备案流程。通常，政府审批或备案要求源于投资标的（目标公司）所在国，但某些国家或地区也会对本国企业的对外投资并购行为要求进行事前事后的审批备案。因此，建议交易

---

① 商务部新闻办公室：《2023年1-10月全国吸收外资9870.1亿元人民币》，载中华人民共和国商务部官网，http://www.mofcom.gov.cn/article/xwfb/xwsjfzr/202311/20231103454591.shtml；商务部新闻办公室：《2022年全国实际使用外资稳定增长》，载中华人民共和国商务部官网，http://www.mofcom.gov.cn/article/syxwfb/202301/20230103379768.shtml。

② 新华社：《2022年我国实际使用外资稳定增长》，载中华人民共和国中央人民政府官网，https://www.gov.cn/xinwen/2023-01/18/content_5737750.htm。

双方在项目前期准备过程中充分了解其所在地区以及投资标的所在国的政府审批要求与交易节点（意向协商、签约、交割、付款）的关系，避免交易在达成一定意向条件后因政府审批因素受到阻碍，导致交易双方支付包括时间成本、现金费用、机会成本等在内的巨额“学费”。

本章主要对跨境投资并购项下中国境内的政府审批措施进行较为全面的梳理，帮助投资者在跨境交易初期准确识别和判断跨境并购项目的政府审批需求，从而合法合规地进行项目整体规划安排，以顺利推进项目交易进程。

一、外商信息报送制度与投资准入

（一）外商信息报送制度

自 2020 年 1 月 1 日起《外商投资法》以及配套的《外商投资信息报告办法》生效后，外商投资从“审批制”“备案制”的时代正式进入信息报告制。从多地的实践操作经验来看，外商投资企业的信息主要由市场监管部门同步报送至商务主管部门，而无须企业单独向商务部报送，进一步简化了外商投资的相关流程。

但在外资并购交易中，仍需要注意《商务部关于外国投资者并购境内企业的规定》（2009 年修改，以下简称 6 号文）的适用问题。商务部在相关问答中明确答复就 6 号文项下与《外商投资法》及其实施条例不符的内容不再执行，但强调 6 号文仍为生效法律，即对于境内企业红筹上市过程中的跨境转股、关联并购等事项仍需要报商务部审批，不得通过以外商投资企业境内投资或其他方式规避相关要求。①

此外，虽然商务部门关于外资准入的“审批制”“备案制”已被报告制取代，但国家发展和改革委员会对项目的核准备案要求并未取消，外资企业需要

① 商务部：《司法部、商务部、发展改革委负责人就〈中华人民共和国外商投资法实施条例〉有关问题答记者问》，载中华人民共和国驻新加坡共和国大使馆经济商务处官网，http://sg.mofcom.gov.cn/article/zcjx/202001/20200102927482.shtml。

注意总投资（含增资）3 亿美元及以上限制类项目，[①] 由国务院投资主管部门核准，其中总投资（含增资）20 亿美元及以上的限制类项目报国务院备案，总投资（含增资）3 亿美元以下限制项目由省级政府核准；其他非限制类一般外商投资项目适用的核准与备案标准与内资企业投资项目一致。

（二）外商投资负面清单

《外商投资法》确立了外商投资实行“准入前国民待遇加负面清单”的管理制度，[②]“负面清单”规定禁止或限制投资的领域，外国投资者不得投资或在符合负面清单规定的要求后进行投资；除此之外，则按照内外资一致的原则进行管理。[③] 而对于设立在特殊地区的外商投资企业，例如海南自由贸易港，则适用《海南自由贸易港外商投资准入特别管理措施（负面清单）（2020 年版）》等规定。[④] 相较于一般的外资准入负面清单，这些规定在部分领域开放程度会更高，因而外商投资可结合具体的需求选择相应的设立地点。“负面清单”中目前讨论较多的是与生物医药、先进制造、化工能源、互联网行业等热门投资领域密切相关的限制，例如与医疗行业密切相关的“禁止投资人体干细胞、基因诊断与治疗技术开发和应用”以及“医疗机构限于合资”都是近年讨论的热点问题。

针对“负面清单”的限制要求，实践中存在部分企业通过 VIE 架构、以境内子公司再投资或签署管理协议等方式间接突破“负面清单”的案例。但前述方式在企业上市时仍存在一定的风险，监管部门可能会要求公司披露实控人、穿透核查股东身份等，可能影响公司的 IPO 申请。此外，如后续外资实控人转让其实际控制的公司或内部调整股权比例时，市场监督管理部门可能会穿透审查外资持股比例，要求其在股权变动时一并予以整改，对外资企业后续控制权转让的自由度存在影响。

---

① 《政府核准的投资项目目录（2016 年版）》中引用的是《外商投资产业指导目录》，但目前该目录中的限制类项目和禁止类项目已被《外商投资准入特别管理措施（负面清单）（2024 年版）》中的限制或禁止投资的领域替代。

② 《外商投资法》第 4 条。

③ 《外商投资法》第 28 条。

④ 自贸区港司：《海南自由贸易港外商投资准入特别管理措施（负面清单）（2020 年版）》，载中华人民共和国商务部官网，http://www.mofcom.gov.cn/article/zwgk/zcfb/202012/ 20201203027754.shtml。

随着《国务院关于进一步优化外商投资环境加大吸引外商投资力度的意见》等文件的出台，政府部门会在现有基础上合理缩减负面清单，进一步强调外商投资领域的开放，将前述通知文件中提及的生物医药、先进制造、现代服务、数字经济等领域，均作为重点领域鼓励外资的引进。在此背景下，外资企业如有投资意向，可提前与各级商务主管部门沟通，根据具体项目协商监管口径，在谨慎安排投资标的与投资结构的基础上，与政府部门积极沟通，推动重点领域的项目先行落地。

（三）特定行业准入

根据国家发展和改革委员会、商务部发布的《外商投资准入特别管理措施（负面清单）（2024年版）》的说明，负面清单中未列出的文化、金融等领域与行政审批、资质条件、国家安全等相关措施，按照现行规定执行。[①]随着《中国银保监会办公厅关于明确保险中介市场对外开放有关措施的通知》《中国银保监会关于修改〈中华人民共和国外资保险公司管理条例实施细则〉的决定》等规定的发布，外资持股比例限制在保险公司、证券基金期货公司、保险资产管理公司等逐步取消，外资机构在业务范围和监管要求上均享受国民待遇。[②]

同时，《外商投资法》发布后，特定行业原有的外资准入门槛也在逐步调整，行业主要监管部门也逐步按照内外资一致的原则实施管理，其中典型的是受外商投资重点关注的互联网行业。该行业在《外商投资法》出台前长期受中

---

① 《外商投资准入特别管理措施（负面清单）（2024年版）》第8条。

② 《中国银保监会办公厅关于明确保险中介市场对外开放有关措施的通知》规定：一、允许有实际业务经验并符合银保监会相关规定的境外保险经纪公司在华投资设立的保险经纪公司经营保险经纪业务。《关于印发我国加入WTO法律文件有关保险业内容的通知》（保监办发〔2002〕14号）中，设立外资保险经纪公司需满足投资者应在WTO成员境内有超过30年经营历史、在中国设立代表处连续2年以及提出申请前一年总资产不低于2亿美元的相关要求不再执行。二、允许外国保险集团公司、境内外资保险集团公司在华投资设立的保险专业中介机构经营相关保险中介业务。本通知所称保险专业中介机构包括保险专业代理机构、保险经纪机构及保险公估机构。三、外资保险专业中介机构在经营相关保险中介业务前，应依法依规备案或取得对应的业务许可，业务范围和市场准入标准适用银保监会关于保险专业中介机构的相关规定。

《中国银保监会关于修改〈中华人民共和国外资保险公司管理条例实施细则〉的决定》第1条：删去第三条："外国保险公司与中国的公司、企业合资在中国境内设立经营人身保险业务的合资保险公司（以下简称合资寿险公司），其中外资比例不得超过公司总股本的51%。中国银行保险监督管理委员会（以下简称银保监会）另有规定的，适用其规定。外国保险公司直接或者间接持有的合资寿险公司股份，不得超过前款规定的比例限制。"

国有关外资对电信行业投资的资质限制以及股权出资比例限制，[①]因此实践中大量互联网企业通过搭建 VIE 架构的方式取得境外融资。2022 年 5 月 1 日生效的《外商投资电信企业管理规定》(2022 修订)删除了原规定中关于外方主要投资者的运营经验的要求，大幅度降低了外商投资电信业务的准入门槛，并且删除了外资申请电信业务经营许可的各项前置审批程序，[②]与《外商投资法》的内外资一致原则进行衔接。

二、外商投资安全审查

《外商投资法》以及配套的负面清单逐步缩减了外商投资限制，并通过建立信息报告制的方式最大限度地便利外商投资。与此同时，政府也未忽略跨境投资并购对特定领域国家安全的潜在影响。《外商投资法》第 35 条原则性规定了外商投资的国家安全审查制度。[③]在此基础上，商务部、国家发展和改革委员会于 2020 年 12 月 19 日联合发布了《外商投资安全审查办法》，进一步细化了国家安全审查制度的审查要求以及审查程序。

外商投资安全审查已成为外资进入中国时需要着重考虑的新问题，尤其是能源、运输、通信、航天军工、新材料、生物技术等关系到国家国防力量、国民利益的关键领域及支柱产业，外方投资者需要提早注意到相关风险。例如，在 2019 年永辉超市要约收购中百集团项目中，永辉超市的第一大股东为香港公司，因此其在内地间接进行的投资行为属于外商投资范畴。[④]交易初期，因当时零售业未被明确列入安全审查范围内，永辉超市并未关注安全审查亦未进行外商投资安全审查申报，而是在被监管机构责令申报后才进行相关工作。申报受

① 《外商投资电信企业管理规定》(2016 修订)规定，经营基础电信业务的外商投资电信企业的外方投资者的出资比例最终不得超过 49% 以及经营增值电信业务的外商投资电信企业的外方投资者的出资比例最终不得超过 50%。

② 《国务院关于修改和废止部分行政法规的决定》(2022)，决定删去《外商投资电信企业管理规定》第 9 条第 1 款第 4 项、第 10 条、第 12 条、第 14 条、第 15 条、第 16 条、第 19 条。

③ 《外商投资法》第 35 条：国家建立外商投资安全审查制度，对影响或者可能影响国家安全的外商投资进行安全审查。依法作出的安全审查决定为最终决定。

④ 永辉超市股份有限公司：《永辉超市股份有限公司关于要约收购中百控股集团股份有限公司的进展公告》，载永辉超市官网 2019 年 9 月 26 日，https://www.yonghui.com.cn/upload/Inv/5662680.PDF。

理后，监管机构对该项目采取了特别审查程序并反馈了审查意见，最终永辉超市主动取消交易，主动申请终止安全审查。反观此案，若交易前期与监管机构充分沟通并按规定全面申报，且在整个审查期间同其保持有效沟通，或许能取得更有利的审查决定。

另需关注的是，《外商投资安全审查办法》在原有基础上扩充了国家安全审查范围。根据《外商投资安全审查办法》第 4 条的规定，在以下领域内的外商投资，需在实施投资前主动申报：（1）在关系国防安全的领域如投资军工、军工配套等，以及在军事设施和军工设施周边地域投资均属于安全审查的范围；（2）在非关系国防安全的领域，如投资关系国家安全的重要农产品、重要能源和资源、重大装备制造、重要基础设施、重要运输服务、重要文化产品与服务、重要信息技术和互联网产品与服务、重要金融服务、关键技术以及其他重要领域，并取得所投资企业的实际控制权。前述规定中，对于关系国防安全的领域需要安全审查的规定较为明确，但对于非国防安全领域，规定要求审查的范围则较为宽泛，《外商投资安全审查办法》未对“重大”“重要”“关键”等概念进行明确定义，监管部门在解释此类领域时存在较大的自由裁量权。因此，为降低外商投资安全审查的不确定性，建议投资方在交易前期提前与监管部门进行沟通，以避免交易后期被监管部门要求终止交易。

三、跨境数据流动评估申报

在《外商投资安全审查办法》出台的同一时期，数据合规亦成为监管热点。在数字经济背景下，网络安全审查实质是国家安全审查制度在网络领域的具体实施，因此两者关注的重点领域会有一定程度的重合。跨境投资并购交易的多个场景中均可能会涉及数据的跨境流动，因而数据跨境合规也成为跨境交易中又一需要考虑的重点问题。

《网络安全法》《数据安全法》《个人信息保护法》以及配套的规范性文件，构建了我国数据安全评估与备案相结合的数据跨境传输管理体系。在跨境投资并购交易中，如标的公司是关键信息基础设施运营者，或交易场景中涉及重要数据、个人信息等数据资产的跨境转移，目标公司需要依据前述法律法规的要求办理数据出境安全评估手续或数据出境标准合同备案。

2022 年实施的《数据出境安全评估办法》对《网络安全法》中要求向网信部门申请数据出境安全评估的标准作了进一步细化，其中第 4 条规定：(1) 向境外提供重要数据；(2) 关键信息基础设施运营者和处理 100 万人以上个人信息的数据处理者向境外提供个人信息；(3) 自上年 1 月 1 日起累计向境外提供 10 万人个人信息或 1 万人敏感个人信息的数据处理者向境外提供个人信息；(4) 国家网信部门规定的其他需要申报数据出境安全评估的情形。对于前述情形之外的少量非敏感信息的出境（如预计 1 年内向境外提供 1 万人以上不满 100 万人个人信息），则一般需要按照《个人信息出境标准合同办法》向所在地省级网信部门，申报个人信息出境标准合同备案。

为了便利外商投资，国家互联网信息办公室于 2024 年 3 月 22 日发布的《促进和规范数据跨境流动规定》中规定了免予申报数据出境安全评估、订立个人信息出境标准合同、通过个人信息保护认证的数据出境活动的六种情形[①]。此外，设立自由贸易试验区负面清单制度，提出自由贸易试验区在国家数据分类分级保护制度框架下，可以自行制定区内负面清单，经省级网络安全和信息化委员会批准后，报国家网信部门、国家数据管理部门备案。自由贸易试验区内数据处理者向境外提供负面清单外的数据，可以免予申报数据出境安全评估、订立个人信息出境标准合同、通过个人信息保护认证，在确保数据有序跨境流动的同时实质减轻了企业合规负担。

---

① 《促进和规范数据跨境流动规定》规定了免予申报数据出境安全评估、订立个人信息出境标准合同、通过个人信息保护认证的数据出境活动条件：一是国际贸易、跨境运输、学术合作、跨国生产制造和市场营销等活动中收集和产生的数据向境外提供，不包含个人信息或者重要数据的；二是在境外收集和产生的个人信息传输至境内处理后向境外提供，处理过程中没有引入境内个人信息或者重要数据的；三是为订立、履行个人作为一方当事人的合同，确需向境外提供个人信息的；四是按照依法制定的劳动规章制度和依法签订的集体合同实施跨境人力资源管理，确需向境外提供员工个人信息的；五是紧急情况下为保护自然人的生命健康和财产安全，确需向境外提供个人信息的；六是关键信息基础设施运营者以外的数据处理者自当年 1 月 1 日起累计向境外提供不满 10 万人个人信息（不含敏感个人信息）的。

四、经营者集中审查

相较于高速更新的数据合规以及安全审查申报等领域，反垄断审查亦非新的问题，《关于外国投资者并购境内企业的规定》(2006 修订)便已要求外国投资者并购境内企业时需进行经营者集中申报。[①]随着全球主要国家和地区普遍加大反垄断执法力度，中国也更加重视此类问题，在反垄断立法方面不断更新配套文件以加大监管和执法力度。

跨境并购偏好聚焦重大、重点项目，且多为取得控制权的交易，通常交易双方主体业务规模较大，业务领域涉及较多国家，并购项目可能对并购标的所在国的市场公平竞争产生威胁，故而反垄断审查往往贯穿跨境并购的始终。在微软公司收购动视暴雪公司一案中，该并购交易可能是游戏行业史上最大收购案（项目对价超 5000 亿元人民币）之一，双方于 2022 年 1 月首次宣布收购，但超过 30 个国家 / 地区的监管机构都对本次交易进行各类反垄断调查。其中，英国、美国、欧盟等国家 / 地区的监管机构对并购的审批意见以及调查流程都直接影响了整个交易的进度，交易最终延至 2023 年 10 月落地。

自 2018 年起，国家市场监督管理总局成为专门负责中国反垄断执法的机构，并在 2023 年陆续出台《经营者集中审查规定》以及《经营者集中反垄断合规指引》等文件作为反垄断申报和审查的配套文件，进一步规划和优化了经营者集中反垄断申报和审查程序。

在申报要求方面，《经营者集中反垄断合规指引》在《反垄断法》基础上进

① 《关于外国投资者并购境内企业的规定》(2006 修订)第 51 条：外国投资者并购境内企业有下列情形之一的，投资者应就所涉情形向商务部和国家工商行政管理总局报告：(一)并购一方当事人当年在中国市场营业额超过 15 亿元人民币；(二)1 年内并购国内关联行业的企业累计超过 10 个；(三)并购一方当事人在中国的市场占有率已经达到 20%；(四)并购导致并购一方当事人在中国的市场占有率达到 25%。虽未达到前款所述条件，但是应有竞争关系的境内企业、有关职能部门或者行业协会的请求，商务部或国家工商行政管理总局认为外国投资者并购涉及市场份额巨大，或者存在其他严重影响市场竞争等重要因素的，也可以要求外国投资者作出报告。上述并购一方当事人包括与外国投资者有关联关系的企业。第 52 条：外国投资者并购境内企业涉及本规定第五十一条所述情形之一，商务部和国家工商行政管理总局认为可能造成过度集中，妨害正当竞争、损害消费者利益的，应自收到规定报送的全部文件之日起 90 日内，共同或经协商单独召集有关部门、机构、企业以及其他利害关系方举行听证会，并依法决定批准或不批准。

一步明确经营者集中的类型，并说明企业并购投资应当重点关注交易对象上一会计年度中国境内营业额是否超过4亿元，如果达标即需向国家市场监督管理总局依法申报，未申报或者申报后获得批准前不得实施集中。同时，前述指引文件对于“交易金额巨大或者可能对市场产生重大影响，受到业内广泛关注的经营者集中”的特别提示应予以关注，该情形下即使营业额未达4亿元门槛也需申报。

在申报流程方面，《反垄断法》《经营者集中审查规定》等文件规定的经营者集中审查程序包括简易程序和普通程序。这两种程序项下的商谈、受理以及审查等流程相同，但简易程序中的资料要求相对较少，并且简易案件可由国家市场监督管理总局委托北京、上海、重庆、广东和陕西五个省市的市场监管部门试点对经营者集中案件进行审查。从反垄断主管部门披露的数据来看，[①]国家市场监督管理总局委托地方审结的案件平均受理时间23.8天，平均审结时间18.5天，相较于普通程序显著缩短了案件的实际审查时限。

基于此，建议交易双方对跨境并购过程可能触发的各个国家及地区的反垄断审查提前规划申报时间，并且对相关材料作好充足的准备。在交易方案的设计过程中，一方面，需要关注项目落地是否会触发中国经营者集中申报，考虑是否需要通过剥离非主业资产以降低营业额等方式优化交易结构；另一方面，若判断项目构成经营者集中情形，可提前与主管部门通过书面方式进行商谈，在此过程中对“相关市场”进行充分说明，准确界定市场份额，以缩短审查时间，加快交易进程。

五、外汇政策审批

在跨境投资并购中，由于涉及股权收购对价支付或增资资金汇入，交易双方最先考虑的问题就是如何合法合规地实现资金顺利出入境，其中会涉及一系

---

① 反垄断二司：《首年委托审查经营者集中案件近300件五地试点委托经营者集中审查稳步推进》，载国家市场监督管理总局反垄断执法二司官网，https://www.samr.gov.cn/fldes/sjdt/gzdt/art/2023/art_58497aaaec10475393031fc36d4f6df4.html。

列问题，具体包括外汇账户开立、结售汇、资金用途证明等。外汇相关问题属于外汇管理局的管辖范围，由其负责对外汇（经常项目和资本项目）的监管，并对外国投资者境内直接投资实行外汇登记管理。

随着《国家外汇管理局关于进一步简化和改进直接投资外汇管理政策的通知》（部分失效）以及《国家外汇管理局关于进一步促进跨境贸易投资便利化的通知》（已被修改）的出台，资本项目开放逐步推进，外资直接投资以及外商投资企业境内再投资项下外汇出入境便利性明显提高。

关于外商直接投资汇入的资金，根据《国家外汇管理局关于进一步简化和改进直接投资外汇管理政策的通知》（部分失效）的规定，外汇管理局取消境内外直接投资项下外汇登记核准，下放权力至当地银行，由银行直接审核办理境内直接投资项下外汇登记，由标的企业在银行开立相应的“外汇资本金账户”接收资金，后续办理结汇手续。但是境内机构的资本项目外汇收入及其结汇所得人民币资金的使用应当遵守《国家外汇管理局关于进一步深化改革促进跨境贸易投资便利化的通知》等文件更新的资本项目收入使用负面清单的相关规定。①

对于股权转让项下的资金出入境（中方股东转让公司股权给外方股东，由外方股东向中方股东支付对价），资金同样由外汇局通过银行间接管理，境内的标的公司需要在其所属外汇分局辖内银行办理基本信息登记变更手续，后续由中方股东凭相关业务登记凭证在银行办理“资产变现账户”的开立、资金汇入和结汇的手续，相关的资料清单由银行确定，需要提前与开户银行沟通结汇要求。

对于外商投资企业通过直接投资以及收购股权等形式开展的境内再投资，在《国家外汇管理局关于进一步促进跨境贸易投资便利化的通知》（已被修改）

---

① 《国家外汇管理局关于进一步深化改革 促进跨境贸易投资便利化的通知》第 3 条第 8 项：完善资本项目收入使用负面清单管理。非金融企业的资本金、外债项下外汇收入及其结汇所得人民币资金的使用应遵循真实、自用原则，不得直接或间接用于国家法律法规禁止的支出；除另有明确规定外，不得直接或间接用于证券投资或其他投资理财（风险评级结果不高于二级的理财产品及结构性存款除外）；不得用于向非关联企业发放贷款［经营范围明确许可的情形以及中国（上海）自由贸易试验区临港新片区、中国（广东）自由贸易试验区广州南沙新区片区、中国（海南）自由贸易港洋浦经济开发区、浙江省宁波市北仑区等 4 个区域除外］；不得用于购买非自用的住宅性质房产（从事房地产开发经营、房地产租赁经营的企业除外）。

出台前，外商投资企业使用资本金及其结汇所得人民币资金在中国境内进行股权投资受到明确的限制。相关外商投资企业的经营范围须包括“投资”这一经营内容，而该经营范围的增加需要取得地方金融监管部门的许可，实践操作难度大。对此，《国家外汇管理局关于进一步促进跨境贸易投资便利化的通知》（已被修改）明确取消了对外商投资企业再投资的限制，外商投资企业无须另行在经营范围内增加“投资”这一项内容即可开展再投资业务，并且非投资外商投资企业可以通过外汇资本金原币划转或资本金结汇所得人民币资金进行股权投资，或以资本金原币划转或资本金结汇所得支付境内股权转让对价。①《国家外汇管理局关于进一步深化改革促进跨境贸易投资便利化的通知》在此基础上又更进一步，放宽了股权出让方对股权转让对价自由使用的限制（不论是外汇资本金或其结汇所得人民币资金），简化了结汇以及资金使用的流程，避免外商投资企业在境内收购股权时因外汇结汇问题而受到明显不利影响。②

六、税务申报和备案

在跨境投资并购过程中，税务问题与外汇问题一样，会直接影响交易主体

---

① 《国家外汇管理局关于进一步促进跨境贸易投资便利化的通知》第2条：取消非投资性外商投资企业资本金境内股权投资限制。在投资性外商投资企业（包括外商投资性公司、外商投资创业投资企业和外商投资股权投资企业）可依法依规以资本金开展境内股权投资的基础上，允许非投资性外商投资企业在不违反现行外商投资准入特别管理措施（负面清单）且境内所投项目真实、合规的前提下，依法以资本金进行境内股权投资。非投资性外商投资企业以资本金原币划转开展境内股权投资的，被投资主体应按规定办理接收境内再投资登记并开立资本金账户接收资金，无须办理货币出资入账登记；非投资性外商投资企业以资本金结汇开展境内股权投资的，被投资主体应按规定办理接收境内再投资登记并开立“资本项目－结汇待支付账户”接收相应资金。第4条：放宽资本项目外汇资金结汇使用限制。取消境内资产变现账户资金结汇使用限制。外商直接投资项下境内股权出让方接收外国投资者股权转让对价款时，可凭相关业务登记凭证直接在银行办理账户开立、资金汇入和结汇使用手续。放宽外国投资者保证金使用和结汇限制。外国投资者从境外汇入或从境内划入的保证金，在交易达成后，可直接用于其境内合法出资、境内外支付对价等。取消保证金账户内资金不得结汇的限制，允许交易达成或违约扣款时将保证金直接结汇支付。

② 《国家外汇管理局关于进一步深化改革 促进跨境贸易投资便利化的通知》第2条第7项：便利外商投资企业（FDI）境内再投资项下股权转让资金和境外上市募集资金支付使用。将资本项目资产变现账户调整为资本项目结算账户（相关账户整合方案见附件3）。境内股权出让方（含机构和个人）接收境内主体以外币支付的股权转让对价资金，以及境内企业境外上市募集的外汇资金，可直接汇入资本项目结算账户。资本项目结算账户内资金可自主结汇使用。境内股权出让方接收外商投资企业以结汇所得人民币资金（来源于直接结汇所得或结汇待支付账户内的人民币资金）支付的股权转让对价资金，可直接划转至境内股权出让方的人民币账户。

实际收到款项的具体金额，因此往往作为交易对价的一部分在项目前期予以综合考虑。不同的交易方案会涉及不同的纳税计算方式，且收购主体可能会影响后续收益分配和退出时的税负水平，因此在前期方案设计阶段，交易双方会选择不同的交易架构或交易方式以降低交易成本，如通过杠杆收购方式、设立离岸特殊目的公司（SPV）等方式取得税收优惠。

但在设立复杂跨境交易架构时，跨境交易各方需要考虑离岸 SPV 在其所在地享受的双边、多边税务条约的豁免或者税收减免情况，是否必须符合各种条件或者提前在中国境内外完成各种申报或备案手续。根据过往跨境交易项目中与税务主管部门沟通的经验，一般跨境并购交易中企业如希望基于双边或多边税务条约享受一定的税收减免或优惠手续，都需要提前与税务主管部门沟通相关申报材料，根据其要求提交申请，经审核通过后方可享受相应的税收优惠。同时需注意的是，在前期准备阶段交易方需与税务机关充分沟通确定其能够享受税收减免的具体金额，以避免后续补缴税金的风险。

此外，对于跨境并购中的延迟纳税等特殊性税务处理也需要提前与税务主管部门沟通税务申报意见，确定在特殊的跨境交易中具体的纳税申报主体，完善跨境并购税收筹划的细节。

七、战略投资上市公司的特殊要求

如前所述，在大型的跨境并购交易中除涉及外汇、税务问题之外，外国投资者还需关注中国证券法和交易所的相关规则（若并购交易标的企业为中国上市公司）。交易所各个板块的上市规则对上市公司超过一定比例的股权转让、实际控制权的转让以及增发新股等均有明确的规定，因而需要根据特殊交易规则履行申报核准或注册程序，取得核准或注册，并根据相关程序、规则调整并购投资方案。

其中与外商投资上市公司最直接相关的是《外国投资者对上市公司战略投资管理办法》（2015 修订），该办法对于外国投资者通过具有一定规模（股份比例不低于 10%）的中长期战略性并购投资，取得已完成股权分置改革的上市公司和股权分置改革后新上市公司A股股份的行为作出直接的规定。[①] 外国投资者需满足《外国投资者对上市公司战略投资管理办法》(2015修订)项下持股比例、锁定期、资质条件等相关要求。

根据《外国投资者对上市公司战略投资管理办法》(2015修订)的规定,外国投资者经商务部批准可以对上市公司进行战略投资,但《外商投资法》项下商务主管部门对外商的监管已从"审批制""备案制"的时代正式进入"信息报告制",外商投资无须另行取得商务主管部门的批准,两者规定存在一定的冲突。对此,商务部在其官方网站明确答复,[②]《外国投资者对上市公司战略投资管理办法》(2015修订)中与外商投资法及其实施条例不符的内容不再执行,即如果外商投资不涉及特别准入的行业,无须另行报商务部批准。

同时,商务部于2018年、2020年发布了修改《外国投资者对上市公司战略投资管理办法》(2015修订)的征求意见稿。[③] 商务部相关负责人在多次会议上提及修改《外国投资者对上市公司战略投资管理办法》(2015修订),进一步放宽外国投资者对上市公司战略投资的限制,预期后续相关规则会结合全面注册制的相关要求进行更新,对实践中已通过个例实现突破的三年锁定期、股权比例、股权支付等作出一定的修改。而在相关规定修改前,外资企业如涉及股权支付/跨境换股,或者以其他方式取得中国上市公司股权,也可尝试与商务部"一事一议",从而尽可能减少交易的限制。

在全球外商直接投资下降的环境下,发展中国家的外商直接投资占全球流

① 《外国投资者对上市公司战略投资管理办法》(2015修订)第5条:投资者进行战略投资应符合以下要求:(一)以协议转让、上市公司定向发行新股方式以及国家法律法规规定的其他方式取得上市公司A股股份;(二)投资可分期进行,首次投资完成后取得的股份比例不低于该公司已发行股份的百分之十,但特殊行业有特别规定或经相关主管部门批准的除外;(三)取得的上市公司A股股份三年内不得转让;(四)法律法规对外商投资持股比例有明确规定的行业,投资者持有上述行业股份比例应符合相关规定;属法律法规禁止外商投资的领域,投资者不得对上述领域的上市公司进行投资;(五)涉及上市公司国有股股东的,应符合国有资产管理的相关规定。

② 《外国投资者对上市公司战略投资管理办法审批程序》,载中华人民共和国商务部官网2021年2月26日,http://gzly.mofcom.gov.cn/info/detail?id=067dd49ad27641ee9dbc32399df20c6a。

③ 中华人民共和国商务部:《商务部关于〈外国投资者对上市公司战略投资管理办法(修订草案公开征求意见稿)〉公开征求意见的通知》,载中华人民共和国商务部官网,http://www.mofcom.gov.cn/article/b/g/202007/20200702979804.shtml。

量的70%以上，中国作为全球第二大外商投资接收国，2022年外商直接投资增长5%，达到1891亿美元。[①] 在外商投资需求持续增长的背景下，我国跨境并购交易呈现出向特定行业、重点项目聚焦的趋势。外国投资者参与投资需要对国家安全、行业准入、外汇、税务等多方面的监管因素予以全面考量，这对交易双方而言往往是复杂而有挑战的。同时，我国法律体系仍处在高速更新完善的阶段，对外商投资的开放程度逐年提高，但监管要求也随着安全审查、数据合规、反垄断等法律法规的迅速发展有所提高。法律从业者需持续关注前述重点领域项下外商投资并购监管要求的更新，从而助力交易双方在交易前期全面了解在交易过程中可能面临的监管框架要求并作出合理预判，以对交易结构的设计、交易文件的谈判和交易进程发挥有效推动作用，最终实现跨境投资并购的理想战略目标。

① 严瑜：《吸引外资创纪录中国再赢"信任票"》，载中华人民共和国中央人民政府官网，https://www.gov.cn/govweb/yaowen/liebiao/202307/content_6892337.htm。

第三章　内地企业赴香港上市

2023 年 11 月 27 日，中国人民银行、国家金融监督管理总局、中国证监会、国家外汇管理局、国家发展和改革委员会、工业和信息化部、财政部、中华全国工商业联合会八部门联合印发《关于强化金融支持举措助力民营经济发展壮大的通知》，提出要支持符合条件的民营企业赴境外上市，利用好两个市场、两种资源。

2024 年 4 月 4 日，《国务院关于加强监管防范风险推动资本市场高质量发展的若干意见》（以下简称《若干意见》）发布。《若干意见》提出，要坚持统筹资本市场高水平制度型开放和安全，拓展优化资本市场跨境互联互通机制。拓宽企业境外上市融资渠道，提升境外上市备案管理质效。加强开放条件下的监管能力建设。深化国际证券监管合作。

2024 年 4 月 19 日，中国证监会发布五项资本市场对港合作措施。中国证监会为配合《若干意见》实施，近期在广泛深入调研和听取意见的基础上，将与香港方面深化合作，采取多项措施进一步拓展优化沪深港通机制，助力香港巩固提升国际金融中心地位，促进内地与香港资本市场协同发展。值得关注的是，中国证监会在第 5 项措施中提出将进一步加大和有关部门的沟通协调力度，支持符合条件的内地行业龙头企业赴港上市融资。

内地证券监管部门通过正式发文方式，支持内地企业赴香港上市，并对符合条件的企业提供一定的支持。基于上述政策背景，本章拟简要阐述内地企业赴香港上市相关要点。

一、香港上市条件

（一）香港主板上市或 GEM 上市主要条件

根据《香港联合交易所有限公司证券上市规则》（以下简称《主板上市规则》）、《香港联合交易所有限公司 GEM 证券上市规则》（以下简称《GEM 上市规则》）的相关规定，如拟申请香港主板上市或 GEM 上市所需满足主要条件如表 3–3–1 所列。

表 3–3–1 香港主板上市或 GEM 上市主要条件

主要条件	香港主板	香港 GEM
符合其中一项财务指标	1. 盈利测试标准： 具备不少于 3 个会计年度的营业记录，而在此期间，新申请人最近 1 年的股东应占盈利不得低于 3500 万港元，以及其前 2 年累计的股东应占盈利亦不得低于 4500 万港元（上述盈利应扣除日常业务以外的业务所产生的收入或亏损）； 新申请人预期在上市时的市值不得低于 5 亿港元。 2. 市值 / 收益 / 现金流量测试标准： （1）上市时市值至少为 20 亿港元； （2）经审计的最近 1 个会计年度的收益至少为 5 亿港元； （3）新申请人或其集团的拟上市的业务于前 3 个会计年度的现金流入合计至少为 1 亿港元。 3. 市值 / 收益测试标准： （1）上市时市值至少为 40 亿港元； （2）经审计的最近 1 个会计年度的收益至少为 5 亿港元	1. 现金流测试标准： 新申请人或其集团（不包括采用权益会计法或比例综合法将其业绩在发行人财务报表内列账的任何联营公司、合资公司及其他实体）必须具备至少 2 个财政年度的适当编制的营业记录，以及从日常及正常业务经营过程中产生净现金流入（但未计入调整营运资金的变动及已付税项）。申请上市的新申请人或其集团此等在刊发上市文件前 2 个财政年度从经营业务中所得的净现金流入总额必须最少达 3000 万港元。 新申请人预期在上市时的市值不得低于 1.5 亿港元。 2. 市值 / 收益 / 研发测试标准： （1）上市时市值不低于 2.5 亿港元； （2）在刊发上市文件前 2 个财政年度的收益总额不低于 1 亿港元，而且收益在该 2 个财政年度有按年增长（只计算新申请人主要营业活动所产生的收益）； （3）在刊发上市文件前 2 个财政年度的研发开支总额不低于 3000 万港元； （4）在刊发上市文件前 2 个财政年度每年的研发开支占总营运开支不低于 15%
营业记录要求	具备不少于 3 个会计年度的营业记录（特殊情况下可考虑较短的营业记录）	至少 2 个财政年度的适当编制的营业记录（特殊情况下可考虑较短的营业记录）

续表

主要条件	香港主板	香港 GEM
管理层维持不变要求	至少前 3 个会计年度的管理层维持不变	在刊发上市文件前的 2 个完整财政年度及至上市日期为止的整段期间，其管理层维持不变
拥有权和控制权维持不变要求	至少经审计的最近 1 个会计年度的拥有权和控制权维持不变	在刊发上市文件前的完整财政年度及至上市日期为止的整段期间，其拥有权及控制权维持不变
公众人士持股要求	无论何时，发行人已发行股份数目总额必须至少有 25% 由公众人士持有，该部分预期在上市时的市值不得低于 1.25 亿港元。 如发行人预期在上市时的市值逾 100 亿港元，在满足一定条件下，交易所可以可酌情接纳介乎 15% 至 25% 的一个较低的百分比	无论何时，发行人已发行股份数目总额必须至少有 25% 由公众人士持有。 如发行人预期在上市时的市值逾 100 亿港元，在满足一定条件下，交易所可以可酌情接纳介乎 15% 至 25% 的一个较低的百分比
股东人数要求	上市时至少拥有 300 名股东	上市时至少拥有 100 名股东
董事会要求	1. 至少 3 名独立非执行董事。 2. 其中至少 1 名独立非执行董事必须具备适当的专业资格，或具备适当的会计或相关的财务管理专长。 3. 发行人所委任的独立非执行董事必须占董事会成员人数至少 1/3。 4. 至少须有 2 名执行董事通常居于香港。 5. 如为 H 股上市申请人，至少须有 1 名独立非执行董事通常居于香港	1. 至少 3 名独立非执行董事。 2. 其中至少 1 名独立非执行董事必须具备适当的专业资格，或具备适当的会计或相关的财务管理专长。 3. 发行人所委任的独立非执行董事必须占董事会成员人数至少 1/3
会计报告要求	申报会计报告的最后 1 个会计期间的结算日期距上市文件刊发日期不超过 6 个月	申报会计报告的最后 1 个会计期间的结算日期距上市文件刊发日期不超过 6 个月

（二）特殊公司于香港主板上市的特殊规定

根据《主板上市规则》的相关规定，以不同投票权架构公司上市、生物科技公司上市、特殊目的收购公司上市、特专科技公司上市的特殊规定要求如下：

1. 不同投票权架构公司上市

（1）定义

根据《主板上市规则》第八 A 章的相关规定，不同投票权架构公司指具有不同投票权架构或寻求以不同投票权架构上市的发行人。

（2）适用于不同投票权架构公司的上市条件

1）新申请人寻求以不同投票权架构上市必须向香港交易所证明其合资格及适合以不同投票权架构上市。

2）香港交易所只考虑新申请人以不同投票权架构上市的申请。

3）新申请人寻求以不同投票权架构上市必须符合以下其中一项规定：

①上市时市值至少为 400 亿港元；

②上市时市值至少为 100 亿港元及经审计的最近 1 个会计年度收益至少为 10 亿港元。

（3）其他要求

①任何不同投票权架构的不同投票权必须仅附于发行人的个别股本证券类别，并只就发行人股东大会上的议案赋予受益人更大的投票权。在所有其他方面，具有不同投票权的股本证券类别所附带的权利必须与发行人上市普通股所附带的权利相同。

②同股同权股东必须持有上市发行人股东大会议案不少于 10% 的合资格投票权。

③上市发行人的不同投票权股份类别赋予受益人的投票权，不得超过发行人股东大会上普通股可就任何议案表决的投票权力的 10 倍。

④不同投票权受益人必须为申请人上市时的董事会成员。上市后任何时候若有以下情况，不同投票权受益人于上市发行人的不同投票权必须终止：该受益人身故；其不再是发行人董事；香港交易所认为其无行为能力履行董事职责；香港交易所认为其不再符合《主板上市规则》所载的关于董事的规定。

⑤新申请人首次上市时，其不同投票权架构受益人实益拥有其已发行股本相关经济利益的占比，合计必须不少于 10%。

⑥受益人所持的不同投票权股份，在股份的实益拥有权或经济利益转让给另一人，或股份所附投票权的管控（通过代表或其他方法）转让给另一人后，该等股份所附带的不同投票权即必须终止。

⑦具有不同投票权架构的发行人上市股本证券，其股份名称结尾须有

“W”字作标识。

2. 生物科技公司上市

(1)定义

生物科技公司指主要从事生物科技产品研发、应用或商业化发展的公司。生物科技指运用科学及技术制造用于医疗或其他生物领域的商业产品。

(2)生物科技公司的上市条件

1)根据《主板上市规则》第十八A章申请上市的申请人，除该章的规定外，亦须符合《主板上市规则》第八章(第8.05条、第8.05A条、第8.05B条及第8.05C条除外)的规定。

2)根据该章申请上市的申请人必须：

①证明其合资格及适合以生物科技公司的身份上市。

②上市时的市值至少达15亿港元。

③上市前已由大致相同的管理层经营现有的业务至少2个会计年度。

④确保申请人有充足的营运资金(包括计入新申请人首次上市的所得款项)，足可应付集团由上市文件刊发日期起计至少12个月所需开支的至少125%。该等开支应主要包括：一般、行政及营运开支(包括任何生产成本)，研发开支。

(3)其他要求

1)生物科技公司须在上市文件中披露下列各项：

①战略目标。

②各核心产品的详情。

③核心产品相关监管批准(如有)生效日期以后并未出现任何意外或不利的重大变动的声明；若有任何重大变动，必须在显眼位置披露。

④描述申请人拥有的获批准产品(如有)、未届满的专利保护期间以及现有及预期的市场竞争者的详情。

⑤生物科技公司研发经验的详情。

⑥生物科技公司董事及高级管理层在开发、制造以及商业化发展生物科技

产品方面的相关经验。

⑦申请人与其主要管理人员及技术人员之间订立的任何服务协议的主要条款。

⑧申请人为留聘主要管理人员或技术人员而设的措施(例如奖励安排及/或不竞争条款)(如有),以及针对主要管理人员或技术人员离职而设的保障措施及安排。

⑨说明任何可能会影响核心产品研发的法律申索或诉讼。

⑩披露特定风险、一般风险及依赖因素。

⑪若因环境、社会及健康安全问题引起的项目风险等各项与公司业务营运相关并有重大影响,生物科技公司亦须提供相关资料。

⑫与核心产品有关的现金经营成本的估算,其中包括开发核心产品所产生的研发及临床试验成本,以及其他相关成本。

2)对于每项核心产品,生物科技公司均须在显眼位置作出示警,告诫投资者有关核心产品最终不一定能够成功开发及营销。

3)根据本章上市的生物科技公司的上市股本证券,其股份名称结尾须有"B"字作标识。

3. 特殊目的收购公司上市

(1)定义

根据《主板上市规则》的相关规定,特殊目的收购公司是指没有经营业务的发行人,其成立的唯一目的是在预定期间内就收购或业务合并与目标公司进行交易,并达到使目标公司上市的目的。

(2)适用于特殊目的收购公司上市条件

根据《主板上市规则》相关规定,《主板上市规则》的第 8.05 条、第 8.05A 条、第 8.05B 条及第 8.05C 条不适用于特殊目的收购公司。

(3)其他要求

1)禁止向公众人士营销及容许其买卖

①香港交易所必须确信已有充足安排,确保特殊目的收购公司证券不会向

香港公众人士营销或容许他们买卖（而不禁止向专业投资者营销或容许其买卖）。为此，特殊目的收购公司将要符合下列规定：

第一，其特殊目的收购公司股份的交易单位及认购额至少为100万港元；

第二，其须向香港交易所证明每名营销及买卖证券的中介人本身及其代表于进行《操守准则》所载“认识你的客户”程序时已确信各配售人均为专业投资者；

第三，其须向香港交易所证明，在特殊目的收购公司证券发售架构的所有其他方面均不接受公众人士参与（专业投资者除外）。

②《主板上市规则》第8.07条、第8.13条（除了特殊目的收购公司的证券只限于专业投资者之间自由转让）、第8.23条以及《第18项应用指引》不适用于特殊目的收购公司的首次发售。

2）公开市场规定

对于每一个属特殊目的收购公司初次申请上市的证券类别，于上市时，有关证券须由足够数目的人士所持有（任何情况下均须至少有75名专业投资者，当中至少20名须为机构专业投资者，而此等机构专业投资者必须持有至少75%的待上市证券）。

3）交易安排

特殊目的收购公司必须申请将特殊目的收购公司股份及特殊目的收购公司权证上市，两者在初步上市之日起就分开买卖。

4）发行价

寻求上市的每股特殊目的收购公司股份的发行价必须不少于10港元。

5）集资额

在上市时，特殊目的收购公司首次发售筹集的资金总额必须不少于10亿港元。

4. 特专科技公司上市

（1）定义

根据《主板上市规则》的相关规定，特专科技公司指主要从事（不论直接或通过其附属公司）特专科技行业可接纳领域内的一个或以上的特专科技产品的研发，以及其商业化及 / 或销售的公司。特专科技指应用于特专科技行业可接纳领域内的产品及 / 或服务的科学及 / 或技术。

（2）特专科技公司上市条件

1）根据《主板上市规则》第十八 C 章申请上市的申请人，亦须符合《主板上市规则》第八章（第 8.05 条、第 8.05A 条及第 8.05B 条除外）的规定。

2）根据《主板上市规则》第十八 C 章申请上市的申请人必须：

①证明其符合特专科技公司的定义并合资格及适合以已商业化公司或未商业化公司的身份上市；

②上市前已由大致相同的管理层经营现有的业务至少 3 个会计年度；

③如为已商业化公司，则上市时的市值至少达 60 亿港元，或如为未商业化公司，则上市时的市值至少达 100 亿港元；

④如为已商业化公司，则经审计的最近 1 个会计年度的收益至少达 2.5 亿港元。

3）根据《主板上市规则》第十八 C 章申请上市的申请人必须：

①上市前已从事特专科技产品的研发至少 3 个会计年度。

②就研发特专科技产品已产生的开支：

（a）（就已商业化公司而言）占总营运开支至少 15%；

（b）（就经审计的最近 1 个会计年度的收益至少达 1.5 亿港元但少于 2.5 亿港元的未商业化公司而言）占总营运开支至少 30%；

（c）（就经审计的最近 1 个会计年度的收益少于 1.5 亿港元的未商业化公司而言）占总营运开支至少 50%。

4）根据《主板上市规则》第十八 C 章申请上市的申请人必须已获得资深独立投资者相当数额的投资。

5）未商业化公司必须向香港交易所证明并在其上市文件中披露其特专科技产品商业化的可信路径（该路径须适用于相关特专科技行业），可令其达到《主板上市规则》第十八 C 章第 3.4 条所述的收益规定。未商业化公司必须确保其有充足的营运资金(包括计入新申请人首次上市的所得款项),足可应付集团由上市文件刊发日期起计至少12个月所需开支的至少125%。

二、内地企业赴香港上市模式

主要业务和背景在中国内地的公司,在香港联交所上市,主要分为直接香港上市和间接香港上市。

(一)内地企业直接香港上市

根据《境内企业境外发行证券和上市管理试行办法》的规定,境内企业直接境外发行上市,是指在境内登记设立的股份有限公司境外发行上市。

内地企业直接香港上市,具体是指以在中国内地注册成立的或者改制的股份有限公司为上市主体,境内股权直接在香港联交所上市,该上市架构亦称为H股架构。

(二)内地企业间接香港上市

1. 定义

根据《境内企业境外发行证券和上市管理试行办法》的规定,境内企业间接境外发行上市,是指主要经营活动在境内的企业,以在境外注册的企业的名义,基于境内企业的股权、资产、收益或其他类似权益境外发行上市。

根据《境内企业境外发行证券和上市管理试行办法》的规定,发行人同时符合下列情形的,亦应认定为境内企业间接境外发行上市:(1)境内企业最近1个会计年度的营业收入、利润总额、总资产或者净资产,任一指标占发行人同期经审计合并财务报表相关数据的比例超过50%;(2)经营活动的主要环节在境内开展或者主要场所位于境内,或者负责经营管理的高级管理人员多数为中国公民或者经常居住地位于境内。境内企业间接境外发行上市的认定,遵循实质重于形式的原则。

内地企业间接香港上市,具体是指通过在境外设立控股公司,将中国内地企业的资产和权益注入境外的控股公司,以该境外控股公司名义在香港联交所发行上市。内地企业间接香港上市架构亦称为红筹架构。

2. 红筹架构模式

过往实践中，将红筹架构区分为大红筹架构（指内地的企业、资产或业务的实际控制人通常是某个政府机构）和小红筹架构（指内地的企业、资产或业务的实际控制人通常是某个个人）。此前大红筹架构需要按照《国务院关于进一步加强在境外发行股票和上市管理的通知》（已失效）要求取得境内监管部门审批手续。

自 2023 年 3 月 31 日起，《境内企业境外发行证券和上市管理试行办法》开始施行，《国务院关于进一步加强在境外发行股票和上市管理的通知》被废止后，境内企业境外发行上市进入“统一备案制度”新时代，境内监管上不再区分大红筹架构和小红筹架构。

目前，红筹架构又包括红筹股权控制架构和红筹协议控制架构（Variable Interest Entity,VIE）两种模式：

（1）红筹股权控制架构

红筹股权控制架构具体是指，境外上市公司通过多层股权控制关系，控制内地企业的资产和权益。常见红筹股权控制架构模式如图 3-3-1 所示。

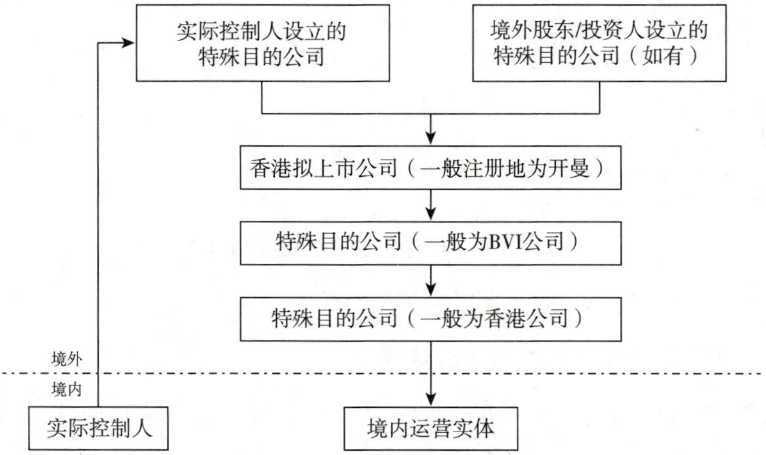

图 3-3-1 红筹股权控制架构

注：上图仅为常见架构示意图，实践操作中可能存在不同情况。

(2)红筹协议控制架构

根据《香港交易所指引信(HKEX-GL77-14)》的相关规定,合约安排普遍亦称结构性合约或 VIE。合约安排一般涉及个别公司通过中国内地境内的附属公司(中国附属公司)与另一家于中国注册成立的经营实体(operating company,简称 OPCO 公司)订立多份合约。OPCO 公司是由内地个人所拥有,在受外资拥有权规限的个别行业(限制业务)持有经营业务所需的所有营业牌照。

常见红筹协议控制架构模式如图 3-3-2 所示。

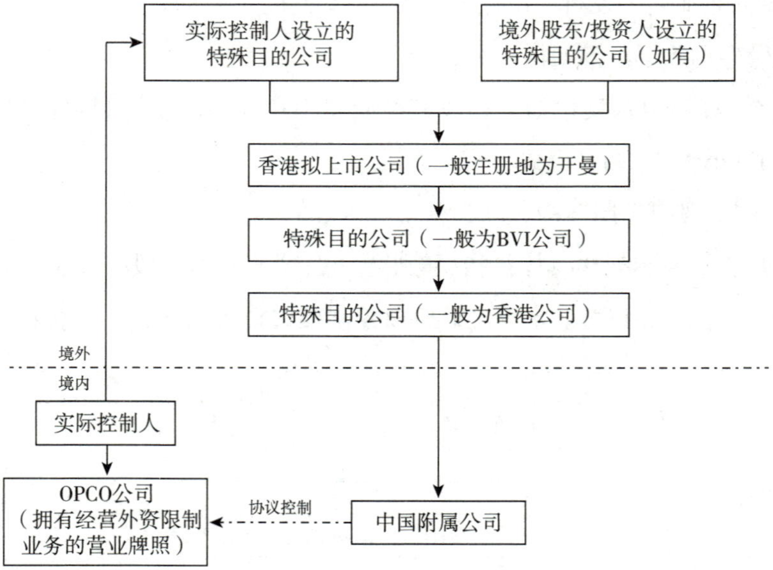

图 3-3-2　红筹协议控制架构(VIE)

注:上图仅为常见架构示意图,实践操作中可能存在不同情况。

(三)内地企业香港上市的审批流程

目前,内地申请赴港上市的企业,需要向中国证监会及香港联交所同时履行境内备案、境外审批的双重程序,具体流程如图 3-3-3 所示。

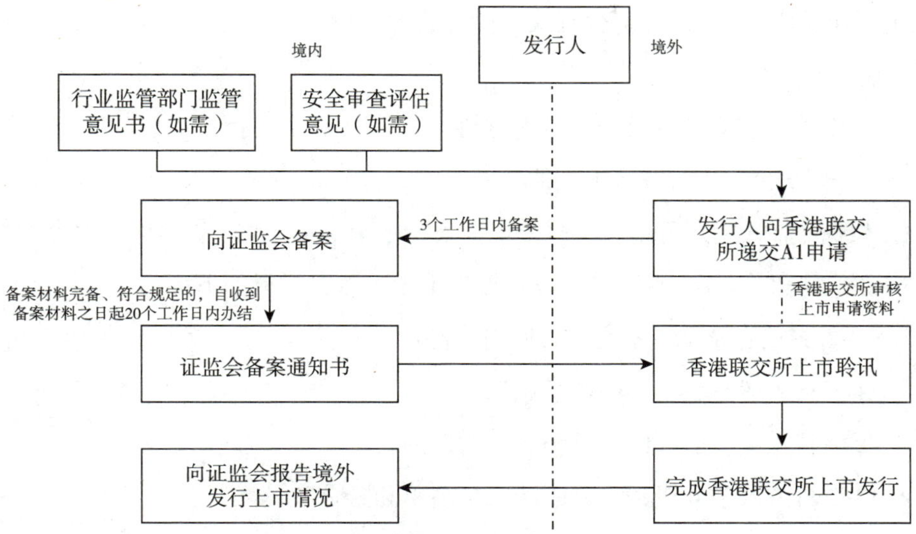

图 3-3-3 内地企业香港上市审批流程

三、内地企业赴香港上市法律关注要点

（一）中国证监会备案要求

1. 中国证监会备案及报告要求

2023 年 3 月 31 日，《境内企业境外发行证券和上市管理试行办法》正式实施，境内企业境外上市正式步入备案制监管时代。

根据《境内企业境外发行证券和上市管理试行办法》的相关规定，发行人境外首次公开发行或者上市的，应当在向境外提交发行上市申请文件后 3 个工作日内向中国证监会备案。发行人完成境外发行上市后，应当按照相关规定报告境外发行上市情况。

如果发行人境外发行上市后，发生《境内企业境外发行证券和上市管理试行办法》第 22 条规定的下列重大事项，应当自相关事项发生并公告起 3 个工作日内向中国证监会报告具体情况：①控制权变更；②被境外证券监督管理机构或者有关主管部门采取调查、处罚等措施；③转换上市地位或者上市板块；④主动终止上市或者强制终止上市。另外，如发行人境外发行上市后主要业务经营活动发生重大变化，不再属于备案范围的，应当自相关变化发生之日起

3 个工作日内，向中国证监会提交专项报告及境内律师事务所出具的法律意见书，说明有关情况。

2. 中国证监会备案及报告所需材料

（1）首次公开发行或者上市的备案

根据《监管规则适用指引——境外发行上市类第 2 号：备案材料内容和格式指引》的相关规定，首次公开发行或者上市的备案材料如下：

1）备案报告及承诺备案报告所附文件：

①发行人股东大会、董事会决议；

②发行人完整股权结构及控制架构框图；

③发行人及中介机构项目团队人员名单和联系方式。

2）行业主管部门等出具的监管意见、备案或核准等文件（如适用）。

3）国务院有关主管部门出具的安全评估审查意见（如适用）。

4）境内律师事务所出具的法律意见书。

5）招股说明书或上市文件。

经查阅中国证监会对境外上市备案的反馈问题发现，常见的反馈问题主要为历次股权变动合规性、股权激励计划的合规性、业务经营合规情况、业务的外资准入情况、数据合规情况、股东持股合规性、境外架构搭建的合规性等。

（2）境外发行上市后报告要求

根据《监管规则适用指引——境外发行上市类第 3 号：报告内容指引》的相关规定，发行人完成境外发行上市后，应当按照该指引规定报告境外发行上市情况，主要报告本次发行情况概述、证券认购及限售情况、相关证券登记存管情况。

（二）外商投资准入要求

根据《境内企业境外发行证券和上市管理试行办法》第 8 条第 1 款的规定，发行人存在有法律、行政法规或者国家有关规定明确禁止上市融资的，不得境外发行上市。根据《监管规则适用指引——境外发行上市类第 1 号》的规定，前述情形包括“国家发展改革委、商务部印发的《市场准入负面清单》禁止上市融资的”。

根据《监管规则适用指引——境外发行上市类第 2 号：备案材料内容和格式指引》的相关规定，发行人需要在备案报告中列明发行人（含子公司及境内运营主体）业务牌照资质涉及外商投资准入限制或禁止领域情况，并且发行人境内律师需要对发行人是否存在《境内企业境外发行证券和上市管理试行办法》第 8 条规定的不得境外发行上市的情形发表专项核查意见。

根据《外商投资法》《外商投资法实施条例》《外商投资准入特别管理措施（负面清单）（2024 年版）》的相关规定，外商投资准入负面清单规定禁止投资的领域，外国投资者不得投资。外商投资准入负面清单规定限制投资的领域，外国投资者进行投资应当符合负面清单规定的条件。例如：禁止投资互联网新闻信息服务、网络出版服务、网络视听节目服务、互联网文化经营（音乐除外）、互联网公众发布信息服务（上述服务中，中国入世承诺中已开放的内容除外）；增值电信业务的外资股比不超过 50%（电子商务、国内多方通信、存储转发类、呼叫中心除外）等。

据此，境内企业拟香港上市时需要重点核查关注拟上市主体（含子公司及境内运营主体）业务牌照资质是否存在涉及外商投资准入限制或禁止领域情况，若境内企业的业务属于上述负面清单之禁止类，外资不得持股；如属于限制类，外资持有标的公司股权的比例不得超过负面清单被允许的比例，剩余部分则需要通过合约安排（VIE 架构）实现控制目的。

（三）安全审查要求

根据《境内企业境外发行证券和上市管理试行办法》第 7 条第 2 款的规定，境内企业境外发行上市涉及向境外提供个人信息和重要数据等的，应当符合法律、行政法规和国家有关规定。第 8 条第 2 款规定，经国务院有关主管部门依法审查认定，境外发行上市可能危害国家安全的，不得境外发行上市。第 9 条规定：境内企业境外发行上市活动，应当严格遵守外商投资、网络安全、数据安全等国家安全法律、行政法规和有关规定，切实履行维护国家安全的义务。涉及安全审查的，应当在向境外证券监督管理机构、交易场所等提交发行上市申请前依法履行相关安全审查程序。境外发行上市的境内企业应当根据国务院有关主管部门要求，采取及时整改、作出承诺、剥离业务资产等措施，消除或者避免境外发行上市对国家安全的影响。

根据《监管规则适用指引——境外发行上市类第 2 号：备案材料内容和格式指引》的相关规定，发行人境内律师需要对发行人本次发行上市安全审查出具专项核查意见，核查发行人是否涉及安全审查，如涉及，是否已依法履行相关安全审查程序并取得有关部门出具的安全审查意见。

1. 外商投资安全审查

《外商投资安全审查办法》第 2 条规定，对影响或者可能影响国家安全的外商投资，依照该办法的规定进行安全审查。该办法所称外商投资，是指外国投资者直接或者间接在中华人民共和国境内（以下简称境内）进行的投资活动，包括下列情形：（1）外国投资者单独或者与其他投资者共同在境内投资新建项目或者设立企业；（2）外国投资者通过并购方式取得境内企业的股权或者资产；（3）外国投资者通过其他方式在境内投资。第 4 条第 1 款规定，下列范围内的外商投资，外国投资者或者境内相关当事人（以下统称当事人）应当在实施投资前主动向工作机制办公室申报：（1）投资军工、军工配套等关系国防安全的领域，以及在军事设施和军工设施周边地域投资；（2）投资关系国家安全的重要农产品、重要能源和资源、重大装备制造、重要基础设施、重要运输服务、重要文化产品与服务、重要信息技术和互联网产品与服务、重要金融服务、关键技术以及其他重要领域，并取得所投资企业的实际控制权。

据此，内地企业搭建香港上市架构时，如果构成《外商投资安全审查办法》第 4 条规定的情形的，可能存在影响国家安全的外商投资，应当在实施投资前主动向工作机制办公室申报进行安全审查。当事人向工作机制办公室申报外商投资前，可以就有关问题向工作机制办公室咨询。

2. 网络安全审查

根据《网络安全法》第 37 条的规定，关键信息基础设施的运营者在中华人民共和国境内运营中收集和产生的个人信息和重要数据应当在境内存储。因业务需要，确需向境外提供的，应当按照国家网信部门会同国务院有关部门制定的办法进行安全评估；法律、行政法规另有规定的，依照其规定。

根据《网络安全审查办法》(2021)第2条第1款的规定，关键信息基础设施运营者采购网络产品和服务，网络平台运营者开展数据处理活动，影响或者可能影响国家安全的，应当按照该办法进行网络安全审查。该办法第16条第1款规定：网络安全审查工作机制成员单位认为影响或者可能影响国家安全的网络产品和服务以及数据处理活动，由网络安全审查办公室按程序报中央网络安全和信息化委员会批准后，依照本办法的规定进行审查。

根据《网络数据安全管理条例》(2024年9月24日发布，2025年1月1日实施)第13条的规定，网络数据处理者开展网络数据处理活动，影响或者可能影响国家安全的，应当按照国家相关规定进行国家安全审查。

据此，内地企业香港上市需要根据相关的规定确定企业是否应当进行网络安全审查，如根据上述相关规定应当进行网络安全审查的，拟赴香港上市的企业应当在提交发行上市申请前，向网络安全审查办公室申报网络安全审查。

3. 数据出境安全评估审查

根据《数据出境安全评估申报指南（第二版）》的规定，以下情形属于数据出境行为：(1)数据处理者将在境内运营中收集和产生的数据传输至境外；(2)数据处理者收集和产生的数据存储在境内，境外的机构、组织或者个人可以查询、调取、下载、导出；(3)符合《个人信息保护法》第3条第2款情形，[①] 在境外处理境内自然人个人信息等其他数据处理活动。

《促进和规范数据跨境流动规定》第7条规定："数据处理者向境外提供数据，符合下列条件之一的，应当通过所在地省级网信部门向国家网信部门申报数据出境安全评估：(一)关键信息基础设施运营者向境外提供个人信息或者重要数据；(二)关键信息基础设施运营者以外的数据处理者向境外提供重要数

---

① 《个人信息保护法》第3条第2款：在中华人民共和国境外处理中华人民共和国境内自然人个人信息的活动，有下列情形之一的，也适用本法：(一)以向境内自然人提供产品或者服务为目的；(二)分析、评估境内自然人的行为；(三)法律、行政法规规定的其他情形。

据，或者自当年1月1日起累计向境外提供100万人以上个人信息（不含敏感个人信息）或者1万人以上敏感个人信息。属于本规定第三条、第四条、第五条、第六条规定情形的，从其规定。”①

据此，内地企业香港上市需要根据相关的规定确定企业是否应当进行数据出境安全评估审查，如需则应当在提交发行上市申请前，向网信部门申报数据出境安全评估审查，并按要求开展数据出境活动。

（四）并购规定要求

根据《商务部关于外国投资者并购境内企业的规定》（2009修改）的相关规定，外国投资者在下列情况下应当取得商务部门必要审批手续：（1）外国投资者购买境内非外商投资企业股东的股权或认购境内公司增资，使该境内公司变更设立为外商投资企业；（2）外国投资者设立外商投资企业，并通过该企业协议购买境内企业资产且运营该资产，或外国投资者协议购买境内企业资产，并以该资产投资设立外商投资企业运营该资产。境内公司、企业或自然人以其在境外合法设立或控制的公司名义并购与其有关联关系的境内的公司，应报商务部审批。

据此，内地企业香港上市，在搭建上市架构过程中常规关注是否适用《商务部关于外国投资者并购境内企业的规定》，是否构成关联并购并需要履行商

① 《促进和规范数据跨境流动规定》第3条：国际贸易、跨境运输、学术合作、跨国生产制造和市场营销等活动中收集和产生的数据向境外提供，不包含个人信息或者重要数据的，免予申报数据出境安全评估、订立个人信息出境标准合同、通过个人信息保护认证。第4条：数据处理者在境外收集和产生的个人信息传输至境内处理后向境外提供，处理过程中没有引入境内个人信息或者重要数据的，免予申报数据出境安全评估、订立个人信息出境标准合同、通过个人信息保护认证。第5条：数据处理者向境外提供个人信息，符合下列条件之一的，免予申报数据出境安全评估、订立个人信息出境标准合同、通过个人信息保护认证：（一）为订立、履行个人作为一方当事人的合同，如跨境购物、跨境寄递、跨境汇款、跨境支付、跨境开户、机票酒店预订、签证办理、考试服务等，确需向境外提供个人信息的；（二）按照依法制定的劳动规章制度和依法签订的集体合同实施跨境人力资源管理，确需向境外提供员工个人信息的；（三）紧急情况下为保护自然人的生命健康和财产安全，确需向境外提供个人信息的；（四）关键信息基础设施运营者以外的数据处理者自当年1月1日起累计向境外提供不满10万人个人信息（不含敏感个人信息）的。前款所称向境外提供的个人信息，不包括重要数据。第6条：自由贸易试验区在国家数据分类分级保护制度框架下，可以自行制定区内需要纳入数据出境安全评估、个人信息出境标准合同、个人信息保护认证管理范围的数据清单（以下简称负面清单），经省级网络安全和信息化委员会批准后，报国家网信部门、国家数据管理部门备案。自由贸易试验区内数据处理者向境外提供负面清单外的数据，可以免予申报数据出境安全评估、订立个人信息出境标准合同、通过个人信息保护认证。

务部门审批手续。

（五）37号文外汇登记要求

根据《国家外汇管理局关于境内居民通过特殊目的公司境外投融资及返程投资外汇管理有关问题的通知》（以下简称37号文）的规定，境内居民（含境内机构和境内居民个人）以投融资为目的，以其合法持有的境内企业资产或权益，或者以其合法持有的境外资产或权益，在境外直接设立或间接控制的境外企业（亦称为“特殊目的公司”），应当在境内居民以境内外合法资产或权益向特殊目的公司出资前，向外汇主管部门办理境外投资外汇登记手续。如果特殊目的公司持有权益的境内股东未能按规定办理外汇登记，则该特殊目的的公司的境内附属公司或会被禁止向境外母公司分派利润及进行后续跨境外汇活动，此外，未能遵守上述规定可能导致因逃避外汇管制而须承担相关法律责任。

根据《国家外汇管理局关于进一步简化和改进直接投资外汇管理政策的通知》（部分失效）的相关规定，受理国家外汇管理局登记的权力自当地国家外汇管理局分局下放至境内实体资产或权益所在的地方银行。

据此，内地企业香港上市过程中应关注是否已按照37号文的规定办理外汇登记手续。

在内地证券监管部门通过正式发文方式，拓宽企业境外上市融资渠道，提升境外上市备案管理质效，支持符合条件的内地行业龙头企业到香港上市融资的背景下，本章从香港上市条件、内地企业香港上市架构以及常规法律关注要点进行简要阐述，为内地企业拓宽境外上市融资渠道提供参考，使其对香港上市有进一步的认识和了解，也对上市融资多一个考虑选择。

第四篇

数据跨境合规与知识产权保护

第一章　粤港澳大湾区数据跨境的规制与合规

一、粤港澳大湾区数据跨境流动现有法律规制

2021 年 3 月，《中华人民共和国国民经济和社会发展第十四个五年规划和 2035 年远景目标纲要》明确提出，加快数字化发展、建设数字中国要营造良好数字生态、建立健全数据要素市场规则、推动数据跨境安全有序流动。2022 年 12 月发布的《中共中央　国务院关于构建数据基础制度更好发挥数据要素作用的意见》明确指出：数据是新型生产要素，是数字化、网络化、智能化的基础；我国将积极参与数据跨境流动国际规则制定，探索加入区域性国际数据跨境流动制度安排，推动数据跨境流动双边多边协商，推进建立互利互惠的规则等制度安排，鼓励探索数据跨境流动与合作的新途径、新模式。2023 年 6 月 29 日，国家互联网信息办公室与香港政府创新科技及工业局签署《关于促进粤港澳大湾区数据跨境流动的合作备忘录》(以下简称《备忘录》)，在国家数据跨境安全管理制度框架下建立粤港澳大湾区数据跨境流动安全规则，促进粤港澳大湾区数据跨境安全有序流动，推动粤港澳大湾区高质量发展。粤港澳大湾区作为中国数字经济最活跃的城市群，数据跨境流动频频引来新动态，将充分发挥数据作为"生产要素的要素"的独特作用，加快数据要素在粤港澳大湾区便捷流动，推动粤港澳大湾区数字经济创新发展和"数字湾区"建设。本章将介绍粤港澳大湾区数据跨境流动的规制现状，并且梳理合规要点，以帮助粤港澳大湾区内主体全面了解最新政策动态和具体规则。

"数据跨境流动"的提出可追溯到经济合作与发展组织（OECD）发布的

《关于隐私保护和个人数据跨境流动的指南》(以下简称《OECD 指南》),该指南将“个人数据跨境流动”界定为个人数据跨越国境的流动。同时指出,尽管国家法律和政策之间有差异,但成员国在保护隐私和个人自由以及在调和基本但相互冲突的价值观,譬如隐私和信息自由流动等方面,有共同利益;个人数据的自动处理和自由流动创造了国家关系新形式,并且需要发展可兼容的规则和实践;个人数据的跨境流动有助于经济和社会的发展。

具体到粤港澳大湾区而言,数据跨境流动的“跨境”内涵与上述《OECD 指南》“跨越国境”的内涵有所不同,粤港澳大湾区内的数据跨境流动,是在同一个国家的三个不同地区之间进行的,跨越边境但不跨越国境,具有“一国两制三法域”的数据流动独特性和优势。在该种独特优势下,相较于跨国境数据流动,粤港澳大湾区数据跨境流动的便捷性和可流动性更强,必然更能带动除数据以外的其他要素如人才、物流、资金等的流动,更有助于经济和社会的发展,推动粤港澳大湾区成为富有活力和国际竞争力的一流湾区。

以下将重点介绍在粤港澳大湾区背景下,数据自内地向香港跨境流动以及数据自香港向内地跨境流动的现有法律规制。

(一)内地数据跨境流动的一般性法律规制

内地目前正在施行的涉及数据跨境流动的相关规定在法律层面上主要有《网络安全法》《数据安全法》《个人信息保护法》,在行政法规层面上主要有《关键信息基础设施安全保护条例》,在部门规章层面主要有《数据出境安全评估办法》《个人信息出境标准合同办法》,在部门规范性文件层面主要有《个人信息保护认证实施规则》等。

1.《网络安全法》

《网络安全法》主要通过对网络运营者、关键信息基础设施的运营者、网络产品或者服务的提供者、国家机关政务网络的运营者等主体在中华人民共和国境内建设、运营、维护和使用网络的行为进行规制和监督管理,以保障网络安全,维护网络空间主权和国家安全、社会公共利益,保护公民、法人和其他组织的合法权益,促进经济社会信息化健康发展。关于数据流动,该法规定了关键信息基础设施的运营者在中华人民共和国境内运营中收集和产生的个人信息和重要数据，因业务需要确需向境外提供的，应当按照国家网信部门会同国务院有关部门制定的办法进行安全评估；法律、行政法规另有规定的，依照其规定。

2.《数据安全法》

《数据安全法》主要规制的是在中华人民共和国境内开展的数据处理活动，以及在境外开展的损害中华人民共和国国家安全、公共利益或者公民、组织合法权益的数据处理活动。该法对数据进行了全面界定，即“任何以电子或者其他方式对信息的记录”，其保护的不仅是个人信息、网络数据。关于数据跨境流动，该法对不同数据处理者的重要数据出境作了不同规定：关键信息基础设施的运营者在中华人民共和国境内运营中收集和产生的重要数据的出境安全管理适用《网络安全法》的规定，即应当按照国家网信部门会同国务院有关部门制定的办法进行安全评估；其他数据处理者在中华人民共和国境内运营中收集和产生的重要数据的出境安全管理办法，由国家网信部门会同国务院有关部门制定。

3.《个人信息保护法》

《个人信息保护法》适用于在中华人民共和国境内处理自然人个人信息的活动以及在中华人民共和国境外处理中华人民共和国境内自然人个人信息的特定情形的活动，任何个人或组织进行上述活动都在《个人信息保护法》的规制范围内。个人信息处理者因业务等需要，确需向中华人民共和国境外提供个人信息的，应当根据不同情形进行安全评估、个人信息保护认证，与境外接收方订立标准合同或达到法律、行政法规或者国家网信部门规定的其他条件，以满足该法规定的个人信息跨境方面的要求。

4.《关键信息基础设施安全保护条例》《个人信息出境标准合同办法》《数据出境安全评估办法》《个人信息保护认证实施规则》

《关键信息基础设施安全保护条例》《数据出境安全评估办法》《个人信息出境标准合同办法》《个人信息保护认证实施规则》等规定是基于上述三部法

律所制定的行政法规、部门规章或部门规范性文件，分别从关键信息基础设施安全保护、重要数据和个人信息安全评估、个人信息出境标准合同订立、个人信息保护认证等方面规定了相关适用情形、义务主体、具体要求等内容。

（二）香港数据跨境流动的一般性法律规制

目前，香港对跨境数据传输的法律规制主要体现在个人信息方面。

1.《个人资料（私隐）条例》

《个人资料（私隐）条例》第 33 条（至今尚未生效）规定，禁止除在指明情况外将个人资料移转至香港以外地方。目前在香港，主要由香港个人资料私隐专员公署以指引等方式鼓励和建议企业履行保障个人资料的责任，以符合《个人资料（私隐）条例》六项保障资料原则等规定。

2.《保障个人资料：跨境资料转移指引》

2014 年 12 月，香港个人资料私隐专员公署发布了《保障个人资料：跨境资料转移指引》，向资料使用者提供实务性指引，为《个人资料（私隐）条例》第 33 条的实施做好准备，同时鼓励资料使用者采取《保障个人资料：跨境资料转移指引》所建议的方式保障个人资料，并将其作为企业管治责任的一部分。

3.《跨境资料转移指引：建议合约条文模板》

2022 年 5 月，香港个人资料私隐专员公署发布了《跨境资料转移指引：建议合约条文模板》，补充《保障个人资料：跨境资料转移指引》，为资料使用者向资料使用者、资料使用者向资料处理者进行的个人资料跨境转移提供两套建议合同文本，以让各方考虑《个人资料（私隐）条例》包括保障资料原则在内的监管要求。

（三）内地与香港地区之间个人信息跨境区域性文件

除签署《备忘录》，2023 年 12 月 10 日，国家互联网信息办公室、香港政府创新科技及工业局联合公布《粤港澳大湾区（内地、香港）个人信息跨境流动标准合同实施指引》(以下简称《实施指引》)，该《实施指引》是《备忘录》框架下有关促进粤港澳大湾区个人信息跨境流动的便利措施，是《备忘录》框架下的首项落地政策。

《实施指引》规定，粤港澳大湾区个人信息处理者及接收方可以按照该指引要求，通过订立标准合同的方式，进行粤港澳大湾区内地九市和香港之间的个人信息跨境流动（被相关部门、地区告知或者公开发布为重要数据的个人信息除外）。《实施指引》的适用范围涵盖注册于（适用于组织）或位于（适用于个人）粤港澳大湾区的内地九个城市和香港地区的个人信息处理者，所在地超出该区域范围内的个人信息处理者不得适用《实施指引》进行个人信息跨境提供，个人信息处理者和接收方也不得将个人信息跨境提供给该区域范围以外的组织或个人。因此，超出上述区域范围内的主体或向上述区域范围以外的国家、地区跨境提供个人信息，仍需按照内地或香港的数据跨境流动一般性规定执行。

《实施指引》自发布之日起生效。相较于《个人信息出境标准合同办法》，《实施指引》简化了标准合同的内容和手续要求，便捷内地与香港之间的个人信息跨境，有利于粤港澳大湾区内地企业通过在香港设立子公司等方式布局开拓海外市场，也有利于位于香港的总部企业开拓内地尤其粤港澳大湾区的市场。有关《个人信息出境标准合同办法》与《实施指引》的主要区别事项见表 4–1–1。

表 4–1–1 《个人信息出境标准合同办法》与《实施指引》的主要区别事项

主要区别事项	《个人信息出境标准合同办法》	《实施指引》
个人信息保护影响评估	个人信息处理者和境外接收方处理个人信息的目的、范围、方式等的合法性、正当性、必要性	个人信息处理者和接收方处理个人信息的目的、方式等的合法性、正当性、必要性
	出境个人信息的规模、范围、种类、敏感程度，个人信息出境可能给个人信息权益带来的风险	对个人信息主体权益的影响及安全风险
	境外接收方承诺承担的义务，以及履行义务的管理和技术措施、能力等能否保障出境个人信息的安全	接收方承诺承担的义务，以及履行义务的管理和技术措施、能力等能否保障跨境提供的个人信息安全

续表

主要区别事项	《个人信息出境标准合同办法》	《实施指引》
个人信息保护影响评估	个人信息出境后遭到篡改、破坏、泄露、丢失、非法利用等的风险，个人信息权益维护的渠道是否通畅等	—
	境外接收方所在国家或者地区的个人信息保护政策和法规对标准合同履行的影响	—
	其他可能影响个人信息出境安全的事项	—
标准合同备案材料	标准合同	标准合同
	个人信息保护影响评估报告	法定代表人身份证件影印件
	—	承诺书
重新开展个人信息保护影响评估，补充或者重新订立标准合同的情形	向境外提供个人信息的目的、范围、种类、敏感程度、方式、保存地点发生变化	跨境提供个人信息的目的、范围、种类、方式发生变化
	境外接收方处理个人信息的用途、方式发生变化	接收方处理个人信息的用途、方式发生变化
	延长个人信息境外保存期限	延长保存期限
	境外接收方所在国家或者地区的个人信息保护政策和法规发生变化等可能影响个人信息权益的	发生影响或者可能影响个人信息权益的其他情况
	可能影响个人信息权益的其他情形	—
监管部门/监管方式	省级以上网信部门	协同监管： 国家互联网信息办公室、广东省互联网信息办公室或者香港政府创新科技及工业局、政府资讯科技总监办公室、香港个人资料私隐专员公署
标准合同文本内容	在敏感个人信息保护、个人信息保护影响评估的重点评估内容、取得个人同意或告知、接收方所在地个人信息保护政策和法规对合同履行的影响、法律适用等方面存在差异	

在《实施指引》发布后，香港个人资料私隐专员公署发布了《跨境资料转移指引：〈粤港澳大湾区（内地、香港）个人信息跨境流动标准合同〉》，帮助香港机构理解《粤港澳大湾区（内地、香港）个人信息跨境流动标准合同》（以下简称《标准合同》）的适用性及其与个人资料私隐专员公署发出的其他跨境资料转移建议合约条文范本（建议合约条文模板）的关系。

二、粤港澳大湾区数据跨境流动合规要点

《实施指引》和其附件《标准合同》列明了个人信息处理者、接收方应履行的义务等内容。本部分根据《实施指引》和《标准合同》的规定，梳理和介绍其中的主要合规要点。

（一）作为个人信息处理者

1. 处理个人信息应当具备合法性基础和符合《标准合同》内容

个人信息处理者处理个人信息应当具有合法性基础，符合属地相关法律法规规定。就内地个人信息处理者而言，应当按照《个人信息保护法》的规定取得个人同意，还应符合处理目的合法、明确、最小范围、公开透明等规定。就香港个人信息处理者而言，应当符合香港《个人资料（私隐）条例》的相关规定，包括遵守该条例附表一所列的“收集个人资料的目的及方式”“个人资料的准确性及保留期间”“个人资料的使用”“个人资料的保安”“资讯须在一般情况下可提供”“查阅个人资料”六项保障资料原则。此外，处理个人信息还应当履行《标准合同》列明的义务和责任，不得违反《标准合同》内容处理个人信息，不得变更《标准合同》条款或约定与《标准合同》内容冲突的内容。

2. 数据最小化

个人信息处理者提供给接收方的数据应当限于实现处理目的所需要的数据。个人信息处理者应当根据处理场景确定所需个人信息最小元素，如果个人信息处理者掌握某一个人信息数据主体多项个人信息，在将个人信息跨境提供给接收方的时候，应当在提供的数据中先行删除与实现处理目的无关的个人信息后再提供给接收方。

3. 基于告知和取得个人同意后进行处理

《实施指引》明确规定了按照本实施指引，通过订立标准合同跨境提供个人信息的，个人信息处理者跨境提供个人信息前，应当按照个人信息处理者属地法律法规要求告知个人信息主体或者取得个人信息主体的同意。就内地个人信息处理者而言，个人信息跨境应当取得个人的单独同意；该同意应当由个人在充分知情的前提下自愿、明确作出；个人信息处理者处理不满 14 周岁未成年人个人信息的，应当取得未成年人的父母或者其他监护人的同意；个人信息的处理目的、处理方式和处理的个人信息种类发生变更的，应当重新取得个人同意。同时应当关注取得同意时间、告知方式、告知内容等合规要点。同意应当在个人信息处理之前，且应当是个人信息主体自愿、明确、肯定作出同意并可拒绝以及便捷撤回，告知的内容也应当全面。就香港个人信息处理者而言，应当获得个人信息主体的“订明同意”；个人信息处理者处理不满 18 周岁未成年人、无能力处理本身事务人士或精神上无行为能力人士的个人信息，应当取得未成年人父母或监护人等有关人士的“订明同意”，并且是符合该个人信息主体利益的。

4. 明确告知接收方情况和信息跨境情况

个人信息处理者应当向个人信息主体告知接收方的名称或姓名、联系方式、处理目的、处理方式、个人信息的种类、保存期限、个人信息向同辖区第三方提供的情况，以及行使个人信息主体权利的方式和程序等事项。属地相关法律法规要求不需要告知的，从其规定。

5. 保障个人信息主体作为第三方受益人的权利

个人信息处理者应当告知个人信息主体，其与接收方通过本合同约定个人信息主体为第三方受益人，个人信息主体未在 30 天内明确拒绝的即享有本合同约定的第三方受益人权利。个人信息主体作为第三方受益人的权利包括知情权、决定权，限制（拒绝）处理权、查阅权、复制权、更正权、补充权、删除权等。个人信息主体可以请求个人信息处理者采取适当措施实现第三方受益人权利，个人信息处理者无法实现的，应当通知并要求接收方协助实现。

6. 确保接收方采取技术和管理措施

个人信息处理者应综合考虑个人信息处理目的，个人信息的种类、规模、范围、传输的数量和频率，个人信息传输及接收方的保存期限等可能带来的个人信息安全风险，尽合理努力确保接收方采取技术和管理措施。在技术方面，需要考量接收方是否采取如加密、匿名化、去标识化、访问控制等技术措施，信息网络系统是否通过国家网络安全等级测试以及保护等级等，并可通过技术手段对相关系统传输安全性进行测试；在管理措施方面，需要考量接收方是否设置专门的隐私保护组织或职位、是否建立数据合规和个人信息保护制度、是否严格执行信息系统安全管理制度、是否建立事故应急预案和响应机制、是否定期演练、是否对岗位人员分类分级开展合规培训等。为确保接收方持续采取技术和管理措施，个人信息处理者应当进行定期检查并留存相关记录，以确保这些措施持续维持在适当的安全水平。

7. 履行个人信息保护影响评估义务

个人信息处理者应当对向拟接收方提供个人信息的活动开展个人信息保护影响评估，重点评估以下几个方面：

（1）个人信息处理者和接收方处理个人信息的目的、方式等的合法性、正当性、必要性；

（2）对个人信息主体权益的影响及安全风险；

（3）接收方承诺承担的义务；

（4）履行义务的管理和技术措施、能力等能否保障跨境提供的个人信息安全。

相关评估需要结合处理个人信息的场景、行业等情况，可以采用访谈、检查、测试等方法进行。个人信息处理者保存个人信息保护影响评估报告至少 3 年。《实施指引》不要求将个人信息保护影响评估报告作为备案材料之一，但不能据此认为《实施指引》减轻了个人信息处理者的评估义务和责任，个人信息处理者在接受监管部门监管时仍应当提供符合《实施指引》要求的个人信息保护影响评估报告，以证明按照《实施指引》履行了个人信息保护影响评估义务。

8. 在规定区域内提供个人信息

个人信息处理者按照《实施指引》,通过订立标准合同跨境提供个人信息的,不得向粤港澳大湾区以外的组织、个人提供。

(二)作为接收方

1. 按照约定处理目的处理

接收方接收个人信息后,应当严格按照《标准合同》规定的处理目的处理个人信息,不得超过约定处理目的处理。

2. 发生变更重新订立标准合同和备案

接收方拟超过约定目的处理个人信息的,应当事先告知个人信息处理者,补充或重新签订《标准合同》和履行备案手续;个人信息处理者属地相关法律法规要求不需要告知的,从其规定。即如果超过原有合同目的处理个人信息的,需要重新开展《实施指引》项下的各项工作,不得擅自超过原来的处理目的开展相关处理活动。

3. 提供《标准合同》副本义务

接收方应当根据个人信息主体的请求向其提供《标准合同》副本,对于涉及的商业秘密等信息,可以在不影响个人信息主体理解的前提下进行适当处理。

4. 采取影响最小的处理方式

接收方处理个人信息应当采取可以实现处理目的的、对个人信息主体权益影响最小的处理方式。因此,接收方的处理目的应当是清晰、明确的,拟采取的手段应当确保能够顺利实现处理目的,且与个人信息处理可能给个人信息主体权利造成的影响相适应,处理信息范围仅限于与处理目的相关,不得处理与实现处理目的无关的信息。

5. 最短保存期限

个人信息的保存期限为实现处理目的所必需的最短时间,保存期限届满的,应当删除个人信息(包括所有备份)。受个人信息处理者委托处理个人信息，委托合同未生效、无效、被撤销、终止或者按个人信息处理者要求，应当将个人信息予以删除，并向个人信息处理者提供书面说明。删除个人信息从技术上难以实现的，应当停止除存储和采取必要的安全保护措施之外的处理。

6. 采取保障个人信息处理安全的措施

个人信息的种类、规模、范围、传输的数量和频率，个人信息传输及接收方的保存期限等可能带来个人信息安全风险，接收方应采取加密、匿名化、去标识化、访问控制等技术和管理措施，建立相应的合规管理体系等，并确保授权处理个人信息的人员履行保密义务和责任，设立最小授权的访问控制权限。除此之外，接收方还应当对授权处理个人信息的人员定期培训，以及设置相应机制监督其履行保密义务和责任。

7. 安全事件应对措施

如果接收方处理的个人信息发生或者可能发生篡改、破坏、泄露、丢失、非法利用，未经授权提供或者访问、查阅，应当及时采取适当补救措施，减轻对个人信息主体造成的不利影响，并立即通知个人信息处理者，同时报告属地监管机构。通知内容应当包括以下几项：

（1）发生或者可能发生篡改、破坏、泄露、丢失、非法利用，未经授权提供或者访问、查阅的个人信息种类、原因和可能造成的危害；

（2）已采取的补救措施；

（3）个人信息主体可以采取的减轻危害的措施；

（4）负责处理相关情况的负责人或者负责团队的联系方式；

（5）按照相关法律法规的要求通知个人信息主体；

（6）记录并留存所有与发生或者可能发生篡改、破坏、泄露、丢失、非法利用，未经授权提供或者访问、查阅有关的情况，包括采取的所有补救措施。

个人信息的泄露、丢失等安全事件的发生不一定是恶意的，过失造成的设备丢失等也会造成信息安全事件，因此，接收方在设计应对机制时，需要多方面评估风险和设计应对机制。在保护信息安全方面，需要组织运作，需要人员、流程和技术的有效互动，形成行之有效的风险防范机制。在发生信息安全事件的时候，应当立即采取补救措施，以减轻对个人信息主体造成的不利影响。

8. 在规定范围内传输数据

接收方不得将依据《标准合同》接收的个人信息向粤港澳大湾区以外的组织、个人提供。

9. 仅在法定条件下可向第三方传输数据

接收方只有在同时符合以下条件的情况下，才可以向粤港澳大湾区内地九市或香港同辖区内的第三方提供个人信息，并且相关传输应当仅限于粤港澳大湾区内地九市或香港同辖区内：(1)确有业务需要。(2)告知个人信息主体该第三方的名称或者姓名、联系方式、处理目的、处理方式、个人信息种类、保存期限以及行使个人信息主体权利的方式和程序等事项。个人信息处理者属地相关法律法规要求不需要告知的，从其规定。(3)基于个人同意处理个人信息的，应当按照个人信息处理者属地法律法规要求取得个人信息主体同意。(4)按照《标准合同》附录一所列约定向第三方提供个人信息，不得超出《标准合同》约定提供个人信息。

10. 转委托

接收方委托第三方处理接收个人信息的，应当取得个人信息处理者的同意，并且应当要求第三方按照《标准合同》附录一所约定的处理目的、处理方式对个人信息进行处理，以及监督第三方的个人信息处理行为。

11. 合规审计、记录保存、接受监管

接收方应当承诺向个人信息处理者提供已遵守《标准合同》所列义务和责任的必要信息，并接受个人信息处理者的合规审计；对开展的个人信息处理活动进行客观记录，保存记录至少 3 年；还应当同意接受属地监管机构的监管。

12. 特定情形通知个人信息处理者

接收方所在地政府部门、司法机关要求接收方提供本合同项下的个人信息时，接收方应当立即通知个人信息处理者。

粤港澳大湾区是我国开放程度最高、经济活力最强的区域之一。随着数字经济的蓬勃发展，数据跨境需求快速增长，如何实现粤港澳大湾区内的数据有序安全流动，是需要重点关注和解决的问题。随着《备忘录》签署、《实施指引》落地生效，粤港澳大湾区数据跨境的政策和规则正在不断创新和发展，可以期待在不久的将来，粤港澳大湾区的数据跨境流动协同规则将越来越完善，粤港澳大湾区内的数据将在个人信息、重要数据等特殊数据得到妥善保护的前提下加快开放利用。粤港澳大湾区内信息处理主体应及时跟进最新政策文件，做好数据跨境合规部署，依法依规实现数据跨境流动，共同推动粤港澳大湾区数字经济迸发新活力。

第二章　知识产权

根据《民法典》第 123 条的规定，知识产权是权利人依法就下列客体享有的专有的权利：作品，发明、实用新型、外观设计，商标，地理标志，商业秘密，集成电路布图设计，植物新品种以及法律规定的其他客体。下文着重围绕内地和香港之间著作权、专利权（发明、实用新型、外观设计）和商标权的异同进行阐述。

一、内地

（一）著作权

《著作权法》第 1 条规定，《著作权法》的目的是保护文学、艺术和科学作品作者的著作权，以及与著作权有关的权益。《著作权法》第 3 条规定，作品是指文学、艺术和科学领域内具有独创性并能以一定形式表现的智力成果，包括文学作品，口述作品，音乐、戏剧、曲艺、舞蹈、杂技艺术作品，美术、建筑作品，摄影作品，视听作品，工程设计图、产品设计图、地图、示意图等图形作品和模型作品，计算机软件以及符合作品特征的其他智力成果。

《著作权法》第 5 条规定，法律、法规，国家机关的决议、决定、命令和其他具有立法、行政、司法性质的文件及其官方正式译文，单纯事实消息，历法、通用数表、通用表格和公式不适用于《著作权法》。

著作权人包括作者和其他依照《著作权法》享有著作权的自然人、法人或者非法人组织。[①] 著作权包括下列人身权和财产权：发表权、署名权、修改权、保

① 《著作权法》第 9 条。

护作品完整权、复制权、发行权、出租权、展览权、表演权、放映权、广播权、信息网络传播权、摄制权、改编权、翻译权、汇编权，以及应当由著作权人享有的其他权利。①

自然人作品的著作权保护期限是作者终生及其死亡后50年，法人或者其他非法人组织的作品、视听作品的著作权保护期限为50年。②

《著作权法》第6条规定，民间文学艺术作品的著作权保护办法由国务院另行规定。国家版权局于2014年发布了《民间文学艺术作品著作权保护条例（征求意见稿）》，但截至2024年，国务院还没有推出相关法律对民间文学艺术作品进行著作权保护。

在内地，著作权的登记属于自愿，不同的作品对应不同的法规。以计算机软件著作权登记为例，根据《计算机软件著作权登记办法》（2002）第6条的规定，国家版权局认定中国版权保护中心为软件登记机构。另外，为学校课堂教学或者科学研究，翻译、改编、汇编、播放或者少量复制已经发表的作品，供教学或者科研人员使用，可以不经著作权人许可，不向其支付报酬，但应当指明作者姓名或者名称，不得影响该作品的正常使用，不得不合理损害著作权人的合法权益，不得出版发行。③

（二）专利权

根据《专利法》第2条的规定，发明创造是指发明、实用新型和外观设计。发明，是指对产品、方法或者其改进所提出的新的技术方案。实用新型，是指对产品的形状、构造或者其结合所提出的适用于实用的新的技术方案。外观设计，是指对产品的整体或者局部的形状、图案或者其结合以及色彩与形状、图案的结合所作出的富有美感并适用于工业应用的新设计。对于内地专利权而言，其包含了发明、实用新型和外观设计。

从《专利法》第2条可以看出，专利着重于“新”，并且第22条明确规定，

---

① 《著作权法》第10条。
② 《著作权法》第23条。
③ 《著作权法》第24条第1款第6项。

授予专利权的发明和实用新型，应当具有新颖性、创造性和实用性。新颖性、创造性和实用性统称为“专利三性”，是内地专利发明和实用新型重要的衡量指标。《专利法》第 23 条第 1 款和第 2 款规定，授予专利权的外观设计，应当不属于现有设计；也没有任何单位或者个人就同样的外观设计在申请日以前向国务院专利行政部门提出过申请，并记载在申请日以后公告的专利文件中。授予专利权的外观设计与现有设计或者现有设计特征的组合相比，应当具有明显区别。

为确保专利的新颖性和创造性，在对专利正式申请前，申请人可以通过专利检索及分析，评估专利是否符合“专利三性”。

发明专利申请的正式审批程序分为受理、初步审查、公布、实质审查和授权五个阶段。

1. 受理阶段：申请人提交请求书、说明书及其摘要和权利要求书等文件至国务院专利行政部门进行申请。国务院专利行政部门收到发明专利申请后，如果符合受理条件，国务院专利行政部门确定申请日，发出《受理通知书》并且附上申请号。①

2. 初步审查阶段：国务院专利行政部门对专利申请是否符合《专利法》及其实施细则规定的形式以及是否存在明显的实质性缺陷进行审查。

3. 公布阶段：申请经初步审查后，如符合《专利法》要求，自申请日起满 18 个月，即行公布。②

4. 实质审查阶段：发明专利公布后，即进入实质审查程序。发明专利申请自申请日起 3 年内，国务院专利行政部门可以根据申请人随时提出的请求，对其申请进行实质审查；申请人无正当理由逾期不请求实质审查的，该申请即被视为撤回。③

5. 授权阶段：发明专利申请经过实质审查没有发现驳回理由的，由国务院专

① 《专利法》第 26 条。
② 《专利法》第 34 条。
③ 《专利法》第 35 条。

利行政部门作出授予发明专利权的决定，颁发发明专利证书，同时予以登记和公告。发明专利权自公告之日起生效。[①] 发明专利权的期限为自申请日起20年。[②]

实用新型和外观设计专利的申请程序分为受理、审查和授权两个阶段。

1. 受理阶段：针对实用新型的申请，应当提交请求书、说明书及其摘要和权利要求书等文件；针对外观设计的申请，应当提交请求书、该外观设计的图片或者照片以及对该外观设计的简要说明等文件。[③]

2. 审查和授权阶段：实用新型和外观设计申请经初步审查没有发现驳回理由的，由国务院专利行政部门作出授予实用新型专利权或者外观设计专利权的决定，颁发相应的专利证书，同时予以登记和公告。实用新型专利权和外观设计专利权自公告之日起生效。[④] 实用新型专利权的期限为自申请日起10年，外观设计专利权的期限为自申请日起15年。[⑤]

（三）商标权

根据《商标法》第8条，任何能够将自然人、法人或者其他组织的商品与他人的商品区别开的标志，如文字、图形、字母、数字、三维标志、颜色组合和声音等，以及上述要素的组合，均可以作为商标申请注册。

驰名商标应根据当事人的请求，作为处理涉及商标案件需要认定的事实进行认定。认定驰名商标应考虑下列因素：

1. 相关公众对该商标的知晓程度；

2. 该商标使用的持续时间；

3. 该商标的任何宣传工作的持续时间、程度和地理范围；

4. 该商标作为驰名商标受保护的记录；

5. 该商标驰名的其他因素。[⑥]

---

① 《专利法》第39条。
② 《专利法》第42条。
③ 《专利法》第26条。
④ 《专利法》第40条。
⑤ 《专利法》第42条。
⑥ 《商标法》第14条。

根据《商标法》第22条，商标注册申请人应当按规定的商品分类表填报使用商标的商品类别和商品名称，提出注册申请。商标注册申请人可以通过一份申请就多个类别的商品申请注册同一商标。中国签订了《商标注册用商品和服务国际分类尼斯协定》，是尼斯联盟成员国，所以在商标分类上采用了尼斯分类将商品和服务分成45个大类，其中商品为1~34类，服务为35~45类。

在内地注册商标实践中，选择商品或服务类别时，在一个类别下最多只能选择10个商品或者服务，超过10个商品或者服务则需要另外收费。内地商标注册时间比较长，若商标局没有就申请商标向申请人提出说明或者修正，则需要1年半至2年。在内地，有关防御性商标注册目前还没有明确的法律规定。

内地的商标注册部门是商标局，主管全国商标注册和管理工作。国务院设立商标评审委员会，负责处理商标争议事宜。[①]注册管理商标和管理商标侵权的事务是分开由两个部门管理的。

内地注册商标的有效期为10年，自核准注册之日起计算。[②]注册商标有效期满，需要继续使用的，商标注册人应当在期满前12个月内按照规定办理续展手续；在此期间未能办理的，可以给予6个月宽展期。每次续展注册的有效期为10年，自该商标上一届有效期满次日起计算。期满未办理续展手续的，注销其注册商标。商标局应当对续展注册的商标予以公告。[③]自然人注册内地商标，有一定的限制，需要提供个体工商户营业执照等相关经营材料，以防止商标被个人抢注泛滥。另外，就内地商标的有效期是以核准注册之日起计算来看，内地商标以商标注册为主，实际使用为辅。

二、香港

（一）版权

根据《香港法例》第528章《版权条例》第2条的规定，版权是存在于下列

① 《商标法》第2条。
② 《商标法》第39条。
③ 《商标法》第40条。

类别的作品的产权：原创的文学作品、戏剧作品、音乐作品或艺术作品，声音记录、影片、广播或有限传播节目及已发表版本的排印编排。版权作品是指有版权存在的该等类别作品中的任何作品。香港的版权类似于内地的著作权。

与内地不同，《香港法例》第 528 章《版权条例》也适用政府人员在执行其职责过程中制作的作品、[①] 香港立法会制作的或在香港立法会的指示或控制下制作的作品，[②] 政府享有每一条条例的版权。[③]

香港的版权保护期限与内地类似，即作者终生及死亡后 50 年。[④]

针对民间文学艺术等不具名的未发表作品，《香港法例》第 528 章《版权条例》第 189（1）条规定，就作者不为人知并且未发表的文学作品、戏剧作品、音乐作品或艺术作品而言，凡有证据显示其作者（或就合作作品而言，其中任何一名作者）借与香港以外的地区或地方的联系而成为合资格的个人，则在本条文的规限下，该作者即推定为一名合资格的个人，而该项作品的版权亦据此存在，直至相反证明成立为止。

香港的版权登记也采用自愿注册制度。版权特许机构注册处已注册 6 家特许机构，包括香港作曲家及作词家协会有限公司、香港音像联盟有限公司、Motion Picture Licensing Company（Hong Kong）Limited、香港音像版权有限公司、香港复印授权协会有限公司、香港书刊版权授权协会有限公司。[⑤]

香港设立版权审裁处，其主要职能是审决有关特许机构发出的特许或其所实施的特许计划下的版权及相关争议。概括地说，任何人如认为在特许计划下不合理地被拒发特许，或认为获发特许的条款不合理，可把个案转介审裁处。审裁处亦可审决其他不涉及集体特许机构的事宜，例如在相关权利拥有人的身份或下落未能确定时，审裁处可代表某项表演的复制权拥有人给予同意，或代

---

① 《香港法例》第 528 章《版权条例》第 182 条。

② 《香港法例》第 528 章《版权条例》第 184 条。

③ 《香港法例》第 528 章《版权条例》第 183 条。

④ 《香港法例》第 528 章《版权条例》第 17 条至第 21 条。

⑤ 香港知识产权署：《已注册的特许机构》，载香港知识产权署官网 2024 年 4 月 12 日，https://www.ipd.gov.hk/tc/copyright/copyright-licensing-bodies-registry/registered-licensing-bodies/index.html。

表演者的租赁权拥有人给予同意。

香港法律容许大众合理使用版权作品，以便进行研究学习，也允许图书馆及学校合理使用版权作品。但是，如果在香港的图书馆复印某本书的大部分内容，就可能构成侵权行为。

关于版权侵权的认定，有些情况下，更着重于“质”而非“量”，作品的某个实质性内容被采用，而没有取得允许，也算是侵犯版权。例如一首歌曲中最广为人知的两句乐谱被抄袭，也可构成侵权行为。

（二）专利权

与内地“专利三性”类似，根据《香港法例》第 514 章《专利条例》第 9A（1）条的规定，任何发明如是新颖的、包含创造性及能作工业应用，即属可享专利。

相较于内地的专利分为发明、实用新型和外观设计三类，香港不根据内容分类，而以保护期的长短作为分类标准。在《香港法例》第 514 章《专利条例》下，香港只设有两类专利：标准专利和短期专利。标准专利可使发明获得长达 20 年的专利保护期，并进一步细分为：

1. 在“原授标准专利”制度下，在香港申请“原授标准专利”；

2. 在“再注册”制度下，在香港申请“转录标准专利”。

短期专利，可使发明获得长达 8 年的保护期。

原授标准专利申请，须由专利注册处处长进行形式审查和实质审查。实质审查要求专利注册处处长要确定寻求保护的发明是否满足新颖性、创造性并能作工业应用。原授标准专利制度为发明在香港获取标准专利保护提供了一种便捷的途径，通常最适合性质复杂和预计在香港市场上使用 / 商业化周期长的发明。①

转录标准专利申请，须由专利注册处处长进行形式审查，并且以三个指定专利局之一所批予的专利注册为基础：国家知识产权局、欧洲专利局（就指定

① 香港知识产权署：《专利简介》，载香港知识产权署官网 2023 年 1 月 9 日，https://www.ipd.gov.hk/tc/patents/patent-basics/index.html。

英国的专利申请而言）和英国知识产权局。申请转录标准专利的先决条件是，申请人须事先向三个指定专利当局的其中一个提交较早的相应专利申请。①

短期专利申请，须由专利注册处处长进行形式审查，并且需以下列其中一个查验主管当局所发出的查检报告为基础：根据《专利合作条约》第 16 条委任的各国国际查检主管当局、国家知识产权局、欧洲专利局或英国知识产权局。表 4–2–1 是香港标准专利和短期专利的简单对比：

表 4–2–1　香港标准专利和短期专利对比

<table>
<tr><th rowspan="2">对比事项</th><th colspan="2">标准专利</th><th rowspan="2">短期专利</th></tr>
<tr><th>原授标准专利</th><th>转录标准专利</th></tr>
<tr><td>保护对象</td><td colspan="2">具有较长开发 / 商品化期的发明</td><td>具有较短开发 / 商品化期的简单发明</td></tr>
<tr><td>最长保护期（受限于妥为缴付续期费的情况下）</td><td colspan="2">20 年（第 3 年届满后续期）
《香港法例》第 514 章《专利条例》第 39（2）条</td><td>8 年（第 4 年届满后续期）
《香港法例》第 514 章《专利条例》第 126（2）条</td></tr>
<tr><td>可享专利的一般要求</td><td colspan="3">新颖、包含创造性及能作工业应用的发明</td></tr>
<tr><td>每项专利申请的权利要求的数目限制</td><td colspan="2">无上限</td><td>不多于 2 项独立权利要求</td></tr>
<tr><td>提交申请前的要求</td><td>—</td><td>就同一发明在香港以外的一个指定专利当局提交一项相应专利申请</td><td>—</td></tr>
<tr><td>对支持申请的文件作形式审查</td><td colspan="3">批予专利的强制性条件</td></tr>
<tr><td>就申请专利的发明而言，对该等发明的可享专利性作实质审查</td><td>批予专利的强制性条件</td><td>①不需要；
②专利批予的前提为其相应专利获有关指定专利当局批予</td><td>①不是批予专利的要求；
②专利拥有人或第三方可在批予专利后请求进行实质审查</td></tr>
</table>

资料来源：香港知识产权署：《专利简介》，载香港知识产权署官网 2023 年 1 月 9 日，https://www.ipd.gov.hk/tc/patents/patent-basics/index.html。

① 香港知识产权署：《专利简介》，载香港知识产权署官网 2023 年 1 月 9 日，https://www.ipd.gov.hk/tc/patents/patent-basics/index.html。

内地的实用新型类别，在香港一般归类成专利处理，而外观设计在香港则为一项独立的权利，不纳入专利处理。

与内地相似，专利注册必须确保具备新颖性，申请专利时需要对先有的技术进行检索。在香港，由香港知识产权署设立和管理的“网上检索系统”可以进行专利、外观设计和商标注册检索。所有香港专利申请和获批予专利的资料会在香港知识产权署的“网上检索系统”以及香港知识产权公报发表。通过检索，权利人可以评估专利的商业价值。

（三）商标权

根据《香港法例》第559章《商标条例》第3条的规定：

1. 商标指任何能够将某一企业的货品或服务与其他企业的货品或服务作出识别并能够借助书写或绘图方式表述的标志。

2. 在不影响第1款的一般性的原则下，商标可由文字（包括个人姓名）、征示、设计式样、字母、字样、数字、图形要素、颜色、声音、气味、货品的形状或其包装，以及该等标志的任何组合构成。

3. 即使某一标志是用于某一企业的贸易或业务所附带的服务，该标志仍可构成商标，不论该服务是否为金钱或金钱的等值而提供的。

与内地相比，香港商标的元素之一可以是气味，但是气味在内地尚不能注册为商标。

在香港，驰名商标的考虑因素有以下方面：

1. 有关的公众界别对该商标的认识或承认程度；

2. 使用该商标历时多久、使用的范围及地域范围；

3. 推广该商标历时多久、推广的范围及地域范围，推广包括应用该商标的货品或服务的广告宣传或宣传以及在博览会或展览会上介绍该等货品或服务；

4. 该商标注册或注册申请历时多久及注册的地域范围（仅限于该段时间及地域范围反映出该商标的使用或为人承认的程度的范围内）；

5. 成功地强制执行该商标的权利的记录，特别是关于该商标获外地主管当局承认为驰名商标的程度；

6. 与该商标有关联的价值。①

香港认定驰名商标的考虑因素总体与内地是比较类似的。只有第 5 点有关成功强制执行商标权利的记录，不是内地认定驰名商标的考虑因素。

在商标分类方面，与内地一样，香港也采用了尼斯分类方式。② 商标注册可以根据商品的特点，在国际商品及服务分类表中选择多个类别商品或者服务，甚至在描述商品的时候选择整个类别的商品或服务。在收费方面，在申请说明中列出首个商品或服务类别后，每个额外类别都需要另外付费。香港商标注册最短时间为 6~9 个月。就防御性商标而言，与内地不同，香港《香港法例》第 559A 章《商标规则》明确规定商标持有人可以申请注册“防御性商标”。③

香港商标注册的主管部门是香港知识产权署商标注册处，而商标侵权的处理部门是香港海关。与内地类似，香港也采用商标注册和处理商标侵权分部门管理的模式。

凡商标在香港获注册，该注册自注册日期起 10 年内有效。④ 注册日期为注册申请的提交日期。⑤ 商标每段续期的期间为 10 年。⑥ 个人申请商标，不需要提供任何经营证明即可注册。另外，香港注册商标的期限是自注册之日起算，非内地的核准之日起算，由此可以看出香港商标侧重于实际使用，商标注册为辅。

（四）外观设计

香港的外观设计与内地的外观设计专利类似，但是香港的外观设计不属于专利范畴。香港的外观设计主要由《香港法例》第 522 章《注册外观设计条例》和第 522A 章《注册外观设计规则》规管。

外观设计在提交或声称具有优先权利时必须是新的，方可注册。新外观设计是指：

---

① 《香港法例》第 559 章《商标条例》附表 2 第 1 条。

② 《香港法例》第 559A 章《商标规则》第 7 条。

③ 《香港法例》第 559A 章《商标规则》第 99 条。

④ 《香港法例》第 559 章《商标条例》第 49 条（1）款。

⑤ 《香港法例》第 559 章《商标条例》第 48 条。

⑥ 《香港法例》第 559 章《商标条例》第 49 条（2）款。

1. 过往并未就同一物品或任何其他物品注册的外观设计；或

2. 过往并未在香港或其他地方发表或披露的外观设计。

在提交申请前披露一项外观设计可能会损害其新颖性，并可能导致该注册因不是新外观设计而无效。因此，要取得一项有效的注册，外观设计拥有人须在香港或世界上任何其他地方推出该外观设计的产品前申请注册。①

外观设计注册申请由外观设计注册处处长进行形式审查，一般不作实质审查。

外观设计的首要条件是，其必须是一个工业的产品。一个申请可以覆盖多项外观设计。外观设计注册的首段有效期为自注册申请的提交日期起 5 年。外观设计的注册有效期可每次再延展 5 年，但注册的有效期总共不得超过自注册申请的提交日期起 25 年。②

① 香港知识产权署：《外观设计简介》，载香港知识产权署官网 2023 年 12 月 20 日，https://www.ipd.gov.hk/tc/designs/design-basics/index.html。

② 《香港法例》第 522 章《注册外观设计条例》第 28 条。

第三章　针对内地企业“出海”过程中知识产权保护的实务建议

知识产权保护的重要性在内地企业“出海”至全球舞台的过程中日益突出，涉外知识产权保护尤为关键。知识产权代表着创新的价值，创新驱动亦是国家经济发展的重要支柱。加强知识产权保护，尤其是涉外保护，对于内地企业走向全球至关重要，本章从实务角度给予若干建议。

一、著作权

近年来，“文化出海”“文化输出”已逐渐成为文学、艺术和新闻出版等产业领域发展的新趋势。著作权是文化产业领域中的一种重要知识产权，保护著作权至关重要。具体而言，企业的宣传册、软件、网站等都属于著作权的保护范围。对比专利权和商标权，著作权因为其本身的权属特性，管理和保护的难度更大，以下是一些关于著作权的实务思路供企业参考。

（一）与外观专利相结合

对于核心商品的保护，除依靠著作权外，也可以考虑注册外观专利。在布局规划时，不仅可以将商品本身的整体外观进行注册，更可以将商品本身、包装、周边产品、衍生产品等各个部分进行拆分，分别注册。这不仅增加了侵权的难度，同时也为维权提供了便利。

（二）建立信息定期跟踪机制

通过对公开信息（如产品论坛、行业数据库）的定期查询和检索，可以及时发现可疑信息，评估侵权风险。如确认存在较大的侵权风险，可及时保存完整证据，根据实际情况，作好维权准备。

而对所获信息的进一步分析，还能了解行业的最新发展，获取竞品信息，预判发展研究方向，让企业在发展中领先一步。

（三）重视职务作品著作权

企业可以在一开始就与员工就判定职务作品的标准以及职务作品的著作权归属进行明确的约定。对于创作职务作品的员工，确保员工的署名权，将职务作品转变成工作能力的正向肯定，并通过额外的酬劳和福利（如股权）激发员工的创作积极性，增强员工对企业的归属感。

二、专利权

关于专利布局，大部分的内地企业往往只从专利的角度出发考虑专利的研发、申请、管理、交易和诉讼等。其实，也可以换个思路，从企业经营的角度出发，规划专利布局，因为专利布局本质上是企业经营策略的一种具体体现。以下是一些专利布局的实务思路。

（一）建立"专利家族"

"专利家族"是指一个技术关键点所衍生的专利集合，可以是同一专利在不同国家的注册，也可以是同一专利的分割、关联或改良等，亦可以两者兼有。

如今专利的国际申请流程已经非常成熟。世界各地都有专利代理人，更有许多律师也拥有专利代理人的资格。选择一个具有丰富经验、可靠的专利代理人去不同国家申请专利并不困难。但如何将技术关键点进行细分、关联、组合，通过不同角度和重点保护核心技术，形成全球化的专利防御壁垒，这是内地企业在建立专利家族、构思专利布局时所需要提前规划和考虑的。

但是，这并不是要求企业无上限地投入，盲目追求专利数量，而是需要企业考量自有专利的实际价值、技术趋势、海外市场环境以及企业现在及将来能投入的预算，在经过规划、分析和测算之后采取行动。

（二）建立"专利池"

"专利池"是指由两个或两个以上的专利权人基于许可协议，相互交叉或向第三方授权专利。一个专利池通常由某一技术领域内拥有不同核心技术专利的专利权人组成。专利池可以降低获取专利许可的成本，也有利于专利技术的商业化开发。

过去，企业在“出海”时曾面对国外企业的专利池围攻，走过不少弯路，吃过不少亏。如今，内地企业在不少科技领域的核心技术方面都有着领先优势，在“出海”时一起抱团建立自有专利池胜于单打独斗。

（三）针对不同地区，采取不同的策略

针对侵权的风险评估，还需要考虑不同地区。有些专利保护制度较为完善的国家，通过常规化的专利保护途径就可以获得不错的效果。但对于有些制度不那么完善的地区，可能就需要灵活应对来适应当地的特殊情况。企业在“出海”前应充分调研当地的法律法规、进出口管制、救济途径和保护力度等知识产权保护环境，做好风险评估、防范和控制。

三、商标权

“著名商标被抢注”这样的新闻屡见不鲜，不仅在内地企业“出海”时发生，海外企业进入中国市场时也常常发生。通常，大部分的企业都是在有计划进军某个市场之后，才开始考虑进行商标注册，而此时有关商标往往已经在当地被抢注。企业常常不得不花费大量人力、财力维权，甚至放弃原有商标重新创立一个新品牌。以下是一些商标布局的实务思路。

（一）在没有计划前就先注册

从一开始构思商标布局时，企业就可以考虑在所有重点国家和地区，在最主要的一项或几项类别上，针对核心商标进行注册。虽然广范围的商标注册会有一定的成本，但与拿回一个商标的成本、时间和可控性相比，前者要便宜得多。前瞻性的注册可以让企业获得至少 10 年的发展时间，从而提升商标的价值。即使 10 年到期后没有使用，每个商标分摊到每年的成本也是固定且可控的。

（二）把商标与商号相结合

通常情况下，“出海”企业都会在海外当地注册一个公司，便于在当地实际运营。因此在注册公司时，除了关注商标本身，还可以考虑将企业商号与商标相结合。这样不仅可以增加商标与企业商号的关联性，利用商标宣传以取得更多的品牌效应，也可以同时提升企业商号和商标的商业价值。

（三）注册防御商标

防御商标是指围绕主商标进行的一系列关联商标注册。防御商标的数量往往众多，这对于企业来说的确是一笔不小的开支。因此，企业可以考虑把主商标细分成不同组合，再根据当地的经营发展，分阶段逐步将防御商标注册在不同的类别中，在控制成本的同时获得最大化的效益。

四、商业秘密

商业秘密是指具有商业价值且采取保密措施，不为公众所知悉的企业经营信息和技术信息。

商业秘密由于其特殊性，常见的保护策略如与相关涉密人员签署保密协议等。

（一）不是所有秘密都是商业秘密

对于较易获得的信息，可考虑通过专利来保护，定期评估保密信息的商业价值，将保密信息的总数控制在个位数。

（二）让核心秘密永远是秘密

可对企业的保密信息进行分级管理，不同的级别对应不同的保密等级；或将核心秘密再分割成不同的部分，由不同人员管理；抑或根据保密信息的不同内容混入干扰信息。

（三）定期检查，做好准备

企业应定期检查防止泄密的措施和设备，提前建立泄密的应对方案，并建立相关涉密人员的离职和涉密设备的脱密管理制度。

五、内地企业可利用香港知识产权保护优势“大步走”

（一）政策支持

《中华人民共和国国民经济和社会发展第十四个五年规划和2035年远景

目标纲要》支持香港建设区域知识产权贸易中心。各类知识产权的贸易如技术转移、授权、特许经营等活动在香港蓬勃发展和进行。香港政府在不同层面加强宣传和落实有关工作，支持创科发展，推动知识产权商品化和知识产权贸易，以巩固和提升香港的竞争优势。

另外，2024 年香港财政预算案提出，要加快推动香港建设成区域知识产权贸易中心，以配合香港作为国际创科中心的发展及国家“十四五”规划。我国已持有近 500 万件有效发明专利，数量居全球首位，全球知识产权重心已向亚洲转移。世界知识产权组织公布的 2023 年全球创新指数显示，“深圳—香港—广州”科技集群已连续 4 年蝉联全球创科活动第二密集的地区。香港计划建立的技术与创新支持中心，将大大有助于管理和商品化知识产权、促进知识产权贸易。2024 年 7 月，香港政府在《宪报》刊登《2024 年税务（修订）（知识产权收入的税务宽减）条例》，实施“专利盒”税务优惠，将专利产生的合资格利润的税率由 16.5% 减至 5%，鼓励业界积极研发。而相关修改法例及优化亚洲知识产权交易平台的工作，会加入有关创意产权的内容，以促进文艺创意产业化。

应人工智能的最新发展，《香港法例》第 528 章《版权条例》会进一步完善。香港未来亦会继续与内地积极保持交流合作，便利跨境申请各种知识产权保护等。

（二）全面培训课程

香港知识产权署开设有针对知识产权保护、注册、管理和策略的知识产权培训课程。课程包含知识产权基础、内地知识产权管理与保护、香港知识产权注册及申请、企业保护商业秘密的策略与方法、专利基础等内容，另外也有涵盖知识产权审核及尽职审查、专利商品化管理及策略、技术转移管理及策略、知识产权管理人员实务工作坊等内容的进阶课程。

香港知识产权署自 2014 年在香港律师会的支持下，为香港中小企业提供一对一“免费知识产权咨询服务”。咨询服务旨在协助香港企业加深对知识产权的认识，从注册、管理、授权和尽职审查等方面入手，帮助企业制定有效的知识产权管理及商品化策略。专业的知识产权法律顾问会根据公司业务和发明的特质，提供有关知识产权策略的建议并分析申请专利尤其在新颖性方面的注意事项。

香港知识产权署亦从2020年起推出“知识产权管理人员计划”的升级版课程，协助企业建立知识产权方面的人力资源，把握知识产权贸易所带来的机遇。该计划提供内容深入的知识产权培训课程，让企业的知识产权管理人员更系统地学习专业知识和技能。此外，所有在香港注册的企业均可免费参加范围更广、内容更深入的知识产权培训课程及实务工作坊。课程内容由浅入深，提供制定公司知识产权策略及审计和规划知识产权资产的方向，为企业助力。

（三）侵权案件执法高效

保护知识产权是香港海关的重要使命之一。处理跨境知识产权侵权案件时，由香港海关的版权及商标调查科专责执行有关版权及假冒商标罪行的调查工作，与世界各地的知识产权拥有者以及内地及海外执法机构紧密合作，打击知识产权罪行，通过情报交流及信息互换，成功追溯侵权货物源头。2022年，香港海关共侦破523宗知识产权侵权案件，其中约96%的个案涉及商标侵权物品。

（四）法律制度健全

香港不仅法律制度健全，同时还拥有经验丰富及精于保护和执行的法律专才。如果香港法院具有知识产权争议的司法管辖权，香港法院可颁布包括禁止令、损害赔偿、交出所得利润等在内的不同命令。除诉讼之外，亦可以选择其他争议解决机制，如仲裁、调解等。在香港生效的法院判决、仲裁裁决和调解协议，在不同地区均可获承认及认可，满足相关程序条件后，便可在当地执行。

在国家的政策支持下，香港拥有优秀的知识产权专才，能提供成熟的知识产权评估、融资、交易等相关行业服务。此外，香港适用普通法，有精通双语的律师、健全的法律制度、广受认可的司法系统和表现卓越的争议解决中心。

“出海”企业可选择将知识产权的贸易和管理地放在香港，充分发挥香港在知识产权保护、专业服务以及法律制度等方面的优势，为企业的“出海”之旅保驾护航。

《孙子兵法》云:“谋定而后动,知止而有得。”无论何种知识产权的保护,策略的核心之一就是重视事前防御,结合企业自身的特点,通过不同的偏重将企业的核心技术竞争力和品牌价值发挥出最大的功效。

对于一些已经形成一定规模、摩拳擦掌准备扩展海外版图的企业来说,知识产权保护策略的规划和部署应尽早提上议事日程。只有事前防御做得好,才能事半功倍,助力企业顺利扬帆远航。

第四章　涉港知识产权案例与协作

一、涉港知识产权案例

（一）垄断纠纷的域外管辖

OPPO广东移动通信有限公司（以下简称OPPO公司）和OPPO广东移动通信有限公司深圳分公司（以下简称OPPO深圳分公司）作为全球智能终端制造和移动互联网服务提供商，向广州知识产权法院提起诉讼，主张西斯威尔国际有限公司及其子公司西斯威尔香港有限公司（以下简称西斯威尔方）在无线通信领域拥有标准必要专利，并具备市场支配地位。然而，在标准必要专利的许可协商中，西斯威尔方违反了公平、合理和无歧视（FRAND）的原则，实施了收取不公平高价许可费等滥用市场支配地位的行为。此外，西斯威尔方在不同国家就相同专利提起诉讼，给OPPO公司、OPPO深圳分公司的经营行为造成了负面影响和经济损失。①

西斯威尔方曾提出管辖权异议，认为在现有证据下，广州知识产权法院对案件并无管辖权。西斯威尔方强调，已就标准必要专利许可问题在英国法院提起诉讼，因此本案应由英国法院审理。然而，广州知识产权法院经过审慎评估，驳回了西斯威尔方的管辖权异议。

西斯威尔方对此不服，并提起上诉。最高人民法院在二审中指出，鉴于标准必要专利许可市场的特殊性，并结合西斯威尔方已在其他国家提起专利侵权

① OPPO广东移动通信有限公司及OPPO广东移动通信有限公司深圳分公司诉西斯威尔国际有限公司（Sisvel International S.A.）及西斯威尔香港有限公司［S.isvel（HONGKONG）Limited］标准必要专利许可费纠纷案，最高人民法院（2020）最高法知民辖终392号民事裁决书。

诉讼，可能对OPPO公司等参与国内相关市场的竞争造成直接、实质、显著的排除与限制竞争效果。因此，OPPO公司住所地的广东省东莞市可以作为本案侵权结果发生地。基于以上理由，广州知识产权法院对本案具有管辖权。

（二）商标先用权抗辩审查

双飞人制药股份有限公司（以下简称双飞人公司）是“双飞人”注册商标权利人，该商标核定使用商品为第三类的花露水、化妆品等。同时，双飞人公司还是两个核定使用在爽水产品上的双飞人立体商标的权利人。法国利佳制药厂拥有指定使用在第三类商品上的“利佳”注册商标，广州赖特斯商务咨询有限公司（以下简称赖特斯公司）独家代理法国利佳制药厂在中国境内宣传、推广、分销和销售利佳薄荷水等“利佳”品牌化妆品。

双飞人公司起诉赖特斯公司等侵犯其商标专用权和实施不正当竞争。[①] 法院经审理认为，利佳薄荷水与双飞人爽水属相同商品，且赖特斯公司产品包装与双飞人公司立体商标近似，易引发公众混淆。赖特斯公司行为构成侵权。此外，赖特斯公司在宣传中称其产品为“双飞人”，构成商标侵权。赖特斯公司不服，向最高人民法院申请再审。

最高人民法院再审审查赖特斯公司证据，确认法国利佳制药厂自20世纪90年代起在中国广泛发布“双飞人药水”广告，证明其蓝白红包装具有市场影响力。赖特斯公司提出在先使用抗辩，主张双飞人公司恶意注册相似立体商标，最高人民法院认为其行为不正当，抗辩成立。双飞人公司主张赖特斯公司侵权及不正当竞争，最高人民法院审理后认为不能成立，撤销一审、二审判决，驳回双飞人公司全部诉讼请求。此判决体现出最高人民法院严谨处理知识产权纠纷，保护当事人权益，维护公平竞争秩序。

（三）香港商品内地知名度的认定

香港珍妮曲奇小熊饼干有限公司（以下简称香港珍妮曲奇公司）的产品在香港市场上广受欢迎，具有较高知名度。在香港珍妮曲奇公司于内地设立工

① 双飞人制药股份有限公司与广州赖特斯商务咨询有限公司等侵害商标权及不正当竞争纠纷案，最高人民法院（2020）最高法民再23号民事判决书。

厂并开始销售之前，珍妮曲奇饼干通过跨境电商和代购的方式在内地销售，并在 2014 年小红书“全球 TOP10 零食”评选中荣获第三名。深圳珍妮食品有限公司（以下简称深圳珍妮公司）通过实体店及网店销售曲奇饼干，并以“全球 TOP10 零食——第三名”为卖点进行宣传。香港珍妮曲奇公司认为深圳珍妮公司未经授权使用相似的小熊形象和包装，误导消费者，构成不正当竞争，因此起诉要求对方停止侵权行为，并赔偿损失人民币 1000 万元及律师费用。①

深圳市中级人民法院在一审中认为，香港珍妮曲奇公司未能充分证明其产品在内地的知名度，因此驳回了其诉讼请求。广东省高级人民法院在二审中考虑到香港珍妮曲奇公司提交的证据，认为其产品的知名度已经超出香港，为内地广泛消费者所熟知。鉴于深圳珍妮公司明知香港珍妮曲奇公司产品的知名度，却不仅不尽合理避让义务、避免使用相似的市场标识和包装，反而使用与香港珍妮曲奇公司基本相同的包装、直接使用香港珍妮曲奇公司在小红书获得的美誉，故意引发消费者混淆，明显存在恶意。因此，广东省高级人民法院撤销一审判决，判决深圳珍妮公司停止其不正当竞争行为，并赔偿香港珍妮曲奇公司经济损失人民币 50 万元及合理维权费用。

本案在粤港澳大湾区以及互联网经济发展的背景下，充分考虑了网络商品的知名度和地缘关系对知名度的影响，从而为区域内知名商业标识的法律保护提供了重要的案例参考，强调了维护公平竞争和保护知名商业标识的重要性。

（四）商标侵权

六福集团自 1991 年在香港成立以来，其业务不断扩展。六福集团于 1994 年进入内地市场，并逐步在内地注册了“六福”“lukfook”“福（加框）六福珠宝”“LUKFOOK JEWELLERY”等多个商标，主要应用于珍珠、宝石、珠宝、胸针等商品类别。到 2007 年，六福集团在中国各省市拥有超过 270 家品牌商店，享有较高的知名度。2012 年，其“六福”商标被国家工商行政管理局商标局认

① 香港珍妮曲奇公司诉深圳珍妮公司不正当竞争纠纷案，广东省高级人民法院（2019）粤民终 1501 号民事判决书。

定为驰名商标。深圳禧六福公司成立于2007年，经营珠宝和加盟商业务。在业务活动中，该公司使用“禧六福珠宝”“HEI LUK FOOK”等标识，并宣传自己是“香港六福集团旗下所属子公司”“香港禧六福珠宝”。六福集团因此向法院提起诉讼，认为深圳禧六福公司构成商标侵权及不正当竞争，请求判令深圳禧六福公司、其法定代表人张某某停止侵权并赔偿经济损失。[①]

深圳市中级人民法院的生效判决认为，六福集团的“六福”商标及企业字号于内地经过广泛使用，在珠宝行业内具有极高的知名度及影响力。深圳禧六福公司在明知的情况下，仍然使用近似的“禧六福珠宝”“HEI LUK FOOK”标识及“禧六福”字号，并虚假宣传其具有香港背景，扰乱市场秩序，违反了诚实信用原则。因此，法院认定深圳禧六福公司的行为构成商标侵权和不正当竞争，判决其停止侵权行为，并与张某某连带赔偿六福集团500万元的经济损失及合理维权费用。

本案打击了侵犯香港企业知识产权的行为，有效维护了粤港澳大湾区的良好营商环境，是保护香港珠宝行业知名商标和字号的典型案例。

（五）域外法律专家协助查明机制

原告陈某是香港音乐制作人，其主张被告腾讯音乐娱乐（深圳）有限公司（以下简称腾讯音乐公司）未经许可，在腾讯音乐公司运营的网站提供陈某享有著作权的58首录音制品的在线播放服务。[②]

陈某所主张权利的录音制品署名为PROTEUS、PUREMIX MUSIC及PUREMIX@STUDIO PRODUCTION，均是于香港注册的商业名称，其法律身份为“个人”，所有者为陈某本人。根据《涉外民事关系法律适用法》第14条的规定，这些商业名称的法律性质及其与陈某的法律关系适用香港法律。

受法院委托，某香港律师出具了关于“个人”法律地位的经营者的法律性

① 六福集团诉深圳禧六福公司、张某某商标侵权及不正当竞争纠纷案，广东省深圳市中级人民法院（2019）粤03民初4892号民事判决书。

② 陈某诉腾讯音乐娱乐（深圳）有限公司侵害其录音录像制作者权纠纷案，深圳前海合作区人民法院（2021）粤0391民初5294号民事判决书。

质及其与所有者之间关系的法律查明报告。报告指出，“个人”法律地位意味着相关业务为个体经营，没有独立的法人或法律实体地位，相关权利应属于其所有者。由于双方对该报告有争议，为推动诉讼便利化和节省成本，法院安排该香港律师线上出庭接受询问，帮助澄清法律问题。最终，腾讯音乐公司确认陈某有权以自身名义主张权利。

深圳前海合作区人民法院一审根据当事人提交的证据，认定 PROTEUS、PUREMIX MUSIC 及 PUREMIX@STUDIO PRODUCTION 为涉案 58 首歌曲的录音制作者，且这些名称为在香港注册的商业名称。法庭依据香港法，确认陈某对这些录音制品享有信息网络传播权，并有权以自己的名义主张权利。腾讯音乐公司未经许可便通过其网站在线播放这些歌曲，侵犯了陈某的信息网络传播权，应负赔偿责任。因此，一审法院判决腾讯音乐公司赔偿陈某经济损失 174,000 元及合理费用 34,920 元。对一审判决不服的原告陈某提出上诉。广东省深圳市中级人民法院二审审理后，驳回上诉，维持原判。①

本案通过邀请香港律师远程在线出庭的方式，为香港法律的查明提供了协助。此做法不仅为完善香港地区专业人士参与内地民事诉讼的机制提供了实践参考，而且促进了内地与香港、澳门司法协助与交流机制的探索与建立，进一步推动了粤港澳大湾区法律规则的衔接和协调发展。

二、内地与香港律师在知识产权方面的协作

从上述案例可以看出，相较于单一法域内的知识产权争议，跨境知识产权争议因涉及管辖争议、知名度的跨境认定、法律适用、法律查明等变得更为复杂。内地和香港间商贸的往来给内地与香港跨境知识产权保护带来了挑战，也考验着内地、香港律师处理跨境知识产权案件的能力。在此背景下，法律从业者可从多角度协作办理知识产权案件。

① 陈某诉腾讯音乐娱乐（深圳）有限公司侵害其录音录像制作者权纠纷案，广东省深圳市中级人民法院（2022）粤 03 民终 21270 号民事裁决书。

（一）应用《香港法例》第 645 章《内地民商事判决（相互强制执行）条例》

《香港法例》第 645 章《内地民商事判决（相互强制执行）条例》于 2024 年 1 月 29 日实施，明确涵盖了某些知识产权案件类别的判决。此乃内地与香港的知识产权保护迈出的一大步，令香港成为首个与内地签订适用范围如此广泛的相互认可和强制执行判决安排的司法管辖区。知识产权所有人可以寻求跨境执行，无须再次提出诉讼，为内地与香港律师在知识产权方面的协作提供了坚实基础。

根据《香港法例》第 645 章《内地民商事判决（相互强制执行）条例》的规定，“指明知识产权”包括：版权或有关权利；商标；地理标志；工业外观设计；专利；集成电路的布图设计（拓朴图）；保护未被披露的资料的权利（商业秘密）；或任何人根据《民法典》第 123 条第 2 款第 7 项或《香港法例》第 490 章《植物品种保护条例》就植物新品种享有的权利（以下简称指明知识产权）。

《香港法例》第 645 章《内地民商事判决（相互强制执行）条例》涵盖：

1. 有关知识产权侵权的判决，但以下判决除外：内地涉及发明专利和实用新型侵权的判决、香港法院有关标准专利（包括原授专利）和短期专利侵权的判决、内地和香港有关标准必要专利许可费率的判决。①

2. 对涉及知识产权的合同纠纷作出的判决。

3. 涉及商业秘密的侵权纠纷，金钱上的损害赔偿（包括惩罚性和惩戒性的损害赔偿）和强制履行判决都可执行。

4. 涉及指明知识产权的侵权纠纷，惩罚性和惩戒性的损害赔偿可以执行，但强制履行判决不能执行。

5. 排除就指明知识产权的有效性、是否成立或存在的裁定。②

内地的判决只需要通过简单的登记程序即可执行，省略重复诉讼的时间与成本。

---

① 《香港法例》第 645 章《内地民商事判决（相互强制执行）条例》第 7 条。

② 《香港法例》第 645 章《内地民商事判决（相互强制执行）条例》第 15 条。

(二)律师可协作领域

由于内地与香港的知识产权法律保护体系不尽相同,因此律师可在跨境知识产权保护中各自发挥独特且互补的作用。而对于经营跨境业务的企业,协作与合作对有效保护知识产权和维护权益至关重要。

在知识产权布局方面,律师可以在各自所属的司法管辖区为客户提供全面的法律咨询和服务,制定知识产权保护策略,代理专利、商标和著作权等权利的申请、登记或认可。

在争议解决和侵权纠纷救济方面,律师可共同制定诉讼策略、协调不同司法管辖区的程序,并可利用香港国际仲裁或争议解决中心地位处理跨境知识产权纠纷。

在法律查明方面,律师可通过出具法律意见书、法律查明报告,出庭协助的形式参与争议解决程序。

内地和香港律师可通过发挥各自优势的方式合作,为客户提供全面、专业的法律服务,推动知识产权保护的发展。

第五篇

诉讼程序与执行

第一章　从《毒舌律师》看内地与香港民事诉讼

电影《毒舌律师》此前在内地与香港热映，引起许多关注，特别是有关律师行业分工、诉讼程序以及法律平等价值的讨论。本章拟从一些热点问题出发，对内地与香港的诉讼文化、程序差异以及司法效率进行探讨。

一、诉讼前管辖与适格

（一）内地管辖与主体适格

内地起诉时需要首先明确具体的管辖法院，即具体哪一级别以及哪个地域的人民法院对案件有相应的管辖权，否则可能面临案件不被法院受理的情况。

1. 级别管辖

根据《民事诉讼法》的相关规定，除了另有规定，一般情况下，由基层人民法院管辖第一审民事案件；中级人民法院管辖重大涉外案件、[①] 在本辖区有重大影响的案件、最高人民法院确定由中级人民法院管辖的第一审民事案件；高级人民法院管辖在本辖区有重大影响的第一审民事案件；最高人民法院管辖在全国有重大影响的案件、认为应当由本院审理的第一审民事案件。

2. 地域管辖

根据《民事诉讼法》的相关规定，除了另有规定，案件一般由被告住所地人民法院管辖。

因合同纠纷、保险合同纠纷、票据纠纷等十项《民事诉讼法》规定的特定情

---

① 根据《最高人民法院关于适用〈中华人民共和国民事诉讼法〉的解释》的相关规定，重大涉外案件，包括争议标的额大的案件、案情复杂的案件，或者一方当事人人数众多等具有重大影响的案件。

形提起的诉讼，应由《民事诉讼法》规定的管辖法院管辖。①

因不动产纠纷、港口作业中发生的纠纷、继承遗产纠纷提起的诉讼，则属于《民事诉讼法》规定的人民法院专属管辖的范围，应分别由不动产所在地人民法院、港口所在地人民法院、被继承人死亡时住所地或者主要遗产所在地人民法院管辖。

另外，因合同或者其他财产权益产生的纠纷可以协议约定管辖法院，在不违反《民事诉讼法》对级别管辖和专属管辖的规定的情况下，当事人可以书面协议选择被告住所地、合同履行地、合同签订地、原告住所地、标的物所在地等与争议有实际联系的地点的人民法院管辖。

3. 主体适格

根据《民事诉讼法》的相关规定，公民、法人和其他组织可以作为民事诉讼的当事人。原告应是与争议案件有直接利害关系的公民、法人和其他组织，并且需要有明确的被告。

（二）香港管辖与主体适格

相较于内地，香港法院在受理立案时没有太多前提条件，在管辖与主体适格等方面没有过于严格的要求。

香港不同级别的法院，可管辖处理案件的类别及索偿金额均不同。7 万元以下的案件由小额钱债审裁处处理，300 万元以下的案件由区域法院审理，而超过 300 万元的争议则由高等法院原讼法庭（court of first instance）处理。区域法院（district court）含家事法庭（family court），专门负责所有与婚姻、子女有关的案件。另外，还有审理雇佣、劳资纠纷的劳资审裁处（labour tribunal）以及处理土地、业主与租客之间纠纷的土地审裁处（lands tribunal）。至于最基层方面，各区还设有裁判署（magistrates'courts），功能在于审判各类判刑不超过两年的

① 根据《民事诉讼法》的相关规定，因合同纠纷，保险合同纠纷，票据纠纷，公司设立、确认股东资格、分配利润、解散等纠纷，铁路、公路、水上、航空运输和联合运输合同纠纷，侵权行为，铁路、公路、水上和航空事故请求损害赔偿，船舶碰撞或者其他海事损害事故请求损害赔偿，海难救助费用，共同海损提起的诉讼，应由《民事诉讼法》规定的管辖法院管辖。

轻微检控案件，以及为严重案件作梳理，为转介到更高级法院做前期工作。

除上述索偿金额或案件类别区分外，香港法院一般没有其他限制立案的前置审核条件，这意味着管辖以及诉讼各方面适格问题的考虑责任落在律师以及大律师身上，即案件最后是否被法院受理，或者是否受到管辖或适格挑战，需由原告及其代理律师自行承担风险。

（三）司法管辖权

根据《民事诉讼法》的相关规定，内地人民法院受理案件后，当事人对管辖权有异议的，应当在提交答辩状期间提出。人民法院对当事人提出的异议应当审查。异议成立的，裁定将案件移送有管辖权的人民法院；异议不成立的，裁定驳回。当事人未提出管辖异议，并应诉答辩或者提出反诉的，视为受诉人民法院有管辖权，但违反级别管辖和专属管辖规定的除外。

在香港民事诉讼中，司法管辖权是通过在香港区域内把诉状送到被告方/抗辩方/答辩方手中而建立的，[①] 若管辖权挑战成功，程序便会被搁置。[②]

诉讼各方（当事人）主体适格方面，如果立案后存在不当、不适格的问题，一方面可由原告主动申请撤回、修正或增减诉讼主体，另一方面也可由被告向法庭申请剔除不适格主体，甚至撤销有关诉讼。

（四）代理与委托

根据《民事诉讼法》的相关规定，在内地民事诉讼案件中，当事人、法定代理人可以委托一人至二人作为诉讼代理人。下列人员可以被委托为诉讼代理人：（1）律师、基层法律服务工作者；（2）当事人的近亲属或者工作人员；（3）当事人所在社区、单位以及有关社会团体推荐的公民。委托他人代为诉讼，必须向人民法院提交由委托人签名或者盖章的授权委托书以及其他身份证明材料。

客户委托香港律师代理的方式因案件类型的不同而有所区别。刑事案件

---

① 芮安牟：《浅谈新民事司法诉讼》，三联书店（香港）2012年版，第52页。

② 在香港挑战/质疑司法管辖权，一般法理包括：（1）双方就争议曾达成仲裁协议；（2）境外法庭比香港能更加公正、省时或者合乎成本效益处理案件（“不方便法院”原则，亦称“forum non conveniens”）；（3）双方存在境外专有审判权协议；或（4）境外法院已就同一争议受理（lis alibi pendens）。

必须有聘用书(retainers)。[①] 一般民商事案件则受执业指引规管,律师可与当事人签订相关聘用书,否则一旦有收费或服务等方面的争议,律师及律所将很可能没有申索的依据与保障。[②]

在代理人数方面,委任事务律师时,香港以律所为基础单位,没有一二人之分;委任大律师时,可以同时委聘多于一位大律师。

二、内地与香港一般民事诉讼程序

(一)内地

内地民事诉讼,以两审终审制为审级制度的一般原则,以一审终审为例外(如基层人民法院和它派出的法庭审理事实清楚、权利义务关系明确、争议不大的简单金钱给付民事案件,标的额为各省、自治区、直辖市上年度就业人员年平均工资50%以下的,适用小额诉讼的程序审理;适用特别程序审理的案件;最高人民法院审理的第一审案件;适用督促程序的案件以及适用公示催告程序的案件等),并以审判监督程序为两审终审制的重要补充。审判监督程序是一审或二审程序终结、裁判已发生法律效力后的一种特殊的救济程序。

根据《民事诉讼法》的相关规定,内地民事诉讼程序主要分为:(1)起诉和受理阶段;(2)审判程序阶段(第一审程序、第二审程序、审判监督等相关特别程序);(3)执行程序阶段。

在提起诉讼之前需要明确以下几个主要问题:争议案件将由哪个法院管辖、争议案件所涉及当事人有哪些、是否需要作财产保全以及是诉前申请还是诉中申请、争议案件所涉证据有哪些。法院管辖、主体适格相关内容详见上文所述,保全、证据等起诉受理阶段事宜相关内容如下。

1. 保全

保全分诉前保全和诉中保全。诉前保全指利害关系人因情况紧急,不立即

---

① 《香港法例》第159H章《律师执业规则》第5D条。

② 代理与委托关系并不是香港法院立案的审核前提,相关诉讼文书已显示律所代理案件,或由律所把代理通知书存档到法院便可以。至于涉外案件,没有与内地特别规定相似的要求。

申请保全将会使其合法权益受到难以弥补的损害，在提起诉讼前向被保全财产所在地、被申请人住所地或者对案件有管辖权的人民法院申请采取保全措施；诉中保全指人民法院立案受理后，人民法院对于可能因当事人一方的行为或者其他原因，使判决难以执行或者造成当事人其他损害的案件，根据对方当事人的申请或者人民法院认为必要时，可以裁定对其财产进行保全、责令其做出一定行为或者禁止其做出一定行为。通常情况下，人民法院采取保全措施需要申请人提供担保，不提供担保的，可以裁定驳回申请。

2. 证据

根据《民事诉讼法》等的相关规定，证据的种类包括：(1)当事人的陈述；(2)书证；(3)物证；(4)视听资料；(5)电子数据；(6)证人证言；(7)鉴定意见；(8)勘验笔录。除前述证据以外的其他材料，不能成为规定意义上的证据。另外，证据必须查证属实，才能作为认定事实的根据。

除法律另有规定，当事人对自己提出的诉讼请求所依据的事实或者反驳对方诉讼请求所依据的事实，应当提供证据加以证明，否则负有举证证明责任的当事人将可能承担不利的后果。

在证据可能灭失或者以后难以取得的情况下，当事人可以在诉讼过程中向人民法院申请保全证据，人民法院也可以主动采取保全措施。因情况紧急，在证据可能灭失或者以后难以取得的情况下，利害关系人可以在提起诉讼前向证据所在地、被申请人住所地或者对案件有管辖权的人民法院申请保全证据。

根据《最高人民法院关于民事诉讼证据的若干规定》的相关规定，审判人员对单一证据可以从下列方面进行审核认定：(1)证据是否为原件、原物，复制件、复制品与原件、原物是否相符；(2)证据与本案事实是否相关；(3)证据的形式、来源是否符合法律规定；(4)证据的内容是否真实；(5)证人或者提供证据的人与当事人有无利害关系。

3. 送达

根据《民事诉讼法》的相关规定，送达方式一般为直接送达、电子送达、委托或邮寄送达、转交送达、公告送达。受送达人下落不明，或者采用《民事诉讼法》规定的其他方式无法送达的，可采用公告送达。

4. 起诉及受理

当事人在基本确定前述管辖法院、诉讼当事人、保全安排以及所需提供的证据后，即可准备相应的起诉状、证据清单及证据材料、双方当事人及诉讼代理人（如有）基本信息证明材料等起诉申请资料。

起诉必须符合下列条件：（1）原告是与本案有直接利害关系的公民、法人和其他组织；（2）有明确的被告；（3）有具体的诉讼请求和事实、理由；（4）属于人民法院受理民事诉讼的范围和受诉人民法院管辖。当事人提交的起诉资料符合上述条件的，人民法院应当在 7 日内立案，并通知当事人；不符合起诉条件的，应当在 7 日内作出裁定书，不予受理；原告对裁定不服的，可以提起上诉。

（二）香港

香港民事诉讼程序，主要受《香港法例》第 4 章《高等法院条例》规管，而区域法院的民事诉讼程序亦由类似的《香港法例》第 336H 章《区域法院规则》规制。

香港民事诉讼程序主要分为：状书阶段（pleadings）；非正审阶段（interlocutory proceedings）；正审（trial）；判决执行程序（enforcement proceedings）。

1. 状书阶段

在香港提起民事诉讼，可由四种方式展开：（1）传讯令状（writ of summons）；（2）原诉传票（originating summons）；（3）呈请书（petition）；（4）动议（motion）。其中以传讯令状与原诉传票最常见。

（1）传讯令状

传讯令状分为普通令状（generally indorsed writ）和详细注明令状（specifically indorsed writ）两种。普通令状只会对申索事项作简略描述，随后必须于指定时限内准备一份更详细的申索书（statement of claim），让被告了解面对的指控以及核心争议所在。

在香港，在提交传讯令状或原诉传票等文件提起民事诉讼时，无须附带相关的证据材料或证物，仅需在状书中提出原告一方的主张。

（2）存档与送达

传讯令状有指定标准格式（见《高等法院条例》），[①] 当事人也可以从法院登记处取得。准备妥当便可呈交法院登记处（registry），缴纳相应费用（现高等法院收费为 1045 元，[②] 区域法院收费为 630 元[③]），登记处会在状书上盖章并编配案件号码，原件交原告，一份归法院存档。之后，状书便由原告向被告送达。

在内地，起诉状的送达一般由法院负责。当事人有意向内地人民法院提起诉讼时，应向法院递交起诉状和有关的证据等材料，并按照被告人数递交起诉状副本和证据副本，同时填写一式二份的诉讼材料清单，一份交法院，一份由原告留存。法院审查当事人提交的材料后，如决定准予立案，则在立案后的 5 日内，由法院将应诉通知书、起诉状副本及其所附证据副本、法律文书送达地址确认书、举证通知书以及传票等以邮政快递等方式向被告送达。

（3）抗辩与反申索

当上述状书妥为送达被告后，被告一般要在 14 天内签回认收书，并表示是否打算争议抗辩，如果是，则 28 天内须向法院存档及向原告送达抗辩书（defence）。如果被告打算反诉原告，便应在抗辩书中一并准备反申索书（counterclaim）。最后就是由原告回应或对反申索作出抗辩，以此类推，总称“状书程序”。

而在内地，被告应在收到起诉状副本之日起 15 天内提出答辩状。如果被告不提出答辩状，不影响人民法院审理。答辩状应记明被告的姓名、性别、年龄、民族、职业、工作单位、住所、联系方式；如果被告是法人，应记明其名称、住所和法定代表人或者主要负责人的姓名、职务、联系方式等。[④] 另外，在案件受理后，法庭辩论结束前，被告可以提出反诉，反诉的当事人应当限于本诉的当事人的范围。

---

① 《香港法例》第 4A 章《高等法院规则》附录 A 表格 1。

② 《香港法例》第 4D 章《高等法院费用规则》附表 1。

③ 《香港法例》第 336C 章《区域法院（费用）规则》——附表费用。

④ 《民事诉讼法》第 128 条。

(4)属实申述

为防止诉讼各方就案件作出多版本或不真实的陈述，当事人须在各状书附上“属实申述”(statement of truth)说明。如证实有虚假陈述，当事人可能负蔑视法庭的刑事责任。这在某种程度上降低了当事人作假的风险，也提醒当事人监督代理人依事实办案。

(5)送达

与内地相应，所有诉状必须有效送达对方。香港有效的送达方式可参考《高等法院规则》第 10 号命令，包括亲自送达、邮递、挂号、代替、留置、公告等。一般送达须在香港区域内进行，特殊情况可适用第 11 号命令向法庭申请批准，于香港区域外送达状书。现行内地与香港开展司法协助，可相互委托送达文书，① 但在沟通与跟进方面，业界反映仍缺乏效率与对接机制，希望将来这方面能有所改善。

如上所述，与香港不同，内地的送达工作大部分由法院主导，根据送达对象、文件内容等的不同，法院会采取不同的方式送达相关法律文书。

2. 非正审阶段

完成状书程序后，香港民事诉讼程序便进入非正审阶段。这部分涉及各类不同及大量可供诉讼各方申请的事项，是香港民事诉讼程序复杂和成本昂贵的原因之一。② 本章就其中一些重点概括如下：

(1)简易与得直判决

简易判决又称“第 14 号命令程序”，指的是在原告理据充分，而被告表面上没有合理抗辩理由的情况下，原告可以申请判决支持原告诉求，即申请原告得直。申请简易判决是一个省时快捷的纠纷解决方案，常在一些担保或支票不兑现的案件中使用。如果被告在限时内没有提交抗辩书(除特殊情况外)，原告可以申请在无抗诉的情况下，让法院下达得直判决，即因欠缺行动而作出的判决(judgment in default)。

---

① 《最高人民法院关于内地与香港特别行政区法院相互委托送达民商事司法文书的安排》。

② 陈弘毅等合编：《香港法概论》，三联书店(香港)2022 年版，第 107 页。

（2）披露文件与优化状书程序

1）披露文件：如上所述，香港民事诉讼的状书阶段，只含双方各自所主张的申索及事实指称，尚未提供相应证据，所以需要借助披露文件程序让双方可以进一步了解对方虚实。[①] 双方会在指定时间内互相提交一份文件清单（类似于内地的证据目录），交代各自管有的相关文件，没有列在清单上的文件，原则上在正审时不能随便引用作为证据。与此同时，若对方拒绝披露某些文件（除非享有特权保护），双方可向法院要求对方披露特定文件（specific discovery）。

2）优化状书内容及剔除程序：这部分的申请主要包括：①要求对方提供进一步明细（request for further or better particulars）；②修改状书；③质问书。

在非正审阶段，任何一方如果认为对方状书内容不详细、不清楚，可以提出交代明细的要求。就争议的核心点，可通过质问书要求对方以声明、誓章的方式解答另一方提出的相关问题。同时，如果需要更改状书，申请剔除（striking out）全部或部分状书内容，以及认为对方无理取闹或构成欺压性诉讼，甚至滥用程序或起诉后没有采取合理行动，更可提出剔除及撤销诉讼申请。

（3）证据的类别与采集

相较于内地的八种证据种类，香港的证据基本分为三种：①口述（testimonial）；②书面（documentary）；③物证（physical）。法院对每类证据一般会考虑两个原则，一是可接纳性；二是可信性。

在非正审阶段，主要通过誓章形式来表述支持有关申请的事实，法律观点则留待代理律师在庭上陈述。

根据普通法以及《香港法例》第8章《证据条例》，香港法庭对证据的要求有以下特点：

第一，普通法比较重视证人证言。口述证供，即证人在庭上真诚所作的供词，如有虚假，证人要承担作假口供的刑事责任，甚至可能被控告妨碍司法公正。

第二，相关证据须在庭内依规定提出，否则不会为法庭所考虑。

---

① 陈弘毅等合编：《香港法概论》，三联书店（香港）2022年版，第106页。

第三，在可接纳性与可信性方面，法庭通常不接受传闻证据（hearsay evidence），因为其可信性会受到严重质疑。意见证供（opinion evidence）是另外一种可不被接纳的证据，除非证人是获法庭批准作证的专家证人（expert witness）。

第四，书面证据必须与案情有关才能呈堂，一般包括书信、文件、照片、录音等。物证的获取、保管以及处理都有相关的规定。

第五，根据香港现行规定，只要申请人证明相关证据与案件有直接关联或有关键作用，就容许其在入禀前向对方要求披露证据（pre-action discovery）。此外，法庭也可以按普通法向非诉第三方作出取证的命令（norwich pharmacal order），如向银行取得对方的账户资料。①

第六，关于敌意证人。在《毒舌律师》中，林大状传召被告男友作证，结果作证的版本与之前沟通的内容完全相反。另一个例子是证人在庭上以失忆为由，完全推翻之前的供词，给传召他的己方产生不利影响，此等证人可被申请为敌意证人。可惜在《毒舌律师》中，林大状并没有把相关供词写成书面证供，失责导致被告定罪的局面。正如剧中助理所说，把证人供词写下，不单是保护当事人，也是为了保护代理律师。承前文所述，状书中附带的事实申述也是出于同一目的。

（4）保全与强制令

与内地诉前保全及诉中保全一样，香港在这两个阶段（不包括执行期间）均可申请禁止被告方实施某些行为，比如转移资产，以保障原告在胜诉时能获得相应赔偿。一般的申请包括：①资产冻结令（mareva injunction）；②搜查令（anton piller order）；③禁止令（prohibition order）；④押记令（charging order）；⑤所有权强制令（proprietary injunction）；⑥扣押债务人财产令状（writ of fieri facias）；⑦第三债务人的法律程序（garnishee proceedings）等。

程序方面，以资产冻结令或强制令为例：

首先，由原告提出单方面申请（ex-parte）。原告须准备好传票与支持誓章，

---

① 《香港法例》第4章《高等法院条例》第41条和第4A章《高等法院规则》第24号命令第7A条。

述明事实依据，附上呈堂证物（exhibit），比如申请资产冻结令，就需要详细证明如果不冻结被告资产，被告极有可能（real risk）转移相关资产而逃避有效执行判决。

其次，如表面证据成立，法庭可以下达临时禁制令，并要求申请人通知被申请人在指定日期传讯到庭（return day），一般是在两周内。此外，申请人还需就申请向法庭作出一系列承诺，包括若最后因理据不足被撤销禁制令时，负责赔偿被申请人因此受到的损失及讼费。反之，如被告在期间不遵守禁制令，便构成藐视法庭罪。除了承诺，提供保证金也是常见的申请条件之一。

最后，全面及诚实地披露，以显示在单方面申请下法庭可以依公平原则颁布命令。

相较于内地的保全以及调取令的申请流程，香港法院对禁制令、调取令的申请规定了非常严格并必须遵守的规则。比如资产冻结令，需要有充分证据证明被告会调动或已经在调动财产，致使原告很大可能无法在胜诉后获得赔偿；调取令申请更严格，必须有非常有力的证据证明该等证物对案件有关键作用，且在执行监督方面也有严格的要求。上述特征与内地有异，所以在申请之前不可不察，一旦申请失败，或被撤销，申请方必须负担高昂的讼费。

（5）案件管理

为了解决案件累积的问题，香港法庭会主动通过案件管理会议（Case Management Conference，CMC）去梳理案件核心争议，整理结构诉讼时间表，为解决纷争定下蓝图。关于法院行使积极案件管理的职权范围，可参考《高等法院规则》第 1A 号命令第 4（2）条以及第 1B 号命令第 1（2）条，主要内容包括：①尽早找出主要争议点，决定解决程序；②协助双方采用另类排解方式全部或部分解决纠纷；③鼓励合作，循简易方式处置非重点问题，尽量在无须出庭的情况下，在可行范围内处理最多事项；④制定时间表，利用科技确保快速有效推进诉讼解决。

香港法庭也设有特别案件的管理方式，其中有海事、建筑、仲裁、公司法、人身伤亡等，家事法庭也是区域法院中的一个特别分支。处理上述特别案件的法官都是在这类领域比较擅长的专家，能就其负责的案件依相关规定制定特别适用的程序管理方式。

很多内地律师认为香港没有审限，诉讼时间太长。上述的案件管理制度，尝试由法庭主动引导，设定进度监察问卷、里程日期（milestone dates），管理会议以及审前复核（pre-trail review）等。这些指标性进度只有在例外情况下才能改动或延后，防止正审遭到延误。话虽如此，但实践中仍然存在大量的非正审申请，法庭仍可能出现耗费太多时间在案件管理上的情况，加上在公平原则下，法庭也不会太主动积极参与到诉讼程序当中。正如一些学者所言，在现行制度中，法官仍然常常轻易批准各类延期押后申请，大量属于后期的工作提前到诉讼前期处理，再加上司法资源有限，讼费也未见回落。①

（6）其他解决争端的方式（Alternative Dispute Resolution，ADR）

香港民事诉讼程序，总方向是鼓励双方尽早和解，各种举措包括：①尽早对部分或全部金钱类申索认责（见《高等法院规则》第13A号命令）；②鼓励使用附带条款的和解建议和付款安排达成和解（见第22号、第22A号命令）；③采用调解方式，由中立第三方专业调解员协助解决纷争；④使用仲裁。对无理拒绝和解或调解的一方，就算其最后胜诉，如果未能取得比和解结果更好的结果，法庭还是会在讼费负担分配方面，对其作出相应的惩罚命令。② 至此，在ADR机制下，大部分的民事诉讼都可以和解收场。在内地，调解机制中也有类似的设置，且根据调解对象、适用场景等的不同，设置有法院调解、人民调解、行政调解、仲裁调解等多种调解形式，最终目的都是平息纠纷，避免诉讼。

综上所述，香港与内地的诉讼程序在一些方面存在差异，但其共同目标都是为了维护司法公正、保障当事人权利和提升诉讼质效，内地与香港都尝试在这三者之间取得平衡。同时，“一国两制三法域”是大湾区的突出特点和独特优势，希望通过比较能够增进内地与香港法律从业者对彼此诉讼程序的了解，携手促进协作。

① 陈弘毅等合编：《香港法概论》，三联书店（香港）2022年版，第103页。

② 香港终审法院：《实务指示 -31》（2014）第4条、第5条。

第二章　由审判到执行

上一章对内地与香港的民事诉讼由准备起诉到审理前的程序进行了比较。本章将继续展开介绍内地与香港民事诉讼程序中从审判到执行程序的要点异同。

一、内地与香港审理阶段

（一）内地开庭审理阶段

根据《民事诉讼法》的相关规定，内地开庭审理主要程序如下：

1. 书记员查明当事人和其他诉讼参与人是否到庭，宣布法庭纪律。

2. 审判长或者独任审判员核对当事人，宣布案由，宣布审判人员、书记员等的名单，告知当事人有关的诉讼权利义务，询问当事人是否提出回避申请。

3. 法庭调查（按下列顺序进行：(1)当事人陈述；(2)告知证人的权利义务，证人作证，宣读未到庭的证人证言；(3)出示书证、物证、视听资料和电子数据；(4)宣读鉴定意见；(5)宣读勘验笔录）。

4. 法庭辩论（按下列顺序进行：(1)原告及其诉讼代理人发言；(2)被告及其诉讼代理人答辩；(3)第三人及其诉讼代理人发言或者答辩；(4)互相辩论）。

5. 法庭辩论终结，由审判长或者独任审判员按照原告、被告、第三人的先后顺序征询各方最后意见。

6. 法庭辩论终结，应当依法作出判决或调解。判决前能够调解的，还可以进行调解，调解不成的，应当及时判决。

另外，根据《民事诉讼法》的相关规定，原告经传票传唤，无正当理由拒不到庭的，或者未经法庭许可中途退庭的，可以按撤诉处理。被告经传票传唤，无正当理由拒不到庭的，或者未经法庭许可中途退庭的，可以缺席判决。宣判前，原告申请撤诉的，是否准许，由人民法院裁定。人民法院裁定不准许撤诉的，原告经传票传唤，无正当理由拒不到庭的，可以缺席判决。

（二）香港开庭审理阶段

香港开庭审理的流程大致分为三部分：开案陈词、讯问证人（分为主问、盘问、覆问三部分）、结案陈词。

诉讼方有责任准时出席审讯。法庭有权在诉讼任何一方缺席的情况下进行或继续审讯。①

1. 开案陈词（opening submissions）

开案陈词旨在让法庭了解诉讼方的案情，包括在各项争议点上的立场、论点及论据。诉讼各方必须在开审前指定时间内向法庭存档及向对方送达书面开案陈词。庭审开始，大律师会作口头开案陈词，一般不必重复其书面陈词的内容，但可强调和阐述重要观点，亦可解释其书面陈词所引用的案例的作用，并回应对方的开案陈词。此外，大律师亦会在口头开案陈词时回应法庭的质询。

除非法庭批准，否则诉讼各方必须在其开案陈词中全面地陈述其案情之论据要点，不能“攻其不备”，留待结案陈词才首次提出，即双方要“透露底牌”（cards on the table）。② 这是为了确保各方能够得到充分时间了解和回应彼此的案情，③ 也是香港民事审讯跟刑事审讯的其中一大区别。④ 为节省法庭审理时间，现在部分案件已不需要口头开案陈词了。

2. 主问证人（examination-in-chief）

有别于刑事审讯，民事审讯的主问环节非常迅速，因为证人必须在审讯前

---

① 《香港法例》第 4A 章《高等法院规则》第 35 号命令第 1（2）条。

② 芮安牟：《浅谈新民事司法诉讼》，三联书店（香港）2012 年版，第 100 页。

③ 丸建兴业株式会社诉新昌营造厂有限公司及另外一方案（12/12/2016,HCCT 19/2013），para. 43.

④ 在刑事审讯中，被告有权只作结案陈词，亦有权选择不作供及不传召任何证人。

事先存档书面证供。在审讯时，证人不需要也不应当重复书面证供的内容。

开案陈词后，原告方的证人会先作出证供，然后才到被告方的证人作出证供。每位证人首先在法官面前宣誓，声明其就案件所作一切证供（包括书面证供）均属真实，并无虚言。证人也必须确认采纳其书面证供作为其主问证供。

一经宣誓，证人便不能与任何人谈及案件，直至作证完毕为止。

3. 盘问证人（cross-examination）

证人完成宣誓及确认采纳书面证供后，便由对方大律师对其进行盘问。盘问的问题必须与案件的争议点有关，而且应当以质疑证供的可信性和可靠性为主。

在普通法下，盘问最为关键的一项规则，就是盘问者必须向证人“指出案情”（put case），又名为“*Browne v. Dunn* 规则”。这项规则源自英国上议院（House of Lords，当时英国的最高法院）19 世纪末的案例 *Browne v. Dunn*。[①] 简言之，如果诉讼方主张该证人某部分的供词并不属实，是虚假的或是谎言，则诉讼方应当在盘问时明确指出己方认为属实的案情。这样可给予证人机会作答、解释，否则法庭就不会知道双方的主张。其中一种惯常做法是向证人说：“我向你指出……”在《毒舌律师》中，林大律师向被告男友指出关于天使娃娃、大门是否一直打开、明知失血过多大量喝水会致死等事实，就是“指出案情”的例子。

覆问旨在让证人就其被盘问时所作证供作出澄清。一般而言，主问与覆问均不能提出引导性问题（leading questions），只能提出开放性问题。此外，覆问的问题也必须衍生于盘问的问题及证供。

4. 结案陈词（closing submissions）

结案陈词时，诉讼各方应当整合审讯时呈现的证据，并完整地向法庭阐释其立场以及所有论点。跟开案陈词一样，法庭通常会要求诉讼各方先提交书面结案陈词，然后才作口头陈词。同样，口头结案陈词不应纯粹重复书面陈词的

---

① *Browne v. Dunn*（1893）6 R 67.

内容，而应进一步解释陈词内容，并回应对方的结案陈词以及法庭的质询。

（三）审判组织概述

根据《民事诉讼法》的相关规定，内地的审判组织可概括如下：

1. 人民法院审理第一审民事案件，由审判员、陪审员共同组成合议庭，或者由审判员组成合议庭。合议庭的成员人数，必须是单数。陪审员在参加审判活动时，除法律另有规定外，与审判员有同等的权利义务。

2. 适用简易程序审理的民事案件，由审判员一人独任审理。基层人民法院审理的基本事实清楚、权利义务关系明确的第一审民事案件，可以由审判员一人适用普通程序独任审理。

3. 人民法院审理第二审民事案件，由审判员组成合议庭。合议庭人数必须是单数。

4. 中级人民法院对第一审适用简易程序审结或者不服裁定提起上诉的第二审民事案件，事实清楚、权利义务关系明确的，经双方当事人同意，可以由审判员一人独任审理。

5. 发回重审的案件，原审法院应当按照第一审程序另行组成合议庭。

6. 审理再审案件，原来是第一审的，按照第一审程序另行组成合议庭；原来是第二审的或者是上级法院提审的，按照第二审程序另行组成合议庭。

7. 人民法院审理下列民事案件，不得由审判员一人独任审理：（1）涉及国家利益、社会公共利益的案件；（2）涉及群体性纠纷，可能影响社会稳定的案件；（3）人民群众广泛关注或者其他社会影响较大的案件；（4）属于新类型或者疑难复杂的案件；（5）法律规定应当组成合议庭审理的案件；（6）其他不宜由审判员一人独任审理的案件。

至于香港的庭审组织，可以简述如下：

1. 基层法院如裁判处、审裁处审理的案件，由 1 位裁判官、审裁官或暂委裁判官、审裁官单独开庭审理并裁断。

2. 区域法院审理的案件，民事案件的审判庭由 1 位区域法院法官或暂委法官单独审理及判决。部分非正审的聆讯则由 1 位聆案官（Master）处理。

3. 高等法院审理的案件，民事案件审判庭由1位高等法院原讼庭法官，或暂委 / 特委法官单独开庭聆讯及裁决。部分非正审的聆讯，亦会由聆案官处理。在例外情况下，可由原讼庭法官及7位陪审员审理。陪审员以抽签方式从被传召出席的人员中选出。法官与陪审员的分工主要为，法官负责对法律问题作出裁决，向陪审员解释相关的法律原则、举证责任、罪行定义等相关法律知识，并引导陪审员将相关法律应用于事实；而陪审员负责判断案情事实，并将法律应用到其认定的案情事实上，从而作出判断。

4. 关于上诉，高等法院上诉庭进行的民事上诉分为两类：上诉许可（leave to appeal）与正审上诉。上诉许可通常由2位上诉庭法官会审，正审上诉则由3位上诉庭法官组成合议庭。

5. 终审法院同样分为上诉许可及正审上诉两类。上诉至终审所涉及的问题必须具有"重大广泛的或关乎公众的重要性"，或因其他理由以致应交由终审法庭裁决。终审法院设上诉委员会，成员包括首席法官及2位常任法官，或由首席法官委派3位常任法官。终审上诉由5位法官审理，分别是首席法官、3位常任法官和1位非常任法官或1位其他普通法适用地区的法官。

以上为一般情况，当中不乏例外情况，在此不逐一赘述。

二、内地与香港判决

（一）内地判决

人民法院对公开审理或者不公开审理的案件，一律公开判决。当庭宣判的，应当在10日内发送判决书；定期宣判的，宣判后立即发给判决书。宣告判决时，必须告知当事人上诉权利、上诉期限和上诉的法院。宣告离婚判决，必须告知当事人在判决发生法律效力前不得另行结婚。

人民法院适用普通程序审理的案件，应当在立案之日起6个月内审结。有特殊情况需要延长的，经本院院长批准，可以延长6个月；还需要延长的，报请上级人民法院批准。人民法院适用简易程序审理案件，应当在立案之日起3个月内审结。有特殊情况需要延长的，经本院院长批准，可以延长1个月。人民法院审理涉外民商事案件（包括涉港民商事案件）不受前述审限规定的限制。

根据《民事诉讼法》第155条的规定，判决书应当写明判决结果和作出该判决的理由，内容主要包括：(1)案由、诉讼请求、争议的事实和理由；(2)判决认定的事实和理由、适用的法律和理由；(3)判决结果和诉讼费用的负担；(4)上诉期间和上诉的法院。

（二）香港判决

香港判决颁布的情形大致有三种：(1)在结案陈词后即时颁布判决及判决书；(2)在结案陈词后即时颁布判决，另外择日颁布书面判决书；(3)在结案陈词后择日裁决及颁布判决书。绝大多数的判决书均会同步上载至司法机构的官方网页，以供大众查阅。①

有别于内地审限，在2022年，为确保判决得以在合理切实可行的情况下尽早颁布，香港司法机构订立了实务指示，为不同级别法院的判决颁布期限作出指引。就高等法院原讼法庭和区域法院的民事案件而言，若该审讯或实质申请历时少于15天，判决会于聆讯完结后6个月内下发；若该审讯或实质申请历时15天或以上，判决会于聆讯完结后9个月内下发。②

判决书（亦称判案书）的结构内容方面，与内地相似。香港一般由法官对案例作内容或案情背景简述，然后展述适用的法律原则，之后就双方证供作出分析讨论，以及各个援引案例的原则与事实类同差异之分等，并就各项申索或反申索作出总结和裁断，最后便是讼费负担处理。

总括来说，法官不仅必须就争议的各个点作出分析裁决，并提供足够的背景、资料、证供，让大众明白作出相关裁断的原因，还必须对每个重点进行讨论，列出双方依照的理据，解释为何采纳其中一方的观点。

综合上述，内地与香港民诉中赋予法官裁判的基础都是“盖然性权衡”(balance of probability)，就是把双方证据 / 证供放在公平的“秤”上，看谁相对

---

① 香港司法机构：《法律参考资料系统》，载法律参考资料系统网2024年5月16日，https://legalref.judiciary.hk/lrs/common/ju/judgment.jsp。

② 香港终审法院：《实务指示-36》及《实务指示-37》。

比较可信。正因如此，有学者认为，民事诉讼不是寻找真相的合适平台，因概然率与可能性很难被客观准确地量度。[①] 甚至如《毒舌律师》中证人董卫国作证时说："真相在这里根本不重要，只有门外汉（layman）才对真相感兴趣。"民事也好，刑事也好，这句话无疑是对陪审员制度乃至公义提出挑战。林大状就此极力反击的一幕，相信大家依然历历在目。

有趣的是，尽管内容结构相似，但香港判决书的形式与内地有较大差异。香港判决书中的每个点均独立成段，段落之前也标有段落序号，以便于引用。内地判决一般长段成篇，没有习惯标注段落序号。另外，香港的民事判决书大多以英文书写，但级别较低的法院和审裁处出具中文民事判决书的比例相对较多。

三、内地与香港诉讼费用及律师费

（一）内地诉讼费用及律师费

1. 内地诉讼费用

当事人进行民事诉讼，应按规定交纳诉讼费用。根据《诉讼费用交纳办法》等的相关规定，当事人应当向人民法院交纳的诉讼费用包括：案件受理费，申请费，证人、鉴定人、翻译人员、理算人员在人民法院指定日期出庭发生的交通费、住宿费、生活费和误工补贴。关于诉讼费用的负担，以由败诉方承担为一般原则。

2. 内地律师费

一般情况下，当事人各自承担其在民事诉讼过程中支付的律师费。除非当事人向法院提出要求对方支付己方律师费的诉讼请求，否则法院不会主动对双方律师费的承担作出安排。

当事人提出要求对方支付己方律师费的诉讼请求后，法院会在审查其请求权基础的基础上视情况予以支持或驳回。常见的情形包括：

（1）当事人在合同中约定，由违约方承担守约方实现权利的费用。

---

① 芮安牟：《浅谈新民事司法诉讼》，三联书店（香港）2012年版，第91页。

（2）债权人行使撤销权的必要费用，由债务人负担。①

（3）担保纠纷中，保证的范围包括主债权及其利息、违约金、损害赔偿金和实现债权的费用。当事人另有约定的，按照其约定。②

（4）当事人存在滥用诉讼权利、拖延承担诉讼义务等明显不当行为，造成诉讼对方或第三人直接损失的，人民法院可以根据具体情况对无过错方依法提出的赔偿合理的律师费用等正当要求予以支持。③

（5）商标侵权纠纷、著作权侵权纠纷、专利侵权纠纷诉讼中，原告可以请求被告承担制止侵权行为所支付的合理开支，人民法院根据当事人的诉讼请求和具体案情，可以将符合国家有关部门规定的律师费用计算在赔偿范围内。④

（6）知识产权侵权诉讼中，原告滥用权利损害被告合法权益，被告可请求原告承担律师费。⑤

（7）环境民事公益诉讼中，原告请求被告承担合理的律师费的，人民法院可以依法予以支持。⑥

（8）不正当竞争诉讼中，原告可以请求被告承担制止侵权行为所支付的合理开支。⑦

（二）香港讼费

有别于内地诉讼费和律师费之分，香港讼费通常包括法庭收取的费用和律师费，律师费含事务律师与大律师各自的费用。相比之下，香港的讼费较内地高，讼费超过争议标的额的情形时有发生。因此，在香港，讼费是一项非常专门的课题。基于篇幅所限，以下将简要地介绍民事讼费的部分要点。

---

① 《民法典》第 540 条。

② 《民法典》第 691 条。

③ 《最高人民法院关于进一步推进案件繁简分流优化司法资源配置的若干意见》第 22 条。

④ 《最高人民法院关于审理商标民事纠纷案件适用法律若干问题的解释》第 17 条、《最高人民法院关于审理著作权民事纠纷案件适用法律若干问题的解释》第 26 条、《专利法》第 71 条。

⑤ 《最高人民法院关于知识产权侵权诉讼中被告以原告滥用权利为由请求赔偿合理开支问题的批复》。

⑥ 《最高人民法院关于审理环境民事公益诉讼案件适用法律若干问题的解释》第 22 条。

⑦ 《反不正当竞争法》第 17 条。

1. 一般性原则

香港法庭的民事审讯以“视乎诉讼结果而定”（costs follow the event）作为一般性原则：胜诉方有权向败诉方索取讼费。[①]

至于讼费评定的基准，起始点是按“诉讼各方对评基准”（party and party basis）：法庭须准予“所有为秉行公正或为强制执行或维护其讼费正被评定的一方的权利而属必要或恰当的讼费”。[②]

不过，法庭也需要考虑其他与案件相关的因素，[③]这包括各方的行为举措，[④]以及审讯前双方曾经提出的和解提议。行为举措方面，若败诉方曾做出不合理及不负责任的诉讼行为，法庭有权以较高的基准评定讼费。较常见的是“弥偿基准”（indemnity basis），即“所有讼费均须准予，但如该等讼费的款额不合理或该等讼费是不合理地招致，则属例外”。[⑤]讼费评定官在讼费是否合理地招致或讼费款额是否合理方面的任何疑问，须按有利于收取讼费的一方的准则解决。

根据实践经验，以“诉讼各方对评基准”评定的讼费为实际花费的律师费的60%~75%，而以“弥偿基准”评定的讼费可达实际花费的律师费的90%以上。

另外，若胜诉方只取得部分胜利，或曾做出不合理及不负责任的诉讼行为，他有可能只会获得部分讼费，甚至可能被要求支付部分或全部讼费。[⑥]

2. 审前和解提议

民事讼费至关重要的一个要素就是查看双方是否曾在审讯前提出和解提

---

① 《香港法例》第4A章《高等法院规则》第62号命令第3（2）条。

② 《香港法例》第4A章《高等法院规则》第62号命令第28（2）条。

③ 《香港法例》第4A章《高等法院规则》第62号命令第5（1）条。

④ 《香港法例》第4A章《高等法院规则》第62号命令第5（2）条：各方的行为举措包括——（a）某一方提出或持续某特定指称或争论点，或对某特定指称或争论点提出争议，是否属合理；（b）某一方持续其案件或某特定指称或争论点或对之作出抗辩的方式；（c）在申索中全盘或局部胜诉的申索人有否夸大其申索；及（d）在法律程序展开前以及法律程序进行中的行为举措。

⑤ 《香港法例》第4A章《高等法院规则》第62号命令第28（4A）条。

⑥ The Hon Mr. Justice FOK, *The White Book 2024* , Sweet&Maxwell, 2023, p.62–67.

议，以及将款项缴存法院作和解用。

为鼓励和解，诉讼各方可以私下以“无损权益”（without prejudice）的方式商讨和解方案。简言之，以“无损权益”为前提所作的一切和解提议及对话均属保密事宜，不能呈堂，直至案件完结后法庭处理讼费时。这样可让诉讼各方安心探讨和解方案，不用担心其和解提议会被视为承认责任。

原告和被告亦可根据《高等法院规则》第 62 号命令提出“附带条款和解提议”（sanctioned offer）。被告可提出“附带条款付款”（sanctioned payment）。提出附带条款和解提议的一方必须提出一个和解金额，并说明和解提议是针对全部或部分申索进行和解，对方必须在 28 天内回应。提出附带条款付款的一方（只适用于被告），必须将提出的和解金额存进法庭。

附带条款的和解提议和付款的精要在于：若对方不接受和解提议或付款，而法庭在审讯后判决的结果比和解提议或付款的条件对提议者更为有利，对方很可能要在讼费方面承担更严重的后果。如此一来，和解不仅来自动力，也来自压力。若诉讼方不合理地拒绝和解提议或付款建议，将有可能自食其果，得不偿失。

3. 由其他人支付讼费

除了要求败诉方支付讼费，法庭也有权要求其他人支付全部或部分讼费。以下两种情况尤其重要。

第一种情况，由“真正的诉讼方”支付。若法庭信纳败诉方的讼费由第三方支付，或者该诉讼是第三方在背后指使或为第三方的利益而展开，法庭有权命令该第三方代为支付讼费。

第二种情况，由法律代表支付。若诉讼任何一方的法律代表在诉讼期间（不限于审讯）存在任何不恰当、不合理的行为而招致虚耗讼费，法庭有权要求该法律代表承担该等虚耗讼费。①

① 《香港法例》第 4 章《高等法院条例》第 52A（4）条；《香港法例》第 4A 章《高等法院规则》第 62 号命令第 8 条；The Hon Mr.Justice FOK, *The White Book 2024* , Sweet&Maxwell,2023,p.62。

四、救济程序

（一）内地救济程序

1. 第二审程序

针对法律规定可以上诉的第一审判决、裁定，如果当事人不服第一审判决、裁定的，有权在法定期限内向上一级人民法院提起上诉，启动第二审程序。第二审人民法院的判决、裁定，是终审的判决、裁定。

（1）第二审程序的启动

① 一般规定

根据《民事诉讼法》的相关规定，当事人不服地方人民法院第一审判决的，有权在判决书送达之日起 15 日内向上一级人民法院提起上诉。当事人不服地方人民法院第一审裁定的，有权在裁定书送达之日起 10 日内向上一级人民法院提起上诉。

原审人民法院收到上诉状，应当在 5 日内将上诉状副本送达对方当事人，对方当事人在收到之日起 15 日内提出答辩状。人民法院应当在收到答辩状之日起 5 日内将副本送达上诉人。对方当事人不提出答辩状的，不影响人民法院审理。原审人民法院收到上诉状、答辩状，应当在 5 日内连同全部案卷和证据，报送第二审人民法院。

② 涉外民事诉讼程序（包括涉港民事案件）的特别规定

根据《民事诉讼法》的相关规定，在中华人民共和国领域内有住所的当事人，不服第一审人民法院判决、裁定的，适用上述规定的上诉期限；在中华人民共和国领域内没有住所的当事人，不服第一审人民法院判决、裁定的，有权在判决书、裁定书送达之日起 30 日内提起上诉。被上诉人在收到上诉状副本后，应当在 30 日内提出答辩状。当事人不能在法定期间提起上诉或者提出答辩状，申请延期的，是否准许，由人民法院决定。

当事人上诉期均已届满没有上诉的，第一审人民法院的判决、裁定即发生法律效力。

(2)第二审程序的审理

① 审理范围

第二审人民法院应当对上诉请求的有关事实和适用法律进行审查。

② 审理期限

人民法院审理对判决的上诉案件,应当在第二审立案之日起 3 个月内审结。有特殊情况需要延长的,由本院院长批准。人民法院审理对裁定的上诉案件,应当在第二审立案之日起 30 日内作出终审裁定。

人民法院审理涉外民事案件(包括涉港民商事案件)的期间,不受上述规定的限制。

2. 审判监督程序

针对已经发生法律效力的判决、裁定、调解书,如果出现法定再审情形时,通过人民法院、当事人、检察院启动审判监督程序,人民法院可以对案件进行再次审理。

(1)启动审判监督程序的时限

①当事人申请再审的时限

应当在判决、裁定发生法律效力后 6 个月内提出。

有如下情形的,自知道或者应当知道之日起 6 个月内提出:有新的证据,足以推翻原判决、裁定的;原判决、裁定认定事实的主要证据是伪造的;据以作出原判决、裁定的法律文书被撤销或者变更的;审判人员审理该案件时有贪污受贿,徇私舞弊,枉法裁判行为的。

当事人对已经发生法律效力的调解书申请再审,应当在调解书发生法律效力后 6 个月内提出。

②人民法院、人民检察院启动审判监督程序

人民法院、人民检察院启动审判监督程序没有时间期限的要求。

(2)再审申请的审查时限

人民法院应当自收到再审申请书之日起 3 个月内审查,符合《民事诉讼法》规定的,裁定再审;不符合《民事诉讼法》规定的,裁定驳回申请。有特殊情况需要延长的，由本院院长批准。人民法院对涉外民事案件（包括涉港民事案件）当事人申请再审进行审查的期间，不受上述规定的限制。

（二）香港救济程序

1. 上诉程序

依判决类型，香港的上诉分为需要取得上诉许可的上诉和无须取得上诉许可的上诉。

需要取得上诉许可的情形包括：就小额钱债审裁处判决或命令向原讼法庭上诉、[①]就劳资审裁处判决或命令向原讼法庭上诉、[②]就区域法院判决向上诉法庭上诉等。一般须在判决、裁断或命令等下达后 7 日内向原讼法庭或上诉法庭申请上诉许可。如原讼法庭拒绝批准就小额欠债审裁处或劳资审裁处判决提出的上诉许可申请，申请人一般不可对此决定再提出异议；[③]如上诉法庭拒绝批准就区域法院判决提出的上诉许可申请，申请人一般可在被原审法院拒绝批准后 14 日内向上诉法庭提出上诉许可的进一步申请。[④]

无须取得上诉许可的情形包括：就原讼法庭关于某些特定事宜的终局判决向上诉法庭、终审法院上诉和就竞争事务审裁处作出的判决向上诉法庭提出的上诉。一般须在法庭判决送达后的 28 日内上诉。

2. 申请作废程序

对于一些特定种类的判决或决定，当事人可以向原审法院申请作废。申请作废法院作出的判决或决定是一种和上诉程序平行的救济程序。根据《香港法例》第 4A 章《高等法院规则》，可以被申请作废的判决或命令包括：欠缺拟抗辩通知书的判决、[⑤]被告缺席聆讯的简易判决、[⑥]第三方缺席的判决、[⑦]欠缺抗辩

① 《香港法例》第 338 章《小额钱债审裁处条例》第 28(2)(b)条。

② 《香港法例》第 25 章《劳资审裁处条例》第 32(1)(b)条。

③ 《香港法例》第 338 章《小额钱债审裁处条例》第 28(3)条，《香港法例》第 25 章《劳资审裁处条例》第 32(3)条。

④ 《香港法例》第 336H 章《区域法院规则》第 58 号命令第 2(4A)条。

⑤ 《香港法例》第 4A 章《高等法院规则》第 13 号命令第 9 条。

⑥ 《香港法例》第 4A 章《高等法院规则》第 14 号命令。

⑦ 《香港法例》第 4A 章《高等法院规则》第 16 号命令第 5 条。

书的判决、[1] 基于单方申请而作出的判令、[2] 被告缺席审讯的判决、[3] 同意判令、[4] 讼费评定证明书、[5] 被告缺席讼费评定聆讯的讼费决定等。[6]

3. 复核程序

复核程序亦是一种当事人不服生效判决而向原审法庭申请的程序，适用范围包括小额钱债审裁程序、劳资审裁程序和讼费评定程序。

五、执行程序

（一）内地执行程序

1. 执行申请

根据《民事诉讼法》的相关规定，发生法律效力的民事判决、裁定，当事人必须履行。一方拒绝履行的，对方当事人可以向人民法院申请执行，也可以由审判员移送执行员执行。调解书和其他应当由人民法院执行的法律文书，当事人必须履行。一方拒绝履行的，对方当事人可以向人民法院申请执行。

对于依法设立的仲裁机构的裁决，一方当事人不履行的，对方当事人可以向有管辖权的人民法院申请执行。受理申请的人民法院应当执行。对于公证机关依法赋予强制执行效力的债权文书，一方当事人不履行的，对方当事人可以向有管辖权的人民法院申请执行，受理申请的人民法院应当执行。

2. 执行期限

申请执行的期限为 2 年。申请执行时效的中止、中断，适用法律有关诉讼时效中止、中断的规定。前款规定的期间，从法律文书规定履行期间的最后一日起计算；法律文书规定分期履行的，从最后一期履行期限届满之日起计算；法律文书未规定履行期间的，从法律文书生效之日起计算。

---

① 《香港法例》第 4A 章《高等法院规则》第 19 号命令第 2 条。
② 《香港法例》第 4A 章《高等法院规则》第 32 号命令第 6 条。
③ 《香港法例》第 4A 章《高等法院规则》第 35 号命令第 2 条。
④ 《香港法例》第 4A 章《高等法院规则》第 42 号命令第 5A 条。
⑤ 《香港法例》第 4A 章《高等法院规则》第 62 号命令第 17A 条。
⑥ 《香港法例》第 4A 章《高等法院规则》第 62 号命令第 17B 条。

3. 执行措施

根据《民事诉讼法》的相关规定，被执行人未按判决、裁定和其他法律文书指定的期间履行相关义务的，人民法院可以采取的执行措施主要有：

（1）要求被执行人报告当前以及收到执行通知之日前一年的财产情况；

（2）人民法院有权查询、扣押、冻结、划拨、变价被执行人的特定财产；

（3）人民法院有权扣留、提取被执行人应当履行义务部分的收入，但应当保留被执行人及其所扶养家属的生活必需费用；

（4）人民法院有权查封、扣押、冻结、拍卖、变卖被执行人应当履行义务部分的财产，但应当保留被执行人及其所扶养家属的生活必需品；

（5）人民法院有权发出搜查令，对被执行人及其住所或者财产隐匿地进行搜查；

（6）执行员有权传唤双方当事人当面交付法律文书指定交付的财物或者票证，或者由执行员转交，并由被交付人签收；

（7）强制迁出房屋或者强制退出土地；

（8）需要办理有关财产权证照转移手续的，人民法院可以向有关单位发出协助执行通知书，有关单位必须办理；

（9）被执行人未按执行通知履行的，人民法院可以强制执行或者委托有关单位或者其他人完成；

（10）要求被执行人加倍支付迟延履行期间的债务利息；

（11）人民法院采取前述第 2~4 项执行措施后，被执行人仍不能偿还债务的，被执行人应当继续履行义务；

（12）人民法院可以对被执行人采取或者通知有关单位协助采取限制出境，在征信系统记录、通过媒体公布不履行义务信息以及法律规定的其他措施。

（二）香港执行程序

1. 执行判决的时限

有别于内地申请执行的 2 年期限，根据《香港法例》第 347 章《时效条例》第 4（4）条，香港执行判决的时限为 12 年。但是，有关执行判决的方式，与讼人或会同时受制于其他法律条文的限制。①

2. 执行判决的方式

香港执行判决的方式繁多，篇幅所限，本章将简要地介绍下述执行判决的方法：

（1）执行令状（writ of execution）

执行令状②主要是通过法庭执达主任（bailiff）对判定债务人（judgment debtor）的财物（这里泛指为物品，如货物、家私）进行扣押及管理（包括变卖），从而达到执行判决之目的。

执行令状包括扣押债务人财产令状（writ of fieri facias）、管有令状（writ of possession）、交付令状（writ of delivery of goods）、暂时扣押令状（writ of sequestration）。

在颁下扣押债务人财产令状后，③判定债权人（judgment creditor）便可请执达主任扣押及变卖判定债务人的财物。若判定债务人在收到变卖申请后仍未偿还款项，被扣押的财物将会被拍卖，所得之收益会被用于偿还欠款。

管有令状（俗称“收楼令”）④用于强制租客及擅闯民居的人士迁离涉事土地及物业。若债务人拒绝合作（如拒绝开门），执达主任有权破门入屋以执行收楼令。

交付令状⑤用于强制败诉方向胜诉方缴交特定的物品（如货品或贵重品）。

暂时扣押令状⑥适用于涉及强制令或禁制令的案件。当败诉方未按照判决遵从该强制令或禁制令，便有可能构成藐视法庭罪。胜诉方可向法庭申请取得败诉方的财产（包括不动产）的管有权，并可收集其产生的利润（如租金）作暂

---

① 譬如，根据《香港法例》第347章《时效条例》第4(4)条，“就任何判定债项的欠缴利息，则不得于利息到期应缴的日期起计满6年后追讨”。此外，《高等法院规则》第46号命令第2(1)(a)条规定，若以执行令状的方式执行超过6年的判决，需向法庭申请许可。

② 《香港法例》第4A章《高等法院规则》第45~46号命令。

③ 《香港法例》第4A章《高等法院规则》第47号命令。

④ 《香港法例》第4A章《高等法院规则》第45号命令第3条。

⑤ 《香港法例》第4A章《高等法院规则》第45号命令第4条。

⑥ 《香港法例》第4A章《高等法院规则》第45号命令第5条。

时扣押，直至败诉方抵偿其藐视法庭罪。由于此执行方式非常严厉，法庭只有在证据确凿的情况下才颁下暂时扣押令状。[①]

（2）第三债务人命令（garnishee order）

此执行方式十分常见，操作简单，适用于涉及金钱偿还的判决。判定债权人有权扣押判定债务人对第三方持有的债权（第三方债务）以偿还判决下的欠款。[②] 当该第三方收到法庭颁下的第三债务人命令时，他必须向判定债权人偿还第三方债务下的欠款，否则有可能构成藐视法庭罪。

第三债务人命令常用于扣押判定债务人的银行存款。根据《高等法院条例》第 21 条，银行存款可被扣押作为履行支付款项的判决的债项。

（3）押记令（charging order）

押记令是将判定债务人的资产扣押出售以履行判决，主要针对房产及证券。[③] 程序分为两部分：①申请人向法庭单方面申请暂准押记令（charging order nisi）；②当法庭接受该申请时，申请人便可申请绝对押记令（charging order absolute）。

债权人应当及时将涉及房产的押记令登记于土地注册处（land registry），以约束有关第三方人士。

（4）委任接管人（appointment of receiver）

顾名思义，判定债权人可委任接管人接管判定债务人的财产，[④] 主要用于接管公司及信托基金股份等未必适合即时出售的资产。譬如，接管人可替判定债权人收取公司分派的利润及股息。有别于第三方债务人命令，接管人可收取在接管时尚未积累的债务，即“未来债务”（future debt）。[⑤]

（5）对判定债务人进行讯问（examination of judgment debtor）

判定债权人有权在法庭向判定债务人作出讯问，要求他交代其财政状况及

---

① 某受保人 T 诉其保险人 A 案[2022]5 HKLRD 583, para. 19。

② 《香港法例》第 4A 章《高等法院规则》第 49 号命令，该第三方债务价值最少需达 1000 港元。

③ 《香港法例》第 4 章《高等法院条例》第 20~20A 条；《香港法例》第 4A 章《高等法院规则》第 50 号命令。

④ 《香港法例》第 4 章《高等法院条例》第 21L 条；《香港法例》第 4A 章《高等法院规则》第 51 号命令。

⑤ 卡哈拉博达斯有限公司诉印尼国家石油天然气开采公司案[2005]1 HKLRD 21，第 8~15 段。

资产动向。判定债务人也必须事先披露相关的财政文件，譬如银行户口月结单、报税表、物业买卖及租赁记录、公司账目、财务报表（尤其适用于败诉方为公司的案件）等。[①] 此执行方式迫使判定债务人公开其资产，以供判定债权人作进一步执行。

刻意缺席讯问聆讯可构成藐视法庭罪。[②] 此外，若在讯问后发现判定债务人具备可用于还款的资产却不还款、转移资产以逃避还款，或者故意在讯问过程中隐瞒资产或拒绝回答关于其资产的问题，法庭根据酌情决定权，可命令将判定债务人监禁，为期不超过 3 个月。[③]

（6）交付羁押 / 民事藐视法庭（committal / contempt of court）

在执行判决的过程中，若任何人刻意违反法庭命令（如刻意缺席讯问聆讯、刻意拒绝遵从强制令 / 禁制令），申请执行人可向法庭提出民事藐视法庭诉讼。若违令者为公司，而证据显示其董事及负责人曾参与或促使该公司违反法庭命令，申请执行人可针对他们提起诉讼。若法庭信纳违令者刻意违反法庭命令，可宣布其成立藐视法庭的罪名并处以刑罚，包括罚款及监禁。

藐视法庭的举证标准按照刑事法的举证标准，即申请人须把其案情证明至“毫无合理疑点”（beyond reasonable doubt）的程度。[④]

（7）禁止离港令（prohibition order）

若法庭认为债务人颇有可能离开香港，导致判决的履行相当可能会受到妨碍或延迟，则法庭有权下令禁止该判定债务人离港，为期 1~3 个月（期满后可再次申请）。[⑤] 和民事藐视法庭一样，禁止离港令是非常严厉的执行方式，法庭只会在证据强有力的情况下颁布。[⑥]

---

① 《香港法例》第 4 章《高等法院条例》第 21 条；《香港法例》第 4A 章《高等法院规则》第 48 号命令、第 49B 号命令。

② 陈某豪诉董某羚及另外一方案［2023］HKCFI 1170，第 34 段至第 40 段。

③ 《香港法例》第 4 章《高等法院规则》第 49B 号命令第 1B（1）条。

④ 比一般的民事举证标准“盖然性权衡”（balance of probability）严格。

⑤ 《香港法例》第 4 章《高等法院条例》第 21B 条；《高等法院规则》第 44A 号命令。

⑥ CWYJ 诉丈夫 LTYE 案［2020］5 HKLRD 583，第 5.1 段及第 6.1 段。

第三章　内地与香港判决或裁决的相互认可与执行机制

经过不懈努力，内地与香港民商事司法相互认可与执行得以实现。随着《最高人民法院关于内地与香港特别行政区法院相互认可和执行民商事案件判决的安排》（以下简称《新安排》）于 2024 年 1 月 29 日正式实施，内地与香港司法判决相互认可与执行基本实现闭环。本章将从内地与香港一般民商事判决相互认可与执行流程、诉保程序、仲裁、破产强制执行与司法协助等方面展开介绍。

一、内地与香港一般民事判决的相互认可与执行

（一）内地与香港一般民事判决相互认可与执行的沿革

《香港特别行政区基本法》第 95 条规定，香港可与全国其他地区的司法机关通过协商依法进行司法方面的联系和相互提供协助。自香港回归以来，内地与香港达成了 8 项安排和 1 项纪要，其中针对一般民商事判决的相互认可与执行已达成 2 项安排。

《最高人民法院关于内地与香港特别行政区法院相互认可和执行当事人协议管辖的民商事案件判决的安排》（已失效，以下简称《旧安排》）于 2008 年 8 月 1 日生效。《旧安排》虽为内地与香港民商事判决的相互认可和执行提供了一条路径，但其对“唯一管辖权”的要求将一部分民商事判决排除在外。如果双方当事人没有以书面形式约定争议由内地或香港法院唯一管辖，则该争议所涉的判决不能通过《旧安排》相互认可和执行。

2024 年 1 月 29 日，内地与香港的《新安排》正式生效。与此同时，《旧安

排》也随之废止（但《新安排》正式生效前当事人已签署《旧安排》所称“书面管辖协议”的，仍适用《旧安排》[①]）。相较于《旧安排》，《新安排》主要拓展了可申请认可和执行的判决的范围。

从判决类型看，可申请认可和执行的判决在原有的民商事判决基础上，新增了有关刑事案件中关于民事赔偿的生效判决，但仍有部分判决类型出于另有安排处理或性质上不合适相互认可和执行等原因不适用《新安排》[②]。

从管辖的限制上看，《新安排》不再要求争议双方须有“书面管辖协议”，即以书面形式明确约定内地人民法院或者香港法院具有唯一管辖权的协议，而是对管辖权条件作出限制。只要依据被请求方法律有关诉讼不属于被请求方法院专属管辖，且有明示或视为同意的协议，或能够证明争议与请求方地点存在特定联系（相关考虑因素包括被告的所在地、营业地点、相关合同的履行地点和提起侵权行为的地点等），被请求方法院即可认定原审法院具有管辖权，进而适用《新安排》。

从给付的范围上看，《新安排》也有一系列扩展。具体而言，《新安排》相互认可和执行的判决内容包含：（1）从原先的仅包括金钱类判项，拓展到包括金钱判项和非金钱判项；（2）新包含了知识产权侵权纠纷案件、假冒纠纷案件、有关商业秘密侵权纠纷案件的惩罚性赔偿判项；（3）给付范围从原有的判决确定的数额、利息、律师费、诉讼费，变更为判决确定的给付财产、利息、诉讼费、迟延履行金、迟延履行利息。

《新安排》还扩大了认可和执行判决的香港法院范围。相较于《旧安排》仅

① 《最高人民法院关于内地与香港特别行政区法院相互认可和执行民商事案件判决的安排》第30条。

② 《最高人民法院关于内地与香港特别行政区法院相互认可和执行民商事案件判决的安排》第3条。具体包括：（1）内地人民法院审理的赡养、兄弟姐妹之间扶养、解除收养关系、成年人监护权、离婚后损害责任、同居关系析产案件，香港特别行政区法院审理的应否裁判分居的案件；（2）继承案件、遗产管理或者分配的案件；（3）内地人民法院审理的有关发明专利、实用新型专利侵权的案件，香港特别行政区法院审理的有关标准专利（包括原授专利）、短期专利侵权的案件，内地与香港特别行政区法院审理的有关确认标准必要专利许可费率的案件，以及有关本安排第五条未规定的知识产权案件；（4）海洋环境污染、海事索赔责任限制、共同海损、紧急拖航和救助、船舶优先权、海上旅客运输案件；（5）破产（清盘）案件；（6）确定选民资格、宣告自然人失踪或者死亡、认定自然人限制或者无民事行为能力的案件；（7）确认仲裁协议效力、撤销仲裁裁决案件；（8）认可和执行其他国家和地区判决、仲裁裁决的案件。

包含香港终审法院、高等法院上诉法庭及原讼法庭和区域法院作出的生效判决,《新安排》将香港劳资审裁处、土地审裁处、小额欠债审裁处、竞争事务审裁处作出的判决也纳入了相互认可与执行香港判决的范围。

（二）香港判决在内地执行

《新安排》第10条规定,申请认可和执行判决的期间、程序和方式,应当依据被请求方法律的规定。因此,香港判决在内地执行主要依据的是《新安排》本身、《民事诉讼法》及相关司法解释。

1. 申请条件

在内地申请认可和执行的香港判决,须属于《新安排》适用的判决类型,①并且须是终审法院、高等法院上诉法庭及原讼法庭、区域法院、劳资审裁处、土地审裁处、小额钱债审裁处及竞争事务审裁处作出的已经发生法律效力的,②在《新安排》生效之日后作出的判决。申请应向申请人住所地或者被申请人住所地、财产所在地的中级人民法院提出。③

2. 申请方式

《新安排》第8条规定,申请认可和执行本安排规定的判决,应当提交申请书、经作出生效判决的法院盖章的判决副本、作出生效判决的法院出具的证明书(证明该判决属于生效判决,判决有执行内容的,还应当证明在原审法院地可以执行)、已经合法传唤当事人的证明文件(如判决为缺席判决,但判决已经对此予以明确说明或者缺席方提出认可和执行申请的除外)、身份证明材料。向内地人民法院提交的文件没有中文文本的,应当提交准确的中文译本。

经审查后,内地法院将会作出予以认可和执行或不予认可和执行的裁定。当事人不服的,在内地可以于裁定送达之日起10日内向上一级人民法院申请复议。④

---

① 《最高人民法院关于内地与香港特别行政区法院相互认可和执行民商事案件判决的安排》第3条。
② 《最高人民法院关于内地与香港特别行政区法院相互认可和执行民商事案件判决的安排》第4条。
③ 《最高人民法院关于内地与香港特别行政区法院相互认可和执行民商事案件判决的安排》第7条。
④ 《最高人民法院关于内地与香港特别行政区法院相互认可和执行民商事案件判决的安排》第26条。

3. 抗辩事由

《新安排》第12条规定，申请认可和执行的判决，被申请人提供证据证明有下列情形之一的，被请求方法院审查核实后，应当不予认可和执行：(1)原审法院对有关诉讼的管辖不符合本安排第11条规定的；(2)依据原审法院地法律，被申请人未经合法传唤，或者虽经合法传唤但未获得合理的陈述、辩论机会的；(3)判决是以欺诈方法取得的；(4)被请求方法院受理相关诉讼后，原审法院又受理就同一争议提起的诉讼并作出判决的；(5)被请求方法院已经就同一争议作出判决，或者已经认可其他国家和地区就同一争议作出的判决的；(6)被请求方已经就同一争议作出仲裁裁决，或者已经认可其他国家和地区就同一争议作出的仲裁裁决的。此外，内地人民法院认为认可和执行香港法院判决明显违反内地法律的基本原则或者社会公共利益的，应当不予认可和执行。

(三) 内地判决在香港执行

内地判决在香港可以通过两种方式执行，一种是根据普通法进行债务追讨，另一种是通过成文法，即《新安排》认可和执行。香港针对《新安排》专门出台了《香港法例》第645章《内地民商事判决(相互强制执行)条例》，为内地判决在香港执行及便利香港判决在内地执行提供了细化的规定。

1. 申请条件

在香港申请认可和执行的内地判决，须是在《新安排》生效后作出的生效判决(包括第二审判决、依法不准上诉或者超过法定期限没有上诉的第一审判决及依照审判监督程序作出的上述判决)，[①] 且在申请前2年内该判决的判项没有被完全履行。[②]

2. 申请方式

根据《香港法例》第645章《内地民商事判决(相互强制执行)条例》，申请人应当首先向高等法院原讼法庭申请登记判决，并提交载有申请人信息、判决详情、执行情况等信息的誓章，申请人身份证明文件，内地审判法院盖章的判

① 《最高人民法院关于内地与香港特别行政区法院相互认可和执行民商事案件判决的安排》第4条。

② 《香港法例》第645章《内地民商事判决(相互强制执行)条例》第10条。

决书及其发出的证明书。

高等法院原讼法庭如认为登记申请符合规定，则会发出登记令，登记该内地判决。[①] 内地判决被登记后，其效力等同于由原讼法庭在登记之日作出一般。[②] 登记令发出后，申请人还需负责将登记通知书送达被申请人。[③]

登记令还会规定一定的期限，被申请人在该期限内有权向原讼法庭提出申请，寻求将登记判决作废。[④] 该登记判决在申请作废的程序完结前不得强制执行。[⑤]

3. 抗辩事由

根据《香港法例》第 645 章《内地民商事判决（相互强制执行）条例》第 22 条，申请将登记判决作废的一方如能提出证明使原讼法庭信纳有以下情况，则原讼法庭应当将登记作废：(1)登记违反了登记申请和登记令相关规定；(2)就该已登记判决的原本法律程序而言，司法管辖权的规定不获符合；(3)该已登记判决的原本法律程序的被告，没有按照内地法律在内地判案法院中被传召出庭，或该被告有被如此传召出庭，但并未获得合理机会，作出陈词或就该法律程序答辩；(4)该已登记判决是以欺诈手段取得的；(5)在该已登记判决的原本法律程序获内地法院受理之前，已有法律程序就相同的各方之间的同一诉讼因由，在香港法院或法庭展开；(6)香港法院或法庭已就相同的各方之间的同一诉讼因由作出判决；(7)香港以外地方的法院已就相同的各方之间的同一诉讼因由作出判决，而有关判决已获香港法院或法庭承认或强制执行；(8)某仲裁庭已在某仲裁中就相同的各方之间的同一诉讼因由作出仲裁裁决，而该仲裁的仲裁地点是在香港；(9)某仲裁庭已在某仲裁中就相同的各方之间的同一诉讼因由作出仲裁裁决，而该仲裁的仲裁地点并不在香港，且该裁决已获香港法院或法庭承认或强制执行；(10)强制执行该已登记判决，属明显违反香港的公共政

---

① 《香港法例》第 645 章《内地民商事判决（相互强制执行）条例》第 13 条。
② 《香港法例》第 645 章《内地民商事判决（相互强制执行）条例》第 26 条。
③ 《香港法例》第 645 章《内地民商事判决（相互强制执行）条例》第 13 条。
④ 《香港法例》第 645 章《内地民商事判决（相互强制执行）条例》第 20 条。
⑤ 《香港法例》第 645 章《内地民商事判决（相互强制执行）条例》第 27 条。

策;(11)该已登记判决已在内地经上诉或再审,遭推翻或以其他方式作废。

二、内地与香港婚姻家庭财产判决认可执行及诉保机制

2017年5月22日,《最高人民法院关于内地与香港特别行政区法院相互认可和执行婚姻家庭民事案件判决的安排》(以下简称《婚姻家庭安排》)发布,为内地与香港婚姻家庭民事案件判决认可及执行奠定了相关的法律基础。相对应地,香港通过了《香港法例》第639章《内地婚姻家庭案件判决(相互承认及强制执行)条例》,将《婚姻家庭安排》在香港本土化实施。

(一)香港判决在内地执行

1. 申请条件

主要需满足以下两个条件:

(1)申请执行的判决,必须是由香港终审法院、高等法院上诉法庭及原讼法庭和区域法院作出的生效判决;[①]

(2)申请执行判决的案件,必须为《婚姻家庭安排》第3条第2款明确列明的婚姻家庭民事案件,[②]具体如下:

①根据《香港法例》第179章《婚姻诉讼条例》第Ⅲ部作出的离婚绝对判令;

②根据《香港法例》第179章《婚姻诉讼条例》第Ⅳ部作出的婚姻无效绝对判令;

③根据《香港法例》第192章《婚姻法律程序与财产条例》作出的在讼案待决期间提供赡养费令;

④根据《香港法例》第13章《未成年人监护条例》、第16章《分居令及赡养令条例》、第192章《婚姻法律程序与财产条例》第Ⅱ部、第ⅡA部作出的赡养令;

① 《最高人民法院关于内地与香港特别行政区法院相互认可和执行婚姻家庭民事案件判决的安排》第2条。

② 《最高人民法院关于内地与香港特别行政区法院相互认可和执行婚姻家庭民事案件判决的安排》第3条第2款。

⑤根据《香港法例》第13章《未成年人监护条例》、第192章《婚姻法律程序与财产条例》第Ⅱ部、第ⅡA部作出的财产转让及出售财产令；

⑥根据《香港法例》第182章《已婚者地位条例》作出的有关财产的命令；

⑦根据《香港法例》第192章《婚姻法律程序与财产条例》作出的修改赡养协议的命令；

⑧根据《香港法例》第290章《领养条例》作出的领养令；

⑨根据《香港法例》第179章《婚姻诉讼条例》、第429章《父母与子女条例》作出的父母身份、婚生地位或者确立婚生地位的宣告；

⑩根据《香港法例》第13章《未成年人监护条例》、第16章《分居令及赡养令条例》、第192章《婚姻法律程序与财产条例》作出的管养令；

⑪就受香港法院监护的未成年子女作出的管养令；

⑫根据《香港法例》第189章《家庭及同居关系暴力条例》作出的禁制骚扰令、驱逐令、重返令或者更改、暂停执行就未成年子女的管养令、探视令。

达到上述条件后，申请人可以向申请人住所地、经常居住地或者被申请人住所地、经常居住地、财产所在地的中级人民法院提出香港判决的认可或执行申请。[①]

2. 申请材料

（1）申请书；

（2）经作出生效判决的法院盖章的判决副本；

（3）作出生效判决的法院出具的证明书，证明该判决属于本安排规定的婚姻家庭民事案件生效判决；

（4）判决为缺席判决的，应当提交法院已经合法传唤当事人的证明文件，但判决已经对此予以明确说明或者缺席方提出申请的除外；

（5）经公证的身份证件复印件。[②]

① 《最高人民法院关于内地与香港特别行政区法院相互认可和执行婚姻家庭民事案件判决的安排》第4条。

② 《最高人民法院关于内地与香港特别行政区法院相互认可和执行婚姻家庭民事案件判决的安排》第5条。

3. 抗辩事由

一方申请认可或执行判决时，另一方可以提出若干抗辩事由，包括：根据原审法院地法律，被申请人未经合法传唤，或者虽经合法传唤但未获得合理的陈述、辩论机会的；判决是以欺诈方法取得的；被请求方法院受理相关诉讼后，请求方法院又受理就同一争议提起的诉讼并作出判决的；被请求方法院已经就同一争议作出判决，或者已经认可和执行其他国家和地区法院就同一争议所作出的判决的；判决明显违反内地法律的基本原则或者社会公共利益。①

（二）内地判决在香港执行

1. 申请条件

如果要在香港认可或执行内地判决，前提是：申请执行的判决必须在《香港法例》第639章《内地婚姻家庭案件判决（相互承认及强制执行）条例》生效日期（2022年2月15日）当日或之后作出，并且在内地生效。

此外，内地的生效判决还需符合以下几个条件：

（1）可在内地强制执行。

（2）属于①由最高人民法院作出的内地判决；②由高级人民法院或中级人民法院作出的第二审内地判决；或③由高级人民法院、中级人民法院或基层人民法院作出的第一审内地判决，而按照内地法律，不准对该判决提出上诉；或按照内地法律，对该判决提出上诉的期限已届满，而无人提出上诉。②

（3）判决或裁决还应在《香港法例》第639章《内地婚姻家庭案件判决（相互承认及强制执行）条例》附表1中规定的案件范围内，如下所述：

①婚内夫妻财产分割纠纷案件；

②离婚纠纷案件；

③离婚后财产纠纷案件；

④婚姻无效纠纷案件；

⑤撤销婚姻纠纷案件；

---

① 《最高人民法院关于内地与香港特别行政区法院相互认可和执行婚姻家庭民事案件判决的安排》第9条。

② 《香港法例》第639章《内地婚姻家庭案件判决（相互承认及强制执行）条例》第5条。

⑥夫妻财产约定纠纷案件；

⑦同居关系子女抚养纠纷案件；

⑧亲子关系确认纠纷案件；

⑨抚养纠纷案件；

⑩扶养纠纷案件(限于夫妻之间扶养纠纷)；

⑪监护权纠纷案件(限于未成年子女监护权纠纷)；

⑫探望权纠纷案件；

⑬申请人身安全保护令案件。

2. 申请步骤

(1)提出登记申请

符合上述申请条件，则申请人可以就该判决中的一项或多于一项指明命令，提出登记申请。指明命令分为三类：

①状况相关命令(如批准离婚的命令等)；

②看顾相关命令(如关于抚养权、探望权的命令等)；

③赡养相关命令(如关于未满 18 周岁的人的抚养费、夫妻之间扶养的命令、婚姻双方财产分割命令等)。[①]

申请人须向区域法院(家事法庭)提出申请，且须附带支持誓章。一般而言，须在 2 年限期内提出看顾相关命令及赡养相关命令的登记申请。[②]

(2)作出命令，登记指明命令

接收并审核申请人的申请后，法院可作出登记令，登记指明命令。[③] 指明命令登记之后，申请人须将登记通知书送达内地判决的其他各方。

(3)承认及强制执行

在作出登记令登记指明命令时，法院会指明一个可申请该指明命令作废的

① 《香港法例》第 639 章《内地婚姻家庭案件判决(相互承认及强制执行)条例》附表 2。

② 《香港法例》第 639 章《内地婚姻家庭案件判决(相互承认及强制执行)条例》第 8 条。

③ 《香港法例》第 639 章《内地婚姻家庭案件判决(相互承认及强制执行)条例》第 10 条。

限期。[①] 在这一限期已经届满或寻求作废申请（如有人提出）已经了结后，已登记指明命令方可产生效果。其中，看顾相关命令或赡养相关命令可强制执行，状况相关命令可获得承认。[②]

3. 诉保

为了防止婚姻家事案件中一方胜诉后因对方没有可执行财产而使判决结果失去实际效益，香港法律提供两种应对措施：（1）依《香港法例》第 192 章《婚姻法律程序与财产条例》第 17 条申请法庭命令，以阻止财产处置或转移；（2）资产冻结强制令。

（1）《香港法例》第 192 章《婚姻法律程序与财产条例》第 17 条

第 17 条的适用范围比较广泛：在离婚过程中，只要被申请的一方带有使申请一方的经济给养申索失败的意图，无论被申请一方进行的财产处置已经在过去发生，还是尚未发生、仅在将来计划，申请一方均可依据第 17 条向法庭提出申请。在此情况下，法庭可以作出命令以阻止不公平的财产处置或转移，包括：限制财产处置、转移财产离开法庭的司法管辖权范围或以任何其他方式处理财产。

在判断是否给予第 17 条命令时，法庭主要考虑被申请人的意图这一因素。一般而言，被申请人具有明显的意图即可。如果财产处置或处理发生在距离申请日期 3 年内，即可推定被申请人具有意图。虽然推定可由相反证据推翻，但此时被申请人已需要承担推翻这一推定的举证责任。[③]

（2）资产冻结强制令

如果婚姻纠纷的程序尚未完结，但一方的错误行为已经对另一方造成损失，那么受到不公平对待的一方可以考虑申请资产冻结强制令。[④]

在婚姻家事案件中，如果需要申请资产冻结强制令，法庭通常考虑 2 个要

---

① 《香港法例》第 639 章《内地婚姻家庭案件判决（相互承认及强制执行）条例》第 14 条。

② 《香港法例》第 639 章《内地婚姻家庭案件判决（相互承认及强制执行）条例》第 19 条、第 24 条。

③ 《香港法例》第 192 章《婚姻法律程序与财产条例》第 17（3）条。

④ 《香港法例》第 336 章《区域法院条例》第 52B 条；《香港法例》第 336H 章《区域法院规则》第 29 号命令。

点：①申请是否有充分的可争辩的理据；②是否存在真实的不当处理财产的风险。

比较而言，资产冻结强制令的门槛要求比较高，所以在实务中，申请资产冻结强制令的情况比申请第 17 条命令较少见。通过这两种渠道申请法庭命令保护时，法庭可能会要求境外申请人提供担保。此外，如果申请不成功，申请人可能需要负担相关诉讼费。因此，律师作为代理人，不可不察其中的利害关系。

三、内地与香港交互强制执行仲裁裁决的安排

（一）强制执行仲裁裁决的原则

最高人民法院与香港政府在 1999 年签订了《关于内地与香港特别行政区相互执行仲裁裁决的安排》（已被修改，以下简称《仲裁裁决安排》），这一区际司法互助协议明确规定了内地裁决可以在香港高等法院申请执行。2021 年，最高人民法院与香港政府签订的《关于内地与香港特别行政区相互执行仲裁裁决的补充安排》（以下简称《仲裁裁决补充安排》）正式生效，明确了《仲裁裁决安排》所指执行内地或者香港仲裁裁决的程序，应解释为包括认可和执行内地或者香港仲裁裁决的程序，并作了其他修订，进一步完善了内地与香港相互执行仲裁裁决的机制。

1. 管辖法院

根据《仲裁裁决安排》和《仲裁裁决补充安排》，内地人民法院执行按香港《仲裁条例》作出的仲裁裁决，香港法院执行按《仲裁法》作出的仲裁裁决，适用《仲裁裁决安排》规定的程序。

当事人如希望在内地申请执行香港的仲裁裁决，应当向被申请人住所地或者财产所在地的中级人民法院提出申请。被申请人住所地或者财产所在地在内地不同的中级人民法院辖区内的，申请人可以选择其中 1 个人民法院申请执行裁决，不得分别向 2 个或者 2 个以上人民法院提出申请。[①]

---

① 《关于内地与香港特别行政区相互执行仲裁裁决的安排》（已被修改）第 2 条。

在香港申请执行内地的仲裁裁决，需要向香港高等法院申请。[①]《香港法例》第 609 章《仲裁条例》第 84 条、第 92 条也规定，内地仲裁裁决可借原讼法庭诉讼而在香港强制执行；或在经过香港高等法院原讼法庭许可后，在香港强制执行。

被申请人在内地和香港均有住所地或者可供执行财产的，申请人可以分别向内地和香港法院申请执行。应对方法院要求，内地和香港法院应当相互提供本方执行仲裁裁决的相关信息。内地和香港法院执行财产的总额不得超过裁决确定的数额。[②]

2. 申请材料

申请人向有关法院申请执行在内地或者香港作出的仲裁裁决的，应当提交执行申请书、仲裁裁决书和仲裁协议。[③]执行申请书在内地应当以中文文本提出，裁决书或者仲裁协议没有中文文本的，申请人应当提交正式证明的中文译本。[④]执行申请书在香港一般以誓章的形式作出。

其中，执行申请书应当载明下列事项：[⑤]

（1）申请人为自然人的情况下，该人的姓名、地址；申请人为法人或者其他组织的情况下，该法人或其他组织的名称、地址及法定代表人姓名。

（2）被申请人为自然人的情况下，该人的姓名、地址；被申请人为法人或者其他组织的情况下，该法人或其他组织的名称、地址及法定代表人姓名。

（3）申请人为法人或者其他组织的，应当提交企业注册登记的副本。申请人是外国籍法人或者其他组织的，应当提交相应的公证和认证材料。

（4）申请执行的理由与请求的内容，被申请人的财产所在地及财产状况。

3. 申请程序

根据《仲裁裁决安排》第 6 条，有关法院接到申请人申请后，应当按执行地

① 《关于内地与香港特别行政区相互执行仲裁裁决的安排》(已被修改)第 2 条。
② 《关于内地与香港特别行政区相互执行仲裁裁决的补充安排》第 3 条。
③ 《关于内地与香港特别行政区相互执行仲裁裁决的安排》第 3 条。
④ 《关于内地与香港特别行政区相互执行仲裁裁决的安排》第 4 条。
⑤ 《关于内地与香港特别行政区相互执行仲裁裁决的安排》第 4 条。

法律程序处理及执行。即在内地申请执行香港的仲裁裁决，内地法院按内地法律程序处理及执行；在香港申请执行内地的仲裁裁决，香港法院按香港法律程序处理及执行。此外，有关法院在受理执行仲裁裁决申请之前或者之后，可以依申请并按照执行地法律规定采取保全措施或者强制措施。①

4. 申请期限

根据《仲裁裁决安排》第 5 条，申请人向有关法院申请执行内地或者香港仲裁裁决的期限依据执行地法律有关时限的规定。

在内地申请执行香港裁决，申请期限应依据内地法律的规定。根据《民事诉讼法》第 250 条，申请执行的期间为 2 年。申请执行时效的中止、中断，适用法律有关诉讼时效中止、中断的规定。

在香港申请执行内地裁决，申请期限应依据香港法律的规定。根据《香港法例》第 347 章《时效条例》第 4 条，强制执行某项裁决的诉讼需在诉讼因由产生的日期之日起 6 年内提出。

（二）仲裁裁决被拒绝执行的情形

根据《仲裁裁决安排》，在内地或者香港申请执行的仲裁裁决，被申请人接到通知后，提出证据证明有下列情形之一的，经审查核实，有关法院可裁定不予执行：②

1. 仲裁协议当事人依对其适用的法律属于某种无行为能力的情形；或者该项仲裁协议依约定的准据法无效；或者未指明以何种法律为准时，依仲裁裁决地的法律是无效的。

2. 被申请人未接到指派仲裁员的适当通知，或者因他故未能陈述意见的。

3. 裁决所处理的争议不是交付仲裁的标的或者不在仲裁协议条款之内，或者裁决载有关于交付仲裁范围以外事项的决定的；但交付仲裁事项的决定可与未交付仲裁的事项划分时，裁决中关于交付仲裁事项的决定部分应当予以执行。

---

① 《关于内地与香港特别行政区相互执行仲裁裁决的补充安排》第 4 条。

② 《关于内地与香港特别行政区相互执行仲裁裁决的安排》第 7 条。

4. 仲裁庭的组成或者仲裁庭程序与当事人之间的协议不符，或者在有关当事人没有这种协议时与仲裁地的法律不符的。

5. 裁决对当事人尚无约束力，或者业经仲裁地的法院或者按仲裁地的法律撤销或者停止执行的。

有关法院认定依执行地法律，争议事项不能以仲裁解决的，则可不予执行该裁决。内地法院认定在内地执行该仲裁裁决违反内地社会公共利益，或者香港法院决定在香港执行该仲裁裁决违反香港的公共政策，则可不予执行该裁决。

内地与香港亦分别有明确的拒绝执行仲裁裁决情形的规定。根据《民事诉讼法》第 248 条，被申请人提出证据证明仲裁裁决有下列情形之一的，经人民法院组成合议庭审查核实，裁定不予执行：

1. 当事人在合同中没有订立仲裁条款或者事后没有达成书面仲裁协议的；

2. 裁决的事项不属于仲裁协议的范围或者仲裁机构无权仲裁的；

3. 仲裁庭的组成或者仲裁的程序违反法定程序的；

4. 裁决所根据的证据是伪造的；

5. 对方当事人向仲裁机构隐瞒了足以影响公正裁决的证据的；

6. 仲裁员在仲裁该案时有贪污受贿、徇私舞弊、枉法裁决行为的。

人民法院认定执行该裁决违背社会公共利益的，裁定不予执行。

根据《香港法例》第 609 章《仲裁条例》第 95 条，香港法院不得拒绝强制执行内地的仲裁裁决，除非该裁决符合以下六种情况之一：

1. 仲裁协议的一方缺乏某些行为能力；

2. 有关仲裁协议根据协议内订明的法律规限或根据作出该裁决所在的国家的法律属无效；

3. 一方并没有获得关于委任仲裁员或关于仲裁程序的恰当通知或因其他理由而未能铺陈其论据；

4. 该裁决所处理的分歧，并非提交仲裁的条款所预期或者该裁决包含对在提交仲裁范围以外事宜的决定；

5. 有关仲裁当局的组成或仲裁的程序并非按照各方的协议所订者或（如没有协议）并非按照进行仲裁所在的国家的法律所订者；

6. 该裁决对各方尚未具约束力或已遭作出该裁决所在的国家的主管当局撤销或暂时中止，或（如该裁决是根据某国家的法律作出的）已遭该国家的主管当局撤销或暂时中止。

（三）强制执行仲裁裁决的方式

香港的仲裁裁决如获内地法院裁定予以执行，就可以进入《民事诉讼法》规定的执行程序。《民事诉讼法》规定了一系列执行措施，人民法院有权向有关单位查询被执行人的存款、债券、股票、基金份额等财产情况，并视情况查封、扣押、冻结、划拨、变价、拍卖、变卖被执行人的财产。[①]

在获得香港高等法院原讼法庭的许可后，内地的仲裁裁决就能同香港本地裁决一样在香港申请强制执行。香港法院不设执行庭，不会查询债务人是否有可供执行的财产。法院只负责听取当事方向法庭提出的基于任何法律规定的申请，然后视情况作出法庭命令。该命令的性质等同于香港法庭作出的其他命令或判决，可以在香港强制执行。

《香港法例》第 4A 章《高等法院规则》提供了各种协助申请人于香港执行内地的仲裁裁决的方式，其中包括：禁止令（法庭可命令债务人禁止离开香港）（第 44A 号命令）；对判定债务人进行讯问（第 48 号命令）；扣押债务人财产令状（第 47 号命令）；第三债务人的法律程序（第 49 号命令）；押记令（第 50 号命令）。

同时，申请人亦可向法庭申请债务人破产（如债务人是个人，根据《香港法例》第 6 章《破产条例》）或清盘（如债务人是公司，根据《香港法例》第 32 章《公司（清盘及杂项条文）条例》），并就债务人破产或清盘后变卖的财产偿还债务。

---

① 《民事诉讼法》第 253 条至第 266 条。

四、内地与香港相互认可和协助破产程序

(一)合作机制

2021 年 5 月 14 日，最高人民法院与香港律政司签署《关于内地与香港特别行政区法院相互认可和协助破产程序的会谈纪要》(以下简称《会谈纪要》)。随后，《最高人民法院关于开展认可和协助香港特别行政区破产程序试点工作的意见》(以下简称《试点意见》)发布。香港律政司也公布了《内地破产管理人向香港特区法院申请认可和协助的程序实用指南》(以下简称《实用指南》)，开创了内地和香港法院破产程序相互认可和协助的合作机制。

(二)认可和协助的主要内容

1. 区域试点

内地采用试点方式，划定上海市、厦门市和深圳市为试点地区，试点地区的中级人民法院可依据《试点意见》认可和协助香港破产程序。香港则依普通法原则认可和协助内地破产程序。

2. 适用范围

合作机制适用于内地与香港之间具有相似性的集体性债务清理程序，包括内地破产清算、重整以及和解程序。香港破产程序包括公司强制清盘、公司债权人自动清盘、经法院依据《公司条例》第 673 条批准，并经清盘程序进行的公司债务重组等。

3. 管辖及审查要求

管辖及审查要求方面，《试点意见》第 4 条规定，“本意见适用于香港特别行政区系债务人主要利益中心所在地的香港破产程序”，并以债务人注册地为推定的主要利益中心。同时，内地法院仍需综合考虑债务人主要办事机构所在地、主要营业地、主要财产所在地等因素。香港法院对认可和协助破产程序的管辖，则应当符合“主要利益中心”标准。

(三)内地认可和协助香港破产程序的流程

申请资料如下：

1. 申请书(应载明各项所需事项);

2. 香港高等法院请求函(letter of request);

3. 香港破产程序相关文件;

4. 债务人主要利益中心的证明材料;

5. 申请予以认可和协助的判决文书;

6. 香港管理人身份证明文件;

7. 债务人主要财产位于内地试点区,在试点区存在营业地或设有代表机构的证据材料。

经审查符合香港法律规定,亦符合《试点意见》的有关规定,将裁定认可香港破产程序,同时认可香港管理人身份,并允许香港管理人在内地履行相关职责。

有关内地法院认可香港破产程序第一案,可参考深圳市中级人民法院于2021年12月15日作出的(2021)粤03认港破1号裁定。深圳市中级人民法院认可了森信纸业有限公司香港清盘程序及准许清盘人在内地履职、行使相关权利。

(四)香港认可和协助内地破产程序的流程

申请资料及步骤如下:

1. 内地管理人应向法院申请致香港高等法院原讼法庭的请求书,列清申请的命令内容;

2. 向香港法院提交申请,可借附有誓章或誓词的证据(affidavit/affirmation evidence),以单方面原诉传票(originating summons on an ex parte basis)向原讼法庭申请标准格式命令;

3. 原讼法庭可以书面方式处理有关申请,或如果认为适合,可以指示召开庭审。

香港认可和协助内地破产程序案例,可参考海航集团有限公司破产重整案[2021]HKCFI 2897,以及广东海外建设总公司破产清盘案[2023]HKCFI 1340。两案分别涉及海南省和广州市法院就破产程序的认可和协助申请。香港法院认为试点区域以外法院提出的申请，若符合普通法原则，也可以得到确认及协助。

五、破产管理人的职权范围

（一）内地破产管理人在香港的职权

《实用指南》中的标准格式命令罗列了内地管理人可以在香港行使的七项权利。另外，在深圳市年富供应链有限公司（以下简称年富公司）破产清算案[2020]HKCFI 965 中，香港法院除授予上述七项权利外，还根据案件需要，特别准许管理人作为股东代表，行使年富公司对子公司的一系列权利。

（二）香港管理人在内地的职权

《试点意见》第 14 条列明了香港管理人可在内地履行的九项职责。对于涉及放弃财产权益、设定担保、借款、财产转移出内地以及实施对债权人利益有重大影响的财产处分行为，仍须经法院另行批准。另外，香港管理人在内地履职，职权范围应符合《企业破产法》和香港法律的规定。

跨境破产（cross-border insolvency）涉及不同法域的主体、财产和法律问题。内地与香港相互认可和协助合作机制，畅通了内地与香港破产程序的渠道，优化了跨境经贸环境。如何将该机制实际运用到具体实践中，则留待未来法律业界共同探索。

第四章　在香港跨境执行内地判决及进行破产清算

一、案例背景

本章引用一则涉外民商事案例。原告（以下简称债权人）为一家境外注册登记的公司，存在 4 个被告，一方被告（以下简称债务人或公司）为香港成立的公司，另外 3 个被告为内地主体，债权人和债务人原为贸易伙伴。债权人于 2023 年在内地取得最终判决（以下简称内地判决或该判决）。根据该判决，债务人现须缴付判决款项。债务人面临债权人在香港审请强制执行该判决的风险。债务人无能力偿付判决款项，故考虑进行破产清算（香港称清盘）。本案适用《香港法例》第 597 章《内地判决（交互强制执行）条例》，故本章主要依《香港法例》第 597 章的规定展开讨论。

二、香港执行内地判决的途径概述

持有内地判决的债权人可以通过两条途径向香港法庭申请执行内地判决：根据香港本地订立并载于《香港法例》中的成文法；或根据普通法展开诉讼。

（一）通过成文法执行

1. 执行条件

在成文法中，根据《香港法例》第 597 章，持有内地判决的债权人须在内地判决指定履行限期的最后一日起 2 年内，向香港高等法院原讼法庭（以下简称原讼法庭）提供证明，以信纳以下条件已符合[①]（主要内容概述如下）：

---

① 《香港法例》第 597 章《内地判决（交互强制执行）条例》第 5 条、第 7 条。

（1）该判决是基于“选用内地法院协议”作出的，即以书面、经认证或电子形式，由相关合同各方订立的协议，明确约定由内地法院裁定该合同引起的争议，而其他司法管辖区的法院无权处理该等争议；

（2）该判决是“最终及不可推翻”的；

（3）该判决可在内地执行；

（4）该判决要求支付一笔款项（该笔款项的性质须不属于税款、罚款或其他类似费用）。

2. 所需文件

根据《香港法例》第4A章《高等法院规则》，债权人可单方面提出上述申请，并须附有表明债权人认为判决不会因异议而被作废的宣誓书，以及以下证据①（简要重点如下）：

（1）经原审法院正式盖章的内地判决文本；

（2）“选用内地法院协议”的文本；

（3）由原审法院出具的，证明该判决在内地为最终且可执行的判决的证明书。

此外，香港法院可命令债权人就登记内地判决的申请的费用，以及可能出现的要求注销登记的费用提供担保。②

一旦申请，债权人应将登记通知书送达债务人，送达地址为债务人通常或最后已知的居住或营业地点，通知书须载明债务人有权申请注销登记及提出申请的期限。③

相关申请如果获原讼法庭认可，即可登记该判决。登记后，该判决将具备与原讼法庭在登记之日作出的判决相同的效力及效果。④

---

① 《香港法例》第4A章《高等法院规则》第71A号命令第3条。
② 《香港法例》第4A章《高等法院规则》第71A号命令第4条。
③ 《香港法例》第4A章《高等法院规则》第71A号命令第7条。
④ 《香港法例》第597章《内地判决（交互强制执行）条例》第14条。

（二）新旧成文法比较

为避免产生疑问，《香港法例》第597章适用于在2008年8月1日至2024年1月28日作出的内地判决。[①] 自2024年1月29日起，在香港强制执行内地判决的程序将由新法《香港法例》第645章《内地民商事判决（相互强制执行）条例》管辖，其中的规定不适用于在条例生效前作出的内地判决。[②]

根据最新适用的《香港法例》第645章，在香港登记内地判决的程序，可以总结为图5-4-1所示内容：

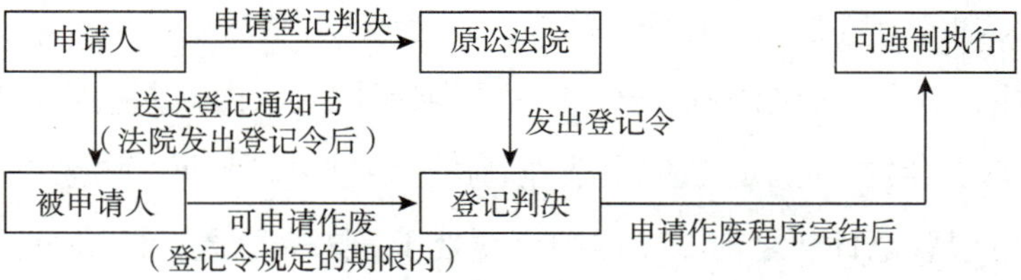

图5-4-1 在香港登记内地判决的程序

（三）通过普通法执行

如果《香港法例》第597章或《香港法例》第645章不适用于该判决，债权人可以根据香港法庭适用的国际私法规则，提出普通法诉讼，以强制执行内地判决。债权人须向原讼法庭证明[③]（简要重点如下）：

1. 该判决涉及一笔确定金额的款项，且该笔款项不是因税收、罚款或按倍数计算的赔偿而支付的；

2. 该判决由"具管辖权的"法院作出；

3. 该判决为最终且不可推翻的；

4. 该判决在香港的国际私法下没有可否定之处（not impeachable）。[④]

---

① 《香港法例》第597章《内地判决（交互强制执行）条例》第5条。

② 《香港法例》第645章《内地民商事判决（相互强制执行）条例》第10条。

③ 江西安发达酒业有限公司诉詹某敏案［2019］HKCFI 2411,HCMP 1574/2017。

④ 例如，该判决是以欺诈手段获得的。

三、通过成文法途径在香港执行内地判决的详细探讨

（一）香港法庭根据的条件

债权人通过《香港法例》第597章申请的强制执行程序，相较于普通法诉讼更加简便、省时且节省法律成本。因此，债权人会倾向于选择依据《香港法例》第597章或《香港法例》第645章进行强制执行。

如上文所述，债权人需向原讼法庭举证，证明已满足相关法律要求并获得原讼法庭认可，方可强制执行该判决。

在时限方面，《香港法例》第597章要求债权人在内地判决指定履行期限届满之日起2年内，向原讼法庭申请强制执行该判决。① 而《香港法例》第645章规定，申请登记日期之前2年内判决须处于尚未完全履行的状态，且在申请当日仍未完全履行。② 在通过普通法执行该判决的情况下，根据《香港法例》第347章《时效条例》，相关诉讼时效期限为6年。③ 此外，如果该判决未明确规定履行期限，时效起算点则为判决生效日期。④ 读者可能关注内地法院送达判决书的日期对判决生效和在香港登记判决期限的影响。由于《香港法例》第597章对申请登记内地判决的期限有明确的释义，因此判决书的送达日期对上述分析没有影响。

根据《香港法例》第597章和相关案例对“选用内地法院协议”的解释，内地判决所基于的合同须指明（specify）内地法院为该合同的唯一司法管辖区（to the exclusion of courts of other jurisdiction），即合约双方应当明确自愿并以书面或电子形式订立或证明适用的司法管辖区，而非由内地法院推定，适用司法管辖区。⑤《香港法例》第645章删除了专属管辖权协议的要求，债权人只需在提起诉讼之时证明与内地有联系即可。

① 《香港法例》第597章《内地判决（交互强制执行）条例》第7条。
② 《香港法例》第645章《内地民商事判决（相互强制执行）条例》第11条。
③ 《香港法例》第347章《时效条例》第4条。
④ 《香港法例》第597章《内地判决（交互强制执行）条例》第7（2）（b）条。
⑤ 北京人济房地产开发集团有限公司诉朱某案［2022］HKCFI 1027, para. 39–43。

根据《香港法例》第597章对“最终及不可推翻”的判决的解释，如该内地判决是由“指定法院”作出的，即属“最终及不可推翻”。[①]“指定法院”的定义包括最高人民法院、高级人民法院、中级人民法院和经认可的基层人民法院。[②]《香港法例》第645章的适用范围扩及所有初级人民法院的判决。

如相关判决债项仅涉及支付款项，且该款项不因税收或类似性质的其他费用而缴付，亦不因罚款或其他罚则而缴付，即符合《香港法例》第597章的定义要求。在逾期罚息方面，内地判决中经常出现以中国人民银行同期贷款利率上浮30%~50%计算的逾期付款违约金。根据普通法和相关案例对《香港法例》第597章的解释，此类违约金可能构成“因罚款或其他罚则而缴付的款项”，因此香港法院可能拒绝按《香港法例》第597章登记相关款项，或拒绝在香港强制执行相关款项的支付。[③]相较于《香港法例》第597章仅适用于合同纠纷引起的判决，《香港法例》第645章的适用范围扩大到大多数民商事判决和刑事附带民事判决，可强制执行的救济亦包括非金钱救济。

此外，如果判决成功登记，债务人仍须按香港法庭规定支付债项利息/利率。[④]未清偿的判决债项将包括以下利息：

1. 判决登记日前利息：截至登记时，在内地法律下根据该判决而须支付的利息。

2. 判决登记日后利息：自判决登记日起，按当时终审法院首席法官颁布的单利债项利率计算，并每3个月调整一次。根据过往记录，相关年利率为8%~9%。[⑤]

（二）债务人的反对机会

如果债权人根据《香港法例》第597章的程序申请登记判决，债务人可以

---

① 《香港法例》第597章《内地判决（交互强制执行）条例》第6条。

② 《香港法例》第597章《内地判决（交互强制执行）条例》附表1。

③ 中国工商银行佛山南海支行诉佛山市瑞丰石化燃料有限公司案［2019］2 HKLRD 478, para.46。

④ 《香港法例》第4章《高等法院条例》第48条、第49条。

⑤ 司法机构：《判定债项利息及利率》，载香港司法机构官网2024年3月8日，https://www.judiciary.hk/zh/court_services_facilities/interest_rate.html。

在登记通知书指明的限期前，向原讼法庭提出申请，基于以下适用的理由将判决的登记作废[①]（简要列举）：

1. 该判决不符合《香港法例》第 597 章第 5 条及第 7 条规定的条件（如涉及上述的时效性问题）；

2. 该判决在违反《香港法例》第 597 章的情况下被登记；

3. 根据内地法律，有关的选用内地法院协议属无效（但如原审法院已裁定该协议属有效则不适用）；

4. 债务人未在原审法院席前出庭就有关法律程序作出答辩：

（1）未按照内地法律被传召出庭；

（2）虽按照内地法律被传召出庭，但未按照内地法律给予充分的答辩时间；

5. 该判决是通过欺诈手段取得的；

6. 该判决在根据内地法律进行的上诉或再审中被推翻或以其他方式作废。

《香港法例》第 645 章已有类似的机制，使债务人有提出反对的机会。

如果债权人依据普通法提出诉讼，需通过律师将符合相关普通法规定[②]的传票及诉状送达债务人通常或最后已知的居住或营业地址。债务人可在 14 天内决定是否对案件进行抗辩。抗辩的辩护理由可能包括：债权人申索不符合要求、诉讼程序不公正、判决存在欺诈及违反公共政策等。

（三）执行债务人财产的方式

如果该判决获成功登记，根据《香港法例》第 597 章第 14 条和相关法律规定，[③]债权人可通过以下一种或多于一种方式，强制执行支付判决款项，包括：

1. 对债务人进行讯问（examination of judgment debtor）：[④]法庭可命令债务人（若债务人为法人，则可命令其高级人员）出庭接受讯问，交代债务人的财产状况及履行该判决的经济能力。

---

① 《香港法例》第 597 章《内地判决（交互强制执行）条例》第 18 条。

② 江西安发达酒业有限公司诉詹某敏案［2019］HKCFI 2411, para. 42。

③ 《香港法例》第 4A 章《高等法院规则》第 45 号命令。

④ 《香港法例》第 4A 章《高等法院规则》第 48 号命令、第 49B 号命令。

2. 扣押债务人财产令状（writ of fieri facias）：[①] 当债务人未能支付判决款项时，法庭可授权执达主任扣押债务人的动产、不动产，用以偿还判决款项。

3. 第三债务人的法律程序（garnishee proceedings）：[②] 法庭可命令任何在香港欠债务人债项的第三方直接向债权人支付款项，如银行账户中的存款。

4. 施加押记的命令（charging order）：[③] 法庭可命令向债务人的标的物施加押记，以支付判决款项。标的物包括债务人的土地、证券、法院保管的资金、信托下的权益、信托持有的财产等。[④]

5. 委任接管人（appointment of a receiver）：[⑤] 法庭可基于衡平法原则委任接管人，接管债务人的财产及其产生的租金、利润及款项，以支付判决款项。

综上所述，可供强制执行的财产种类范围广泛。

一旦判决登记或通过普通法强制执行，债权人可能会对债务人的高级管理人进行询问，以了解其经济状况，并决定以哪一种方法进行强制执行。债务人所有可能用于清偿判决款项的财产，包括流入现金和应收账款等，都可能被视为可供强制执行的财产。

（四）债务人股东、董事或公司高级管理人员等在香港可能承担的法律责任

1. 董事对债务的责任

根据《香港法例》第 622 章《公司条例》和普通法，在香港成立的有限公司是独立的法律实体，其成员的法律责任限于所持有股份的未缴款额。[⑥] 除非出现特殊情况，否则公司的股东、董事或高级管理人员不会对公司所负的债务承担个人连带责任。

根据普通法的公司独立个体原则（corporate veil），香港法院只有在极其罕见且特殊的情况下才会考虑允许揭开公司面纱（piercing the corporate veil）。这

① 《香港法例》第 4A 章《高等法院规则》第 45~47 号命令。
② 《香港法例》第 4A 章《高等法院规则》第 49 号命令。
③ 《香港法例》第 4 章《高等法院条例》第 20 条；《香港法例》第 4A 章《高等法院规则》第 50 号命令。
④ 《香港法例》第 4 章《高等法院条例》第 20A 条。
⑤ 《香港法例》第 4A 章《高等法院规则》第 51 号命令。
⑥ 《香港法例》第 622 章《公司条例》第 8 条；第 32 章《公司（清盘及杂项条文）条例》第 170（d）条。

一原则的关键在于：公司是否被用作隐瞒事实或作为规避个人责任的工具。[①]如果债权人希望通过法律途径追究债务人的股东、董事或高级管理人就公司判决的连带法律责任，必须证明公司成立或运营存在非法目的，但该举证要求极高，因此成功的概率较低。

2. 董事对债权人的法定责任

根据普通法，香港公司董事在债务人无力偿债时，有责任评估债务人是否有合理的前景避免进入破产清算。一些案例表明，当董事意识到债务人很可能无力偿还债务，或已经无法清偿债务时，董事负有法定责任启动清盘程序。[②]相关的原则为，债务人是否已无合理的前景（no reasonable prospect）避免进入清盘程序。

与此相关的法定责任可能带来以下法律风险：

（1）董事和其他知情方可能因债务人未完成清盘程序所产生的费用承担个人责任；

（2）被取消担任董事的资格。[③]

随着判决时间的推移，债务人偿还债项的能力逐渐显现，董事考虑是否清盘的酌情权受挑战的风险将相应增加。在考虑是否自动清盘时，债务人务必将本风险考虑在内。

四、清盘

（一）强制清盘

在下列情形下，债权人可主动向法院提出将债务人清盘的申请（俗称强制清盘）：[④]

---

① 廖某英联合速递公司诉华信国企（香港）有限公司及另外一方案［2003］3 HKLRD 347, para. 81~82；温兰企业集团公司诉韦克斯制药公司案［2012］2 HKLRD 757, para. 51。

② 嘉年华国际控股有限公司案［2022］HKCFI 2668，第 13 段；BTI 2014 公司诉萨格安纳公司及另外数方案［2022］UKSC 25,［2016］AC 1。案情涉及一家遭强制清盘的公司的董事，在清楚知道公司已无力偿付债项时，抗拒清盘呈请长达 3 年。

③ 《香港法例》第 32 章《公司（清盘及杂项条文）条例》第 168H 条；第 32 章，附表 15。

④ 《香港法例》第 32 章《公司（清盘及杂项条文）条例》第 177 条至第 179 条。

1. 向债务人送达一份法定要求偿债书[①](statutory demand),且债务人在3周内未能偿付;

2. 在判决执行程序开始后,该项判决(全部或部分)仍未得到履行。

强制清盘程序自清盘申请提出时开始。[②]清盘程序启动后,破产管理署将作为临时清盘人(provisional liquidator)负责召集债权人及分担人[③]会议(meetings of the creditors and contributories),以委任正式清盘人,并成立审查委员会(committee of inspection)。[④]董事须履行以下职责:[⑤]

1. 向临时清盘人或清盘人交出公司的资产、账册、文件以及公司印章;

2. 到临时清盘人或清盘人办公室会面,并提供有关公司的资产和交易的资料;

3. 在临时清盘人被委任或清盘令发布之日起28天内,提交经宣誓的公司资产负债状况说明书(statement of affairs)(类似资产负债表),或应要求作补充誓章;[⑥]

4. 在接到临时清盘人或清盘人的通知时,出席债权人及分担人会议;[⑦]

5. 在清盘程序结束前,继续配合临时清盘人或清盘人;

6. 如通信地址发生变更,及时通知临时清盘人或清盘人。

临时清盘人将决定是否向法院申请委任正式清盘人,分别召集债权人及分担人会议。[⑧]通常情况下,债权人和分担人会各自提名熟悉或与其立场相近的

---

① 《香港法例》第32H章《公司(清盘)规则》表格1A。

② 《香港法例》第32章《公司(清盘及杂项条文)条例》第184条。

③ 即每名在公司清盘时有法律责任分担提供公司资产的人,包括股东;详见《香港法例》第32章《公司(清盘及杂项条文)条例》第171条。

④ 《香港法例》第32章《公司(清盘及杂项条文)条例》第194条、第206条;《香港法例》第32H章《公司(清盘)规则》第45(2)条至第45(3)条。

⑤ 香港破产管理署:《公司强制清盘案简介》,载香港破产管理署官网2024年5月29日,https://www.oro.gov.hk/cht/our_services/publications/compulsory_winding_up_of_companies/simple_guide_on_compulsory_winding_up_of_companies.html。

⑥ 《香港法例》第32章《公司(清盘及杂项条文)条例》第190(3)条;《香港法例》第32H章《公司(清盘)规则》第39条,表格23。

⑦ 《香港法例》第32H章《公司(清盘)规则》第110条。

⑧ 《香港法例》第32章《公司(清盘及杂项条文)条例》第194(1)(b)至第194(1)(c)条。

清盘人。若双方提名不同的清盘人，临时清盘人将请求法院作出裁决。一般来说，法庭将优先委派债权人提名的清盘人，但如果该清盘人存在合适性问题，其他债权人和分担人有权提出理据委任其他清盘人。① 法院拥有对清盘人最终的委任决定权，② 因此在强制清盘程序中，清盘人的任命存在不确定性。当清盘人的任命存在较大争议时，法庭可能偏向选取独立第三方清盘人，如大型会计师事务所等。

如果临时清盘人认为债务人财产的价值可能不超过200,000港元，则可采用简易程序清盘，并可作出其他节省开支和简化程序的举措。③

强制清盘的流程由破产管理署、法院和由法院委派的会计师事务所等第三方主导，程序、沟通和调查均较为严谨。公司被申请强制清盘时，其董事和文书管理方在未经准备的情况下可能面临较大压力。

（二）自愿清盘

除了被债权人申请强制清盘，债务人也可以主动采取行动，以特别决议（获公司成员最少75%的多数票通过的决议④及大多数董事认为公司因其负债而不能继续其业务通过的决议⑤）决议公司须自愿清盘。在无力偿付债务情况下启动的自愿清盘，应遵循以下程序：⑥

1. 自愿清盘在清盘决议通过之时开始；⑦

2. 公司应在清盘决议通过之日起14天内召开债权人会议；⑧

① 《香港法例》第32H章《公司（清盘）规则》第45（4）条。

② 《香港法例》第32章《公司（清盘及杂项条文）条例》第194（d）条。

③ 《香港法例》第32章《公司（清盘及杂项条文）条例》第227F条。

④ 《香港法例》第32章《公司（清盘及杂项条文）条例》）第228（1）（b）条。

⑤ 《香港法例》第32章《公司（清盘及杂项条文）条例》第228A条。按以此方法展开的清盘必须依照第228A条的规定进行，包括但不限于向公司注册署处长交付的清盘陈述书。决议及清盘陈述书须指明为何有需要将该公司清盘，而且根据条例的另一条文开始清盘并非切实可行。

⑥ 《香港法例》第32章《公司（清盘及杂项条文）条例》第240条至第248条。

⑦ 《香港法例》第32章《公司（清盘及杂项条文）条例》第230条。

⑧ 《香港法例》第32章《公司（清盘及杂项条文）条例》第241（1）（a）条。

3. 在债权人会议召开前7天，将会议的通知寄送给所有债权人；①

4. 公司应在政府宪报以中文和英文刊登债权人会议通知书；②

5. 公司董事须准备一份关于公司事务状况的“详尽陈述书”（full statement of the position of the company's affairs），列明公司资产、债务及债项的详情，债权人身份和申索金额，以及债权人抵押的具体情况；③

6. 公司董事须安排其中一名董事或其授权代表，④ 出席并主持公司债权人会议，并在会议上 ⑤ 提交该详尽陈述书；⑥

7. 在公司债权人会议上，债权人和公司将委任清盘人和审查委员会；⑦

8. 若债权人和公司各自提名不同的清盘人，相关法规通常优先考虑债权人所提名的清盘人，但公司董事、成员或其他债权人可在债权人作出提名的7天内，向法院申请委任公司提名的清盘人，或委任双方提名的清盘人共同担任清盘人 ⑧（joint and several liquidator），或委任其他人担任清盘人。⑨

有些债务人可能考虑通过取消商业登记证或分行登记证，抑或不缴纳商业登记费来达到清盘的目的。但商业登记证或分行登记证的存续仅影响公司在香港经营业务的资格，不影响公司作为独立法人的法律地位及其债务。商业登记费的缴纳不影响债务人的清盘程序；但未按时缴纳相关费用可能导致刑事责

---

① 《香港法例》第32章《公司（清盘及杂项条文）条例》第241（1）（a）条；清盘公司只要符合3（g）（i）~（iv）的要求，便视为已向债权人提供适当通知（proper notice）；即使债权人以未收到通知的理由抗辩，或是未出席会议，会议上通过对清盘人的委任仍成立。

② 《香港法例》第32章《公司（清盘及杂项条文）条例》第2C条、第241条；2023年第22号条例《2023年破产及公司法例（杂项修订）条例》第61条。

③ 《香港法例》第32章《公司（清盘及杂项条文）条例》第241（3）（a）条。

④ 巴劳投资有限公司（清盘中）诉克里夫顿有限公司（债权人自愿清盘中）及另外一方案［2021］4 HKC 382，para.72。

⑤ 公司只需在债权人会议上提交详尽陈述书，无须在债权人会议前向债权人提供详尽陈述书。见 *Barlow* 第89~91段。

⑥ 《香港法例》第32章《公司（清盘及杂项条文）条例》第241（3）条至第241（4）条。

⑦ 《香港法例》第32章《公司（清盘及杂项条文）条例》第242条。

⑧ Annotated Ordinances of Hong Kong,Subdivision 5—Provisions applicable to Creditors' Voluntary Winding Up, see［242.02］.

⑨ 《香港法例》第32章《公司（清盘及杂项条文）条例》第242条。

任，面临罚款及监禁。[①]

（三）强制与自愿清盘的比较

自愿清盘由公司主导，董事和高级管理人员可更好地掌握时间和流程，例如何时通过清盘决议以设定清盘程序的关键节点。与强制清盘相比，即使临时清盘人和被委派的清盘人对公司进行调查的范围和责任相同，债务人也有较大机会在自愿清盘中委任熟悉公司业务或立场相近的清盘人。此外，由于清盘程序通过宪报向公众通报，自愿清盘较由清盘呈请人主导的强制清盘，更能体现公司集团的主导性，有助维护公司形象。同时，公司董事可履行上述于普通法下董事对债权人的责任，保障董事在香港其他公司任职董事的权利。

（四）清盘的影响

1. 进入清盘程序的效果

根据《香港法例》第 32 章《公司（清盘及杂项条文）条例》和普通法的清盘程序原则，一旦进入清盘程序：

（1）公司董事将失去对公司大部分事务的控制权。

（2）公司须停止经营业务，但公司作为法人的地位及权利将延续，直至公司正式解散。

（3）通常情况下，公司在清盘开始后不得转让财产或股份。[②]

（4）董事在履行公司职责时，必须优先考虑债权人的利益，并在行使酌情权时考虑到债权人的利益。

（5）在清盘人（liquidator）被委任或清盘令发布时，公司将由清盘人接管，清盘人负责调查香港公司业务和清偿各类别债权人的债务；同时，董事的权利随之终止，[③]但仍须与清盘人合作。

（6）清盘人有法定责任详细调查公司和董事是否曾经做出损害债权人利益的行为。

---

① 《香港法例》第 310 章《商业登记条例》第 7 条、第 11 条、第 15 条。

② 《香港法例》第 32 章《公司（清盘及杂项条文）条例》第 182 条、第 232 条。

③ 《香港法例》第 32 章《公司（清盘及杂项条文）条例》第 235 条、第 244 条、第 250A 条。

无论债务人以何种方式清盘，也无论清盘人由谁委任，清盘人均是法院人员（officer of the Court），须保持不偏不倚，对法院承担报告公司状况的最高责任。[①] 清盘人须向法院提交初步报告，内容包括公司的债务信息、清盘的原因、公司和公司高管自公司成立以来是否存在违反香港法律的行为等。[②] 相关的调查范围广泛，包括是否在清盘开始后处置财产、及时申报资产负债状况说明书、是否存在低价交易或不公平优惠、是否备存妥善记录、是否篡改账簿以及是否存在欺诈性经营等。[③]

2. 清盘对强制执行程序的影响

如果本案中的债务人（公司）启动清盘程序，相关法例将对债权人执行判决的权利作出以下限制：除非有关债权人在清盘开始前已完成对判决的执行或扣押，否则相对于公司清盘中的清盘人而言，债权人无权保留通过执行判决或扣押而得的利益，但法院在特殊情况下，可酌情作出决定，使得上述利益得以保留。[④]

（1）如果强制执行针对的是公司的货物，则以扣押（seizure）和出售（sale）货物或施加押记命令为完成执行；[⑤]

（2）如果强制执行针对的是公司的债务，则以债权人收取（receipt）该债款为完成执行；[⑥]

（3）若涉及执达主任的扣押令，在其出售已扣押的货物之前，若收到公司清盘的通知，执达主任须将所涉的货物或金钱交付给清盘人。此外，在出售已扣押的货物后，执达主任须保留所得款项 14 天，在确认没有收到清盘通知后，方可将相关款项交付于债权人。[⑦]

---

① 天伯伦公司案［1979］4 ACLR259,p.286。

② 《香港法例》第 32 章《公司（清盘及杂项条文）条例》第 191 条。

③ 《香港法例》第 622 章《公司条例》附表 11；第 32 章《公司（清盘及杂项条文）条例》第 182 条、第 265D 条、第 266 条、第 266B 条、第 271 条至第 277 条。

④ 《香港法例》第 32 章《公司（清盘及杂项条文）条例》第 269 条。

⑤ 《香港法例》第 32 章《公司（清盘及杂项条文）条例》第 269 条。

⑥ 《香港法例》第 32 章《公司（清盘及杂项条文）条例》第 269 条。

⑦ 《香港法例》第 32 章《公司（清盘及杂项条文）条例》第 270 条。

简言之，当公司开始清盘，清盘人（而非债权人）将主导清偿各类别债权人的过程，以确保债权人按照同等清偿（pari passu）原则获得清偿。

在自愿清盘的情况下，清盘人、分担人或债权人可向法院申请裁定，要求中止或禁止在清盘过程中针对公司采取的强制执行或其他法律程序，条件是法院信纳相关裁定是公正及有利的（just and beneficial）。①

而在强制清盘中，在清盘令发布之前，债务人、任何债权人或分担人有权申请中止或禁止任何针对债务人公司的法律程序。② 此外，在清盘开始后，针对债务人的财产所进行的任何扣押或执行程序均属无效。③ 在清盘令发布之后，未经法院许可，任何人不得针对债务人进行或发起任何诉讼或法律程序。④

需要强调的是，债务人的债务责任不会因自愿或强制清盘而解除。债务人及其董事仍有责任，包括承担个人连带责任、向债权人交代债务人事务状况、提名清盘人和与清盘人合作，以跟进清偿债务的过程等。⑤

五、破产

目前，内地未建立普遍适用的个人破产制度。

在香港，清盘程序适用于公司实体，而破产程序适用于自然人个体。其中，清盘程序包括强制清盘和自愿清盘，破产程序则包括破产呈请（debtor's bankruptcy petition）和个人自愿安排（individual voluntary arrangement）。

在强制清盘和破产呈请中，程序由债权人主导；而自愿清盘和个人自愿安排由债务人主导。在前者中，一旦法院作出相关命令，公司的管理和财产将由破产管理署作为临时清盘人接管，个人破产人的资产则由破产管理署作为临时受托人（provisional trustee）托管；破产管理署的角色是变现清盘公司或破产人的资产以偿还债权人，并调查清盘或破产的原因。在后者中，自愿清盘时，债

① 《香港法例》第 32 章《公司（清盘及杂项条文）条例》第 255 条。
② 《香港法例》第 32 章《公司（清盘及杂项条文）条例》第 181 条。
③ 《香港法例》第 32 章《公司（清盘及杂项条文）条例》第 183 条。
④ 《香港法例》第 32 章《公司（清盘及杂项条文）条例》第 186 条。
⑤ 《香港法例》第 32 章《公司（清盘及杂项条文）条例》第 240 条至第 243 条。

务人须主动协调与债权人的关系；在个人自愿安排中，债务人须向债权人提出还款方案，获得债权人同意后，再由法院批准。相关的利弊可参考上述分析。

通常破产人在破产令作出的 4 年后获得解除破产，而已启动清算的公司则在 2 年后解散。

最后要强调的是，破产对个人的影响较大。例如，破产人的财产，包括家庭居所和在各地的财产，将全部归受托人持有，且破产解除后亦不会返还。破产人无法担任某些专业职位，如律师、会计师或公司的董事。此外，破产记录将对公众开放查阅。

第五章　内地与香港诈骗案被害人民事追偿实务操作

“诈骗”是指以非法占有为目的，以虚构事实、隐瞒真相的方式非法占有公私财物数额较大的行为，其中“电信网络诈骗”是利用电信网络技术手段，通过远程、非接触等方式，诈骗公私财物的行为。

在香港，2021 年全年录得 19,249 宗诈骗案，其中电话骗案、求职陷阱、网恋投资和网络钓鱼“四大骗案”共造成 12.7 亿港元损失。2022 年有 22,797 宗网络罪案，涉及价值 32.15 亿港元。

内地诈骗案的被害人主要通过刑事诉讼的方式追赃挽损，不能对被告提起附带民事诉讼或单独提起民事诉讼。而香港则恰恰相反，诈骗案的被害人通过刑事诉讼仅可追究被告的刑事责任，法院并不会直接通过刑事判决为被害人追赃挽损，而是要求被害人另行通过民事诉讼程序来挽回自身损失。比起内地，香港的追偿制度增加了被害人的追偿成本（时间成本、诉讼费、调查取证费、律师费等），但也增大了被害人挽回损失的可能性，因为被害人有权向所有涉诈资金流经账户的持有人提起民事诉讼，这类账户持有人不仅包括诈骗分子本人，还包括帮助洗钱的人。从最高人民检察院的数据可知，帮助信息网络犯罪活动罪（以下简称帮信罪）和掩饰、隐瞒犯罪所得、犯罪所得收益罪（以下简称掩隐罪）的被告数量约为诈骗罪被告数量的 7 倍！但在内地，由于刑法并未规定帮信罪和掩隐罪的被告是被诈骗资金的赔偿义务人，因此，被害人无权向他们追偿。本章将从实务角度详述内地与香港诈骗案件被害人民事追偿制度的异同。

一、内地诈骗案被害人民事追偿路径

（一）被害人的首要行动

被诈骗后，被害人应该立即报警，尽可能拦截资金，并保存好相关证据。具体操作如下：（1）第一时间拨打国家反诈中心电话96110，争分夺秒拦截资金，冻结涉诈账户。由于内地网络支付方式极其多样化且高效便捷，被害人支付的资金往往瞬间就被拆分转移到二级、三级乃至更多层级账户，拦截资金并不容易。（2）尽快冻结自己的银行账户（多次输错密码 / 致电银行）。（3）停止与骗子的一切沟通。（4）追查资金去向，及时处理，就有可能挽回损失。（5）保存好聊天记录、转账记录、诈骗软件等证据，不要删除任何有关诈骗分子的信息，报警时将自己被骗经过及相关详细证据提供给警方。

若在国际贸易中遭受诈骗，由于跨境支付存在较长的时间差，被害人第一时间除了报警，还应该向收款银行发送书面止付通知，尽量拦截资金，然后启动刑事案件立案调查。在实践中，涉及跨境交易诈骗的刑事立案和侦查并非易事。若公安机关不立案，则被害人可启动民事诉前财产保全和民事诉讼程序，冻结收款人名下的银行存款，这是另一种有效防止银行放款或诈骗方转移赃款的手段。

（二）被害人的自力救济

被害人可综合考虑其与犯罪行为人的关系、掌握的证据、行为人赔付的意愿及可能性，选择自力救济或刑事控告和民事诉讼等公力救济。

如果诈骗案发生在熟人之间，被害人与行为人处于一定范围的社会关系网内，如同乡、同学、同事、朋友等，被害人对行为人的基本信息和财产去向有一定了解，那么被害人在发现被诈骗后应立即着手搜集证据，必要时委托律师帮助搜集证据和制定沟通方案，有技巧地与行为人谈判，了解其还款意愿与个人财产状况，增加获得有效赔偿的可能性。此外，若被害人了解行为人的家庭成员、薪酬情况、家庭支出等，被害人可结合行为人的家庭背景，在刑事立案前后，积极与其家属进行协商，分析行为人涉案严重性，促进协商，从而争取获得行为人家属的赔偿。

在进行自力救济时，被害人需要掌握行为人涉嫌诈骗罪较充分的证据，以增加谈判的筹码，即使谈判失败，仍有充分证据进行控告。被害人还可以了解当前行为人现有民事执行案件的情况，通过提起执行异议的方式，中止其他债权人对行为人财产的执行申请。

（三）其他追偿方式

根据内地现有法律制度，诈骗案被害人只能通过刑事诉讼的方式追赃挽损，即由法庭通过刑事判决判处被告退赔被害人损失的方式维护被害人财产权，被害人不能就被诈骗的财产提起刑事附带民事诉讼或另行提起民事诉讼。

（四）被害人在诉讼程序中如何快速追赃挽损

1. 嫌疑人（或被告，下同）主动退赃、退赔，或家属代为赔偿

该种方式耗时较短，被害人追回部分或全部损失的可能性大，而且嫌疑人及家属赔偿的金额不限于被害人的损失，被害人可能获得超过损失的赔偿。

必要时，被害人也可以委托律师直接联系嫌疑人及其家属退赃、退赔。在实务中，退赃、退赔一般有两种处理方式：第一种，嫌疑人退赃、退赔给司法机关，由司法机关通知被害人进行统一退赔，故被害人及其代理人应当在报案后定期向办案人员询问案件进度，以确保可以第一时间参与公安机关组织的统一退赔。第二种，嫌疑人的家属或律师可能会主动联系被害人进行退赔，以求得被害人谅解。被害人在特殊情况下亦可主动联系嫌疑人的家属或律师要求其进行退赔。为了避免不必要的法律风险，建议委托专业律师进行操作。

2. 法院依据生效的刑事判决执行赔偿

该种方式耗时较长但仍有望挽回部分损失，不过法院追缴、返还的损失仅限于本金部分。根据《最高人民法院关于刑事裁判涉财产部分执行的若干规定》的规定，刑事裁判涉财产部分由一审法院执行，执行期限一般为 6 个月。一审法院可以委托财产所在地的同级人民法院执行。若被告在审判前未足额退赃、退赔，法院会在刑事判决文书写明责令被告继续退赔，然后由一审法院执行部门立案执行。在该阶段，主要是司法机关依职权进行处理，若判决中的

损失数额不够明晰，则被害人及其代理人应尽快向法院提交相关证据材料并进行补正。

赃款赃物的追缴范围包括赃款赃物及孳息。根据《最高人民法院关于刑事裁判涉财产部分执行的若干规定》，法院有权执行已被用于投资或置业的赃款赃物所产生的收益，包括赃款赃物的自然孳息、法定孳息以及将赃款赃物置业、投资所获取的租金、股金分红等利益。被害人及其代理人若发现法院在执行中存在遗漏，应当及时指出。针对无法通过拍卖、买卖变价的财产，被害人可选择以物退赔，尽可能减少损失。

赃款赃物的追缴对象包括被告本人以及相关第三人。根据司法解释，被执行人将刑事裁判认定为赃款赃物的涉案财物用于清偿债务、转让或者设置其他权利负担，具有下列情形之一的，法院应予以追缴：(1)第三人明知是涉案财物而接受的；(2)第三人无偿或者以明显低于市场的价格取得涉案财物的；(3)第三人通过非法债务清偿或者违法犯罪活动取得涉案财物的；(4)第三人通过其他恶意方式取得涉案财物的。第三人善意取得涉案财物的，执行程序中不予追缴。作为原所有人的被害人对该涉案财物主张权利的，人民法院应当告知其通过诉讼程序处理。

关于涉刑财产的处置顺序。由于刑事案件的被害人对遭受犯罪侵害的事实无法预测和避免，被害人对被非法占有、处置的财产主张权利只能通过追缴或者退赔予以解决。在赃款赃物追缴不能的情况下，刑事赔偿应当优先于其他民事债务。根据《最高人民法院关于刑事裁判涉财产部分执行的若干规定》，被执行人在执行中同时承担刑事责任、民事责任，其财产不足以支付的，按照下列顺序执行：(1)人身损害赔偿中的医疗费用；(2)退赔被害人的损失；(3)其他民事债务；(4)罚金；(5)没收财产。债权人对执行标的依法享有优先受偿权，其主张优先受偿的，人民法院应当在前款第(1)项规定的医疗费用受偿后，予以支持。

被告没有足够财产如何执行。如果被告有能力而拒不还款，会被列为老赖黑名单，限制高消费，甚至构成“拒不执行判决罪”。如果被告无能力偿还，那么在有财产可供执行时，法院会继续执行，被执行人家属也可基于自愿代为履行。若人民法院在执行罚金时先执行了犯罪分子的财产，导致其剩余财产不足以偿还被害人，则被害人有权依法请求法院按照“先民后刑”的罚金执行原则，先行以犯罪分子的个人财产执行其对被害人的民事赔偿责任。

（五）被害人在特殊情况下可进行民事诉讼

当被害人遭受诈骗后向公安机关进行刑事报案，但公安机关不立案的情况下，被害人可以通过民事诉讼程序追回损失。

当被害人遭受诈骗后向公安机关进行刑事报案，公安机关予以立案，但刑事诉讼追偿不充分的，有如下情况：(1)如果民事诉讼被告不是刑事诉讼的被告，而是有过错但不构成犯罪的其他人，被害人可以向不构成犯罪的相关人员提起民事诉讼，案由为财产损害赔偿（注意不是不当得利，因为不当得利是无过错责任）；(2)如果案涉财产并未纳入刑事诉讼的“诈骗财产”，无法通过刑事追偿获赔的，被害人可以通过民事诉讼索赔；(3)在特殊情况下，在某些地区的涉诈案件中，有被害人通过民事诉讼起诉帮信罪供卡人成功的，法院根据被告的过错程度判赔。例如，在（2022）辽0303民初2412号梁某君与李某财产损害赔偿纠纷一审民事判决书中，法院认为帮信罪供卡人对被害人的损失存在过错责任，判决其向被害人赔偿10%的损失，但这种案例属于极少数情况，司法实践中被害人基本上不能通过另行提起民事诉讼来获得赔偿。

二、香港诈骗案被害人追偿路径

（一）被害人的首要行动

在香港，如果怀疑自己可能被骗，可以拨打香港警务处反诈骗协调中心（ADCC）防骗易热线电话18222进行咨询，但该咨询电话并不像内地的96110能帮助拦截涉诈资金。因此，如果意识到自己被诈骗，被害人应该立即开展如下行动：(1)通过电话报案、网上报案或直接到香港警署报案，警方可能会冻结犯罪嫌疑人的银行账户；(2)向香港政府联合财富情报组（JFIU）报案；(3)写信向收款银行报案；若银行有过错，可以向金融管理局（金管局）投诉；(4)必要时，委托香港律师向法庭申请紧急冻结令，冻结收款人账户；（5）委托香港律师提起民事诉讼，追讨被诈骗的资金。

（二）被害人如何追回被诈骗资金

与内地制度不同，香港警方和法庭处理诈骗案件的职责仅限于处理刑事案件，他们没有职责和权力将被害人被诈骗的资金归还给被害人。被害人想要追讨被骗的资金，必须向法庭另行提起民事诉讼。当然，被害人也可以与账户持有人进行和解，还可考虑使用金融纠纷调解中心提供的调解及仲裁服务。

（三）香港诈骗案件民事诉讼的被告

香港诈骗案件民事诉讼的被告可以是诈骗分子，也可以是收取诈骗款项的银行账户持有人，后者在内地通常被指控涉嫌帮信罪和掩隐罪。在实务中，由于被害人通常不清楚在幕后实施诈骗的人是谁，无法列其为被告，因此民事诉讼的被告多为收取诈骗款项的银行账户持有人，包括第一级收款银行账户持有人以及之后的第二级、第三级、第四级银行账户持有人，以此类推。

（四）香港诈骗案件民事诉讼的诉因

在香港诈骗案件的民事诉讼中，诉讼的诉因（诉讼的法律基础，类似于内地的案由）通常包括：所有权主张（proprietary claims）、诈骗（fraud）、不当得利（unjust enrichment）、法律构定信托或推定信托（constructive or resulting trust）、不诚实协助（dishonest assistance）等，其中，不当得利是被害人选择的最主要诉因。这几个诉因具体解释如下：（1）所有权主张，通常适用于对某一特定财产的归属存在争议的情形，类似于内地“确认所有权”；（2）诈骗，即被害人受到了诈骗，该诉因门槛较高，要求有强有力的证据证明被告诈骗原告；（3）不当得利，是指在收款人收到被盗资金的基础上，收款人保留所收款项任何部分的利益是不合情理的，因为他们从未有任何有效或合法的权利接收或保留该款项；（4）法律构定信托或推定信托，收款人以“法律构定信托”或“推定信托”的形式替索赔人持有资产；（5）不诚实协助，是指第二级收款人不诚实地协助第一级收款人违反“推定信托”或“法律构定信托”，因为他们把自己当作接收和/或转移被盗资金的渠道，该诉因需要证明被告不诚实。

（五）香港诈骗案件民事诉讼程序

香港诈骗案件的民事诉讼程序，主要包括以下几个阶段：

1. 冻结收取诈骗资金的收款人银行账户。有两种方法：（1）向香港警方报案之后，由香港警方向银行发出不同意信（letter of no consent），冻结涉案的银行账户；（2）由律师代表向法庭申请紧急的资产冻结令（mareva injunction）① 及所有权冻结令（proprietary injunction），② 冻结收款人的银行账户。

2. 取得收取诈骗资金的收款人银行账户［第一级收款账户以及后续第二级、第三级、第四级收款账户（如有）］持有人的身份、地址及银行转账流水、账户余额的信息和文件。被害人可通过警方或收款银行来获得该类信息，若警方及银行均未提供，可通过向法院申请第三方披露令（norwich pharmacal order）③ 或披露令（disclosure order），④ 获得收款银行账户持有人的相关信息。

3. 向法庭提交传讯令状提起诉讼，取得胜诉判决书。

4. 取得胜诉判决书后，向法庭申请针对持有收款账户资金的银行发出第三人债务令（执行令），⑤ 以执行法庭判决书，由银行将款项扣划归还被害人（民事诉讼的原告）。

（六）香港诈骗案件诉讼如何进行和解谈判

香港诈骗案件的和解谈判可通过各自的律师代表来进行，谈判结果取决于多种因素，如双方各自的证据强弱，双方是否有坚定的决心、意志和财力继续

---

① 资产冻结令（mareva injunction）是一种由法庭颁发的禁止任何人动用或处理被告资产的法庭禁制令。

② 所有权冻结令（proprietary injunction）是一种由法庭颁发的禁止任何人动用或处理属于原告所有的（原告享有所有权权益）资产的法庭禁制令。

③ 第三方披露令的命名源自于英国上议院 Norwich Pharmacal Co. & Others v. Customs and Excise Commissioners [1974] AC 133 案，在该案中英国法庭颁发相应的法庭命令，让原告方以此命令要求被裹挟卷入不当行为（wrongdoing）的无过错第三方（常为银行等金融机构），披露被告（不当行为的实际实行人）保留在该第三方处的个人信息、账户信息、交易往来等。

④ 披露令（disclosure order）是由法庭发出的、命令持有诉讼证据的案外人（如银行）向申请人一方提供与案件相关的诉讼证据的一种法庭命令。它不仅限于识别不法行为者，还可以用来获取与正在进行的案件相关的证据。

⑤ 第三人债务令是香港民事诉讼中执行程序的一种。在原告取得法庭的胜诉判决书后，如想要针对被告名下的银行账户的资金进行执行偿债，原告需要针对持有被告银行账户资金的该银行提起第三人债务令，将银行加入到第三人债务人中，以便法庭作出命令，要求银行将属于被告的银行账户里的资金直接扣划支付给原告，以履行判决书上判决的债务。

进行诉讼，和解谈判的技巧等。实务中很多案件和解的结果是原被告均作出一些让步，即被告满足原告一部分诉讼请求，而原告同意放弃一部分诉讼请求。

（七）香港诈骗案件达成和解后的履行

如果双方达成和解，原被告会在各自律师的协助下签署一份和解协议，并通过传票的方式提交法庭批准。法庭批准后，双方按照和解协议履行。如果被告根据和解协议需要向原告支付款项，可以约定从被告被冻结的银行账户里支付（解冻银行账户后支付），也可以约定被告以被冻结的银行账户之外的其他资金支付。

（八）香港诈骗案件民事诉讼程序时长

香港民事诉讼程序时长取决于多种因素，例如，被告是否抗辩，是否需要向法庭申请披露令，是否需要进行域外送达等。在最简单的情形下（例如被告不抗辩，不需要申请披露令，不需要域外送达等），如诉讼程序进展顺利，完成民事诉讼及执行程序大概需要 6 个月。如果被告提出抗辩，则除非双方达成和解或任何一方中途放弃诉讼，否则诉讼程序终结通常需要 1 年以上。

（九）追偿结果

在香港，诈骗案件的刑事诉讼程序与民事诉讼追偿程序是相互独立的，被害人可以通过民事诉讼程序起诉涉诈资金流经的所有银行账户的持有人（户主），但被害人索赔范围仅限于与诈骗资金等额的资金（受损资金），不能超过受损金额。当多个银行账户均有资金余额或多个被告均有赔偿能力的情况下，被害人可自主选择任意一个或多个被告承担民事赔偿责任，总赔偿额以被害人受损金额为限。

（十）另类排解程序：金融纠纷调解中心

香港金融纠纷调解中心为金融消费者提供独立且可负担的途径，作为诉讼的替代方案，解决金融消费者与金融机构的一些金钱纠纷。若被害人的投诉涉及金钱纠纷，被害人可考虑使用金融纠纷调解中心提供的调解及仲裁服务。金融纠纷调解中心《职权范围》规定，超过 100 万元的金钱索偿须获得金融机构的同意。此外，如果法庭诉讼程序启动，则金融纠纷调解中心可能会停止处理申请。

三、香港与内地诈骗案被害人追偿制度比较

香港与内地诈骗案被害人追偿制度有相同之处，也有不同之处，笔者试比较总结如下：

（一）香港与内地诈骗案被害人追偿制度相同之处

第一，在内地与香港，诈骗均属于刑事犯罪，被害人均可以基于该刑事案由向诈骗行为人进行民事追偿，诈骗行为人属于被诈骗资金赔偿义务人。

第二，在内地与香港，被害人被诈骗后第一时间都是报警争取尽快冻结、拦截被诈骗的资金及账户，以提高后续追回被诈骗资金的可能性。

第三，在内地与香港，被害人均在一定程度上依赖公安机关和银行提供追偿证据，如诈骗行为人、收款人的身份信息、财产信息和资金去向证明等。

第四，在内地与香港，被害人均可以与赔偿义务人进行协商、达成和解。

（二）香港与内地诈骗案被害人追偿制度不同之处

表 5-5-1　香港与内地诈骗案被害人追偿制度不同之处

地区	追偿程序	追偿对象	追偿成本	获赔可能性
内地	刑事诉讼	诈骗行为人	较低	较小
香港	民事诉讼	赃款流经的所有银行卡卡主	较高	较大

由表 5-5-1 可以看出，香港与内地诈骗案被害人追偿制度至少有以下四点不同：

第一，追偿程序不同。在内地，诈骗案的被害人需要通过刑事诉讼的方式，依赖刑事法庭进行追赃挽损，不能对被告提起附带民事诉讼或单独提起民事诉讼，而在香港恰恰相反，被害人必须另行提起民事诉讼以追赃挽损。

第二，追偿对象不同。在内地，诈骗案的被害人只能向诈骗行为人追偿，不能向帮助洗钱的银行账户持有人（帮信罪、掩隐罪的行为人）追偿，而在香港，被害人有权直接向所有涉诈资金流经银行账户的账户持有人追偿。

第三，追偿成本不同。在内地，追赃挽损是刑事司法机关的法定职责，被

害人无须另行提起民事诉讼程序进行追偿，因此追偿成本较低；在香港，被害人必须另行提起民事诉讼进行追偿，且香港的司法制度较为复杂，程序较多，被害人通常需要委托专业律师进行诉讼，显然增加了被害人的诉讼成本（包括但不限于诉讼费、调查取证费、律师费等）。

第四，获赔可能性不同。在内地，由于诈骗案件的赔偿义务人仅限于诈骗罪被告，被害人不能向帮助洗钱的账户持有人（帮信罪、掩隐罪的行为人，比诈骗罪被告数多六七倍）追偿，但诈骗罪的破案率比帮信罪、掩隐罪低，特别是电信诈骗破案难度极大，以致诈骗案被害人获赔的可能性相对较小。在香港，被害人有权向所有帮助洗钱的账户持有人起诉索赔，其获赔的可能性更大。

综上所述，香港与内地诈骗案被害人追偿制度各有特点，随着内地与香港进一步地深入交流，或许可以互相借鉴、兼采众长，进一步完善内地与香港的救济制度，更有利于维护诈骗案被害人的合法权益。

第六篇
跨境仲裁

第一章　仲裁程序

——以《HKIAC 规则（2024 年版）》为例

仲裁是一种以当事各方约定为基础、不同于诉讼的争议解决方式。当事各方可约定将争议交由中立的一名或数名仲裁员，按选定的程序进行裁决。相较于诉讼，仲裁的程序更加灵活，当事各方亦可更高效地获得保密的、终局的、有约束力的和可执行的裁决。内地和香港均颁布了与仲裁相关的法律法规，设立了一批仲裁机构，建立了完善和活跃的仲裁体系。

内地幅员辽阔，仲裁机构众多。2023 年，内地 279 家仲裁机构办理仲裁案件超 60 万件，总标的额达 1.16 万亿元人民币。[①] 在中央全面依法治国委员会的部署下，北京、上海、广东、海南四地开展了国际商事仲裁中心建设试点工作，推动北京打造服务国际科技创新中心与国际交往中心建设的国际商事仲裁中心，上海打造面向全球的亚太仲裁中心，广东将广州和深圳打造成联动香港和澳门服务粤港澳大湾区建设、面向全球的国际商事法律及争议解决服务中心，海南打造服务海南自由贸易港、面向太平洋和印度洋的国际商事仲裁中心。[②] 目前，北京、上海、广东、海南四地国际商事仲裁中心建设试点工作取得了明显成效，2023 年共办理案件 7.9 万件，标的额 6000 亿元，占全国标的总额的 52%；办结涉外案件 2251 件，占全国涉外案件数的 72%，涉外标的额 1376 亿

---

① 张维：《推动香港与内地在仲裁领域相向而行融合发展：司法部支持香港打造面向全球的国际商事法律及争议解决服务中心》，载法治网，http://www.legaldaily.com.cn/index/content/2024-05/07/content_8992956.html。

② 王佳茹：《国际商事仲裁中心建设试点工作推进会在上海召开》，载司法部官网，https://www.moj.gov.cn/pub/sfbgw/gwxw/szywbnyw/2024/t20240409_497272.html。

元，占全国涉外标的总额的 69%。①

在此背景下，积极推动内地仲裁行业与包括香港国际仲裁中心在内的香港地区仲裁行业加强交流合作，支持香港打造成为面向全球的国际商事法律及争议解决服务中心，实现共同发展、合作共赢已是大势所趋。2018~2023 年，内地 80 余家仲裁机构共办理涉外、涉港澳台仲裁案件 1.3 万余件，其中涉港案件 5600 余件，占比近 43%。内地有 80 余家仲裁机构聘任港籍仲裁员共 930 余位（次），呈现出内地与香港在法治建设上相向而行、有机联动、融合发展的良好局面。②

香港，凭借其完善的仲裁立法、领先的国际仲裁中心、支持仲裁的司法体系和丰富的仲裁人才储备，成为全球最受欢迎仲裁地之一。香港的国际仲裁中心地位离不开香港国际仲裁中心（Hong Kong International Arbitration Center，HKIAC）的高效运作和大力支持。作为亚洲地区历史最悠久的仲裁机构之一，HKIAC 能为商事主体提供仲裁、调解、审裁和域名争议解决的一站式服务，其机构仲裁规则也因创新性而享誉仲裁领域。HKIAC 于 2024 年 5 月发布了新的机构仲裁规则（特指于 2024 年 6 月 1 日生效的《香港国际仲裁中心机构 HKIAC 规则》，以下简称《HKIAC 规则（2024 年版）》），在 2018 年仲裁规则的基础上进行了完善，提升了 HKIAC 仲裁的时间和成本效益。③ 基于此，本章将以 HKIAC 规则为主要脉络，介绍香港国际仲裁程序的基本框架和主要特点，并逐步梳理仲裁程序的基本步骤和流程，以增进从事国际商事活动的商事主体及专业人士对香港国际仲裁程序的了解。

---

① 梁秋坪、邓志慧：《去年我国国际商事仲裁中心建设试点地区办理案件达 7.9 万件》，载人民网，http://society.people.com.cn/n1/2024/0410/c1008-40213027.html。

② 张维：《推动香港与内地在仲裁领域相向而行融合发展　司法部支持香港打造面向全球的国际商事法律及争议解决服务中心》，载法治网，http://www.legaldaily.com.cn/index/content/2024-05/07/content_8992956.html。

③ HKIAC：*HKIAC Releases 2024 Administered Arbitration Rules*，载 HKIAC 官网 2024 年 5 月 3 日，https://hkiac.org/news/hkiac-releases-2024-administered-arbitration-rules-effective-1-june-2024。

一、香港国际仲裁程序概述

《香港法例》第609章《仲裁条例》对仲裁程序作了基本的强制性规定，双方当事人合意选定的《HKIAC规则（2024年版）》规定了仲裁程序的具体规则，在二者规定之外，仲裁庭则有权采取适当的仲裁程序，以保证仲裁程序公正和高效地进行。[①]

（一）香港仲裁程序的法律框架

自2010年后，香港对国际仲裁和本地仲裁采取了并轨立法的态度，即在立法上不区分国际和本地仲裁。《香港法例》第609章《仲裁条例》援引了联合国《贸易法委员会国际商事仲裁示范法》（以下简称《示范法》）的诸多条款，属于"示范法仲裁立法体系"。根据《仲裁条例》第4条的规定，《示范法》的条款在《仲裁条例》中明文陈述、加以变通或补充后，在香港具有明确的法律效力。《仲裁条例》规定了仲裁程序基本的法律框架和强制要求，填补了双方当事人约定的空白，也明文规定了仲裁程序中法庭可以进行司法审查的有限情形。

（二）HKIAC及其规则的特点

自2017年以来，HKIAC受理的案件数量在全球各国际仲裁中心之中位列第三。根据HKIAC于2023年发布的官方数据，HKIAC 2023年共受理500起案件，包括281起仲裁案件（其中184起为HKIAC管理的机构仲裁案件）、209起域名争议案件、10起调解案件。[②]另外，2023年HKIAC受理的机构仲裁案件中，89.7%的机构仲裁案件为国际仲裁。[③]

HKIAC的领先地位与其创新性和灵活性兼具的仲裁规则密不可分，其领先的《HKIAC规则（2024年版）》也是众多争议解决双方当事人选择HKIAC进行机构仲裁的重要原因。《HKIAC规则（2024年版）》主要具有以下特点：第

---

① 《HKIAC规则（2024年版）》第13.1条。

② HKIAC：《HKIAC发布2023年数据》，载HKIAC官网2024年3月6日，https://www.hkiac.org/zh-hans/news/hkiac-releases-statistics-2023。

③ HKIAC：《HKIAC发布2023年数据》，载HKIAC官网2024年3月6日，https://www.hkiac.org/zh-hans/news/hkiac-releases-statistics-2023。

一，在指定仲裁员上，鼓励当事人和仲裁员考虑多样性的因素，HKIAC 行使指定权时也应考虑多样性；第二，在仲裁程序上，要求仲裁庭和当事人在仲裁程序进行时考虑信息安全问题和环境影响；第三，在机构管理上，增强了 HKIAC 保障仲裁效率和程序的权力；第四，在仲裁庭权力上，扩大了仲裁庭处理初步问题及采取令仲裁有效进行的程序的权力，更严格地规定了仲裁庭结束程序和作出裁决的时限；第五，在仲裁费用上，最新示范条款的附加选项允许当事人在合同中选择按争议金额或按小时计费方式支付仲裁费；第六，在特殊程序上，修改了多份合同下的单一仲裁规定，使其与仲裁合并的相关程序保持协调一致。①

二、仲裁的启动与组成仲裁庭

仲裁程序自 HKIAC 收到仲裁通知后正式启动。随后则是进行指定和确定独任仲裁员或者组成三人仲裁庭。就仲裁员的资格和行为准则而言，独立性和公正性（independence and impartiality）是对仲裁员的基本要求。②

（一）仲裁通知和答复

仲裁程序由仲裁申请人（claimant）向 HKIAC 和被申请人（respondent）传达仲裁通知（notice of arbitration）开始，③ 以 HKIAC 具体收到仲裁之日为启动仲裁之日。④ 仲裁通知中须包括：(1)将争议提请仲裁的请求；(2)各方当事人及其代理人的基本信息和通信地址或方式；(3)仲裁协议副本；(4)争议的合同或其他法律文件；(5)仲裁请求的基本性质和涉及金额；(6)通过仲裁拟寻求的救济或补救；(7)如果未事先约定，申请人也可以在仲裁通知中建议仲裁员的人数；(8)披露第三方资助仲裁（若有）；(9)确认仲裁通知正在送达的材料。⑤

① HKIAC：《HKIAC 发布 2023 年数据》，载 HKIAC 官网 2024 年 3 月 6 日，https://www.hkiac.org/zh-hans/news/hkiac-releases-statistics-2023。

② 《香港法例》第 609 章《仲裁条例》第 25 条和《HKIAC 规则（2024 年版）》第 11.1 条。

③ 《HKIAC 规则（2024 年版）》第 4.1 条。

④ 《HKIAC 规则（2024 年版）》第 4.2 条。

⑤ 《HKIAC 规则（2024 年版）》第 4.3 条。

被申请人在收到申请人的仲裁通知后30天内，应向HKIAC和申请人传达对仲裁申请的回复（answer to the notice of arbitration），其答复内容应有针对性地回复仲裁通知中寻求的救济或补救，以及对仲裁员人数和提名的建议。[①]如果被申请人反请求、抵消答辩或交叉请求，也应尽可能在仲裁通知的答复中随附提出。[②]

（二）仲裁员的指定和确认

一般而言，仲裁案件一般由1位独任仲裁员或者3位仲裁员组成仲裁庭。如果当事人未约定仲裁员人数，HKIAC应根据案件的具体情况决定仲裁员的人数。[③]《HKIAC规则（2024年版）》充分体现了当事人的意思自治，即当事人优先提名仲裁员，但如果当事人未能在规定的时间内完成提名，则由HKIAC提名仲裁员。在提名的过程中，当事人和仲裁员被鼓励考虑多样性的因素，同时规定HKIAC在行使其指定权时也应考虑多样性。[④]

如果双方当事人在仲裁启动前就已经约定将争议提交独任仲裁员，那么双方当事人应该在被申请人收到仲裁通知之日起的30日内共同提名该独任仲裁员；如果双方在仲裁启动后决定将争议提交独任仲裁员，则期限为达成该约定后的15天内；另外，如果双方未约定仲裁员人数，而HKIAC认为争议应该提交独任仲裁员，双方也应在HKIAC作出该决定之日起15天内完成共同提名。[⑤]

如果双方当事人在仲裁启动前约定争议提交3位仲裁员，那么双方当事人应在仲裁通知和对仲裁通知的答复中各自提名；如果双方在仲裁启动后约定提交3位仲裁员，则在达成约定之日15天内，申请人应提名1位仲裁员，被申请人收到申请人的提名后的15天内提名另1位仲裁员；如果双方未约定，且HKIAC认为争议应提交3位仲裁员，则双方应在收到HKIAC的决定后依次在

① 《HKIAC规则（2024年版）》第5.1条。
② 《HKIAC规则（2024年版）》第5.3条。
③ 《HKIAC规则（2024年版）》第6.1条。
④ 《HKIAC规则（2024年版）》第9A条。
⑤ 《HKIAC规则（2024年版）》第7.1条。

15天内完成提名，被提名的2名仲裁员应共同提名首席仲裁员。① 如果当事人未能在规定的期限内完成仲裁员的提名，或者被提名的2位仲裁员未能在期限内完成首席仲裁员的提名，则由HKIAC来指定。②

在HKIAC管理的机构仲裁中，当事人或仲裁员提名的仲裁员均须得到HKIAC的确认。③ 在确认被提名的仲裁员时，应综合考虑当事人的约定、可能影响仲裁效率和公正的因素，并根据仲裁员在被指定或确认前签署的声明和披露的情况，按照《HKIAC规则（2024年版）》第10条有关仲裁庭收费和开支的规定确认提名。④

（三）仲裁员的资格和质疑

《HKIAC规则（2024年版）》为确保仲裁员的公正性和独立性，一方面，对独任或首席仲裁员的国籍进行了限制，即如果双方当事人的国籍不同，那么独任或首席仲裁员不得与任何一方当事人的国籍相同，但如果当事人未在设定的期限内提出异议，该项限制也可以被豁免；⑤ 另一方面，任何一方当事人及其代理人不得就仲裁事宜单方联系任何仲裁员，除非联系的内容仅涉及提名程序本身。⑥ 除此之外，HKIAC制定了仲裁员《道德行为准则》(code of ethical conduct)来规范仲裁员的行为。另外，国际律师协会也颁布了《国际律师协会国际仲裁利益冲突指引（2024）》[IBA Guidelines on Conflicts of Interest in International Arbitration（2024），以下简称《冲突指引》]，对仲裁员的公正性和独立性提出了总体性的要求，并将可能出现利益冲突的情况，以交通信号灯的形式进行了一一列举。《冲突指引》列出的清单分别为客观的“不可弃权的红色清单”（接受此等情形并不能消除利益冲突）、“可弃权的红色清单”（在当事人明确知晓利益冲突并明确同意该仲裁员继续履职的情况下，方可豁免）、“橙

① 《HKIAC规则（2024年版）》第8.1条。
② 《HKIAC规则（2024年版）》第7.2条、第7.3条、第8.1条、第8.3条。
③ 《HKIAC规则（2024年版）》第9.1条。
④ 《HKIAC规则（2024年版）》第9.3条。
⑤ 《HKIAC规则（2024年版）》第11.2条、第11.3条。
⑥ 《HKIAC规则（2024年版）》第11.5条。

色清单”（取决于具体事实，可能引起对仲裁员公正性或独立性的怀疑）和“绿色清单”（从客观角度来看，表面或实际均不存在利益冲突），其利益冲突的严重程度依次递减。①

《香港法例》第 609 章《仲裁条例》第 25 条对仲裁员设定了披露义务，即仲裁员应从被指定时起，毫不迟延地向当事人披露任何可能对其公正性或独立性产生正当怀疑的任何情况。若双方当事人存在对仲裁员公正性或独立性的合理怀疑，即仲裁员存在资格缺陷或者在法律上和事实上不能履行或因行事不当迟延履行仲裁员的职责，则该仲裁员可被质疑。② 质疑通知应该在收到拟质疑的仲裁员的指定或确认后或知悉可质疑事项后 15 日内提出，③ 除非仲裁员主动辞职或者对方当事人同意该质疑，否则 HKIAC 应决定该质疑，在该决定作出前，仲裁程序继续。④ 根据《HKIAC 规则（2024 年版）》第 12 条的规定，若仲裁员被成功质疑，或者死亡，或以其他原因被免职或辞职，HKIAC 在听取各方当事人和未被替换的仲裁员的意见后可以指定替代仲裁员，或授权剩余仲裁员继续仲裁并作出任何决定或裁决。

在国际仲裁实践中，各仲裁实务人士之间往往存在一些专业或社会上的交流或联系。在 Jung Science Information Technology Co. Ltd. v. ZTE Corp.［2008］4 HKLRD 776 一案中，香港法院认为，即使存在仲裁员和其中一方当事人的事务律师同为 HKIAC 理事会的成员，并不时一起参加论坛并发言的情形，根据“合理的担心偏见”（reasonable apprehension of bias）测试，并不能得出很有可能存在偏见（a real possibility of bias）的结论，因此驳回了当事人对该仲裁员的质疑。由此可见，鉴于香港仲裁圈比较小，仲裁实务人士之间正常的联系或接触并不会构成对其公正性或独立性的质疑。另外，还有一类比较常见的情况，

① International Bar Association, *IBA Guidelines on Conflicts of Interest in International Arbitration*, International Bar Association（Sept.30, 2016）, https://www.ibanet.org/document?id=Guidelines-on-Conflicts-of-Interest-in-International-Arbitration-2024.

② 《香港法例》第 609 章《仲裁条例》第 25（2）条和《HKIAC 规则（2024 年版）》第 11.6 条。

③ 《HKIAC 规则（2024 年版）》第 11.7 条。

④ 《HKIAC 规则（2024 年版）》第 11.9 条。

即仲裁员和某一方当事人聘请的大律师来自同一个大律师事务所。然而大律师事务所中的各位大律师均为自雇人士，彼此间是独立的。一般而言，仅来自同一个大律师事务所并不能够对其公正性产生合理怀疑，除非当事人能证明：(1)在大律师事务所内会存在意外或不当的保密信息泄露；(2)存在仲裁员可能不遵守规则，即在仲裁各方当事人非同时在场的情况下单独与一方当事人进行对话的重大风险。① 此原则也在香港案例陈某泰诉陈某明案[2020]HKCFI 1041中得到了重申。

三、仲裁程序的进行

仲裁庭组成后，一般会进行案件管理聆讯，在《HKIAC规则(2024年版)》的框架下与双方当事人就各程序事项作充分的沟通，并作出第一号程序命令(procedural order No.1)。这些事项包括确认仲裁地和开庭地、管辖权异议(如有)、提交各类法律文书的期限、证据的提交方式、开庭方式，是否分步或分阶段仲裁以及在每个阶段应决定的争议事项等。②

(一)仲裁地和开庭地

仲裁地是法律意义上的概念，以确定仲裁程序适用何种司法管辖区的仲裁法；开庭地是物理意义上的概念，以确定仲裁庭于何地进行内部讨论、听取证人证言、专家证言和当事人陈述等庭审活动。按照《HKIAC规则(2024年版)》第14条的规定，除非当事人或仲裁庭对仲裁地另有约定，否则仲裁地默认为香港，如果当事人对开庭地另有约定，当事人可在香港之外的任何地点开庭。

(二)仲裁申请书和答辩书

如果申请人没有将仲裁申请书载于仲裁通知内或视仲裁通知书为仲裁申请书，则申请人应在仲裁庭设定的期限内送达仲裁申请书至被申请人和仲裁庭；如果被申请人没有将答辩书载于对仲裁申请的答复内或视仲裁答复通知书为答辩书，则被申请人应该在仲裁庭设定的期限内送达答辩书至申请人和仲裁

① 历克航空公司诉FLS航空航天有限公司案[2000]1 WLR 113。
② 《HKIAC规则(2024年版)》第13.6条。

庭。[①]《HKIAC 规则(2024 年版)》要求当事人将依据的所有辅助材料附在仲裁申请书或答辩书之后。[②]

(三)仲裁庭的管辖权

仲裁庭的管辖权来自争议当事人双方存在合法有效的仲裁条款。《香港法例》第 609 章《仲裁条例》第 19(1)条援引了《示范法》第 7(1)条中仲裁协议的概念,强调仲裁协议应包含双方当事人同意将争议提交仲裁的合意,以合同中仲裁条款或单独的仲裁协议的书面形式存在。如果涉案的仲裁协议实际上不存在或者在《香港法例》第 609 章《仲裁条例》的法律框架下无效或涉及其他管辖权问题,那么仲裁庭的管辖权将受到质疑。

就仲裁庭的管辖权挑战问题,《香港法例》第 609 章《仲裁条例》也遵循了《示范法》的规定,确立了 competence-competence 原则,即仲裁庭有权对其管辖权作出裁定,包括决定仲裁庭是否恰当组成和何种事宜按照仲裁协议提交仲裁的权力。[③] 如果一方当事人(一般为被申请人)认为仲裁协议不存在或无效,可据此在提出答辩书之前提出仲裁庭无管辖权的抗辩,仲裁庭可以审查仲裁条款以决定自己是否有管辖权。仲裁庭可将管辖权作为一个初步问题裁定或在实体裁决中裁定。若初步问题裁定其拥有管辖权,在该裁定送至当事人后的 30 天内,任何一方当事人可以据此要求法庭对仲裁庭的管辖权问题进行司法审查,法庭审查的判决不得上诉。[④]

(四)证据与开庭

根据《HKIAC 规则(2024 年版)》第 22.1 条的规定,仲裁程序中当事人对其请求所依据的事实承担举证责任。仲裁庭有权决定其仲裁过程中证据的可采性、关联性、重要性及证明力,包括是否适用严格证据规则,以及询问证人或专家的方式。[⑤] 除此之外,仲裁庭可随时允许或要求当事人提交与案件相关的

---

① 《HKIAC 规则(2024 年版)》第 16.1 条、第 17.1 条。
② 《HKIAC 规则(2024 年版)》第 16.3 条、第 17.4 条。
③ 《香港法例》第 609 章《仲裁条例》第 34(2)条。
④ 《香港法例》第 609 章《仲裁条例》第 34(1)条。
⑤ 《HKIAC 规则(2024 年版)》第 22.2 条、第 22.5 条。

重要文件或证据，并决定是否以开庭的形式来出示证据或作口头陈述，或无须开庭，仅进行文件审理。① 仲裁原则上为不公开审理，以贯彻仲裁的保密性。开庭过程中，仲裁庭可随时要求任何证人或专家离开庭审室。② 就国际仲裁中的证据和开庭程序，国际律师协会也颁布了《国际律师协会国际仲裁取证规则（2020）》[IBA Rules on the Taking of Evidence in International Arbitration（2020），以下简称《取证规则》]，对国际仲裁的文件提交、事实证人及专家证人以及举行听证会等程序进行规定，配合国际仲裁采用的程序规则一起使用。③ 当事人既可以直接在仲裁条款中约定仲裁程序的取证过程适用《取证规则》，也可以在仲裁开始前或开始后主张全部或部分采用该规则，又或者以其为指南制定自己的取证规则。④

（五）临时措施和紧急救济

临时措施（interim measures）是仲裁程序中一种常见的中期申请（interlocutory application），通过责令一方当事人实施短期措施的形式，避免或减少因仲裁过程延迟而产生的严重不利后果，类型主要包括责令当事人维持原状、防止损害、保全财产和保全证据等。在国际仲裁程序中，资产冻结令（mareva injunction）和容许查察令（anton piller order）为比较常见的两类临时措施。

当事人可于仲裁庭发出最后的裁决之前向仲裁庭申请临时措施，也可向香港高等法院原讼法庭申请批给临时措施（court-ordered interim measures）。在融丰矿业澳门离岸商业服务有限公司诉 TL 资源私人有限公司（Top Gains Minerals Macao Commercial Offshore Limited v. TL Resources Pte Ltd., HCMP 1622/2015）一案中，香港法院认为，《高等法院条例》第 21M 条和《香港法例》第 609 章《仲裁条例》第 45 条均适用于协助外国仲裁程序的禁制令申请。根

① 《HKIAC 规则（2024 年版）》第 22.3 条、第 22.4 条。

② 《HKIAC 规则（2024 年版）》第 22.7 条。

③ 国际律师协会：《国际律师协会国际仲裁取证规则》，载国际律师协会官网 2020 年 12 月 17 日，https://www.ibanet.org/document?id=IBA-Rules-on-Taking-of-Evidence-2020-Chinese。

④ 《取证规则》序言，第 6 段、第 7 段。

据《香港法例》第 609 章《仲裁条例》第 36(1)条(《示范法》第 17A 条)的规定,申请临时措施的当事人须向仲裁庭或法院证明:(1)不采取这种临时措施可能造成无法通过损害赔偿而进行充分补偿的巨大损害;(2)临时措施请求方当事人在实体问题上相当有可能胜诉。

临时措施往往由一方当事人向已经组成的仲裁庭申请,紧急救济(emergency relief)则为当事人提供了更加及时的救济,当事人可以在提交仲裁通知之前、同时或之后,但在仲裁庭正式组成之前,向 HKIAC 申请紧急仲裁。①《HKIAC 规则(2024 年版)》附录 4 对紧急仲裁作出了详细的规定,如果 HKIAC 决定接受紧急救济申请,则应于收到申请与申请预付款的 24 小时内委派紧急仲裁员(emergency arbitrator),并通知申请的当事各方将案卷移交给指定的仲裁员。② 紧急仲裁员应于 HKIAC 向其移交案卷之日起 14 日内作出"紧急决定"(emergency decision),此决定一经作出即具有约束双方当事人的效力,而且在紧急决定作出前,紧急仲裁员有权作出初步或临时命令。③ 一般情况下,一旦仲裁庭组成,紧急仲裁员则无权继续行事,但是在 14 日期限内,即使案卷已经移交给仲裁庭,紧急仲裁员仍可推进仲裁程序并作出紧急决定。④ 在香港原诉法庭的许可下,紧急救济无论是在香港还是在香港以外的地方被批准,均可以同样的方式强制执行,但是就香港以外地方批准的紧急救济,香港法院会采取更加严格的要求。⑤

(六)缺席和新增当事人的追加

如果申请人在仲裁庭确定的期限内没有送达书面陈述且没有给出书面理由,仲裁庭可以终止仲裁;⑥ 如果被申请人未能在期限内送达答辩书,且没有就此附带充分理由,仲裁庭可以在被申请人缺席(default)的情况下继续仲裁。⑦

---

① 《HKIAC 规则(2024 年版)》附录 4 第 1 条。
② 《HKIAC 规则(2024 年版)》附录 4 第 4 条、第 6 条。
③ 《HKIAC 规则(2024 年版)》附录 4 第 10 条、第 12 条、第 17 条。
④ 《HKIAC 规则(2024 年版)》附录 4 第 13 条、第 14 条。
⑤ 《香港法例》第 609 章《仲裁条例》第 22B 条。
⑥ 《HKIAC 规则(2024 年版)》第 26.1 条。
⑦ 《HKIAC 规则(2024 年版)》第 26.2 条。

在此情况下，申请人应当保存好仲裁通知已妥善送达被申请人的证据，以防被申请人之后以其未收到通知为由申请撤销或拒绝执行仲裁裁决。

如果案件所涉争议的案情比较复杂，那么有可能发生在仲裁进行的过程中追加当事人（joinder of additional parties）的情形。新增当事人的前提是仲裁协议表面上同时约束的被追加的当事人或各方当事人均明示同意追加请求。[①] 首先，希望追加当事人的一方应该向 HKIAC、所有其他当事人以及仲裁庭（或已经确认的仲裁员）传达追加申请（一般最迟于答辩书中提出）。[②] 其次，另一方当事人在收到该申请后的 15 日内，应对其新增当事人申请作出回复。[③] 新增当事人也有可能涉及仲裁庭管辖权的问题。在 R v. A, B and C [2023] HKCFI 2034 一案中，C 主张其为申请人 R 的委托人和真正受益人并请求加入仲裁，仲裁庭同意 C 的加入，并就 C 和申请人 R 之间的争议作出了裁决。但法院认为，仲裁协议的适当当事人的争议是管辖权问题，C 新出示的证据不能证明其为本案仲裁协议的真正当事人，因而仲裁庭对 R 和 C 之间的争议不具有管辖权，最终撤销了该部分的仲裁裁决。

（七）仲裁合并和多份合同下启动单个仲裁

仲裁程序中另一类常见的申请为仲裁合并（consolidation of arbitrations），将正在进行的两个或多个仲裁合并，在不损害实体公正的前提下，可提高仲裁效率。根据《HKIAC 规则（2024 年版）》第 28 条的规定，经希望合并的当事人申请并与其他当事人和已被确认或指定的仲裁员商议，如果（1）所有当事人同意，或（2）多个仲裁的所有请求均基于同一仲裁协议，或（3）请求虽然基于不同的仲裁协议，但是仲裁协议彼此相兼容，且所有仲裁中存在相同的法律或事实问题，请求救济的权利均涉及或源于同一或一系列相关联的交易，HKIAC 有权将这两个或多个仲裁程序合并，原则上合并于最先启动的仲裁，且应指定形成新的仲裁庭。

---

① 《HKIAC 规则（2024 年版）》第 27.1 条。

② 《HKIAC 规则（2024 年版）》第 27.3 条、第 27.5 条。

③ 《HKIAC 规则（2024 年版）》第 27.10 条。

《HKIAC 规则(2024 年版)》第 29 条规定,涉及多份合同的请求可以启动单个仲裁(single arbitration under multiple contracts),但需要满足(1)仲裁协议彼此相兼容,(2)所有仲裁中存在相同的法律或事实问题,(3)请求救济的权利均涉及或源于同一或一系列相关联的交易。在此情况下,仲裁当事人应被视为放弃提名仲裁员的权利,转由 HKIAC 指定。①

四、仲裁庭的裁决

仲裁庭依据仲裁协议作出仲裁裁决(award),一经作出即为最终裁决,且对各方当事人均具有约束力。② 只有当仲裁裁决得以承认与执行后,裁决支持的仲裁请求才得以落实,因此承认与执行是仲裁程序中位处最后但至关重要的环节。

(一)裁决的更正、解释与补充

为确保仲裁裁决准确无误,在收到仲裁裁决后,当事人或其代理人应仔细审阅仲裁裁决。如果出现一些错误(如计算、书写或印刷等类似错误)和模糊,则可以由当事人申请对原仲裁裁决进行更正或解释(correction and interpretation of award)。该等申请应该在当事人收到裁决后的 30 日内提出,并通知另一方当事人。③ 除当事人申请之外,仲裁庭也可在作出裁决之日起 30 日内主动对以上错误进行纠正。④

如果裁决作出后,仲裁庭对申请人在仲裁程序中提出的请求有所遗漏,则一方当事人可以在收到裁决书的 30 日内,请求仲裁庭对遗漏的请求作出补充裁决(additional award),仲裁庭认为补充裁决申请合理的,应当在 60 日内完成对裁决的补充。⑤

---

① 《HKIAC 规则(2024 年版)》第 29.2 条。

② 《香港法例》第 609 章《仲裁条例》第 73(1)条。

③ 《香港法例》第 609 章《仲裁条例》第 69(1)(1)条和《HKIAC 规则(2024 年版)》第 38.1 条、第 38.2 条、第 39.1 条、第 39.2 条。

④ 《香港法例》第 609 章《仲裁条例》第 69(1)(2)条和《HKIAC 规则(2024 年版)》第 38.3 条。

⑤ 《香港法例》第 609 章《仲裁条例》第 69(1)(3)条和《HKIAC 规则(2024 年版)》第 40.1 条、第 40.2 条。

（二）裁决的撤销

如果当事人对仲裁裁决不服，可向香港法院申请撤销仲裁裁决（application for setting aside as exclusive recourse against arbitral award），并寻求司法救济。只有仲裁裁决才能被质疑撤销，程序性命令是不能向法院申请撤销的。在Gingerbread Investments Ltd. v. Wing Hong Interior Contracting Ltd.［2008］2 HKLRD 436一案中，当事人申请撤销仲裁庭作出的披露文件的指令，最终法院以程序性指令并非仲裁裁决为由拒绝了撤销申请。

《香港法例》第609章《仲裁条例》第81条规定，提出撤销裁决的申请须于收到裁决之日起的3个月内提出。可撤销仲裁裁决的理由可归纳为：一方不具有行为能力、仲裁协议无效、一方无法陈述案件、裁决处理的争议在提交仲裁的范围以外和该裁决与香港的公共政策相冲突。然而法院在评估当事人申请撤销裁决的理由时，并不会对裁决进行全面审查，即不会考虑仲裁裁决在事实或法律上的实体问题，只有在严重违反正当程序的情况下，法院才可以对仲裁裁决进行干预。①

与香港的公共秩序相冲突是比较常见的撤销裁决理由，当事人往往会借此来逃避履行仲裁裁决的义务。在X v. Jemmy Chien［2020］HKCFI 286一案中，法院认为，公共政策的解释始终是狭隘的，不执行裁决必须与其他公共政策利益相平衡，包括维护当事人仲裁其争议的协议、促进仲裁裁决的执行以及遵守《纽约公约》下承担的执行仲裁裁决的义务等。

（三）裁决的承认与执行

根据《香港法例》第609章《仲裁条例》第10部第1分部的规定，在香港作出的裁决和非公约裁决以及示范法裁决，其裁决与原讼法庭判决具有同等效力得以承认（recognition），并以同样方式强制执行（enforcement），但只有在原讼法庭的许可下，方可如此强制执行。根据第2分部及第3分部的规定，公约裁决及内地仲裁裁决可向原讼法庭提起诉讼而在香港强制执行；或可按强制执

① 太平洋中国控股有限公司（清盘中）诉太平洋控股有限公司案［2012］3 HKC 498 at［7］。

行第 84 条适用的裁决的同样方式，在香港强制执行。

仲裁裁决在以下情况下也会遭受拒绝承认与执行：(1)一方当事人缺乏行为能力；(2)仲裁协议无效；(3)被申请人未得到仲裁程序的恰当通知或未能铺陈其论据；(4)仲裁裁决不是对仲裁协议决定提交的争议进行的裁决；(5)仲裁程序并未按照协议约定或当地法律规定；(6)该裁决对各方尚未具有约束力；(7)裁决所关乎的事宜不具有仲裁性；(8)违反香港的公共政策。[①]

五、其他程序

除仲裁启动、仲裁进行和作出裁决三大阶段，《HKIAC 规则(2024 年版)》也就简易程序、初期决定程序、披露第三方资助仲裁、保密和信息安全等程序作了补充性规定。

(一)简易程序

简易程序(expedited procedure)是为了满足当事人快速解决争议的需求，在保证程序正义得到基本保障的情况下，简化仲裁程序。根据《HKIAC 规则(2024 年版)》第 42.1(a)条的规定，如果(1)争议金额不超过 HKIAC 设定的金额(目前为 25,000,000 港元)[②]，或(2)经双方当事人同意，或(3)出现极为紧急的情况，一方当事人可以向 HKIAC 申请按照简易程序进行仲裁。根据简易程序，案件将提交给独任仲裁员，并缩短《HKIAC 规则(2024 年版)》设定的期限，仅依据书面文件裁决争议。裁决应于案卷移交给仲裁庭后 6 个月内送达当事人。[③]经任何一方当事人请求，在征求其他当事人和仲裁员意见后，HKIAC 可以在考虑任何新出现的情况下决定取消适用简易程序，但仲裁庭原则上应保持不变。[④]

(二)初期决定程序

根据《HKIAC 规则(2024 年版)》第 43.1 条的规定，如果一个或多个法律

---

① 《香港法例》第 609 章《仲裁条例》第 86 条、第 89 条、第 95 条、第 98D 条。

② HKIAC：*2018 Schedule of Fees*，载 HKIAC 官网 2018 年 8 月 5 日，https://hkiac.org/zh-hans/node/2338。

③ 《HKIAC 规则(2024 年版)》第 42.2 条。

④ 《HKIAC 规则(2024 年版)》第 42.3 条。

或事实问题明显缺乏依据，明显不在仲裁庭管辖权范围内且即使由另一方当事人提出并假定正确，仲裁庭也无法作出有利于主张该问题一方的裁决时，一方当事人在征求其他所有当事人同意后，有权通过初期决定程序决定该问题。该程序令一些事实及法律清楚的仲裁案件能够更加快速的解决。

（三）披露第三方资助仲裁

第三方资助仲裁是指由第三方资助者资助一方当事人的仲裁费用，如果被资助的当事人获得了胜利的裁决，那么资助者可从中获取利益回报；如果被资助者在仲裁程序中取得了失败的结果，那么资助者将不会向被资助者收取回报。根据《香港法例》第609章《仲裁条例》第10A部的规定，第三方资助仲裁将在仲裁程序中被允许。如果仲裁程序中存在第三方资助，那么受资助方当事人应向仲裁每一方及HKIAC书面披露已订立资助协议一事和出资第三方的姓名或名称。①

（四）保密和信息安全

保密性是仲裁的原则之一，也是许多当事人选择仲裁的重要原因。根据仲裁协议进行的仲裁和从中作出的裁决或紧急决定不得被公布、披露或传达，其保密范围包括任何一方当事人或其代理人、仲裁庭、任何紧急仲裁员、专家、证人、仲裁庭秘书和HKIAC，但是双方当事人或其代理人的保密义务可因存在约定、相关的法律程序和法定义务、当事人的专业人士、新增当事人和指定的仲裁员以及第三方资助的情况而被豁免。②HKIAC可以在少数情况下公开裁决，前提是已经隐去了当事人名称和其他可识别的信息，并且当事人未在规定期限内反对。③

在仲裁程序日益数字化和信息化的背景下，保障仲裁过程中的信息安全就显得尤为重要。根据《HKIAC规则（2024年版）》第45A条的规定，双方当事人可以就共享、储存或处理仲裁信息等达成合意，而且与仲裁庭商议后，仲裁

① 《香港法例》第609章《仲裁条例》第98U条和《HKIAC规则（2024年版）》第44条。
② 《HKIAC规则（2024年版）》第45.1条、第45.2条、第45.3条。
③ 《HKIAC规则（2024年版）》第45.5条。

庭可作出保护信息安全的相关指令，并对违反指令的行为作出进一步的指令、决定或裁决。

整体而言，以《HKIAC 规则（2024 年版）》为例，香港的国际仲裁程序以高效、公正和灵活的程序设计享誉世界，致力于让国际争议纠纷得以公正、妥善解决。目前，《HKIAC 规则（2024 年版）》已经完成鼓励仲裁庭多元化的组成、强化多合同下单个仲裁的启动机制、澄清仲裁庭在解决初步问题上的权力、在仲裁中引入信息安全条款以及对紧急仲裁员的权力加以明确等问题的改革，进一步彰显了 HKIAC 在仲裁领域的前沿地位。可以预见，HKIAC 及其与时俱进的仲裁规则，将对国际仲裁的顺利进行发挥更显著的作用。

第二章　香港仲裁新发展

本章旨在介绍香港仲裁法近年来的重要发展。这些发展不仅有助于巩固香港作为全球最受欢迎的仲裁地之一的地位，也彰显了香港法院在支持仲裁的同时恪守程序正义的决心。

一、仲裁当事人广泛运用《关于内地与香港特别行政区法院就仲裁程序相互协助保全的安排》

《关于内地与香港特别行政区法院就仲裁程序相互协助保全的安排》（以下简称《仲裁保全安排》）在2019年10月1日生效。

根据《仲裁保全安排》的规定，以香港为仲裁地并由符合资格[①]的仲裁机构管理[②]的仲裁程序的任何一方当事人均可在仲裁裁决作出前，向被申请人住所地、财产所在地或证据所在地的内地中级人民法院申请保全。[③]当事人在有关机构、常设办事处受理仲裁申请后提出保全申请的，由仲裁机构或常设办事处向内地法院转递其申请。在有关机构或者常设办事处受理仲裁申请前提出保全申请，内地人民法院采取保全措施后30日内未收到有关机构或者常设办事处提交的已受理仲裁案件的证明函件（以下简称《受理函》）的，内地人民法院应当解除保全。

以HKIAC为例，当事人请求HKIAC出具《受理函》时须提交以下资料：

---

① 包括香港国际仲裁中心、中国国际经济贸易仲裁委员会香港仲裁中心、一邦国际网上仲调中心、香港海事仲裁协会、亚非法协香港区域仲裁中心、国际商会国际仲裁院亚洲事务办公室，以及华南（香港）国际仲裁院。

② 《仲裁保全安排》第2条。

③ 《仲裁保全安排》第3条。

(1)申请人拟向其提交保全申请的内地法院名称;(2)说明是否需要向其他仲裁当事人抄送本次请求;(3)说明内地法院是否要求 HKIAC 转交申请资料;(4)向内地法院提交的保全申请的副本及所有相关证明文件;(5)若已在仲裁开始前提出保全申请,则应提交内地法院对保全申请所作裁定的副本。HKIAC 会在收到全部申请资料后的 24 小时内出具《受理函》。根据 HKIAC 的资料,内地法院发出裁定平均所需时间为自收到保全申请起 20.5 天,时间中位数为 13 天。①

根据截至 2024 年 1 月 26 日的数据,自《仲裁保全安排》生效以来,HKIAC 已就 106 份保全申请出具《受理函》。其中,100 份为财产保全申请,2 份为证据保全申请,4 份为行为保全申请。所有保全申请均是在仲裁程序启动后提出的。②

二、引入与结果有关的收费架构

香港法律禁止律师就争讼程序(包括诉讼和仲裁)进行的工作采用风险代理的收费方式。风险代理有可能构成助讼罪或包揽诉讼罪。随着 2022 年 12 月 16 日《香港法例》第 609 章《仲裁条例》第 10B 部和第 609D 章《仲裁(与仲裁结果有关的收费架构)规则》在香港全面实施,在与仲裁有关的案件中,律师和当事人可以订立三类与结果有关的收费协议(以下简称 ORFSA)。该收费架构不仅适用于仲裁程序(不论仲裁地是在香港还是在香港以外地方),还适用于《香港法例》第 609 章《仲裁条例》下所指的法院程序、在紧急仲裁员席前进行的程序以及调解程序。③ 但是,在人身伤害申索的范围内,ORFSA 无效且不可执行。④

---

① HKIAC:《内地与香港关于仲裁保全的安排》,载 HKIAC 官网 2024 年 5 月 29 日,https://www.hkiac.org/zh-hans/arbitration/arrangement-interim-measures。

② HKIAC:《内地与香港关于仲裁保全的安排》,载 HKIAC 网官网 2024 年 5 月 29 日,https://www.hkiac.org/zh-hans/arbitration/arrangement-interim-measures。

③ 《香港法例》第 609 章《仲裁条例》第 98ZA 条。

④ 《香港法例》第 609 章《仲裁条例》第 98ZL 条。

（一）总体要求

任何一种 ORFSA 都必须以书面形式订立，并由当事人及律师签署，述明：(1)其所关乎的事宜；(2)律师已经告知当事人有权在订立该协议前寻求独立法律意见；(3)不少于 7 日的冷静期；(4)大律师费用是否由当事人支付；(5)该协议可予终止的理由；(6)协议终止的情况下，当事人须支付律师的替代基准。①

（二）按条件收费协议（conditional fee agreement）

按条件收费协议约定，只有在当事人在法律程序中取得成果的情况下，律师才可收取相应费用。② 此类协议主要可再细分为“不成功不收费”以及“不成功低收费”两种模式。

“不成功不收费”的模式是指律师在法律程序过程中不收取费用，只有当事人在该事宜中取得成果，才收取“成功费用”。

“不成功低收费”是指律师在法律程序过程中按照惯常收费率或折扣收取费用（“基准收费”），③ 如果当事人索偿成功，其须向律师支付一笔额外的“成功费用”。收费总额超出协议基准收费的部分称为“提升元素”，该提升元素的金额可按基准收费的某个百分比额外计算，但是不得超过基准收费的 100%。④ 双方在商定协议时须述明：(1)有关事宜取得成果的情况；(2)提升元素的计算基准；(3)当事人须在何时向律师支付成功收费。⑤

（三）按损害赔偿收费协议（damages-based agreement）

按损害赔偿收费协议约定，只有当事人在法律程序中取得财务利益的情况下，律师才可以收取费用（以下简称 DBA 费用）。⑥ DBA 费用不可超过当事人获得财务利益的 50%。⑦

---

① 《香港法例》第 609D 章《仲裁（与仲裁结果有关的收费架构）规则》第 3(b)条。

② 《香港法例》第 609 章《仲裁条例》第 98ZC 条。

③ 《香港法例》第 609D 章《仲裁（与仲裁结果有关的收费架构）规则》第 2 条。

④ 《香港法例》第 609D 章《仲裁（与仲裁结果有关的收费架构）规则》第 4(1)(b)条。

⑤ 《香港法例》第 609D 章《仲裁（与仲裁结果有关的收费架构）规则》第 4(1)(c)条。

⑥ 《香港法例》第 609 章《仲裁条例》第 98ZD 条。

⑦ 《香港法例》第 609D 章《仲裁（与仲裁结果有关的收费架构）规则》第 5(a)条。

（四）混合式按损害赔偿收费协议（hybrid damages-based agreement）

混合式按损害赔偿收费协议结合按条件及按损害赔偿两种模式，即律师既可以就提供的法律服务收取费用（不论该费用是否按折扣计算），也可以在当事人取得财务利益的情况下参照该财务利益额外收取费用。[①] 就该模式而言，若当事人没有取得财务利益，当事人则无须向律师支付超过 50% 的不可追讨的讼费（irrecoverable costs）。[②]

（五）披露要求

当事人须在仲裁展开时或在该 ORFSA 订立后的 15 日内，向仲裁的其他每一方及仲裁机构发出书面通知，说明：（1）已订立 ORFSA 的事实；（2）当事人的姓名或名称。[③] 如果 ORFSA 已完结，当事人须向仲裁的其他每一方及仲裁机构发出书面通知，说明：（1）ORFSA 完结的事实；（2）该协议完结的日期。[④]

综上，ORFSA 使当事人可以与香港律师订立更灵活的仲裁收费安排，该制度将与《香港法例》第 609 章《仲裁条例》下的第三方资助制度互相补充及配合，有助于当事人更好地控制风险、减轻与纠纷解决成本相关的支付压力。

三、香港终审法院澄清多层争议解决条款的解释方法

商业合同中包含多层争议解决机制条款是常见的现象。这类条款通常要求合同各方在出现争议之后，在指定时间内先进行真诚的协商或调解，若协商不成再将争议提交仲裁。在某上诉人 C 公司诉答辩人 D 公司一案中，香港终审法院决定了理解和解释多层争议解决机制条款的性质的方法，认为遵守仲裁先决条件一般属于可受理性问题（admissibility），而非管辖权问题（jurisdiction），应由仲裁庭最终决定，法院不得复核（review）仲裁庭之裁决。

（一）事实背景

案涉合同约定双方共同拥有广播卫星的运营权。合同中的争议解决条款

---

① 《香港法例》第 609 章《仲裁条例》第 98ZE 条。
② 《香港法例》第 609D 章《仲裁（与仲裁结果有关的收费架构）规则》第 6（c）条。
③ 《香港法例》第 609 章《仲裁条例》第 98ZQ 条。
④ 《香港法例》第 609 章《仲裁条例》第 98ZR 条。

要求双方先进行真诚的协商，若在60日内协商不成，再将争议提交仲裁。在仲裁程序中，C反对仲裁继续，原因是D没有遵守协议中规定的仲裁先决条件（condition precedent）。仲裁庭在中期裁决中裁定该等前提条件已符合，并裁决C违反协议。C根据《香港法例》第609章《仲裁条例》第81条向法院申请将该裁决撤销，主要理据是仲裁庭错误裁定D已遵守仲裁先决条件，而该裁决“处理的争议不是提交仲裁意图裁定的事项或不在提交仲裁的范围之列，或者裁决书内含提交仲裁的范围以外事项的决定”。香港高等法院原讼法庭及上诉法庭均认为《香港法例》第609章《仲裁条例》第81条并不适用，因为C基于多层争议解决机制条款提出的反对属于针对申索的可受理性问题，而非仲裁庭的管辖权问题。C进一步上诉至终审法院。终审法院需要审理的问题是，法庭是否可以按照《香港法例》第609章《仲裁条例》第81条复核及撤销仲裁庭有关仲裁先决条件已经妥为遵守所作的裁定。终审法院法官一致裁定本案并不适用《香港法例》第609章《仲裁条例》第81条的规定，法院无权复核仲裁庭的裁决。

（二）相关法律框架

《香港法例》第609章《仲裁条例》第3（2）（b）条规定，法院只有在《香港法例》第609章《仲裁条例》有明文规定的情况下，才能干预争议的仲裁。法院的干预主要有以下两种情况。

《香港法例》第609章《仲裁条例》第34（1）条（《示范法》第16条）规定，如果仲裁庭将其管辖权作为一个初步问题而作出其拥有管辖权的裁定，任何一方当事人都可以要求法院对此事项作出决定。因此，在该规定下，法院是否能够干预取决于该裁定是不是针对仲裁庭的管辖权。例如，对仲裁协议是否存在或对其效力作出的裁定，① 仲裁庭是否恰当地组成或某事宜是否按照仲裁协议提交等。②

《香港法例》第609章《仲裁条例》第81（1）条（《示范法》第34条）规定，当事人不服仲裁裁决可向法院申请撤销仲裁裁决。提出申请的当事人应提出

① 《香港法例》第609章《仲裁条例》第34（1）条。
② 《香港法例》第609章《仲裁条例》第34（2）条。

证据，证明有下列任何情况：(1)仲裁协议的当事人有某种无行为能力情形；或者根据各方当事人所同意遵守的法律或在未指明法律的情况下根据香港法律，该协议是无效的。(2)未向提出申请的当事人发出指定仲裁员的适当通知或仲裁程序的适当通知，或因他故致使其不能陈述案情。(3)裁决处理的争议不是提交仲裁意图裁定的事项或不在提交仲裁的范围之列，或者裁决书中内含对提交仲裁的范围以外事项的决定；如果对提交仲裁的事项所作的决定可以与对未提交仲裁的事项所作的决定互为划分，仅可以撤销含有对未提交仲裁的事项所作出的决定的那部分裁决。(4)仲裁庭的组成或仲裁程序与当事人的约定不一致，除非此种约定与当事人不得背离的本法规定相抵触；无此种约定时，与本法不符。另外，若法院认定根据香港法律，争议事项不能通过仲裁解决；或该裁决与香港的公共政策相抵触，也可将仲裁裁决撤销。

另外，根据《香港法例》第 609 章《仲裁条例》第 86 条的规定，当一方申请强制执行仲裁裁决时，法院可以在被强制执行一方证明有某些事项存在的情况下拒绝强制执行仲裁裁决。这些事项与申请撤销仲裁裁决需证明的事项大致相同。

（三）可受理性与管辖权争议的区分

终审法院多数法官认为，虽然《香港法例》第 609 章《仲裁条例》第 81(1)条及第 86(1)条并没有关于“管辖权”的字眼，但大部分当事人须证明的可使仲裁裁决被撤销或不予强制执行的情形均可被归纳为相关当事人没有同意在该等情形下仲裁庭可行使管辖权；而非提交仲裁的申索因为某些原因不应为仲裁庭所接纳，如违反诉讼时效或某一申索为已判决事项(res judicata)等。“司法管辖权”和“可受理性”的区别有助于理解多层争议解决机制条款的性质，并确立统一的原则，适用于《香港法例》第 609 章《仲裁条例》中明确规定的司法干预的各种情况。

C 的反对理由只是认为 D 过早地将争议提交仲裁，而不是反对仲裁庭就此事项作出裁决的权利，因此不属于法院可以干预的情况。仲裁先决条件被推定为非管辖权问题，因为对于商业主体来说，既然他们选择将仲裁作为解决纠纷的途径，那么他们不会希望须经过仲裁庭和法院的两轮裁决来决定某一先决条件是否满足。当然，双方可以在仲裁协议中以非常清晰的字眼同意有关仲裁先决条件之异议可由法院作出裁决。但在本案中，双方合约中的条款没有任何内容显示双方有意赋予仲裁先决条件之异议管辖权地位；相关条件只是程序性的，应由仲裁庭决定。

（四）C v. D 一案的应用

在证券购买协议一方 G 诉协议对方 N 案中，G 向香港法院申请撤销两份仲裁裁决，或搁置撤销申请，将案件发还给仲裁员。G 的申请理据之一是该等裁决内容超出了提交仲裁的范围，而且仲裁程序不符合双方的协议。案涉合同中的仲裁条款规定仲裁员无权判定间接、特殊或惩罚性损害赔偿。G 认为该条款限制了仲裁庭的权利，即仲裁庭无权对 N 提出的有关间接、特殊或惩罚性损害赔偿的反申索作出有利于 N 的裁决。

法官认为，G 的申请理据相当于声称仲裁庭没有管辖权。第一，根据《香港法例》第 609 章《仲裁条例》第 34 条（《示范法》第 16 条）的规定，有关仲裁庭无管辖权的抗辩不得在提交答辩书之后提出，而有关仲裁庭超越其权限范围的抗辩，应当在仲裁程序中出现被指称的越权事项时立刻提出。但 G 并没有在仲裁中提出任何管辖权异议。相反，G 在仲裁中明确表示，其关于仲裁条款的论点不是对管辖权的异议。因此，G 在申请撤销仲裁裁决时不可提出该主张。第二，法官引用 C v. D 一案中对管辖权及可受理性的区分，认为 G 的抗辩只是关于在仲裁中当事人是否可以提出有关索赔，即相关申索的可受理性，而非对仲裁庭的管辖权作出挑战。因此，法官认为法院无权根据《香港法例》第 609 章《仲裁条例》第 81（1）条审查仲裁庭的裁决。

四、香港法院在适当情形撤销或不予执行仲裁裁决，显示法院恪守程序正义的原则

虽然香港属于仲裁友好的司法管辖区，法院的主要目的是为仲裁程序提供便利并协助执行仲裁裁决，但从近期案例中可发现，法院关心仲裁程序的结构

完整性，当相关仲裁中出现足以破坏正当程序的严重错误时，法院会毫不犹豫地撤销或不予执行仲裁裁决。本章将通过几个具体案例展现香港法院所考虑的相关因素。

（一）卡奴迪路国际有限公司诉胡某强及另外数方案

该案涉及两份买卖货物协议，申请人称买家公司未支付货款，而其他被申请人作为担保人负有连带责任。买家公司并未答辩也未在仲裁程序中提交任何材料，而担保人就买卖货物协议的有效性提出一系列答辩理由。仲裁员 X 同意申请人的申请将仲裁程序拆分为两部分。仲裁员 X 先就申请人和买家公司之间的责任关系作出中期裁决，并表明申请人和担保人之间的责任关系将在第二部分处理。在作出的中期裁决中，仲裁员 X 认为申请人已经履行了买卖协议，而买家公司应该支付货款。之后，仲裁员 X 以自己处理第二部分可能引起对其作为仲裁员的公正性的合理怀疑为由辞任。HKIAC 又指定仲裁员 Y 继续处理该仲裁案件。

在仲裁员 Y 的最终裁决中，他拒绝采纳担保人的答辩理由，裁定担保人需负连带责任。虽然在最终裁定中，仲裁员 Y 有提及担保人的答辩理由，但其拒绝采纳这些答辩理由的主要原因是仲裁员 Y 认为他受到仲裁员 X 作出的中期裁决的约束，即主债务存在，而非独立思考担保人的答辩理由是否有理据。仲裁员 Y 认为，担保人有机会就第一部分提交证据和陈词却没有这么做，因而应受到第一部分裁决的约束。实际上，仲裁员 X 在其作出的程序命令中明确要求担保人在第二部分提交证人证词及陈词等，并未给予担保人在第一部分提交任何文件的机会，即即使仲裁员 X 继续处理该仲裁案件，其也需就担保人是否需要承担担保责任独立作出裁决，而非只依赖第一部分的中期裁决。

陈美兰法官认为，仲裁员 Y 对担保人受第一部分裁决的约束的裁定是非常不公平及不公正的；在双方向仲裁员 Y 提交的争议点清单中并没有提及第一部分的中期裁决是否对担保人有约束力；担保人也未就这方面内容作出陈词；因此，仲裁员 Y 没有给予担保人合理的机会铺陈其论据（opportunity to present its case），若执行该最终裁决会违反基本的正义理念和公平听证原则

(basic notions of justice and requirements for a fair hearing)。

（二）贷款方G诉其借款方P案

G向高等法院取得了准许，可强制执行香港仲裁公会在2022年11月28日作出的仲裁裁决。P未参与该仲裁，也未提交任何答辩书。其后，P申请将该仲裁裁决及执行令撤销，其中一个理据为仲裁通知的送达无效。根据双方的协议，P的电邮地址为xyz@china.hk，但裁决中据称已送达仲裁通知书的电邮地址为xyz@chinat.hk。因此法院需要处理的核心问题是P是否已妥善收到仲裁通知。

法院认为，送达仲裁通知书是确保被申请人知悉仲裁程序的重要环节。G未提供其他证据证明仲裁通知已送达给P，关于仲裁通知送达的唯一证据是仲裁裁决中的相关段落，但裁决中所述的电邮地址与双方协议中所述的电邮地址不同。在没有任何其他相关证据的情况下，法院只能依靠裁决的内容来确定仲裁通知书是否确实发送到了错误的电邮地址，或电邮地址之间的差异纯属笔误。法院认为，如果裁决存在任何语法错误，仲裁庭应依职权或依申请更正，但本案中仲裁裁决未有作出任何修改，法院只能接受仲裁裁决的内容是准确无误的。因此，法院只能作出结论，仲裁通知书没有有效送达被申请人，被申请人没有收到仲裁通知书，从而没有机会陈述其案情。法院因此撤销了执行令。

（三）宋某诉李某案

该案的事实背景是宋某向香港高等法院申请且得到批准执行由成都仲裁委于2021年10月11日作出的一项仲裁裁决。其后，李某根据《香港法例》第609章《仲裁条例》第95条提出申请撤销该执行命令。主要理据包括仲裁员之一Q在第二次线上听证会中的行为（例如，多次移动至不同场所，包括室内和室外；在听证期间没有集中精力；经常掉线，没有听到双方代表律师的陈词及其他仲裁员的问题等）剥夺了李某陈述案情的机会，侵犯了他享有的公平审理的权利，与香港的公共政策相违背。同时，李某也向成都中级人民法院提出撤销执行裁决的申请，但成都中级人民法院驳回了李某的申请，认为仲裁员Q在仲裁中的行为虽然有程序瑕疵，但并未对第二次听证会造成实质性影响。宋某在香港程序中称香港法院应当参考这一事实，即仲裁地法院在行使其对仲裁的监督性管辖权时，已裁定该裁决有效。

香港法院重申，当以违反公共政策为反对执行裁决的理据时，是指执行法院所在地的公共政策，而非仲裁地的公共政策。在香港，听取双方当事人的意见（audi alteram partem）是自然正义（natural justice）的一个基本原则。该原则意味着任何人在未经公平听证（每一方都应有机会对不利于其的证据作出回应，并就其案情进行听证）的情况下不应受到裁决。《香港法例》第609章《仲裁条例》第46（3）条规定，仲裁庭在进行仲裁程序时，须在各方之间公平和公正地行事，给予各方合理的机会铺陈其论据和处理其对手的论据。以上原则和法规的应用意味着相关规则不仅须得到执行，而且必须被客观合理的观察者认为得到了执行（must be seen by the objective reasonable observer to have been applied）。因为只有当合理的旁观者能够在仲裁程序中感受到正当程序，公众对司法的信心才能得以维持。

法院根据以上原则对仲裁过程进行审查，认为仲裁员Q未使用耳机或其他辅助听音设备可能导致他无法清晰地听到听证会上的讨论，包括双方代表律师提出证据、挑战对方证据以及其他仲裁员就双方的证据及案情提出问题等。他的频繁离线以及处于室外环境中也可能导致他没有完全听到听证会的内容，从而影响他对案件的判断。当事人对于自己的论点是否真的被听到及充分考虑有合理疑问。一个客观的旁观者可能也会有合理疑问，包括Q是否已“未审先判”所以对双方的陈词毫无兴趣；或者，鉴于Q没有适当专心于双方在听证会上的陈词，其裁决是否有证据支持。仲裁员Q的行为是对仲裁过程完整性的严重破坏，违反了公平和公正的基本原则。如果法院承认该裁决将损害法院的良心（shocking to the conscience of the court）。

五、香港法院应用“重心法”分析多份关联合同中冲突争议解决条款的适用问题

在一些商业交易中（如股份认购或有担保的贷款等），当事人通常需要签署

一系列相关联的合约。当争议产生时，相关争议可能同时涉及多份交易合约，但每份合约中可能规定不同的争议解决条款。这时就会产生一个问题，即法院或仲裁庭是否有管辖权处理关于某一合约的争议。2024 年 2 月 16 日，高等法院原讼法庭暂委法官芮安牟在某借款人 AAA 及另外数方诉某贷款人 DDD 一案中裁定，解决该问题的正确方式是确定争议的重心，然后决定哪项争议解决条款更接近该争议。

（一）事实背景

本案中，借款人、担保人 A、担保人 B 及贷款人共同签署了一份贷款协议及其他关联交易文件，其中包括一份票据，约定担保人对借款人在票据下的付款义务承担共同及连带的担保责任。

贷款协议及票据下的争议解决条款均约定，各方同意将合约项下的争议在香港根据 HKIAC 的仲裁规则进行仲裁。不同的是，贷款协议下的争议解决条款约定仲裁庭由 3 名仲裁员组成，而票据下的争议解决条款并未对仲裁庭组成人数作出约定，但约定仲裁的前置条件为双方在争议产生后 30 日内进行友好协商。

借款人未能还款，贷款人根据 HKIAC（2018）仲裁规则向借款人、担保人 A 及担保人 B 发出仲裁通知。虽然票据作为仲裁通知的附件之一，但是仲裁通知中除声称借款人曾发出一份票据之外，对票据没有其他任何描述。在仲裁庭组成之后，贷款人在其申索陈述书中称，就算担保人 A 及担保人 B 在贷款协议下的担保责任被豁免，他们在票据下也有独立的担保责任，但贷款人并没有提出基于票据的救济。贷款人之后向仲裁庭表示，他们将修改申索陈述书提出基于票据的救济主张。借款人、担保人 A 及担保人 B 对此表示反对，因为票据项下有不同的争议解决条款，仲裁庭对票据下的争议没有管辖权。

仲裁庭裁定其对票据下的争议有管辖权。主要原因是，仲裁庭认为仲裁通知提及票据以及将票据作为附件之一，实际上默示依据票据项下的争议解决条款提起仲裁。担保人 A、担保人 B 及借款人不服该裁定，诉至香港高等法院，要求法院对管辖权问题作出决定。

（二）高等法院的判决及理据

芮安牟法官总结了商业交易中常见的三种冲突范例，以及每一范例下适用的解决原则，但总体原则均为客观解释相关条款从而确定当事人的意图。

基本范例（basic paradigm）：单一合同中包含两个或多个冲突争议解决条款。英国费安纳信托与控股公司诉普某瓦洛夫案是基本范例下的典型例子。英国最高法院认为，在解释仲裁协议时，应假设理性的商业主体的意图是，涉及有关该合约的任何争议均应由同一仲裁庭处理，除非合同中有明确的表述，将某些争议排除在仲裁庭的管辖范围之外。

中间范例（intermediate paradigm）：涉及多个关联合同，其中一个合同约定了争议解决条款，而其他合同没有约定争议解决条款。英国案例特莱钮弗公司及另外数方诉优戴尔公司及另外数方案属于该范例下的情况。英国高院认为，一份合同中包含的管辖权条款在适当的解释下可以扩展到根据另一份合同提出的申索。该扩展适用于多个当事人相同的合同且这些合同作为“一揽子”交易或单一交易同时签订，或虽未同时签订，但处理同一标的的情况。在这种情况下，可以进行常识性的推理，即在没有相反证据的情况下，交易双方希望因该交易引起的所有纠纷均参考一份合同中的争议解决条款来解决。

一般范例（general paradigm）：涉及多个关联合同，并且其中两个或多个合同包含冲突的争议解决条款。某借款人 AAA 及另外数方诉某贷款人 DDD 案属于该范例。前述 2 个案例均不适用于该范例。英国上诉庭案例美国信托欧洲公司诉意大利信托风险集团公司案确立的原则较为适用。

当多份合同中存在不同的争议解决条款，即使这些合同涉及的是一个整体的交易，也不能初步推定当事人希望在单一的法庭或仲裁庭解决所有争议。相反，要解释每一份合同从而确定双方希望某一争议应由哪一份合同中的争议解决条款覆盖。芮安牟法官指出，这一过程并非简单明了或一蹴而就，当相关争议错综交织时，可能被视为属于多个争议解决条款的范围。在这种情况下，法院必须尽最大努力去分析及确定相关争议的重心（centre of gravity）为何，并评估哪一个争议解决条款更为接近该争议（closer to an issue or dispute）。法院在进行此类分析时，应保持自由和开放的态度。一个可能的测试方法是，如果当事人根据该争议所寻求的最终救济（ultimate relief）属于仲裁庭据以被指定的仲裁协议范围之内，则该问题可被视为属于仲裁庭的管辖范围或重心之内。应用该测试方法，芮安牟法官认为，担保人A及担保人B是否在票据下有支付责任属于票据下仲裁条款管辖的范围，因此根据贷款协议下仲裁条款成立的仲裁庭对该问题没有管辖权。

芮安牟法官也不同意仲裁庭对本案仲裁通知的解释，他认为仲裁通知需要以清晰明确的措辞来表明当事人是根据某一合约中的争议解决条款将争议提交仲裁，若只是在仲裁通知中提及某份文件并将其作为附件之一提交未必符合要求。此外，根据HKIAC（2018）仲裁规则第9.1条的规定，当事人或仲裁员提名的仲裁员均须得到HKIAC的确认才可为有效指定。在本案中，HKIAC在与当事人的邮件沟通中仅确认了仲裁庭是依据贷款协议下的仲裁条款而指定。因此，该仲裁庭无权单方面宣布其指定同时是依据票据下的争议解决条款。

（三）案例评论

在解决多份相关联合同中冲突的争议解决条款的适用问题上，“重心法”被国际广泛接纳。在实务中，当事人可能意图将不同合同引起的争议在不同的法院或仲裁庭处理并充分考虑了这种情况可能导致的矛盾裁定及程序分散的风险。但有时，不同的争议解决条款可能只是合同起草中的疏漏。当事人应当更加小心审核及校对合同，以避免发生不必要的争议。

随着香港引入与结果有关的收费制度以及《仲裁保全安排》的广泛应用，香港进一步提升了作为理想仲裁地的竞争力。仲裁法案例方面，某上诉人C公司诉答辩人D公司案及某借款人AAA及另外数方诉某贷款人DDD案为香港仲裁法带来确定性，使香港与其他普通法管辖区相一致；法院亦在多个涉及撤销或不予执行仲裁裁决的案例中强调仲裁程序公正的重要性，凸显法院力图在支持仲裁裁决的终局性以及重视公平公正原则、维护法治之间取得平衡。

第三章　内地仲裁规则与实务概览

一、内地仲裁制度概述

仲裁以其效率优势、仲裁员和程序的可选择性成为备受关注的多元化纠纷解决机制（ADR）。内地仲裁法律制度的建立始于 1994 年 8 月 31 日颁布的《仲裁法》。《仲裁法》随后分别于 2009 年 8 月 27 日、2017 年 9 月 1 日进行修正。此外，《民事诉讼法》也规定了关于仲裁的基本规则。司法解释层面，2008 年 12 月 16 日发布的《最高人民法院关于适用〈中华人民共和国仲裁法〉若干问题的解释》（2008 调整），进一步完善了仲裁法律制度。

（一）仲裁的基本原则、适用范围

仲裁的基本原则是指贯穿整个仲裁制度始终的根本原则，对仲裁员、当事人具有普遍的指导意义。仲裁的基本原则首先为自愿原则，采用仲裁方式解决纠纷，应当基于争议各方自愿达成的仲裁协议，需要各方当事人合意选择仲裁作为争议解决方式；其次为独立原则，独立原则是指仲裁依法独立进行，不受行政机关、社会团体和个人的干涉，具体表现为仲裁机构不属于行政机关、仲裁机构和其他机构没有隶属关系、仲裁庭审理案件不受仲裁协会及仲裁委员会的干预；最后为合法、公平原则，根据《仲裁法》第 7 条的规定，仲裁应当根据事实，符合法律规定，公平合理地解决纠纷。

内地仲裁可以分为劳动仲裁及民商事仲裁两种。劳动仲裁是指依据《劳动争议调解仲裁法》进行的，用以解决用人单位与劳动者之间的劳动争议，主要包括：（1）因确认劳动关系发生的争议；（2）因订立、履行、变更、解除和终止劳动合同发生的争议;(3)因除名、辞退和辞职、离职发生的争议;(4)因工作时间、休息休假、社会保险、福利、培训以及劳动保护发生的争议;(5)因劳动报酬、工伤医疗费、经济补偿或者赔偿金等发生的争议;(6)法律、法规规定的其他劳动争议。

民商事仲裁,则是通常语义下理解的仲裁,主要解决平等主体之间的合同纠纷和其他财产权益纠纷。但是,根据《仲裁法》第3条的规定,婚姻、收养、监护、扶养、继承纠纷以及依法应当由行政机关处理的行政争议不可以采用仲裁裁决方法解决争议。

(二)仲裁委员会和仲裁庭的设置

仲裁委员会是常设性仲裁机构,既可以在直辖市和省、自治区人民政府所在地的市设立,也可以根据需要在其他设区的市设立,不按行政区划层层设立。设立仲裁委员会,应当经省、自治区、直辖市的司法行政部门登记。仲裁委员会聘任仲裁员,仲裁员应当符合下列条件之一:(1)通过国家统一法律职业资格考试取得法律职业资格,从事仲裁工作满8年的;(2)从事律师工作满8年的;(3)曾任法官满8年的;(4)从事法律研究、教学工作并具有高级职称的;(5)具有法律知识、从事经济贸易等专业工作并具有高级职称或者具有同等专业水平的。

仲裁委员会受理仲裁案件后,组成仲裁庭行使仲裁权。仲裁庭可以由3名仲裁员或者1名仲裁员组成。由3名仲裁员组成的,设首席仲裁员。当事人约定由3名仲裁员组成仲裁庭的,应当各自选定或者各自委托仲裁委员会主任指定1名仲裁员。第3名仲裁员,即首席仲裁员,由当事人共同选定或者共同委托仲裁委员会主任指定。当事人约定由1名仲裁员成立仲裁庭的,应当由当事人共同选定或者共同委托仲裁委员会主任指定。当事人没有在仲裁规则规定的期限内约定仲裁庭的组成方式或者选定仲裁员的,由仲裁委员会主任指定。仲裁庭组成后,仲裁委员会应当将仲裁庭的组成情况书面通知当事人。

（三）仲裁协议

仲裁协议，包括合同中订立的仲裁条款和以其他书面方式[①]在纠纷发生前或者纠纷发生后达成的请求仲裁的协议。当事人达成仲裁协议的，只能向仲裁机构申请仲裁，而不能向法院起诉。没有仲裁协议，[②]一方申请仲裁的，仲裁委员会不予受理。达成仲裁协议后，一方向人民法院起诉的，人民法院不予受理，但仲裁协议无效的除外。裁决作出后即发生法律效力，当事人对裁决应当自动履行，否则对方当事人有权申请人民法院强制执行。

仲裁协议应当具有下列内容：(1)请求仲裁的意思表示；(2)仲裁事项；(3)选定的仲裁委员会。在下列情形中，仲裁协议无效：(1)约定的仲裁事项超出法律规定的仲裁范围的；(2)无民事行为能力人或者限制民事行为能力人订立的仲裁协议；(3)一方采取胁迫手段，迫使对方订立仲裁协议的。[③]仲裁协议对仲裁事项或者仲裁委员会没有约定或者约定不明确的，当事人可以订立补充协议；达不成补充协议的，仲裁协议无效。如果约定既可以申请仲裁又可以向法院起诉的，则仲裁协议无效。

通常来说，仲裁协议的效力独立，合同的变更、解除、终止或者无效不影响仲裁协议的效力。除非另有约定，否则仲裁协议订立后，当事人发生合并、分立的，仲裁协议对权利义务的继受人有效；当事人死亡的，仲裁协议对承继其仲裁事项的权利义务的继承人有效；债权债务全部或者部分转让的，仲裁协议对受让人继续有效，但当事人另有约定、在受让债权债务时受让人明确反对或者不知有单独仲裁协议的除外。

仲裁庭有权确认仲裁协议的效力。当事人对仲裁协议的效力有异议的，可以请求仲裁委员会作出决定或者请求人民法院作出裁定。一方请求仲裁委员会作出决定，另一方请求人民法院作出裁定的，由人民法院裁定。当事人对仲裁协议的效力有异议，应当在首次开庭前提出，首次开庭前没有提出异议，而

---

① 《最高人民法院关于适用〈中华人民共和国仲裁法〉若干问题的解释》(2008 调整)第 1 条。

② 《最高人民法院关于适用〈中华人民共和国仲裁法〉若干问题的解释》(2008 调整)第 18 条。

③ 《仲裁法》第 17 条。

后向人民法院申请确认仲裁协议无效的，人民法院不予受理。仲裁机构对仲裁协议的效力作出决定后，当事人向人民法院申请确认仲裁协议效力或者申请撤销仲裁机构的决定的，人民法院不予受理。人民法院审理仲裁协议效力确认案件，应当组成合议庭进行审查，并询问当事人。①

（四）仲裁的申请和受理

当事人申请仲裁应当符合下列条件：(1)有仲裁协议；(2)有具体的仲裁请求、事实和理由；(3)属于仲裁委员会的受理范围。仲裁申请书应当载明下列事项：(1)当事人的姓名、性别、年龄、职业、工作单位和住所，法人或者其他组织的名称、住所和法定代表人或者主要负责人的姓名、职务；(2)仲裁请求和所根据的事实、理由；(3)证据和证据来源、证人姓名和住所。仲裁委员会受理仲裁申请后，应当在仲裁规则规定的期限内将仲裁规则和仲裁员名册送达申请人，并将仲裁申请书副本和仲裁规则、仲裁员名册送达被申请人。被申请人收到仲裁申请书副本后，应当在仲裁规则规定的期限内向仲裁委员会提交答辩书。仲裁委员会收到答辩书后，应当在仲裁规则规定的期限内将答辩书副本送达申请人。申请人可以放弃或者变更仲裁请求。被申请人可以承认或者反驳仲裁请求，有权提出反请求。

（五）仲裁员应当回避的情形

仲裁员有下列情形之一的，必须回避，当事人也有权提出回避申请：(1)是本案当事人或者当事人、代理人的近亲属；(2)与本案有利害关系；(3)与本案当事人、代理人有其他关系，可能影响公正仲裁的；(4)私自会见当事人、代理人，或者接受当事人、代理人的请客送礼的。当事人提出回避申请，应当说明理由，在首次开庭前提出。回避事由在首次开庭后知道的，可以在最后一次开庭终结前提出。仲裁员是否回避，由仲裁委员会主任决定；仲裁委员会主任担任仲裁员时，由仲裁委员会集体决定。仲裁员因回避或者其他原因不能履行职责的，应当依照本法规定重新选定或者指定仲裁员。因回避而重新选定或者指

① 《最高人民法院关于适用〈中华人民共和国仲裁法〉若干问题的解释》(2008 调整)第 15 条。

定仲裁员后，当事人可以请求已进行的仲裁程序重新进行，是否准许，由仲裁庭决定；仲裁庭也可以自行决定已进行的仲裁程序是否重新进行。

（六）开庭和裁决

仲裁应当开庭进行。当事人协议不开庭的，仲裁庭可以根据仲裁申请书、答辩书以及其他材料作出裁决。仲裁不公开进行，当事人协议公开的，可以公开进行，但涉及国家秘密的除外。申请人经书面通知，无正当理由不到庭或者未经仲裁庭许可中途退庭的，可以视为撤回仲裁申请。被申请人经书面通知，无正当理由不到庭或者未经仲裁庭许可中途退庭的，可以缺席裁决。仲裁庭应当将开庭情况记入笔录。当事人和其他仲裁参与人认为仲裁庭对自己陈述的记录有遗漏或者差错的，有权申请补正。如果不予补正，应当记录该申请。笔录由仲裁员、记录人员、当事人和其他仲裁参与人签名或者盖章。

裁决应当按照多数仲裁员的意见作出，少数仲裁员的不同意见可以记入笔录。仲裁庭不能形成多数意见时，裁决应当按照首席仲裁员的意见作出。裁决书应当写明仲裁请求、争议事实、裁决理由、裁决结果、仲裁费用的负担和裁决日期。当事人协议不愿写明争议事实和裁决理由的，可以不写。裁决书由仲裁员签名，加盖仲裁委员会印章。对裁决持不同意见的仲裁员，可以签名，也可以不签名。仲裁庭仲裁纠纷时，其中一部分事实已经清楚，可以就该部分先行裁决。对于裁决书中的文字、计算错误或者仲裁庭已经裁决但在裁决书中遗漏的事项，仲裁庭应当补正；当事人自收到裁决书之日起 30 日内，可以请求仲裁庭补正。裁决书自作出之日起发生法律效力。

（七）和解和调解

当事人申请仲裁后，可以自行和解。达成和解协议的，可以请求仲裁庭根据和解协议作出裁决书，也可以撤回仲裁申请。当事人达成和解协议，撤回仲裁申请后反悔的，可以根据仲裁协议申请仲裁。仲裁庭在作出裁决前可以先行调解。当事人自愿调解的，仲裁庭应当调解。调解不成的，应当及时作出裁决。调解达成协议的，仲裁庭应当制作调解书或者根据协议的结果制作裁决书。调解书与裁决书具有同等法律效力。调解书应当写明仲裁请求和当事人协议的结果。调解书由仲裁员签名，加盖仲裁委员会印章，送达双方当事人。调解书经双方当事人签收即发生法律效力。在调解书签收前当事人反悔的，仲裁庭应当及时作出裁决。当事人请求不予执行仲裁调解书或者根据当事人之间的和解协议作出的仲裁裁决书的，人民法院不予支持。

（八）仲裁裁决的撤销

当事人申请撤销裁决的，应当自收到裁决书之日起6个月内提出。当事人提出证据证明裁决有下列情形之一的，可以向仲裁委员会所在地的中级人民法院申请撤销裁决[①]：（1）没有仲裁协议的；（2）裁决的事项不属于仲裁协议的范围或者仲裁委员会无权仲裁的；（3）仲裁庭的组成或者仲裁的程序违反法定程序的；（4）裁决所根据的证据是伪造的；（5）对方当事人隐瞒了足以影响公正裁决的证据的；（6）仲裁员在仲裁该案时有索贿受贿、徇私舞弊、枉法裁决行为的。

人民法院应在受理撤销裁决申请之日起2个月内作出撤销裁决或者驳回申请的裁定。合议庭审查核实有可撤销情形之一或者裁决违背社会公共利益的，应当裁定撤销。一方当事人申请撤销仲裁裁决时，另一方当事人申请执行同一裁决的，则人民法院在受理后裁定中止执行。

人民法院经审查，可以由仲裁庭重新仲裁的，则通知仲裁庭在一定期限内重新仲裁，并裁定中止撤销程序。当事人对重新仲裁裁决不服的，可以在重新仲裁裁决书送达之日起6个月内依据《仲裁法》第58条的规定向人民法院申请撤销。

当事人申请撤销国内仲裁裁决的案件属于下列情形之一的，人民法院可以依照《仲裁法》第61条的规定通知仲裁庭在一定期限内重新仲裁：（1）仲裁裁决所根据的证据是伪造的；（2）对方当事人隐瞒了足以影响公正裁决的证据的。人民法院应当在通知中说明要求重新仲裁的具体理由。[②]

仲裁庭在指定期限内重新仲裁的，人民法院应裁定终结撤销程序；未开始

---

① 《仲裁法》第58条第1款。

② 《最高人民法院关于适用〈中华人民共和国仲裁法〉若干问题的解释》（2008调整）第21条。

重新仲裁的，人民法院应裁定恢复撤销程序。仲裁庭拒绝重新仲裁的，人民法院应裁定恢复撤销程序。

（九）仲裁裁决的履行

当事人应当履行仲裁裁决。仲裁裁决的执行，由被执行人住所地或者被执行财产所在地的中级人民法院管辖。一方当事人不履行的，另一方当事人可依照《民事诉讼法》第304条的规定向人民法院申请执行。

当事人向人民法院申请撤销仲裁裁决被驳回后，又在执行程序中以相同理由提出不予执行抗辩的，人民法院不予支持。① 当事人在仲裁程序中未对仲裁协议的效力提出异议，在仲裁裁决作出后以仲裁协议无效为由主张撤销仲裁裁决或者提出不予执行抗辩的，人民法院不予支持。当事人在仲裁程序中对仲裁协议的效力提出异议，在仲裁裁决作出后又以此为由主张撤销仲裁裁决或者提出不予执行抗辩，经审查符合《仲裁法》第58条或者《民事诉讼法》（2007年修正）第213条第2款、第258条② 规定的，人民法院应予支持。③

一方当事人申请执行裁决，另一方当事人申请撤销裁决的，人民法院应当裁定中止执行。人民法院裁定撤销裁决的，应当裁定终结执行。撤销裁决的申请被裁定驳回的，人民法院应当裁定恢复执行。④

二、内地仲裁机构的仲裁规则概要

自1995年《仲裁法》施行以来，内地仲裁业务迅速发展，目前已经成立了将近300家仲裁机构。在近30年的发展历程中，内地仲裁机构立足于本土仲裁业务实际，参考境外先进仲裁经验，形成了一套独具中国特色的仲裁规则。这些具有中国特色的仲裁规则与《仲裁法》相辅相成，共同构成了内地仲裁业务的基本规则，进而促进了内地仲裁业务的高速发展。

---

① 《最高人民法院关于适用〈中华人民共和国仲裁法〉若干问题的解释》（2008调整）第26条。

② 《民事诉讼法》2023年修正后，原第213条第2款现对应第248条第2款、原第258条现对应第291条。

③ 《最高人民法院关于适用〈中华人民共和国仲裁法〉若干问题的解释》（2008调整）第27条。

④ 《仲裁法》第64条。

（一）诚信仲裁原则

诚实信用原则一直是内地民法的核心原则之一，被内地学者称为民法中的“帝王原则”。因此，在民商事仲裁领域，诚实信用原则也得到了坚持和贯彻。内地仲裁机构在处理民商事纠纷时亦坚持该项原则，并在仲裁规则中予以明确性规定。例如，《上海国际经济贸易仲裁委员会仲裁规则（2024 年）》第 8 条明确规定，仲裁当事人应当遵循诚实信用的原则参与仲裁。[①]《上海仲裁委员会仲裁规则》第 7 条第 1 款规定，当事人及其代理人应当遵循诚实信用和善意合作的原则参加仲裁。[②]

对于违反诚信仲裁原则的行为，内地主要仲裁机构也在各自的仲裁规则中作出了细化规定，使得诚信仲裁原则得到具体的贯彻。例如，针对仲裁当事人滥用权利随意撤回仲裁请求或反请求的行为，《上海国际经济贸易仲裁委员会仲裁规则（2024 年）》第 52 条第 3 款规定，仲裁庭宣布审理终结后，当事人申请撤回全部仲裁请求或者全部仲裁反请求的，仲裁庭可以给予对方当事人合理机会发表意见……如果对方当事人提出合理的反对意见，并且仲裁庭认为有正当理由通过裁决解决争议，仲裁庭有权继续仲裁程序。[③]

（二）绿色仲裁原则

绿色原则，亦是《民法典》的重要原则之一。尤其是在 2030 年实现“碳达峰”和 2060 年实现“碳中和”的背景下，内地的仲裁机构在处理仲裁事宜时也坚持了该项原则。例如《上海国际经济贸易仲裁委员会仲裁规则（2024 年）》第 9 条规定，当事人和其他仲裁参与人应当遵循绿色环保的原则参加仲裁。[④]《上海仲裁委员会仲裁规则》第 10 条规定，仲裁委员会倡导绿色仲裁与智慧仲裁原则，鼓励当事人通过信息化、数字化等环保方式解决争议，并为当事人和仲裁庭提供相应便利。[⑤]

---

① 《上海国际经济贸易仲裁委员会仲裁规则（2024 年）》第 8 条。
② 《上海仲裁委员会仲裁规则》第 7 条第 1 款。
③ 《上海国际经济贸易仲裁委员会仲裁规则（2024 年）》第 52 条第 3 款。
④ 《上海国际经济贸易仲裁委员会仲裁规则（2024 年）》第 9 条。
⑤ 《上海仲裁委员会仲裁规则》第 10 条。

在内地仲裁机构的仲裁规则中，绿色原则多体现为文书送达、证据材料提交等采用电子化手段，以减少纸质文件对环境资源的消耗。例如《上海国际经济贸易仲裁委员会仲裁规则（2024 年）》第 85 条第 2 款明确规定，有关仲裁的文书、通知、材料等……除非当事人另有约定或者仲裁庭另有决定，秘书处可以优先通过数智化平台进行电子送达。[①]《深圳国际仲裁院仲裁规则》（2022 修正）第 6 条第 2 款规定，除非当事人另有约定，有关仲裁的文书、通知、材料等可以当面送达或者以邮寄、传真、电子邮件、其他能提供记录的电子数据交换方式或者仲裁院认为适当的其他方式送达。[②]

（三）数字智能仲裁

随着数字化和智能化在内地的迅速发展，数字智能技术已经广泛应用于仲裁程序之中，包括仲裁文件可优先采用电子送达、仲裁庭有权决定网上视频开庭、仲裁员电子签名效力等。例如，《上海国际经济贸易仲裁委员会仲裁规则（2024 年）》第 10 条第 1 款规定，当事人可以约定，秘书处或者仲裁庭也可以决定全部或者部分仲裁程序借助数字智能技术进行，包括但不限于通过上海国际经济贸易仲裁委员会（上海国际仲裁中心）数智化平台在线完成立案、文件证据交换、询问、调解、鉴定、庭审、送达等。[③]《中国国际经济贸易仲裁委员会仲裁规则（2024 版）》第 11 条规定，申请人向仲裁委员会书面提交仲裁申请及 / 或通过仲裁委员会网上立案系统申请仲裁的，仲裁程序开始于最先收到的日期。[④]

（四）合并仲裁制度

为提高仲裁效率，内地主要仲裁机构都规定了仲裁案件的合并审理制度，即在符合规定条件的情况下，仲裁委员会可以将多个案件合并为一个案件进行审理。例如，《中国国际经济贸易仲裁委员会仲裁规则（2024 版）》第 19 条第 1 款规定，符合规定条件的，经一方当事人请求，仲裁委员会可以决定将根据本

---

① 《上海国际经济贸易仲裁委员会仲裁规则（2024 年）》第 85 条第 2 款。
② 《深圳国际仲裁院仲裁规则》（2022 修正）第 6 条第 2 款。
③ 《上海国际经济贸易仲裁委员会仲裁规则（2024 年）》第 10 条第 1 款。
④ 《中国国际经济贸易仲裁委员会仲裁规则（2024 版）》第 11 条。

规则进行的两个或两个以上的仲裁案件合并为一个仲裁案件进行审理。[①]《上海仲裁委员会仲裁规则》第 21 条规定，符合规定条件的，经一方当事人申请，仲裁委员会可以决定将按照本规则进行的两个或者两个以上的关联仲裁案件合并为单个仲裁案件进行审理。[②]

（五）早期驳回程序

为减少不必要的程序拖延，内地主要仲裁机构都规定了仲裁案件的早期驳回程序，即仲裁庭可以在仲裁程序的早期阶段对当事人的仲裁请求或反请求进行审查，并在认定该仲裁请求或反请求明显缺乏依据的情况下予以驳回。例如，《中国国际经济贸易仲裁委员会仲裁规则（2024 版）》第 50 条第 1 款规定，当事人可以以仲裁请求或反请求明显缺乏法律依据或明显超出仲裁庭的管辖范围为由申请早期驳回全部或部分仲裁请求或反请求。[③]

（六）中间裁决制度

中间裁决是指仲裁庭在作出最终裁决之前，针对某一事项所作出的暂时性裁决。但是，任何一方当事人不履行中间裁决，都不影响仲裁程序的继续进行，也不影响仲裁庭作出最终裁决。例如，《中国国际经济贸易仲裁委员会仲裁规则（2024 版）》第 49 条第 1 款规定，仲裁庭认为必要或当事人提出请求并经仲裁庭同意的，仲裁庭可以在作出最终裁决之前，就案件的任何问题作出中间裁决。[④]《上海仲裁委员会仲裁规则》第 52 条规定，仲裁庭认为必要或者当事人申请经仲裁庭同意时，仲裁庭可以就案件争议的程序问题或者实体问题作出中间裁决。[⑤]

（七）临时措施制度

临时措施是指仲裁机构在作出终局决定前，因情况紧急而为权利人采取的临时性救济措施。临时措施是保障仲裁程序进行、仲裁裁决执行的一项重要制

---

① 《中国国际经济贸易仲裁委员会仲裁规则（2024 版）》第 19 条第 1 款。

② 《上海仲裁委员会仲裁规则》第 21 条。

③ 《中国国际经济贸易仲裁委员会仲裁规则（2024 版）》第 50 条第 1 款。

④ 《中国国际经济贸易仲裁委员会仲裁规则（2024 版）》第 49 条第 1 款。

⑤ 《上海仲裁委员会仲裁规则》第 52 条。

度，内地的主要仲裁机构对此都作出了明确且细致的规定。例如，《中国国际经济贸易仲裁委员会仲裁规则（2024版）》第80条第1款规定，除非当事人另有约定，应一方当事人申请，仲裁庭有权决定采取适当的临时措施；第23条规定了临时措施的申请、转交、担保等要求。而《上海国际经济贸易仲裁委员会仲裁规则（2024年）》则在第三章设专章对临时措施作出了具体规定，包括临时措施的类型、仲裁前临时措施、仲裁中临时措施、紧急仲裁员、临时措施决定的作出、临时措施决定的变更、临时措施决定的遵守等具体内容。

（八）紧急仲裁员程序

紧急仲裁员程序是指在仲裁庭组成前，为满足当事人在紧急情况下的保全措施需求而启动的程序。紧急仲裁员程序作为配合临时措施执行的重要制度，内地仲裁机构通常会在对临时措施制度作出规定的同时一并作出规定。例如，《上海国际经济贸易仲裁委员会仲裁规则（2024年）》第25条专条规定了紧急仲裁员的指定、披露、回避、作出决定等内容。中国国际经济贸易仲裁委员会则专设附件三《中国国际经济贸易仲裁委员会紧急仲裁员程序》对紧急仲裁员程序的申请、申请的受理及紧急仲裁员的指定、紧急仲裁员的披露及回避、紧急仲裁员程序所在地、紧急仲裁员程序、紧急仲裁员的决定、紧急仲裁员程序费用承担等方面作出了更为明确细化的规定。

（九）第三方资助制度

第三方资助是指由案外人提供资金支持，当事人运用资金实现胜诉，并将胜诉金额的一定比例或根据双方的其他约定作为提供资金的案外人的回报。该项制度可以使原本因为经济原因无法进行的仲裁成为可能，内地主要仲裁机构都引入了这一制度。例如，《中国国际经济贸易仲裁委员会仲裁规则（2024版）》在第48条规定了第三方资助制度，要求获得第三方资助的当事人应当及时向仲裁委员会仲裁院披露相关情况，同时允许仲裁庭在作出仲裁费用相关的裁决时，将第三方资助的情况予以考虑。

（十）内地仲裁机构的香港仲裁特别规定

近年来，随着内地仲裁业务的发展，内地仲裁机构受案范围也在不断拓宽，涉外争议案件不断增多。为便利涉外争议案件的处理，内地主要仲裁机构都在香港设立了分支机构。例如，中国国际经济贸易仲裁委员会在香港设立了仲裁委员会香港仲裁中心、上海国际经济贸易仲裁委员会在香港设立了上海国际仲裁（香港）中心。

因此，内地主要仲裁机构在仲裁规则中都设立了专章对香港仲裁作出规定，中国国际经济贸易仲裁委员会在《中国国际经济贸易仲裁委员会仲裁规则（2024 版）》第六章设专章“香港仲裁的特别规定”、上海国际经济贸易仲裁委员会在《上海国际经济贸易仲裁委员会仲裁规则（2024 年）》第九章设专章“香港仲裁的特别规定”。但是从整体上看，香港分支机构的仲裁规则与内地仲裁机构的仲裁规则基本相同，只是在仲裁地、仲裁适用程序适用法、仲裁裁决书等方面存在细微差别。例如《上海国际经济贸易仲裁委员会仲裁规则（2024 年）》第 78 条规定，除非当事人另有约定，上海国际仲裁（香港）中心管理的案件的仲裁地为中国香港，仲裁程序适用法为香港地区法律，仲裁裁决为中国香港裁决。《中国国际经济贸易仲裁委员会仲裁规则（2024 版）》第 77 条也规定，除非当事人另有约定，仲裁委员会香港仲裁中心管理的案件的仲裁地为香港，仲裁程序适用法为香港仲裁法，仲裁裁决为香港裁决。

三、涉港仲裁案例及仲裁实务

2021 年 7 月到 8 月，司法部《仲裁法修订草案》（以下简称《草案》）公开向社会大众征求意见。《草案》参考了《联合国国际商事仲裁示范法》，不仅同国际接轨增设了临时仲裁制度，还用“仲裁机构”代替原先“仲裁委员会”表述，以“仲裁地”为标准解决了外国仲裁机构在内地从事仲裁活动的籍属和效力问题。[①] 为增加仲裁的友好度和吸引力、健全区际民商事司法协助体系，[②] 内地与香港签署了囊括仲裁裁决的相互认可和执行、仲裁保全协助等在内的多项司法

① 柯静嘉：《“一带一路”国际商事争端多元化纠纷解决机制的构建——以粤港澳大湾区为试点》，载《港澳研究》2023 年第 1 期。

② 周强：《最高人民法院关于人民法院涉外审判工作情况的报告》，载《人民法院报》2022 年 10 月 31 日，第 1 版。

协助安排和司法协助文件。[①]鉴于上述法律法规的更新迭代和司法协助的全方位加强，本节将以典型案例和精品案例为依托，解读规范运行的最新进展，以期弥合理论与司法实践的罅隙，为仲裁实务操作提供指引。

（一）增设临时仲裁

为保障仲裁程序的顺利推进、准确查明争议事实、提高仲裁裁决执行效率，法院在受理认可和执行仲裁裁决申请之前或之后，可以对被申请人的财产采取诉前保全措施和诉中保全措施。例如，在华夏航运（新加坡）有限公司（以下简称华夏公司）申请执行香港仲裁裁决案中，[②]华夏公司与东海运输有限公司（以下简称东海公司）签订包运合同，并约定产生的所有争议提交香港仲裁，适用英国法。后双方发生争议，香港仲裁庭裁决东海公司支付赔偿款。根据华夏公司的申请，广州海事法院在作出认可和执行仲裁裁决的裁定前，对东海公司的存款予以冻结。该案发生时间较早，彼时审理法官只能参照2008年1月施行的《仲裁裁决安排》，并根据《民事诉讼法》及其司法解释有关规定作出裁定。

值得庆幸的是，随着《仲裁保全安排》的顺利签订，通过预防性救济措施来维护内地与香港当事人合法权益有了更为具体、可操作的制度规范。譬如，思源海运（香港）有限公司（以下简称思源海运）与上海樽文实业有限公司（以下简称上海樽文）申请财产保全纠纷案就是全国首例根据《仲裁保全安排》准许香港仲裁程序中提出的财产保全申请的案件。[③]思源海运与上海樽文因航次租船合同发生争议后达成和解协议，约定争议提交至香港国际仲裁中心。之后，上海樽文未按约定支付和解款项，思源海运遂提起仲裁并向上海海事法院转递仲裁程序中的保全申请。法院在审理过程中着重关注了两个问题：其一，管辖。根据《仲裁保全安排》第3条的规定，管辖法院应为被申请人住所地、财

---

① 司艳丽：《粤港澳大湾区法律规则衔接疑难问题研究——以多元化纠纷解决机制为切入点》，载《中国法律评论》2022年第1期。

② （2018）粤72认港1号、（2019）粤72认港1号，该案入选内地与香港发布相互执行仲裁裁决的典型案例。

③ （2019）沪72财保298号，该案入选上海海事法院发布2019年十大精品案例。

产所在地或者证据所在地的内地中级人民法院。本案涉及的是航次租船合同纠纷，被申请人住所地在上海，因此该海事海商案件属于上海海事法院专门管辖。其二，主体资格。《仲裁保全安排》第2条规定了"香港仲裁程序"应当满足仲裁地在香港和由有关机构或者常设办事处管理这两个条件。目前获得最高人民法院和香港政府双方确认的香港仲裁机构包括HKIAC、中国国际经济贸易仲裁委员会香港仲裁中心、国际商会国际仲裁院亚洲事务办公室、香港海事仲裁协会、华南（香港）国际仲裁院和一邦国际网上仲调中心。本案仲裁地点位于香港，且提交至HKIAC进行仲裁，满足了"仲裁地+特定管理机构"的双重认定标准，申请人属于"香港仲裁程序当事人"。最终，法院经审理认为，思源海运系香港仲裁程序的当事人，在仲裁裁决作出前，依据《仲裁保全安排》的相关规定提出的财产保全申请，符合法律规定，故裁定冻结上海樽文的银行存款268,600美元或查封、扣押、冻结被申请人其他等值财产。

（二）以仲裁地确认裁决籍属

长久以来，内地法律对不同类型仲裁裁决规定了不同审查标准，且一般从字面意义上解读《民事诉讼法》第290条之规定，认为但凡是国外仲裁机构作出的判决，无论其具体在何地作出，都是需要由中国法院承认和执行的。换言之，过往是以"仲裁机构所在地"为指标来衡量仲裁裁决的籍属，并以此为根据确定仲裁协议效力准据法。然则，这一标准忽视了在复合仲裁条款背景下，仲裁地与裁决之间密切的关联。值得欣慰的是，部分法院在认定裁决国籍时秉持更为先进的理念，"仲裁地"标准的重要性越发凸显。

境外仲裁机构在我国内地所作裁决的性质认定典型案例是2020年"布兰特伍德案"。[①] 广州市正启贸易有限公司（以下简称正启公司）与美国企业布兰特伍德工业有限公司（以下简称布兰特伍德公司）签订合同，约定争议提交国际商会仲裁委员会根据国际惯例在广州进行仲裁。发生争议后，布兰特伍德公司提起仲裁申请，仲裁员在广州作出终极裁决。布兰特伍德公司遂向广州市中

① （2015）穗中法民四初字第62号，该案入选广东省高级人民法院发布20个服务保障粤港澳大湾区建设典型案例。

级人民法院申请承认和执行仲裁裁决，认为涉案裁决是国际商会国际仲裁院在香港的分支机构作出的，系法国仲裁裁决或香港仲裁裁决，内地法院需依照《承认及执行外国仲裁裁决公约》或《仲裁裁决安排》予以承认和执行。法院经审查并层报最高人民法院后认为，涉案仲裁裁决系外国仲裁机构在中国内地作出的仲裁裁决，应采用仲裁地标准，将其视为中国涉外仲裁裁决，申请人可参照《民事诉讼法》第 273 条的规定向被申请人住所地或者财产所在地的中级人民法院申请执行。

"布兰特伍德案"首次明确境外仲裁机构在我国内地作出的仲裁裁决的性质，美国意艾德建筑师事务所（以下简称意艾德事务所）申请执行香港仲裁裁决案则是内地仲裁机构在香港设立的分支机构以香港为仲裁地作出的仲裁裁决获得内地法院执行的首案。[①] 意艾德事务所与富力南京地产开发有限公司（以下简称富力公司）签订地块设计合同，约定将争议提交中国国际经济贸易仲裁委员会香港仲裁中心。因合同履行发生争议，意艾德事务所申请仲裁，中国国际经济贸易仲裁委员会香港仲裁中心受理本案并作出仲裁裁决。意艾德事务所向江苏省南京市中级人民法院申请执行该仲裁裁决第 3 项。法院经审查确认仲裁裁决籍属的标准为仲裁地，并据此认定涉案仲裁裁决系香港仲裁裁决，符合《仲裁裁决安排》的适用条件，依法支持了申请人的主张。

为回应最新司法实践呼声，《草案》第 27 条纠偏原先《仲裁法》《民事诉讼法》所采纳的"仲裁机构所在地标准"，正式确认"仲裁地"标准，明确境外仲裁机构在内地所作仲裁裁决和内地仲裁机构在香港设立的分支机构以香港为仲裁地所作仲裁裁决的籍属和效力问题。

（三）仲裁协议效力扩张

意思自治是仲裁制度的灵魂，而仲裁协议承载了当事人的合意，因此传统理论主张仲裁协议效力具有相对性，其只及于签署书面仲裁条款的主体。仲裁协议效力具有相对性的原则在来宝资源国际私人有限公司（以下简称来宝公

① （2016）苏 01 认港 1 号，该案入选内地与香港发布相互执行仲裁裁决的典型案例。

司）申请认可和执行香港国际仲裁中心仲裁裁决案中得到了重申。[①] 该案是典型的“多份合同、单个仲裁”情况，来宝公司分别与枫泽公司、新鑫公司、渤钢贸易公司、繁盛公司 4 家公司签订买卖合同，均约定争议适用英国法管辖，由 HKIAC 仲裁解决。发生争议后，来宝公司对四批次货物的履行提出 4 个仲裁申请，HKIAC 将 4 个仲裁程序合并为 1 个并作出裁决。来宝公司向法院申请认可和执行上述仲裁裁决。天津市第三中级人民法院审查后认为，同一份合同不能同时约束多个被申请人，该 4 个案件应适用“多份合同，单个仲裁”程序。但在仲裁庭组成后，4 家公司均未正式提出异议，而是参加了仲裁程序。因此，根据《HKIAC 规则（2013 年版）》第 29.2 条和第 31 条的规定，应视为该 4 家公司已经放弃了提出异议的权利。该案经向最高人民法院报核，法院最终裁定对案涉仲裁裁决予以认可和执行。

然而，在日渐复杂和多变的国际商事贸易体系下，仲裁协议效力能否在一定情形下约束非签署方成为最新司法实践热衷探索的话题。典型的“仲裁协议效力扩张”如上海信辉投资咨询有限公司（以下简称上海信辉）与 Willis Group Limited、第三人韦莱保险经纪有限公司股东资格确认买卖合同纠纷案。[②] 该案中，上海信辉、Willis Group Limited、原审第三人、马某涛、卜某签订《股东协议》，其中马某涛与卜某作为投资方经理在协议上签字。后上海信辉与 Willis Group Limited 签订《股权转让协议》，上海信辉、Willis Group Limited、马某涛、卜某签订《股权转让协议》，Willis Group Limited 与马某涛签订《债务结算协议》，协议均约定发生争议后在 HKIAC 仲裁。发生争议后，HKIAC 作出裁决，上海信辉以协议系 Willis Group Limited 与马某涛个人签订为由诉至法院，主张该仲裁条款对上海信辉不具有约束力。法院认为，一方面，资金结算协议系原、被告整个股权协议项下的组成部分，马某涛作为上海信辉的法定代表人、实际控制人，其在《股东协议》《股权转让协议》《债务结算协议》上签字，上海信辉对《债务结算协议》中的仲裁约定应是明知的。另一方面，虽然《债务结

① （2019）津 03 认港 1 号，该案入选最高人民法院发布第四批涉“一带一路”建设典型案例。
② （2021）沪 01 民终 6348 号，该案入选上海浦东法院发布涉外商事审判十大典型案例。

算协议》形式上系马某涛个人与 Willis Group Limited 签订，但其中有多条内容涉及上海信辉的权利义务，并且上海信辉在诉状事实理由中亦明确，Willis Group Limited 与马某涛签订《债务结算协议》等一系列协议就是为了履行上海信辉、Willis Group Limited 之间关于股权的约定。因此，法院认为不能仅以主体不同排除仲裁协议对本案纠纷的适用，本案的仲裁条款应当对上海信辉产生约束力。

第七篇
其他争议解决

第一章　域外法查明的“深圳实践”

2023 年 10 月 23 日，国务院服务贸易发展部际联席会议办公室印发《全面深化服务贸易创新发展试点第四批“最佳实践案例”》，其中深圳以域外法查明为主要内容的“创新跨境商事法律规则衔接机制”成果在全国复制推广。①

一、域外法查明的“深圳实践”的内容

（一）运用特区立法权率先立法

深圳充分利用特区立法权，率先在全国对域外法查明机制作出立法规定。2011 年 6 月 27 日通过的《深圳经济特区前海深港现代服务业合作区条例》（以下简称 2011 年《前海条例》），首次通过立法形式建立了域外法查明机制，② 并将之界定为为“商事活动”提供的“服务”，为域外法律查明机制的创新应用提供了制度空间。

考虑自贸片区国际化的发展方向，2020 年《深圳经济特区前海蛇口自由贸易试验片区条例》（已被修改）对“涉外性”作出立法变通，③ 允许相关

① 商务部：《国务院服务贸易发展部际联席会议办公室印发〈全面深化服务贸易创新发展试点第四批“最佳实践案例”〉》，载商务部官网 2023 年 11 月 1 日，http://www.mofcom.gov.cn/article/gztz/202311/20231103450422.shtml。

② 深圳市第五届人民代表大会常务委员会第九次会议通过《深圳经济特区前海深港现代服务业合作区条例》，在“法治环境”一章中的第 52 条明确规定了“鼓励深港合作建立法律查明机制，为前海合作区商事活动提供域外法律查明服务”。该条例经深圳市第六届人民代表大会常务委员会第四十四次会议于 2020 年 8 月 26 日修订。

③ 按照我国法律的规定，当事人只有在民事关系存在“涉外性”的前提下才能选择适用域外法律。

当事人自由选择适用域外法律，[①] 这使得域外法查明服务有了更多的应用场景。

（二）设立全国首家域外法查明服务机构

在传统上，域外法查明并不是一项单独的法律服务，在中国也没有专门从事域外法查明服务的机构。为贯彻 2011 年《前海条例》的规定，拓宽域外法查明的途径，深圳市司法局创新性地支持在前海设立域外法查明服务的专门机构——深圳市蓝海现代法律服务发展中心（现更名为深圳市蓝海法律查明和商事调解中心，以下简称蓝海中心），这是全国首家以域外法查明为核心业务的、独立运行的法人机构。

域外法查明机构的出现，对解决域外法查明渠道不畅的问题起到了积极作用。按照过往的法律规定 [②] 和审判实践，我国域外法查明途径限于 5 种：（1）由当事人提供；（2）由与我国订立司法协助协定的缔约对方的中央机关提供；（3）由我国驻该国使领馆提供；（4）由该国驻我国使馆提供；（5）由中外法律专家提供。鉴于专门性的法律查明服务机构在实践中体现出的专业性、快捷性等优势，最高人民法院和地方各级司法机关逐步认可“由法律查明服务机构提供”系查明域外法的新途径。其中，2018 年《最高人民法院关于设立国际商事法庭若干问题的规定》（已被修改）首次将“由法律查明服务机构提供”规定为查明域外法的途径之一。这一规定在 2022 年《全国法院涉外商事海事审判工作座谈会会议纪要》第 21 条第 1 款第 3 项也有明确。2023 年 12 月 1 日发布的《最高人民法院关于适用〈中华人民共和国涉外民事关系法律适用法〉若干问题的解释（二）》第 2 条第 1 款第 6 项，以司法解释的形式再次明确了“由法律查明服务机构或者中外法律专家提供”是查明外国法律的途径。

① 该条例由深圳市第六届人民代表大会常务委员会修订通过。其中第 57 条规定，“依法保障离岸交易纠纷当事人自由选择适用外国法律或者国际商事通行规则、商事惯例的权利，但违反我国法律基本原则或者损害国家主权、安全和社会公共利益的除外”。

② 《关于贯彻执行〈中华人民共和国民法通则〉若干问题的意见（试行）》第 193 条，现已失效。

（三）司法机关和仲裁机构对域外法律适用持开放态度

深圳的司法机关和仲裁机构都非常重视域外法查明的机制建设和实践应用。以前海法院为例，为准确查明和适用域外法律，该院通过制定系列文件，形成较为完善的域外法查明司法适用规则，为法官识别案件“涉外性”及准确查明提供指引。[①]截至2023年年底，前海法院适用域外法审理案件达194件，其中适用香港法审理案件124件，居于全国首位。[②]鉴于前海法院在法律查明方面的积极探索，《最高人民法院关于支持和保障全面深化前海深港现代服务业合作区改革开放的意见》对“完善域外法查明和适用机制”作出专门规定，“支持港澳法律专家在前海法院出庭提供法律查明协助”，授权前海法院对域外法查明工作进行试点。

（四）建设全国首个大型中文“一带一路”法律数据库——“一带一路”法治地图

为积极响应国家“一带一路”倡议，针对中文“一带一路”法律信息不足的现状，前海管理局从2017年开始部署打造“一带一路”法治地图项目。该项目由蓝海中心携手法律出版社共同承建，迄今整理、翻译、梳理“一带一路”沿线69个国家和地区主要商贸投资领域的法律、法规、案例，超过1000万字，原创率接近90%。该项目以公共法律产品的形式为社会各界提供免费的法律支撑，并与域外法查明服务形成呼应，成为深圳域外法查明机制建设的重要组成部分，得到上级单位的充分肯定和支持（见图7–1–1）。[③]

---

① 前海法院先后制定了《域外法查明办法》《关于审理民商事案件正确认定涉港因素的裁判指引》《关于深入实施涉外、涉港澳台案件域外法查明与适用的若干规定》等，详见深圳前海合作区人民法院：《看过来！前海法院发布〈依法适用域外法审判商事案件白皮书〉》，载澎湃新闻官网2022年5月20日，https://www.thepaper.cn/newsDetail_forward_18197134。

② 深圳前海合作区人民法院：《获奖+1！这项“前法经验”入选国家级最佳实践案例》，载微信公众号“深圳前海合作区人民法院”2023年11月11日，https://mp.weixin.qq.com/s/GJp389FZLWYJ1KBHf4192A。

③ 2018年5月，国务院在《进一步深化中国（广东）自由贸易试验区改革开放方案》中明确提出要“加快推进‘一带一路’法治地图建设”；国家发展改革委在总结深圳先行示范经验时也专门提到“建立‘一带一路’法治地图”，详见国家发展改革委：《一图读懂｜深圳以先行示范标准探索法治化营商环境实现路径》，载微信公众号“国家发展改革委”2022年4月30日，https://mp.weixin.qq.com/s/pcVLb0fGdb1Xwn5kk874Fg；国务院服务贸易发展部际联席会议办公室在其印发的《全面深化服务贸易创新发展试点第四批“最佳实践案例”》中指出，“‘一带一路’法治地图为‘走出去’企业提供法律支撑，提振投资者信心”。

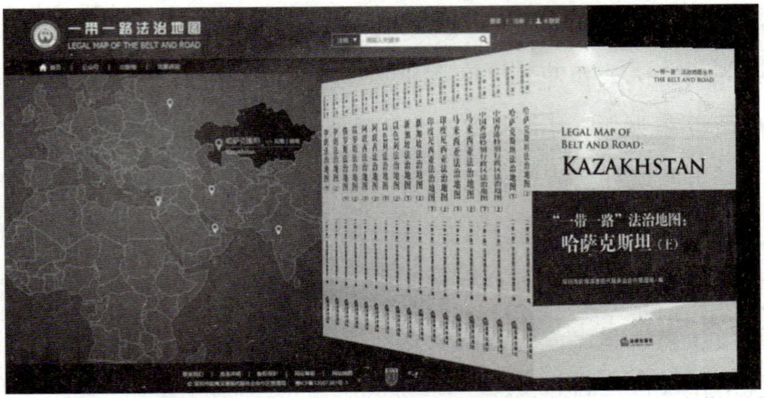

图 7-1-1 “一带一路”法治地图

二、域外法查明的“深圳实践”对规则衔接的意义

（一）有效衔接一国之内的不同法域

从底线思维出发，粤港澳大湾区的规则衔接必须坚守“一国两制”这个法律边界。域外法查明机制是一种“存异”的法律工具，是以承认不同司法管辖区的法律差异为前提的。在跨境投资方面，由于有一套行之有效的域外法查明机制，域外投资者就可以依法在合同中选择自己熟悉的适用法律，安心地开展跨境投资活动。

（二）为粤港澳法律服务合作提供新范例

《纲要》要求深化落实内地与港澳关于建立更紧密经贸关系的安排对港澳服务业开放措施，鼓励粤港澳加强法律服务方面的合作。在港澳特区，域外法查明通常是以当事人聘请“专家证人”的方式来实现的，并无域外法查明专门服务及机构设置。因此，前海推出的域外法查明这一新型服务，得到了港澳人士的持续关注和积极响应。①

① 2012 年 11 月，香港律师会法律服务发展策略研究室发布的《律师行业前海发展报告》开始关注前海的域外法查明机制，立法会 CB(4)540/12-13(01)号文件；2015 年香港律师会联合中山大学对域外法查明机制进行研究，并积极构想香港律师如何在此机制中发挥作用；2018 年，香港的中国委托公证人协会以及香港律政司联合香港大律师公会、香港律师会先后邀请蓝海中心两次赴港介绍域外法查明机制及蓝海中心的运行模式；2023 年 6 月，香港律政司司长林定国率团到访前海，专门就“港资港法”在前海实施和查明香港法律的现状等议题与前海法院、蓝海中心进行座谈。

2023 年 6 月，香港律政司司长林定国率团到访前海，专门就“港资港法”在前海实施和查明香港法律的现状等议题与前海法院、蓝海中心进行座谈（见图 7-1-2）。

图 7-1-2　香港律政司代表团访问深圳前海法院交流座谈会

（三）接轨国际通行规则

根据《纲要》的规定，粤港澳大湾区要全面对接国际高标准市场规则体系，为“一带一路”建设提供有力支撑。深圳在域外法查明机制的建设上，将“国家所需”和“港澳所长”有机结合起来，多渠道与港澳携手共建，发挥港澳在国际法律服务方面的专业优势和接轨国际社会的联络优势，使域外法查明成为了解国际通行规则、对标国际先进标准、助推“一带一路”建设的有效机制。

三、域外法查明“深圳实践”对规则衔接的启示

域外法查明的“深圳实践”对粤港澳大湾区规则衔接有以下几个方面的启示。

（一）以创新机制和服务促进规则衔接

相较于立法或区际协议等规则衔接方式，域外法查明是通过创新机制和服务来实现规则衔接的。传统上，域外法查明是国际私法的概念，主要应用于司法审判中对所涉域外法律的理解与适用。而 2011 年《前海条例》所规定的域外法查明不仅是一种机制，更是一项新型“服务”，域外法查明由此获得了全新

的内涵。为贯彻上述立法精神，深圳市司法局在指导设立蓝海中心之初就提出域外法查明的“四为”：为立法机关参考借鉴域外有益的立法经验服务，为司法机关、仲裁机构正确理解与适用域外法律服务，为行政机关的改革创新提供比较法研究服务，为商事主体跨境商贸投资服务。通过创新性的实践探索，域外法查明服务获得了广阔的“舞台”。

（二）以需求为导向，运用市场机制带动活力

《纲要》指出，要把国家所需和港澳所长有机结合起来，充分发挥市场化机制的作用，促进粤港澳优势互补，实现共同发展。粤港澳大湾区的外向型经济活跃，跨境商贸投资频繁，由此带来了域外法查明的旺盛需求。为了保障域外法查明服务的专业性，携手港澳法律合作，在“深圳实践”中，域外法查明服务采用了港澳法律界熟悉的市场化运行模式。

（三）通过系统化建设为制度创新提供保障

由域外法查明的深圳实践可知，规则衔接从建立制度到实践落地，需要系统化的保障和推动。首先，深圳通过特区立法对域外法查明机制作出规定，为此后设立服务机构和开展创新探索提供了法律保障；其次，需要保证服务的专业性和中立性，使制度落地有所依托；再次，深圳的司法机关和仲裁机构通过制度建设和裁判实践为域外法查明提供应用空间；最后，前海管理局通过大型中文“一带一路”法律库建设，为社会提供公益性的法律信息服务，弥补市场在此方面的供给不足。

在“一国两制”的原则下，粤港澳大湾区的规则衔接不是要无视或抹平内地与港澳之间在法律传统及具体法律规定方面的差异，而是要在尊重各自法律的前提下，通过有效的制度设计，推动不同法律制度相互协调并且发挥作用。从根本上说，域外法查明机制解决的是法律信息不对称的问题。该机制就像不同电压下的“转换插头”一样，兼容了粤港澳大湾区“一国两制三法域”的现状，促进三地法律可以顺畅切换与融通，保障跨境商贸投资活动不因三地法律制度不同而受影响。深圳在域外法查明方面的创新探索，不仅在实践中发挥着积极的作用，也为粤港澳大湾区进一步的规则衔接提供了有益借鉴。

第二章　商事调解

在国家《纲要》的引领下，粤港澳大湾区区域融合日益加深、经济协同日益发展，商业往来日益紧密。粤港澳大湾区凭借"一国两制三法域"的独特优势为内外贸易活动注入蓬勃的动力，但该地区商事主体和法律服务者也面临着如何解决跨境争议的挑战。

调解在解决跨境争议中发挥了重要作用。一般来说，跨境争议的解决方法包括谈判、商议、调解、仲裁、诉讼、专家评估和裁断等。而以诉讼等方式为代表的传统的争议解决方法如果应用于跨境争议，通常耗时较长且成本高昂。诉讼亦往往会破坏各方的关系，最终造成两败俱伤。[①] 因此，在跨境争议中寻找更高效、低成本且能够维持商业关系的争议解决方法十分重要，而调解灵活、高效、低成本的优点恰好满足了这些需求。

调解作为一种法律专业服务，是大湾区内一站式多元争议解决机制的重要组成部分。本章通过比较内地和香港调解模式之异同，介绍调解的一般模式、优点、应用场景和笔者亲身参与的商事调解案例，指引跨境商事争议各方适时选择调解，希望进一步推动调解在跨境商事争议中的广泛应用。

一、调解概念沿革

中国自古以来就有"调处息争，无讼是求"的价值追求。孔子曾说，"听讼，吾犹人也。必也使无讼乎"。古代中国，往往由乡村长老调解本乡发生的

① 江仲有：《解决冲突与调解技巧》，香港大学出版社 2021 年版，自序。

纠纷。[1] 争执双方将争议事项交由长老评理，并按照长老认为应当的处理方式和解。在古代熟人社会的背景下，争执双方通常彼此相识，身处共同的乡村或氏族之中，抬头不见低头见。双方虽有争执，但也不希望结下仇恨。因此，通过长辈或有经验的人做中间人来调停纠纷的方式得到普遍应用，争执各方更倾向于大事化小、小事化无的息争方法，其中也蕴含着顾全大局及相互忍让的哲理。[2]

西方文化语境中的调解（mediation）一般指通过第三方介入来促进冲突双方的谈判。在普通法系地区，调解通常被视为一种替代性争议解决（Alternative Dispute Resolution, ADR）方法，强调在非正式、非对抗性的环境中解决争议。西方历史中的民权运动和文化中的个人主义倾向也影响了调解的实践，鼓励个人表达和维护自己的权利及利益。[3]

二、内地与香港调解的不同特征

内地具有丰富多样的调解模式，既有法院主导的司法调解、仲裁机构主导的仲裁调解，也有行政机关主导及指导的行政调解、人民调解，还有独立市场化运营的商事调解、律师调解等。

司法调解和仲裁调解是诉讼程序或仲裁程序的一部分，在调解成功后，司法机关或仲裁机构会根据调解协议内容发出有强制执行力的调解书或仲裁裁决。商事调解等其他调解方式达成的调解协议的效力则与合同相同，依靠争议各方自觉履行。此外，内地的调解员在调解中发挥的作用较为积极主动，往往会主动提出建议供争议各方参考。

在香港，调解以商事调解为主。香港的商事调解重视中立的程序与规则，以中立、独立的第三方，协助各方当事人平等协商谈判，在自愿、保密的情况

---

① 马建红：《穿越古今的法律智慧》，北京大学出版社 2022 年版，第 323 页。

② 郑会圻：《调解：谈判突破困局》，万里机构 2009 年版，序。

③ 熊浩：《知识社会学视野下的美国 ADR 运动——基于制度史与思想史的双重视角》，载《环球法律评论》2016 年第 1 期。

下，寻求共同接受的纠纷解决方案。

此外，香港法院也积极推进以和解方式解决纠纷的进程。从 2018 年开始，香港区域法院启动了一项试点计划，在一些民事案件中推广替代性争议解决方案。因该计划收效甚佳，区域法院决定将此项试点计划从 2021 年 1 月开始进一步延长，并且引入更规范且有组织的机制，即案件和解会议机制（Case Settlement Conference, CSC）。此外，在 2023 年 1 月，区域法院对案件和解会议机制进行了升级，引入了调解员协助案件和解会议（Mediator-assisted Case Settlement Conference, MCSC）以及当事人主导的案件和解会议或调解员协助案件和解会议（party-driven CSC/MCSC），以更有效地促进当事人达成和解。

在以香港为例的普通法系中，调解的特点包括非正式性、保密性、自愿性和中立性。非正式性是指调解的过程相较于法庭程序更加灵活和非正式；保密性是指调解过程中的讨论和信息通常是保密的，不会在后续的法律程序（如有）中使用；自愿性是指双方参与调解通常是基于自愿，调解结果也需要双方同意；中立性是指调解员作为中立方，帮助双方沟通和寻找共同点，而不是裁定或判决。

粤港澳大湾区的三个法域间有着高度活跃、互融互通的商业活动，既有通过调解解决跨境争议的理想环境，也能最大限度地享受调解所具备的优势。《纲要》指出，粤港澳大湾区要完善国际商事纠纷解决机制，建设国际仲裁中心，支持粤港澳仲裁及调解机构交流合作，为粤港澳经济贸易提供仲裁及调解服务。

在《纲要》的指导下，大湾区涌现出一批致力于解决跨境商事争议的调解机构，如深圳市福田区河套国际商事调解中心、深圳市前海国际商事调解中心、蓝海中心和粤港澳大湾区知识产权调解中心等。粤港澳大湾区法律部门联席会议亦批准成立粤港澳大湾区调解工作委员会、通过了《粤港澳大湾区跨境争议调解示范规则》，推动调解在大湾区内广泛应用。通过调解解决大湾区跨境争议，可以有效克服跨越法域所带来的阻碍。

三、调解的基本程序与优点

（一）调解的基本程序

调解的基本程序通常涵盖准备阶段、争议识别阶段、争议解决阶段和达成最终协议阶段。

1. 准备阶段

准备阶段包括一系列前期准备工作，充足的准备能有效提高和解的概率。首先，需要确定调解员，并由争议各方和调解员签署调解协议。调解员须在会面前联系争议各方、了解基本案情并安排会面。会面开始后，调解员还需要建立起各方对调解员和调解程序的信任。

2. 争议识别阶段

争议识别阶段是一个调解员“求同存异”的过程。调解员需要聆听当事人的陈述，了解案件事实和当事人的诉求，识别各方的利益、需要和担忧。在此基础上，调解员须进一步确定双方的共同基础和无争议的事实。调解员还须归纳各方的争议点，确定相应的“待议事项”。

3. 争议解决阶段

争议解决阶段中，调解员需引导争议各方提出解决方案、化解僵局。在探讨和拟定解决方案的过程中，调解员需要引导争议各方将焦点集中于各自的诉求，让各方自由探讨，并评估方案可行性。同时，调解员应避免提出建议以及代替争议各方做决定。

4. 达成最终协议阶段

达成最终协议，是调解的最终目的。在此阶段，调解员应引导争议各方确定和解方案、草拟和解协议，评估和解协议的可执行性，并敲定最终的、有约束力的（如可以）、会被执行的和解协议。

（二）调解的优点

调解是一种有效的争议解决方式，尤其适用于处理需要保持长期良好关系的合作主体之间的商业争议。传统的争议解决方式往往关注案件的客观层面，如事实、涉及法律和争执各方的表面立场，容易忽视各方间可能存在的误解、情绪、感受、价值观念、担忧、恐惧等主观因素。而在调解中，调解员将作为一个中立的第三方，帮助争议各方通过沟通和谈判寻找解决争议的方案。相较于其他争议解决方式，调解有以下优点。

1. 节约成本

调解通常比传统的诉讼过程更为经济，可以大大降低法律费用和时间成本。在调解过程中，双方无须专门为此支付律师费用或承担长期诉讼可能带来的间接成本，如业务中断或声誉受损。

2. 了解真正需求

调解过程鼓励争议各方表达并发现各自的真实需求和关切点，而不仅是表面的法律立场。这种深入沟通有助于揭示争议背后的根本原因，从而找到更具针对性和可实现的解决方案。

3. 减少不满情绪、敌意

调解创造了一个非对抗性的环境，有助于缓解争议各方的紧张关系、化解敌意。通过增进理解和沟通，调解帮助争议各方从对抗转向合作，减少负面和冲突情绪。

4. 鼓励披露，补充遗漏事实（保密，不损权益）

在保密的前提下，调解鼓励争议各方坦诚地分享信息、讲述事实，甚至那些在诉讼过程中可能不会被披露的细节。这有助于争议各方更全面地理解争议，同时不会损害各自的法律权益，因为调解过程中的信息不能用于诉讼程序。

5. 协助打破僵局

调解员通过中立的立场和专业技巧，可以帮助争议各方打破僵局，找到各方都能接受的解决路径，包括探索创新的解决方案，促使争议各方重新审视自身立场。

6. 协助缔造解决方案

调解不仅是解决争议，更重要的是帮助双方共同创造解决方案。调解员可以促进双方的沟通和理解，帮助他们共同设计满足双方需求的解决方案。

7. 更人性化处理争议

调解过程允许争议各方表达和考虑非法律因素，如情感、关系和个人价值观。这种人性化的处理方式有助于找到更符合各方实际情感需求的解决方案。

8. 落实协议条款

调解过程中达成的协议通常更容易被争议各方接受和执行，因为这些协议是各方协商和同意的结果，这种具有共识基础的协议更容易得到有效实施。

9. 软化立场，鼓励接受合理方案

调解鼓励争议各方从自身坚持的立场中退步，以开放的心态考虑和接受合理的解决方案。调解员可通过各种技巧，如重塑问题框架和探索共同利益，帮助各方达成共识。

调解具有上述优点的根源在于其是一种非对抗性、合作性的争议解决方式。与诉讼和仲裁相比，调解过程具有灵活性、保密性，并且能够充分考虑各方的实际需求和利益。

四、调解在商事争议解决中应用的主要范畴

（一）合同纠纷

合同纠纷是商事争议中最常见的问题之一。调解解决合同纠纷，可以使双方迅速聚焦争议核心，避免进行长时间的诉讼程序。调解亦有助于保护和维持基于合同的长期业务关系，并且可形成创造性的、非传统的解决方案，如重新安排合同条款、提供更灵活的补偿或服务等。

（二）合作伙伴间的争议

合作伙伴间的争议可能涉及利润分配、管理决策或战略方向等。在这些情况下，调解可以提供中立的平台，帮助争议各方在中立的环境中沟通，并通过沟通增进各方的理解和信任，最终达成满足双方核心利益的解决方案，帮助各方维持或恢复合作关系。

（三）知识产权纠纷

知识产权纠纷包括专利、版权、商标等方面的争议。调解解决知识产权纠

纷，有助于保护商业秘密和敏感的技术信息。具备相关领域专业知识的调解员可以帮助争议各方快速理解和解决技术性争议。争议各方亦可以在调解员的引导下达成新的许可协议或合作以解决争议。

（四）私人财富管理纠纷

私人财富管理纠纷通常涉及家族财产与业务的继承、分配、投资和管理等方面，并且通常发生在一个家族中的兄弟姐妹或继承人之间。[①]对于此类各方间具有亲缘关系的纠纷，调解能够顾及人与人之间的微妙关系、亲人间的主观情绪以及利益之间的理性分配。

五、案例与实用技巧示范

调解具有的高效率、节约成本的特点使其能够在商事争议中发挥重要作用，本章将以一宗真实商事调解案件为例，具体说明商事调解中的实用技巧及其应用。

（一）主要案件当事人情况

主要案件当事人情况如表 7-2-1 所示。

表 7-2-1　主要案件当事人情况

原告	一家韩国上市公司，其主要经营业务为证券代理、包销以及交易业务，是后述基金投资工具公司的无投票权股东
第七被告	基金执行人以及托管人
其他被告	基金投资工具公司及其关联公司，有投票权股东、董事、经理

（二）案情概要

原告通过第一被告、第二被告进行投资，但声称第一被告、第二被告并未按照事先商定的投资目标以及投资内容使用资金，其余被告在这一过程中均通过作为或不作为的方式进行知情隐瞒，使原告蒙受损失。

① 刘洋：《香港在解决财富管理纠纷方面具有广泛应用调解的巨大潜力》，载《香港律师》2020 年第 12 期。

2018年9月，第五被告向原告介绍通过第一被告、第二被告进行的投资计划，其预定目标是“以在市场上收购和销售实物黄金为基础，为黄金交易者提供短期债务融资服务”。根据第五被告的介绍，以及第一被告、第二被告提供的相关信息，原告对第一被告、第二被告进行了投资。

随后，原告发现其对第一被告、第二被告的投资资金并未按照事先约定的方式和计划使用。投资资金的一部分用于返还原告投资的本金，其余部分则被转给了各个被告以及第三方。在此过程中，原告指称其始终处于被隐瞒的状态。

由此，原告以合同违约、失实陈述、侵权责任等理由在香港高等法院向八名被告申索损害赔偿。其中，原告向第七被告申索金额共计5200多万美元。

（三）调解过程

当双方表示自愿以调解方式尝试解决纷争后，案件便由代理律师安排进入调解程序，概要如下：

1. 选聘调解员

双方律师通过香港一商事调解中心推荐3位调解员。经协商，双方共同委聘范维敦（Danny McFadden）为本案的调解员。

2. 调解费用

范维敦以按时收费标准报价，经一致协商，同意以封顶18万港元为限，调解费用由各方平均分担。

3. 前期准备

案件的相关核心文件由律师整理齐备，交范维敦审阅。范维敦事前通过视频与双方代表律师及客户开会约1小时，探讨双方争议点及各自关注点。

4. 调解场地

由原告方提出，各方均同意在原告方办公室的会议厅进行调解。会议厅空间开阔，配套完备，各方都表示舒适满意。

5. 调解程序

调解员首先在小会议室分别会见双方，解释本身角色、调解流程、规则以及双方权利，并聆听各方简单表述自身希望调解员了解或打算作出的要求和可能考虑让步的地方。

独立会见之后，双方同意移步到大会议厅面对面沟通，由原告方先发言，被告方随后，调解员分阶段归纳总结，程序流畅。

上述单独和共同会面均由律师陪同协助，原告方由韩国律师代表。其间，原告方与被告方均提出由几十万美元到几百万美元不等的和解方案，形成拉锯，调解一度陷入僵局。

在代理律师的鼓励下，被告方要求与原告方单独见面，通过调解员居间协助，很快达成和解协议。

6. 调解结果

经过调解员的调解，各方均从实际出发作出了一定让步，并达成共识，和解协议如下：

（1）被告方同意支付原告方一定金额以换取原告方终止所有诉讼；

（2）原告方同意分二期收款，并安排解除被告方账户的相关冻结令；

（3）双方当场由律师协助，起草出具一份声明，表示和解及终止相关诉讼，并澄清被告方没有违法责任。

和解金额仅为原告最初提出申索的 5200 多万美元的某个百分点，为当事人大幅降低了诉讼风险以及成本。此外，双方均同意不再就本案事由提起或继续进行法律程序（为执行和解协议的法律程序除外），也保障了客户日后商业活动的稳定性。

7. 成功原因

事后了解，双方调解成功的原因是双方在单独会面时均被对方的诚意打动。原告方也考虑可能从其他被告方处会获得相应部分赔偿，因而决定与第七被告和解，从而省去了大量时间、费用，规避了诉讼风险，也保持了彼此的长远关系。

调解灵活、保密、成本低、效益高，不仅可以维持商业关系，而且满足了跨境商事争议中双方的实际需要。粤港澳大湾区内的多元法律体系和丰富的商事活动，为调解的应用提供了更多可能性。

随着大湾区共融共赢、互联互通的不断加深，包含调解等替代性争议解决方式在内的内地与香港一站式的多元争议解决机制已趋成熟，为争议各方提供更多选择，提升争议解决效率、节约争议解决成本。此外，内地与香港法律服务提供者亦能为争议各方提供更高效和更全面的服务。

党的二十大报告提出，要推进多层次多领域依法治理，提升社会治理法治化水平。最高人民法院亦在《关于深化人民法院一站式多元解纷机制建设推动矛盾纠纷源头化解的实施意见》中指出，要完善各类调解联动工作体系，形成调解、仲裁等非诉方式挺前，诉讼托底的分级化解模式。调解作为一种替代性争议解决方式，在粤港澳大湾区及全球范围内都显示出其独特的价值和广阔的应用前景。推动调解广泛应用，有助于粤港澳大湾区构建一站式多元争议解决机制，打造国际法律服务中心和国际商事争议解决中心，更好地发挥大湾区在国家经济发展和对外开放中的支撑引领作用。

第三章 内地与香港的公证制度

改革开放以来，内地和香港联系日益紧密，经贸交往蓬勃发展。其中，公证在内地与香港的交流往来中发挥着不可或缺的作用。由于内地与香港的法律体系不同，如何通过公证同时满足内地与香港用证需求成为法律工作者面对的共同课题。本章从内地与香港公证制度起源及公证实务要求出发，比较内地与香港公证制度的异同，以探讨公证之社会价值及其前瞻性。

一、内地公证制度沿革与发展概述

（一）历史沿革

1946 年，哈尔滨地方法院首先开展了内地的公证业务，之后沈阳、上海等地的法院也相继开展了公证业务。中华人民共和国成立后，于 1951 年 9 月 4 日颁布的《人民法院暂行组织条例》（已失效，下同）确立了法院办理公证事务的职权。此后，一批独立的公证处和在人民法院内附设的公证室相继建立。1959 年，随着司法行政机关被撤销，各地公证工作划归法院管理，发展基本停滞。

1980 年 2 月，司法部发出《司法部关于逐步恢复国内公证业务的通知》，并进一步规定，在直辖市、省辖市县设公证处，暂不设公证处的市、县，由所在地的基层法院设公证员（或由审判员兼任）办理公证业务。司法部明确规定公证处归司法行政机关领导，公证业务由此从法院独立出来。

1982 年 4 月 13 日，国务院颁布了《公证暂行条例》（已失效，下同），对公证的性质、任务、原则、制度、业务范围、组织领导、管辖及程序等作了比较系统的规定，标志着我国公证制度进入了一个新的发展时期。司法部先后颁布了

《公证程序规则(试行)》(已失效)、《公证服务收费管理办法》、《公证程序规则》等配套文件,从而形成了较为科学且完整的、具有中国特色的公证制度。

2005 年 8 月 28 日,第十届全国人民代表大会常务委员会第十七次会议通过了《公证法》。为适应时代的变迁,2015 年 4 月 24 日第十二届全国人民代表大会常务委员会第十四次会议对《公证法》作第一次修正;2017 年 9 月 1 日第十二届全国人民代表大会常务委员会第二十九次会议对《公证法》作第二次修正。

《公证法》是我国第一部公证法典,是公证工作的基本法。《公证法》总结吸纳了新中国成立以来,特别是《公证暂行条例》颁布实施以来公证改革发展所积累的经验。同时,《公证法》也借鉴了国外有益的做法,确立了中国特色社会主义公证制度的基本框架,明确了我国公证制度的法律地位和公证执业活动的基本原则,在我国公证制度和公证事业发展史上具有里程碑意义。

(二)发展与现状

据公开数据,1993 年全国设有公证处 3066 家,全国有公证员 10,371 人,全国年办理公证件数为 796.35 万件。到 2021 年年底,全国有公证机构 2947 家,公证员 14,600 人,全国年公证办证数量为 1209.95 万件。28 年间,全国公证处数量减少了 119 家,总递减 3.88%,年平均递减 0.14%;公证数量增加了 4,136,045 件,增加了 51.94%,年平均增长 1.51%;公证员数量增加了 4229 人,总增长 40.78%,年平均增长 1.23%。①

另外,据广东省司法厅统计的数据,2005~2022 年,全省办理涉港澳台公证业务超 96 万件,其中涉港澳业务占全国的一半以上,涉台业务占全国的 1/3。

二、"一国两制"下中国委托公证人(香港)制度之产生

(一)历史由来

在内地公证制度蓬勃发展的同时,内地和香港的交流联系也越发紧密。小

① 蔡煜:《开弓没有回头箭!——重温十四届三中全会决定中有关公证工作论述》,载微信公众号"布衣史话"2013 年 11 月 14 日,https://mp.weixin.qq.com/s/BDFUL4w9yY0goaeWxsu7Vw。

至以家庭为单位的跨境婚姻、领养子女或者定居探亲，大至香港商人和公司到内地投资经商，内地公司到香港参与经济活动。但是，内地的相关部门一开始无法核实香港当事人的真实情况，也无法查证香港公司、股东和董事的情况，在一定程度上限制和阻碍了内地与香港的衔接发展。

香港的法律体系属于普通法系，而内地是中国特色社会主义法律体系，内地与香港实行的法律体系不同。在普通法法律体系下，公证人由律师或者其他执业者兼任，通常只能见证当事人宣誓、签署文件和出具核证副本文件，一般不认证文件内容的真实合法性，满足不了内地用证机关对真实性和合法性的要求。

为了满足内地和香港频繁交流的需求，内地与香港在实践中不断探索公证书互相使用和认可的方式。1981 年之前，香港居民可通过一些内地驻港机构（如中国旅行社）和香港当地的社团组织（如中华总商会）办理认证文件以带回内地使用。改革开放后，内地与香港往来更为频繁活跃，涉及的法律关系更趋复杂。为了更好地满足内地与香港需求和减少潜在争议，司法部通过当时政府的代表机构与香港一些律师接触，考虑委托香港律师出具用于在内地处理民事法律事务的公证文书。因此，司法部在 1981 年首次委托 8 名香港律师负责为香港居民办理用于在内地处理法律事务的证明文件，这就是“中国委托公证人（香港）”的雏形。

（二）现况发展

司法部为了进一步完善中国委托公证人（香港）制度，在 1995 年制定《中国委托公证人（香港）管理办法》（已失效），后于 2002 年对上述管理办法进行重新制定，进一步对中国委托公证人（香港）的业务范围、委托条件、程序、法律责任等作出明确规定。2002 年 11 月 1 日，司法部在上述管理办法的基础上制定了《中国委托公证人办理公证文书规则（试行）》并予以施行，进一步规范了公证文书的分类、证明方式、格式等要求，切实提高了公证文书质量。

以 2023 年为例，中国委托公证人（香港）全年共办结 77,953 件委托公证文书，中国委托公证人（香港）2023 年各类办证数量分布如图 7-3-1 所示。

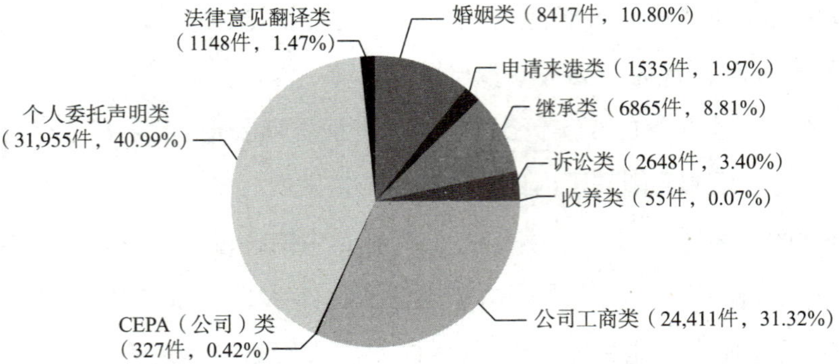

图 7-3-1　中国委托公证人（香港）2023 年各类办证数量分布

到 2023 年，司法部先后 13 次委托 568 名香港律师担任中国委托公证人（香港），累计办证超过 190 万件，仅 2023 年就办理了 7.8 万件公证文书，为内地与香港民商事及经贸往来提供了良好的法律保障。

三、公证体系和程序

（一）内地体系的构成

1. 内地的公证法律体系

内地主要有宪法及其相关法、行政法、民商法、经济法、社会法、刑法和程序法 7 个法律部门。程序法部门指规范因诉讼和非诉讼活动而产生的社会关系的法律规范的总和，由诉讼程序法与非诉讼程序法两部分构成。非诉讼程序法主要由仲裁法、律师法、公证法、调解法等基本法律构成，公证程序属于依照法律规定的方式、程序和手续进行的活动，旨在保障公证文书的质量和可信度。

在内地，公证制度是预防性的法律证明制度，是保障实体法正确实施的程序性法律制度，是国家司法制度的重要组成部分。公证作为“最佳书面”的法律行为方式，是公证机构根据自然人、法人或者其他组织的申请，依照法定程序对民事法律行为、有法律意义的事实和文书的真实性、合法性予以证明的活动，具有特定的证明效力、强制执行效力和法律行为生效要件效力。内地的公证证明权统一由公证机构（公证处这一法律明确规定的唯一的证明机构）独立行使。

2. 公证程序

申请公证流程如图 7–3–2 所示。

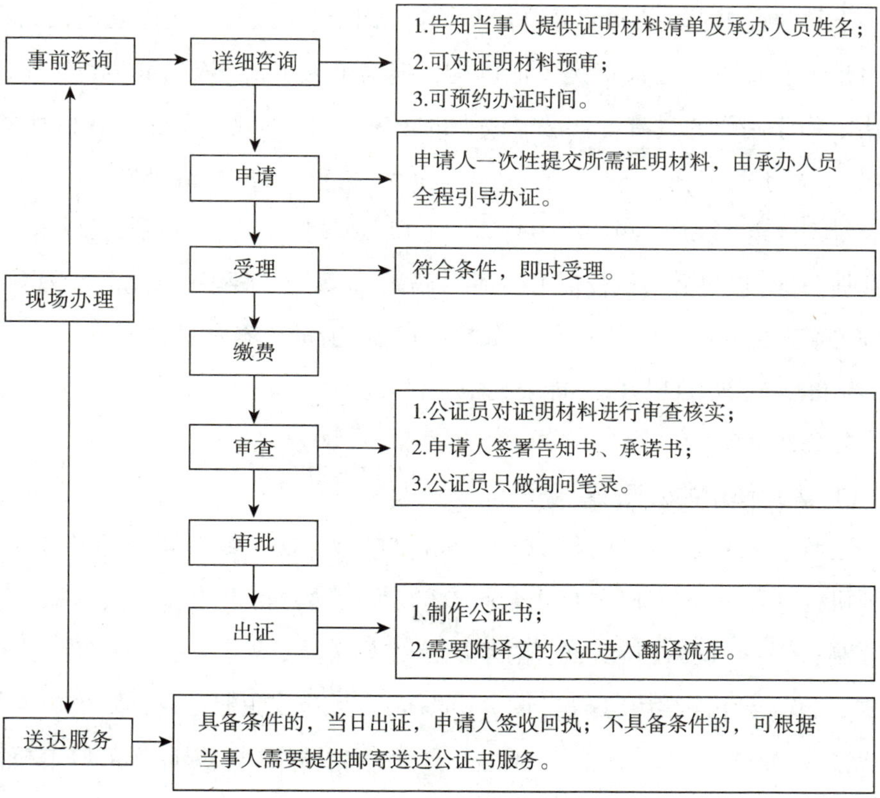

图 7–3–2　申请公证流程

在公证程序中，公证机构需要对公证事项的真实性、合法性和可行性进行审查，并按照规定的程序和手续出具公证文书。

内地的公证程序包括以下环节：

申请与受理：公民、法人或非法人组织需要办理公证，应当向公证机构提出，并填写公证申请表。申请表应包含申请人及其代理人的基本信息、申请公证的事项及用途、提交的材料及证人的信息等。申请人应当在申请表上签名或盖章，如果填写有困难，可由公证人员代为填写。

审查：公证机构对申请进行审查，主要通过核查提交的材料、询问有关情况等方式进行核实。审查过程中，公证机构可能会要求申请人补充材料或提供其他证明。

出具公证书：如果公证事项真实、合法，且申请人符合法律规定，公证机构将出具公证书。公证书是公证机构根据当事人申请，依照事实和法律，按照法定程序制作的具有特殊法律效力的司法文书，其效力不受地域和时间的限制。

特别规定：办理一些特定的公证，如办理现场监督公证、遗嘱公证、外出保全证据公证、债权文书执行证书公证、调解公证等，公证程序可能会有所不同。此外，对于一些特殊的公证事项，如申办遗嘱、遗赠扶养协议、赠与、认领亲子等，当事人应当亲自申办，不能委托他人代理。

3. 公证事项

（1）内地使用的公证书

按照《公证法》第11条的规定，根据自然人、法人或者其他组织的申请，公证机构办理下列公证事项：①合同；②继承；③委托、声明、赠与、遗嘱；④财产分割；⑤招标投标、拍卖；⑥婚姻状况、亲属关系、收养关系；⑦出生、生存、死亡、身份、经历、学历、学位、职务、职称、有无违法犯罪记录；⑧ 公司章程；⑨ 保全证据；⑩文书上的签名、印鉴、日期，文书的副本、影印本与原本相符；⑪ 自然人、法人或者其他组织自愿申请办理的其他公证事项。法律、行政法规规定应当公证的事项，有关自然人、法人或者其他组织应当向公证机构申请办理公证。按照《公证法》第12条的规定，根据自然人、法人或者其他组织的申请，公证机构可以办理下列事务：①法律、行政法规规定由公证机构登记的事务；②提存；③保管遗嘱、遗产或者其他与公证事项有关的财产、物品、文书；④代写与公证事项有关的法律事务文书；⑤提供公证法律咨询。

《公证法》第31条规定，有下列情形之一的，公证机构不予办理公证：①无民事行为能力人或者限制民事行为能力人没有监护人代理申请办理公证的；② 当事人与申请公证的事项没有利害关系的；③ 申请公证的事项属专业技术鉴定、评估事项的；④当事人之间对申请公证的事项有争议的；⑤当事人虚构、隐瞒事实，或者提供虚假证明材料的；⑥当事人提供的证明材料不充分或者拒绝补充证明材料的；⑦申请公证的事项不真实、不合法的；⑧ 申请公证的事项违背社会公德的；⑨当事人拒绝按照规定支付公证费的。

（2）送往香港使用的公证书

为了进一步满足内地与香港相互的用证需求，香港有关部门如想查证当事人在内地的情况，查验内地政府和机构出具的文件等，都可以通过内地的公证处先出具公证书，之后把需送往香港使用的公证书递交外交部领事司办理确认手续。

办理涉港公证的当事人多数是内地公民，也有外籍华人和华侨、香港同胞及其眷属。公证书使用地多数是香港。这类公证项目在民事方面主要有收养、遗嘱、出生、学历、经历、亲属关系、婚姻状况、未受刑事处分、继承、声明、委托等；在商事方面主要有营业执照、贷款、担保、产权转让、复印件与原件相符、中英文相符等。

（二）中国委托公证（香港）实务

1.“一国两制”下的中国委托公证（香港）程序

在香港，中国委托公证人（香港）根据当事人的申请，依法证明发生在香港地区的法律行为、有法律意义的文书、相关事实的真实性、合法性。中国委托公证人（香港）受中国司法部委托，以个人名义为香港人办理证明文书。除证明内容是当事人真实意思的表示外，中国委托公证人（香港）也有责任根据《中国委托公证人办理公证文书规则（试行）》的规定，审查当事人提供材料的真实性和合法性。但是中国委托公证人（香港）并未享有特别的调查权，只能在香港法律许可的范围内向有关部门进行核实。

正是因为中国委托公证人（香港）没有特别的调查权，所以中国委托公证人（香港）办理的证明文书除了以证明书的方式出具，还可以结合当事人实际情况根据《香港法例》第 11 章《宣誓及声明条例》，以作出“声明”的形式出具。

办理内地使用公证文书流程如图 7–3–3 所示。

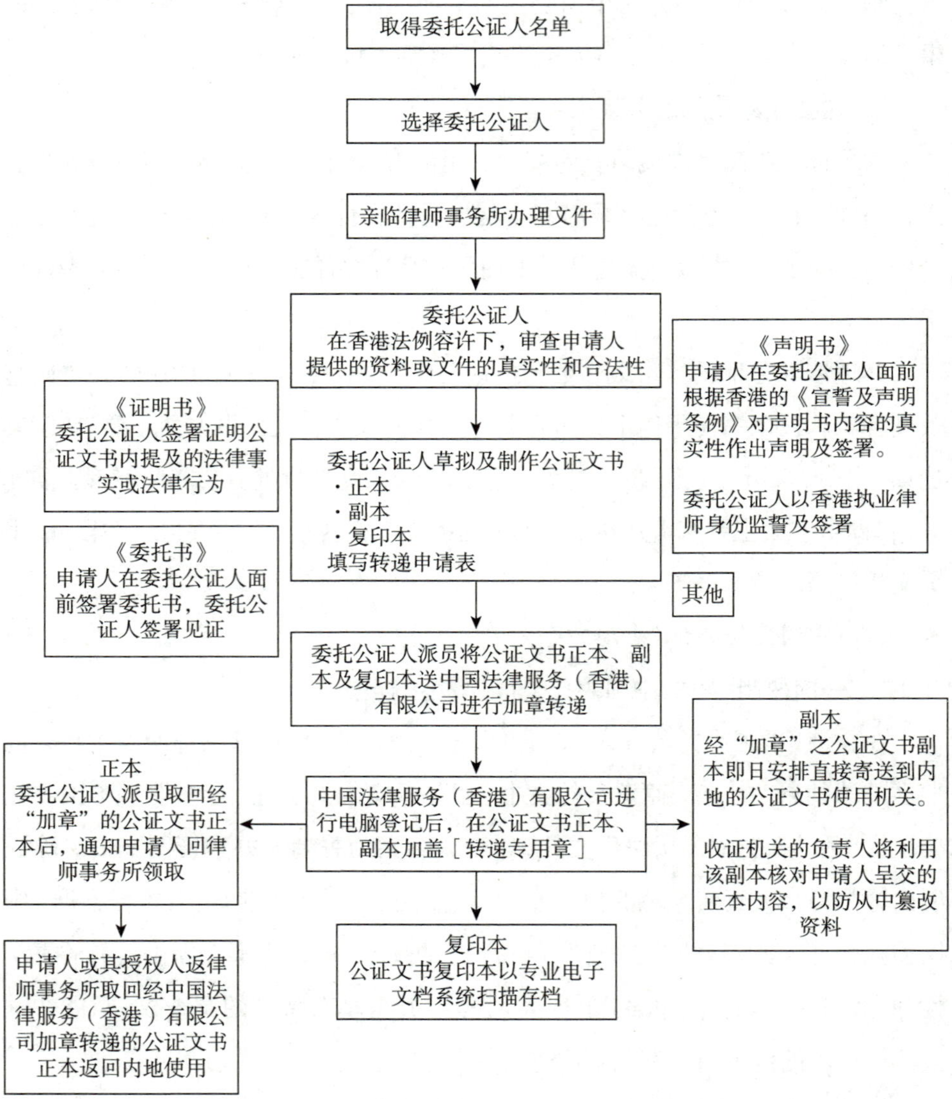

图 7–3–3　办理内地使用公证文书流程

资料来源：中国委托公证人协会：《办理内地使用公证文书流程图》，载中国委托公证人协会网 2024 年 5 月 29 日，https://www.caao.org.hk/big5/Public/services/flowchart_20050117.pdf。

简单而言，办理委托公证的程序包括：（1）选择中国委托公证人（香港）并亲临律师事务所办理手续；（2）中国委托公证人（香港）审查申请人提供的资料或文件的真实性和合法性；（3）中国委托公证人（香港）草拟及制作公证文书，安排签署、见证；（4）中国委托公证人（香港）将公证文书正本、副本及复印本送中国法律服务（香港）有限公司进行加章转递（转递专用章），并在加章转递后取回公证书；（5）①正本：申请人到律师事务所取回经"加章"的公证正本回内地使用；②副本：申请人到律师事务所取回经"加章"的公证副本回内地使用，或中国法律服务（香港）有限公司安排直接寄送到内地的公证文书使用机关；③复印本：扫描存盘到专业电子文件系统。

2. 委托公证的文件形式和具体要求

中国委托公证人（香港）出具到内地使用的公证文书必须经过加章转递才具有法律效力，受中国法律保护。最高人民法院、司法部作出的《关于涉港公证文书效力问题的通知》说明：对中国委托公证人（香港）以外的其他机构、人员出具的或未经审核加章转递程序的证明文书，应视为不具有《民事诉讼法》中规定的公证文书的证明效力和执行效力，也不具有《担保法》（已失效）第43条规定的对抗第三人的效力，所涉及的行为不受法律保护。[①] 所有公证文书都需要中国委托公证人（香港）签署及经中国法律服务（香港）有限公司（审核部门）"审核、登记和加章转递"后方可在内地使用。因此，中国委托公证人（香港）出具的公证文书需要同时满足中国法律服务（香港）有限公司审核和内地用证机关对真实合法的要求。

中国委托公证人（香港）所办理的公证文书，现行共38种109款格式（含19种参考格式），中国委托公证人（香港）必须根据规定格式办理公证文书。中国委托公证人（香港）格式文书如表7-3-1所示。

① 《最高人民法院、司法部关于涉港公证文书效力问题的通知》。

表 7-3-1　中国委托公证人（香港）格式文书

婚姻家庭类	（1）申请同内地居民结婚声明书 （2）内地亲属来港声明书 （3）夫妻关系 / 结婚公证声明书 （4）收养子女声明书 （5）为内地人士出国读书提供经济担保声明书
遗产继承类	（1）亲属关系及遗嘱状况声明书 （2）放弃继承遗产声明书
个人委托类	个人委托书
诉讼类	（1）下载网络数据声明书 （2）送达地址确认声明书 （3）商标注册数据证明书
公司工商类	（1）公司委托（授权）书 （2）公司资料（状况）证明书 （3）公司董事会决议证明书 （4）《申请港资企业证明函》证明书 （5）独资东主的决定声明书 （6）合伙人通过决议声明书
法律意见翻译类	（1）法律意见书出具人身份证明书 （2）中外文译本相符声明书
其他	加注方式 / 证明书方式证明文件原本及复印本
	加注方式 / 证明书方式证明双方或多方签署的法律文书
	CEPA（香港服务提供商）涉及的公证文书

通过公证文书满足内地用证机关对真实合法的要求是中国委托公证人（香港）的重要职责，中国委托公证人（香港）的办证具体要求还有：

（1）必须有严谨的中国委托公证人（香港）的业务范围，只证明发生在香港地区的法律行为、有法律意义的文书、相关事实的真实性，① 并且文书的使用地是内地。

（2）中国委托公证人（香港）出具的文书必须围绕合法性及真实性验证。② 合法性是指当事人的行为和文书内容不得违反香港法律和内地法律。真实性是指中国委托公证人（香港）直接证明的内容必须经查证属实，非直接证明的

① 《中国委托公证人（香港）管理办法》（2002）第 3 条。
② 《中国委托公证人办理公证文书规则（试行）》（2002）第 3 条。

内容需确认无疑或不得明显虚假。查证属实是指中国委托公证人(香港)应就需审查的内容向有关部门或人士调查,证明其真实无误。确认无疑是指对需审查的香港有关部门出具的证明文件,中国委托公证人(香港)应根据自己的经验对其进行鉴定,确认其无可疑之处。

(3)中国委托公证人(香港)出具的公证文书最后必须以附注形式写明公证用途和内地使用城市,基于"一事一证"原则出具公证书。

围绕合法性和真实性验证两个方面,中国委托公证人(香港)明确规定了公证文书的分类、证明方式、格式及要求。公证文书的格式有证明书和声明书。①

① 证明书。

中国委托公证人(香港)通过查证属实和确认文件无疑的方式对香港文书进行验证,并且出具对应类别的证明书。

另外,在商事活动中,若一家香港公司在内地设立外商投资企业,内地机关不仅需要了解香港公司的情况,还需要验证香港公司作出开立外商投资企业的意思表示。中国委托公证人(香港)需要根据公证文书格式出具对应的《公司董事 / 股东决议证明》,同时满足内地机关两个要求,并且附上必附附件,包括香港公司的注册证书、商业登记证、周年申报表、董事 / 股东决议等和其他与之相关的可附附件。

② 声明书。

当事人可以根据《香港法例》第 11 章《宣誓及声明条例》,以法定声明的形式阐述情况,中国委托公证人(香港)作为监誓人进行公证。当事人如果明知而故意作出虚假的陈述,一经循公诉程序定罪,可处监禁及罚款。② 例如,一个香港人 A 想与一个内地人 B 结婚,A 需要在中国委托公证人(香港)办理《申请结婚声明》以陈述自己目前单身和之前婚姻情况,如未婚、离婚或丧偶。

内地与香港公证比较摘要见表 7-3-2。

---

① 《中国委托公证人办理公证文书规则(试行)》(2002)附件 1。

② 《香港法例》第 200 章《刑事罪行条例》第 36 条。

表 7-3-2　内地与香港公证比较摘要

对比项	内地公证	中国委托公证人（香港）
法律依据	《公证法》 《公证程序规则》	司法部《中国委托公证人（香港）管理办法》《中国委托公证人办理公证文书规则（试行）》
专业资格取得	通过国家统一法律职业资格考试后，由司法行政机关授予资格	执业超过 10 年，须经司法部组织的特别考试后，由司法部委托授予资格
专业身份	公证人与律师分属不同系统	香港律师受司法部的委托，履行受托事务出具发往内地使用的公证文书
执业特点	实体审查的制度要求。公证文书必须符合合法性和真实性要求，是预防纠纷的制度	结合内地与香港公证制度的特点，除实行宣誓和声明制度外，同时要求对公证文书的合法性和真实性进行审核，具有预防纠纷的功能
文书效力	公证的效力高于其他书证，有些特殊程序出具的公证文书具有强制执行力	得到内地司法部门的认同，并获部分行政机关的认可，为办理相关事务必须提供的文件
调查权	法律规定公证员享有审查的权利，因此内地公证员有权向有关单位、证人调查及索取有关证明材料	中国委托公证人（香港）以个人名义为香港居民办理证明文书，未享有特别的调查权，只能在香港法律许可的范围内向有关部门进行核实及审查

四、内地与香港公证的社会价值及前瞻

内地法律涉及公证的条款，明确显示了公证的证据效力优势。根据《民事诉讼法》第 72 条的规定，经过法定程序公证证明的法律事实和文书，人民法院应当作为认定事实的根据，但有相反证据足以推翻公证证明的除外。强制执行效力方面，《民事诉讼法》第 249 条第 1 款规定，对公证机关依法赋予强制执行效力的债权文书，一方当事人不履行的，对方当事人可以向有管辖权的人民法院申请执行，受申请的人民法院应当执行。可见，公证的社会价值就是预防纠纷，减少诉讼。而大量涉及香港的民事或经济公证，是内地公证处公证业务的组成部分，在规范市场秩序、有效防止商业欺诈、维护内地与香港当事人的合法权益方面发挥了重要作用。公证在内地与香港民商事顺畅交往中扮演了桥梁纽带角色，为贯彻“一国两制”方针，维护社会繁荣稳定和内地与香港法律界

交流合作作出了积极贡献。

中国委托公证人制度是贯彻落实“一国两制”方针，解决一个国家内部不同法律体系之间公证文书往来使用问题的创举。中国委托公证人制度从家庭婚姻、继承收养、民商投资、CEPA，到诉讼纠纷、争议解决等多方面，满足群众生活、企业营商等需求，持续提供内地与香港认可的优质法律服务。

附录一　如何利用香港法律服务资源助力企业“走出去”

（说明：本内容由陈少彬律师于2023年7月19日发表于“加强涉外法律服务，助力海外经营合规管理”论坛，本次论坛系由广东省委依法治省办举办的“广东省涉外法治建设工作会议”的6个平行论坛之一，由广东省商务厅主办、广东省律师协会协办。）

尊敬的各位领导，各位企业家朋友，各位法律界同人，女士们先生们：

大家下午好。

今天，我很荣幸能在这里和大家分享关于“如何利用香港法律服务资源助力企业‘走出去’”这一主题。香港背靠祖国、联通世界，在“一国两制”的方针之下有着优势地位。在国家不断推进“走出去”战略的时代背景下，现在就让我们一起来思考，应该如何利用香港法律服务的资源，助力我国企业“走出去”。

首先，我会简要介绍一下香港法律服务资源的内容，然后提出其优势所在，最后结合现状以及企业在“走出去”过程中的实际情况，说明在这一过程中，香港的法律服务资源能够如何发挥作用，为企业“出海”助力。

一、香港的法律服务资源

法律服务资源的层面很广。对于投资者来说，首先，它需要包含一套健全且有利于商业发展的制度环境，为企业营商提供良好的土壤。其次，好的法律服务资源还必须包含专业的从业人员，为投资者提供高质量的法律服务。最后，还需要有居中裁决的机构，在争议出现时给出公正、有效、可执行的裁判。

针对以上三个方面，香港均提供了相应的优质法律服务资源。

第一，在宏观的制度环境方面，香港的总体基调是鼓励自由贸易，为投资者提供尽可能多的便利及服务。

在鼓励自由贸易方面：(1)香港外汇自由，开放外汇、黄金、证券和期货等市场，资金可以自由流动；(2)除了部分受监管的行业，政府对大部分投资项目没有限制。

在给予投资者便利方面：(1)香港拥有成熟的金融市场以及金融市场监管法规制度，有丰富的金融产品可满足企业不同项目的融资需要，降低融资成本。(2)税收优惠也是香港制度环境的一大亮点。税制简单透明、低税率一直是香港的标签。比如，对于在香港注册成立的公司而言，仅需对其在香港取得的收入缴纳利得税，在香港以外取得的收入无须缴纳任何利得税。(3)香港与投资相关的规则更新可以及时响应市场的需求，比如，针对最新的 NFT 投资。此外，从 2023 年 6 月 1 日起，开始实施虚拟资产交易平台强制发牌制(VASP)。

第二，我们知道要让法律服务资源发挥作用，还需要专业的从业人员，才能让制度环境更到位地服务于投资者。所以接下来我想介绍的就是香港专业的法律从业人员。

截至 2023 年 5 月，香港共有 11,300 多名事务律师，936 家本地律所，大律师约 1600 名，[①] 另有 75 家来自 19 个国家和地区的外地律所。已有 32 家外地注册律师事务所与香港本地律所一起在香港设立联营律师事务所。[②]

香港律师一直具有很高的职业素养，能为企业提供“走出去”所需的各种专业服务技能和经验。(1)香港实行的是普通法制度，许多香港律师不仅具有

① 资料来源：香港大律师公会官网 2024 年 5 月 29 日，https://www.hkba.org/zh-hant/content/about-barristers-hong-kong。

② 资料来源：香港律师会官网 2024 年 5 月 29 日，https://www.hklawsoc.org.hk/en/About-the-Society/Profile-of-the-Profession。

香港执业资格，还具有其他普通法地区的律师资格，如澳大利亚、英国、美国等。（2）国家开始举行粤港澳大湾区律师执业考试试点后，部分香港律师同时具备了可在大湾区执业的资格。（3）香港律师具有丰富的处理跨境投资业务的经验。由于香港的国际金融、贸易中心的地位，许多企业将香港作为投资的目的地或中转站。香港律师在针对客户的不同需求搭建不同的投资架构方面具有相当的经验。

第三，香港还可以提供的法律服务资源，就是广受国际认可的争议解决机制。（1）在硬件方面，香港具有完善的仲裁机构和调解机构。许多国际仲裁机构均在香港设有仲裁中心或办事处，如国际商会国际仲裁院（ICC）、中国国际经济贸易仲裁委员会（CIETAC）、中国海事仲裁委员会（CMAC）、香港国际仲裁中心（HKIAC）等。投资者可以自由选择进行仲裁的机构。（2）在软件方面，香港可以提供大量经验丰富且背景多元的仲裁员及调解员。这些仲裁员和调解员均为来自不同行业和地区的专家，企业可以根据争议解决的需要自由选择。（3）香港可以提供执行便捷的裁判。香港的仲裁裁决可以在150多个国家执行。而且，内地与香港有关民商事判决及仲裁裁决互相认可与执行的安排，大大提升了内地与香港司法协助的效率。

第四，香港法律服务资源可以帮助企业建立一套全面有效的跨境合规体系。香港法律从业人员具有跨文化背景，在为“出海”企业设计跨境合规体系时，可帮助企业遵守驻在国家（法域）的法律法规，尤其是禁止性规定，还可避免因文化差异导致的道德风险等。其特点在于：（1）全方位保护。提供包括但不限于劳工权利保护、环境保护、数据和隐私保护、知识产权保护、反腐败、反垄断等方面的跨境合规全方位保护。（2）成体系的跨境合规机制。香港法律服务资源可结合企业自身实际情况，设立一套违法行为的预防、发现和报告的全流程监管机制，进而降低境外违法犯罪的发生概率，从而达到减轻责任或免责的诉求。

二、香港法律服务的优势

接下来，让我们一起探讨一下，香港的法律服务资源到底有什么优势呢？

香港法律服务的第一个优势就在于它能帮助企业有效降低投资成本。

首先，就是我们刚才谈到的税收优惠。相较于一些实行“全球征税”制度的国家和地区，香港的税收制度能大大减轻企业的负担。其次，香港的法律服务可以帮助投资人节约各种时间成本。比如，在公司上市或并购过程中，香港律师事务所完成的尽职调查和审计等工作在国际上有很高的认可度，如果公司后续有意二次上市或进行并购等，可以节约重复工作的时间。最后，如刚才所说，如果发生争议，香港的判决与裁决可以在世界上大部分国家和地区有效执行，不仅节省了时间精力，也规避了不确定性。

香港法律服务资源的第二个优势，就是香港可以提供多样灵活的选择，能为企业在金融、商事及资本市场提供量身定制的法律解决方案。

首先，如果一个内地投资项目有降低整体税务成本的需求，可以通过单层投资架构的模式实现。由内地企业在香港设立中间控股平台，构建内地—香港—X 国的基本投资架构。这种单层控股结构的优势主要在于：(1)降低税务成本，确保收益更多留在内地（包括香港）境内；(2)可以利用香港公司在香港进行融资，减少需要使用的内地资金；(3)与其他避税地只能建立空壳公司不同，香港企业可以实际开展经营业务。

其次，如果企业的需求较为综合，在香港法律制度环境下还可以通过设置中间控股公司、架设多层投资架构来达到目的，即内地企业在依托香港平台进行境外投资时设置中间控股公司。这一架构的优势主要在于：(1)可以增强企业的抗风险能力。如单个海外投资项目在项目所在国出现经营风险，法律、税务风险或纠纷时，通过中间控股公司的股权转让可以实现相关资产从海外投资企业的二级子公司迅速剥离和退出，对海外投资企业起到“防火墙”作用，减少对内地母公司的影响。(2)设置中间控股公司还可以扩大资源利用，便于在不同层次引入财务和战略投资者。(3)设置中间控股可以保障资金调动的高效性。海外投资企业在项目开发、建设和运营过程中，通常会受到项目融资银行、合作股东、所在国外汇监管等多方面的资金使用限制。通过设置中间控股公司，可以改变资金的投入路径和方式，充分利用中间控股公司进行资金调度和外汇资金安排，满足各类投资业务资金需求。

香港法律服务资源的第三个优势在于为投资者营造了一个有“安全感”的投资环境。而这一安全的投资环境的来源就是香港完善、完备的金融及监管法规体系。

香港提供的金融监管层次分明，覆盖范围明晰且完善。第一层级是以财政司长为代表的政府监管，负责制定总体的金融政策；第二层级是针对具体金融领域，如香港金融管理局（HKMA）监管银行业、证券及期货事务监察委员会（SFC）监管证券交易、保险业监管局（IA）监管保险业等；第三层级则是自律性的行业组织监管，如港交所对上市公司的监管。这一金融监管法规体系为投资者维持了一个安全、公平、有序的投资环境。（1）有序的牌照审批，香港证监会要求提供特定金融服务的机构必须取得许可牌照，如资产管理、为证券提供意见、证券交易等业务。因此，一些私募基金、家族办公室等机构，如果提供的服务涉及这些业务，则需要取得对应的牌照才可运营。（2）对市场失当行为有清晰界定，《证券及期货条例》界定了 6 种市场失当行为，包括内幕交易、虚假交易、操纵价格、披露关于受禁交易的资料、披露虚假或具误导性的资料以诱使进行交易以及操纵证券市场。（3）有规范的调查程序，如香港证监会行使调查权。（4）设置有从轻到重的惩罚措施，以适应不同严重程度的违规行为，如轻度违规可能仅处以纪律处分，严重的可能处以民事处罚或刑事处罚。

香港法律服务的第四个优势，体现为内地与香港接近的文化背景和地理区位。

（1）相较于聘用外国律师，香港法律服务资源最明显的优势就是与内地企业共享同一语言文化背景。香港律师在运用国际视野与国际规则的同时，结合对国内的商业环境的了解与实践，能更好地服务有意“走出去”的企业。（2）香港在跨国投资中，是一个理想应对国际形势影响的投资目的地或中转站。一些国家可能会针对我国“走出去”的企业实施一些打压和制裁政策，而香港能提供一个安全稳定的投资环境，可以有效对接，提供符合国际惯例和国际标准的法律服务，是“走出去”的企业“反打压”的优先选择。一些内地大型企业从海外证券交易所退市，转而在香港上市，就说明了这一点。

三、香港法律服务资源如何帮助企业“走出去”

企业“走出去”涉及多种复杂的形式以及架构，简言之，常见的形式有对外并购、海外上市、返程投资等。

首先，以最常见的对外并购为例，总体而言，有意通过这一形式“走出去”的企业其需求主要有以下两种：一是希望通过并购境外企业以获得境外企业所持有的一些权利和资源，如自然资源的开采权、知识产权、品牌、技术、创新能力、进入国外一些受限制行业的资质等；二是通过并购使企业进行规模化、集约化转型，以实现规模经济。

在对外并购的过程中，香港法律服务资源，尤其是香港律师，主要担当三种助力角色：设计师、调查员和谈判者。

一是作为并购业务的“设计师”，香港律师会根据客户的交易目标设计并购的交易结构。举例来说，如果企业想通过对外并购获得一个国际品牌，在大方向上就有两种处理方式：(1)将这一品牌作为一项知识产权，进行资产收购；(2)直接收购持有这一品牌的海外公司，从而获得这一品牌的使用权。在这一过程中，具有丰富跨境收购经验的香港律师会根据企业的实际情况和需求制定不同的收购方案，以助力企业达到目的。

二是在并购业务中，香港律师还扮演了“调查员”的角色，即在并购业务中对目标公司进行尽职调查，以规避风险，确保企业能安全达成并购目的。例如，在并购业务中，律师会对企业的资产、债务、合规等方面的问题进行详细全面的调查。位于境外的目标公司适用的不是中国的法律，且各个企业并购的核心目的不尽相同，涉及的法律领域广。比如，如果想要目标公司的商标或者品牌，则涉及知识产权相关的法律；如果想要目标公司的某个经营资质，则可能涉及与行政审批相关的许多法律法规，再加上许多风险项往往较为隐蔽，内地企业仅凭自身可能难以发现。此时，香港律师会从企业的并购目的出发，凭借其丰富的从业经验和对法律的精通尽职尽责地扮演好“调查员”的角色，为客户揭示相关法律风险，并提供相应解决方案。

三是在并购业务中，律师不仅保障企业的交易安全，还充当企业的投资法律顾问，就并购合同文本、风险解决方案等方面参与谈判，以在并购业务中实现共赢。比如，在并购合同文本的谈判过程中，香港律师可以根据自身丰富的经验准确评估各个条款在法律层面和商业层面的重要性及其潜在风险。香港律师可以根据企业的核心并购需求，结合自身对内地商业环境的深刻理解，为企业提供谈判建议，明确谈判中的底线、可争取部分以及可让步部分等。

其次，境外上市也是内地企业"走出去"的常见形式之一。

在这一过程中，主要发挥助力作用的是香港开放友好的营商法律制度与环境，在保障金融安全的前提下，为包括各种各样的内地企业在内的潜在发行人提供了量身定制的上市融资方案。(1)在2023年上半年，港交所推出了《新特专科技公司上市机制(18C)》，为一些新特专科技行业的企业，如先进硬件、先进材料、新能源及节能环保等领域的企业，设置了较低的上市要求。这些企业如果因处于研发或产品服务商业化阶段而未能达到港交所主板的上市要求，都可依据18C获得上市融资的资格。(2)针对一些特定的资金回收周期长的企业，如矿业企业和生物医药企业，港交所也有特别的规则，为这些行业的企业降低上市门槛。(3)对于一些公司较为个性化的融资需求，香港也有相对应的制度和规则实现。比如，一些以创始人的创新能力或者经营能力为核心竞争力的公司，港交所已允许有类似情况的企业以"同股不同权"的形式(WVR)上市，允许实现创始人持有的股票具有投票权而面向公众发售的股票不具有投票权的安排，从而既保持了创始人的管理地位，又达到了融资目的。

再次，通过在境外设立特殊目的公司进行返程投资。香港是返程投资的热门中转站之一，在这一过程中，香港法律服务资源与内地制度环境相配合，对助力企业顺利完成返程投资起到了重要作用。(1)对于投资者来说，返程投资不仅可以保障资金安全、外汇自由、享受一些地方政府给予外资企业的优惠待遇，还能为后续的海外上市做准备。(2)在香港注册公司简单、快捷、成本低，搭建境外特殊目的公司高效无阻。(3)公司后续维护成本低，仅需以年为周期缴纳一定的行政费用即可。(4)通过香港证券交易所，如果后续企业谋求在港上市，手续更加便捷。

最后，为助力内地企业“走出去”，粤港澳三地的法律界融合和协作已经成为粤港澳大湾区高质量法律服务的大趋势。例如，广州互联网法院建成了跨港澳在线纠纷多元化解平台。该平台融合了广东、香港、台湾、澳门四地的法律从业者，融合了律师、公证、仲裁、行业协会等法律服务的主要要素，为企业和个人提供一站式的法律服务。同时，粤港澳大湾区的法律从业者也在努力进行交流，增进了解合作，以形成更默契的配合，有效助力企业“走出去”。此外，《内地与香港更紧密经贸关系安排》(CEPA)进一步促进了内地与香港经济一体化进程，并且为内地各区域与香港进行经贸合作提供了条件，尤其使得粤港澳三地的经贸联系更为紧密。这一体系加快了香港和泛珠江三角洲城市群的分工，推动广东省产业升级转型；加速了生产要素的流动；在宏观政策方面，使粤港澳合作规划日趋完善。与之相对应，为了在粤港澳区域经济一体化的背景下更好地服务于企业和投资者，CEPA 也提出了一系列机制，以促进粤港澳大湾区法律服务的融合和协作，例如：(1)香港律师可以在 CEPA 框架下参加国家统一法律职业资格考试(法考)、获得内地执业资格；(2)内地律所可聘用香港法律执业者，香港律师也可便捷地为内地律师事务所提供个案业务协作；(3)香港律师事务所可以更便捷地与内地律师事务所设立合伙联营。

当前，涉外企业“走出去”面临较多机遇和挑战，需要更加注重法律风险的防范和应对。香港将利用自身独特的法律服务资源优势助力企业顺利实现“走出去”的战略目标。

在此，我们对未来充满信心和期待，相信在国家的支持和领导下，在粤港澳大湾区建设的推动下，在法律界人士的共同努力下，香港法律服务资源会更加充分地发挥出它的优势和力量，为涉外企业法律服务提供更加坚实的法律支撑。

古语有云："乘众人之智，则无不任也；用众人之力，则无不胜也。"（《淮南子·主术训》）在此也衷心希望粤港澳三地的法律从业者能够进一步加强融合协作，共同促进法治建设和法律服务的发展，助力企业"出海"，为国家的改革开放和高质量发展贡献多一份力量。

谢谢大家。

附录二　案例表

一、香港部分引用案例

案例信息	案号
某借款人 AAA 及另外数方诉某贷款人 DDD 案	[2024] HKCFI 513
阿伯丁铁路公司诉布雷奇兄弟公司案	[1854] 1 Macq 461
美国信托欧洲公司诉意大利信托风险集团公司案	[2015] EWCA 437
拜某克斯诉古某费劳案	[1869–70] LR 5 QB
巴劳投资有限公司（清盘中）诉克利夫顿有限公司（债权人自愿清盘中）及另外一方案	[2021] 4 HKC 382
北京人济房地产开发集团有限公司诉朱某案	[2022] HKCFI 1027
布某尼诉邓某案	[1893] 6 R.67, H.L.
BTI 2014 公司诉萨格安纳公司及另外数方案	[2022] UKSC 25
某上诉人 C 公司诉答辩人 D 公司案	[2023] HKCFA 16
卡奴迪路国际有限公司诉胡某强及另外数方案	[2023] HKCFI 700
陈某泰诉陈某明案	[2020] HKCFI 1041
陈某豪诉董某羚及另外一方案	[2023] HKCFI 1170
华懋慈善基金诉陈某聪及另外数方案	[2010] HKCU 273
蔡某珍及另外一方诉区某麟案	CACV 177/2017
CWYJ 诉其丈夫 LTYE 案	[2020] 5 HKLRD 583
费安纳信托与控股公司诉普某瓦洛夫案	[2007] UKHL 40
中国工商银行佛山南海支行诉佛山市瑞丰石化燃料有限公司案	[2019] 2 HKLRD 478
证券购买协议一方 G 诉协议对方 N 案	[2023] HKCFI 3366

续表

案例信息	案号
贷款方 G 诉其借款方 P 案	[2023]4 HKLRD 563
姜饼投资有限公司诉荣康装饰有限公司案	[2008]2 HKLRD 436
霍某诉霍某案	[1865–69]LR 1 P&D 481
霍某诉克兰普恩有限公司案	[1967]Ch 254
广东海外建设总公司案	[2023]HKCFI 1340
海航集团有限公司案	[2021]HKCFI 2897
北大方正集团有限公司案	[2021]HKCFI 3817
江西安发达酒业有限公司诉詹某敏案	[2019]HKCFI 2411, HCMP 1574/2017
韩国 JSIT 株式会社诉中兴通讯股份有限公司案	[2008]4 HKLRD 776
卡拉哈博达斯有限公司诉印尼国家石油天然气开采公司案	[2005]1 HKLRD 21
郭某仙(以个人身份并以已故郭某浓遗产之原定代理人身份)诉符某安案	[2020]HKCFI 343
历克航空公司诉 FLS 航空航天有限公司案	[2000]1 WLR 113
李某来诉李某兰案	[2008]5 HKLRD 74
廖某英经营的联合速递公司诉华信国企(香港)有限公司及另外一方案	[2003]HKCU 706
LWK 诉原配偶 DD 案	[2010]13 HKCFAR 537
丸建兴业株式会社诉新昌营造厂有限公司及另外一方案	HCCT 19/2013
穆某德诉阿某萨拉伊案及三业贸易有限公司诉盛田企业有限公司案	HCA 5370/1993
英国国民省银行诉安某斯沃斯案	[1965]UKHL 1
太平洋中国控股有限公司(清盘中)诉太平洋控股有限公司案	[2012]3 HKC 498
佩甲诉佩乙案	[2001]EWCA Civ 166
PD 诉原配偶 KWW 案	[2010]4 HKLRD 191; [2010]HKFLR 184
百适有限公司诉百亨达有限公司案	[2002]HKCU 488
盛田企业有限公司诉三业贸易有限公司及另外数方案	HCA 5370/1993
香港特区政府诉某甲、某乙及某丙案	[2023]HKCFI 2034

续表

案例信息	案号
嘉年华国际控股有限公司案	[2022]HKCFI 2668
史某斯与福西特公司案	[1942]Ch 304
天伯伦公司案	(1979)4 ACLR 259
瑞格尔(哈斯汀)公司诉格某弗案	[1942]UKHL 1
所某门诉所某门案	[1897]AC 22
宋某某诉李某某案	[2023]HKCFI 2540
某受保人T诉其保险人A案	[2022]5 HKLRD583
覃某金诉汇丰国际信托有限公司及另外数方案	[2008]HKCFI 1023
特莱钮弗公司及另外数方诉优戴尔公司及另外数方案	[2020]EWHC 772(Comm)
融丰矿业澳门离岸商业服务有限公司诉新加坡 TL 资源私人有限公司案	HCMP 1622/2015
韦某金森诉乔某案	1866, LR 2 Eq 319
温兰企业集团公司诉韦克斯制药公司案	[2012]2 HKLRD 757
某甲诉简某裕案	[2020]HKCFI 286
曾某灵(未成年人,由母亲兼起诉监护人王某梅代为行事)诉侯某珠及另外一方案	[2015]HKCU 2238
陈某端诉黎某及另七人案	DCMP 2246/2001
施某美诉施某局案	HCCA 261/2012

二、内地部分引用案例

案例信息	案号
OPPO 广东移动通信有限公司及 OPPO 广东移动通信有限公司深圳分公司诉西斯维尔国际有限公司(Sisvel International S.A.)及西斯维尔香港有限公司[S.I.SV.EL.(HONGKONG)Limited]标准必要专利许可费纠纷案	(2020)最高法知民辖终 392 号
双飞人制药股份有限公司与广州赖特斯商务咨询有限公司等侵害商标权及不正当竞争纠纷案	(2020)最高法民再 23 号
香港珍妮曲奇公司诉深圳珍妮公司不正当竞争纠纷案	(2019)粤民终 1501 号
六福集团诉深圳禧六福公司、张某某商标侵权及不正当竞争纠纷案	(2019)粤 03 民初 4892 号

续表

案例信息	案号
陈某某诉腾讯音乐娱乐（深圳）有限公司侵害录音录像制作者权纠纷案	（2021）粤 0391 民初 5294 号
陈某某诉腾讯音乐娱乐（深圳）有限公司侵害录音录像制作者权纠纷案	（2022）粤 03 民终 21270 号
梁某君与李某财产损害赔偿纠纷案	（2022）辽 0303 民初 2412 号
森信纸业有限公司香港清盘程序及准许清盘人在内地履职、行使相关权利案	（2021）粤 03 认港破 1 号
华夏航运（新加坡）有限公司申请执行仲裁裁决案	（2018）粤 72 认港 1 号、（2019）粤 72 认港 1 号
思源海运（香港）有限公司与上海樽文实业有限公司申请财产保全纠纷案	（2019）沪 72 财保 298 号
布兰特伍德工业有限公司申请执行仲裁裁决案	（2015）穗中法民四初字第 62 号
意艾德建筑师事务所申请执行仲裁裁决案	（2016）苏 01 认港 1 号
来宝资源国际私人有限公司申请执行仲裁裁决案	（2019）津 03 认港 1 号
上海信辉投资咨询有限公司与 Willis Group Limited、第三人韦莱保险经纪有限公司股东资格确认买卖合同纠纷案	（2021）沪 01 民终 6348 号

附录三　法规及相关文件表

法域	名称
内地	《粤港澳大湾区发展规划纲要》
内地	《国民经济和社会发展第十四个五年规划和2035年远景目标纲要》
内地	《律师法》
内地	《民法典》
内地	《最高人民法院关于适用〈中华人民共和国民事诉讼法〉的解释》
内地	《刑法》
内地	《最高人民法院关于公布失信被执行人名单信息的若干规定》
内地	《最高人民法院、全国妇联关于开展家庭教育指导工作的意见》
内地	《最高人民法院关于适用〈中华人民共和国民法典〉婚姻家庭编的解释(一)》
内地	《继承法》
内地	《最高人民法院关于贯彻执行〈中华人民共和国继承法〉若干问题的意见》
内地	《最高人民法院关于适用〈中华人民共和国民法典〉继承编的解释(一)》
内地	《土地管理法》
内地	《公司登记管理条例》
内地	《公司法》(2023修订)
内地	《全国法院民商事审判工作会议纪要》
内地	《公司法》(2013修订)
内地	《公司法》(2018修订)
内地	《公司法修订草案一审稿》
内地	《公司法修订草案二审稿》
内地	《公司法修订草案三审稿》

续表

法域	名称
内地	《企业名称登记管理规定》
内地	《企业名称登记管理规定实施办法》
内地	《市场主体登记管理条例实施细则》
内地	《企业破产法》
内地	《外商投资法》
内地	《外商投资信息报告办法》
内地	《商务部关于外国投资者并购境内企业的规定》
内地	《司法部、商务部、发展改革委负责人就〈中华人民共和国外商投资法实施条例〉有关问题答记者问》
内地	《政府核准的投资项目目录(2016)》
内地	《海南自由贸易港外商投资准入特别管理措施(负面清单)》
内地	《海南自由贸易港外商投资准入特别管理措施(负面清单)(2020年版)》
内地	《国务院关于进一步优化外商投资环境加大吸引外商投资力度的意见》
内地	《外商投资准入特别管理措施(负面清单)(2021年版)》
内地	《中国银保监会办公厅关于明确保险中介市场对外开放有关措施的通知》
内地	《中国银保监会关于修改〈中华人民共和国外资保险公司管理条例实施细则〉的决定》
内地	《外商投资电信企业管理规定》(2022修订)
内地	《外商投资安全审查办法》
内地	《国务院办公厅关于建立外国投资者并购境内企业安全审查制度的通知》
内地	《网络安全法》
内地	《数据安全法》
内地	《个人信息保护法》
内地	《数据出境安全评估办法》
内地	《促进和规范数据跨境流动规定》
内地	《中华人民共和国商务部、国务院国有资产监督管理委员会、国家税务总局、国家工商行政管理总局、中国证券监督管理委员会、国家外汇管理局关于外国投资者并购境内企业的规定》
内地	《经营者集中审查规定》

续表

法域	名称
内地	《经营者集中反垄断合规指引》
内地	《反垄断法》
内地	《国家外汇管理局关于进一步简化和改进直接投资外汇管理政策的通知》
内地	《国家外汇管理局关于进一步促进跨境贸易投资便利化的通知》
内地	《国家外汇管理局关于进一步深化改革促进跨境贸易投资便利化的通知》
内地	《外国投资者对上市公司战略投资管理办法》
内地	《中国人民银行、国家金融监督管理总局、中国证监会、国家外汇管理局、国家发展和改革委员会、工业和信息化部、财政部、中华全国工商业联合会关于强化金融支持举措助力民营经济发展壮大的通知》
内地	《国务院关于加强监管防范风险推动资本市场高质量发展的若干意见》
内地	《中国证监会发布 5 项资本市场对港合作措施》
内地	《境内企业境外发行证券和上市管理试行办法》
内地	《国务院关于进一步加强在境外发行股票和上市管理的通知》
内地	《监管规则适用指引——境外发行上市类第 1 号》
内地	《监管规则适用指引——境外发行上市类第 2 号：备案材料内容和格式指引》
内地	《监管规则适用指引——境外发行上市类第 3 号：报告内容指引》
内地	《外商投资法实施条例》
内地	《网络安全审查办法》
内地	《网络数据安全管理条例（征求意见稿）》
内地	《数据出境安全评估申报指南（第二版）》
内地	《国家外汇管理局关于境内居民通过特殊目的公司境外投融资及返程投资外汇管理有关问题的通知》
内地	《中共中央、国务院关于构建数据基础制度更好发挥数据要素作用的意见》
内地	《关于促进粤港澳大湾区数据跨境流动的合作备忘录》
内地	《关键信息基础设施安全保护条例》
内地	《个人信息出境标准合同办法》
内地	《个人信息保护认证实施规则》
内地	《著作权法》
内地	《民间文学艺术作品著作权保护条例（征求意见稿）》

续表

法域	名称
内地	《计算机软件著作权登记办法》
内地	《专利法》
内地	《商标法》
内地	《涉外民事关系法律适用法》
内地	《民事诉讼法》
内地	《最高人民法院关于民事诉讼证据的若干规定》
内地	《最高人民法院关于内地与香港特别行政区法院相互委托送达民商事司法文书的安排》
内地	《诉讼费用交纳办法》
内地	《最高人民法院关于进一步推进案件繁简分流优化司法资源配置的若干意见》
内地	《最高人民法院关于审理商标民事纠纷案件适用法律若干问题的解释》
内地	《最高人民法院关于审理著作权民事纠纷案件适用法律若干问题的解释》
内地	《最高人民法院关于知识产权侵权诉讼中被告以原告滥用权利为由请求赔偿合理开支问题的批复》
内地	《最高人民法院关于审理环境民事公益诉讼案件适用法律若干问题的解释》
内地	《反不正当竞争法》
内地	《关于开展认可和协助香港特别行政区破产程序试点工作的意见》
内地	《最高人民法院关于刑事裁判涉财产部分执行的若干规定》
内地	《仲裁法》
内地	《最高人民法院关于适用〈中华人民共和国仲裁法〉若干问题的解释》
内地	《劳动争议调解仲裁法》
内地	《上海国际经济贸易仲裁委员会仲裁规则(2024年)》
内地	《上海仲裁委员会仲裁规则》
内地	《深圳国际仲裁院仲裁规则(2022年)》
内地	《中国国际经济贸易仲裁委员会仲裁规则(2024年)》
内地	《仲裁法(修订)(征求意见稿)》
内地	《深圳经济特区前海深港现代服务业合作区条例》
内地	《深圳经济特区前海蛇口自由贸易试验片区条例》
内地	《最高人民法院关于设立国际商事法庭若干问题的规定》

续表

法域	名称
内地	《关于贯彻执行〈中华人民共和国民法通则〉若干问题的意见(试行)》
内地	《全国法院涉外商事海事审判工作座谈会会议纪要》
内地	《最高人民法院关于适用〈中华人民共和国涉外民事关系法律适用法〉若干问题的解释(二)》
内地	《最高人民法院关于支持和保障全面深化前海深港现代服务业合作区改革开放的意见》
内地	《粤港澳大湾区跨境争议调解示范规则》
内地	《关于深化人民法院一站式多元解纷机制建设推动矛盾纠纷源头化解的实施意见》
内地	《人民法院暂行组织条例》
内地	《司法部关于逐步恢复国内公证业务的通知》
内地	《公证暂行条例》
内地	《办理公证程序试行规则》
内地	《公证书格式》
内地	《公证服务收费管理办法》
内地	《公证程序规则》
内地	《公证法》
内地	《中国委托公证人(香港)管理办法》
内地	《中国委托公证人办理公证文书规则(试行)》
内地	《最高人民法院、司法部关于涉港公证文书效力问题的通知》
香港	《香港特别行政区基本法》
香港	《香港法例》第159章《法律执业者条例》
香港	《香港法例》第11章《宣誓及声明条例》
香港	《香港法例》第159J章《实习律师规则》
香港	《香港法例》第159AC章《大律师(认许资格及实习)规则》
香港	《香港法例》第159S章《外地律师注册规则》
香港	《香港事务律师专业操守指引》
香港	《香港法例》第179章《婚姻诉讼条例》
香港	《香港法例》第192章《婚姻法律程序与财产条例》

续表

法域	名称
香港	《香港法例》第 13 章《未成年人监护条例》
香港	《香港法例》第 10 章《遗嘱认证及遗产管理条例》
香港	《香港法例》第 73 章《无遗嘱者遗产条例》
香港	《香港法例》第 10A 章《无争议遗嘱认证规则》
香港	《香港法例》第 481 章《财产继承〈供养遗属及受养人〉条例》
香港	《香港法例》第 30 章《遗嘱条例》
香港	《香港法例》第 429 章《父母与子女条例》
香港	《香港法例》第 290 章《领养条例》
香港	《香港法例》第 29 章《受托人条例》
香港	《香港法例》第 4A 章《高等法院规则》
香港	《香港法例》第 219 章《物业转易及财产条例》
香港	《香港法例》第 585 章《土地业权条例》
香港	《香港法例》第 622 章《公司条例》
香港	《香港法例》第 117 章《印花税条例》
香港	《香港法例》第 32 章《公司（清盘及杂项条文）条例》
香港	《香港法例》第 622H 章《公司（章程细则范本）公告》
香港	《香港法例》第 310 章《商业登记条例》
香港	《香港联合交易所有限公司证券上市规则》
香港	《香港联合交易所有限公司 GEM 证券上市规则》
香港	《香港交易所指引信（HKEX-GL77-14）》
香港	《个人资料（私隐）条例》
香港	《保障个人资料：跨境资料转移指引》
香港	《跨境资料转移指引：建议合约条文模板》
香港	《跨境资料转移指引：粤港澳大湾区（内地、香港）个人信息跨境流动标准合同》
香港	《香港法例》第 528 章《版权条例》
香港	《香港法例》第 514 章《专利条例》
香港	《香港法例》第 559 章《商标条例》
香港	《香港法例》第 559A 章《商标规则》

续表

法域	名称
香港	《香港法例》第 522 章《注册外观设计条例》
香港	《香港法例》第 522A 章《注册外观设计规则》
香港	《香港法例》第 645 章《内地民商事判决（相互强制执行）条例》
香港	《香港法例》第 490 章《植物品种保护条例》
香港	《香港法例》第 159H 章《律师执业规则》
香港	《香港法例》第 336H 章《区域法院规则》
香港	《香港法例》第 4D 章《高等法院费用规则》
香港	《香港法例》第 336C 章《区域法院（费用）规则》
香港	《香港法例》第 8 章《证据条例》
香港	《香港法例》第 4 章《高等法院条例》
香港	香港终审法院《实务指示 –31》
香港	香港终审法院《实务指示 –36》
香港	香港终审法院《实务指示 –37》
香港	《香港法例》第 338 章《小额钱债审裁处条例》
香港	《香港法例》第 25 章《劳资审裁处条例》
香港	《香港法例》第 347 章《时效条例》
香港	《香港法例》第 639 章《内地婚姻家庭案件判决（相互承认及强制执行）条例》
香港	《香港法例》第 179 章《婚姻诉讼条例》
香港	《香港法例》第 192 章《婚姻法律程序与财产条例》
香港	《香港法例》第 16 章《分居令及赡养令条例》
香港	《香港法例》第 182 章《已婚者地位条例》
香港	《香港法例》第 290 章《领养条例》
香港	《香港法例》第 189 章《家庭及同居关系暴力条例》
香港	《香港法例》第 336 章《区域法院条例》
香港	《香港法例》第 609 章《仲裁条例》
香港	《内地破产管理人向香港特区法院申请认可和协助的程序实用指南》
香港	《香港法例》第 597 章《内地判决（交互强制执行）条例》
香港	《香港法例》第 609D 章《仲裁（与结果有关的收费架构）规则》

续表

法域	名称
香港	《香港国际仲裁中心机构 HKIAC 规则》
香港	香港国际仲裁中心机构 HKIAC 仲裁员《道德行为准则》
香港	《香港法例》第 200 章《刑事罪行条例》
内地 / 香港	《关于内地与香港特别行政区法院相互认可和执行民商事案件判决的安排》
内地 / 香港	《粤港澳大湾区(内地、香港)个人信息跨境流动标准合同实施指引》
内地 / 香港	《最高人民法院关于内地与香港特别行政区法院相互认可和执行当事人协议管辖的民商事案件判决的安排》
内地 / 香港	《关于内地与香港特别行政区法院相互认可和执行婚姻家庭民事案件判决的安排》
内地 / 香港	《关于内地与香港特别行政区相互执行仲裁裁决的安排》
内地 / 香港	《关于内地与香港特别行政区相互执行仲裁裁决的补充安排》
内地 / 香港	《关于内地与香港特别行政区法院相互认可和协助破产程序的会谈纪要》
内地 / 香港	《关于内地与香港特别行政区法院就仲裁程序相互协助保全的安排》
国际	《儿童权利公约》
国际	《国际掳拐儿童民事方面公约》
国际	《OCED 隐私保护和跨境个人数据流动指南》
国际	《专利合作条约》
国际	《贸易法委员会国际商事仲裁示范法》
国际	《国际律师协会国际仲裁利益冲突指引(2024)》
国际	《国际律师协会国际仲裁取证规则(2020)》
国际	《纽约公约》

后　　记

“一人的机锋，多人的智慧”，[1]《法律双声道——内地与香港特别行政区法律制度的差异与融合》一书终于定稿付梓。回首望去，收获良多。

本书缘起笔者于工作中萌生的些许微思：如今内地与香港之间往来密切，跨境业务普遍，但内地与香港客户乃至法律从业者对另一方法域的法律还不甚了解，于是笔者产生了编撰一些简明易懂的普法文章的想法，希望尽自己绵薄之力增进内地与香港间的互相了解。

由此，笔者便选择了从最“接地气”且最常见的婚姻家事领域着手，开始与彭茵彤律师垒下了本书的“第一块砖”——《从申请离婚到财产分割》。文章推出后受到了同行和客户朋友的关注。与此同时，也有许多志同道合的内地和香港律师朋友愿意以自己专攻领域的知识和宝贵经验提供帮助。所谓“单丝不成线，独木不成林”，笔者一人的见识终究有限，如果没有内地与香港律师朋友的无私帮助和辛勤工作，就不会有今日这本内容系统成形的《法律双声道——内地与香港特别行政区法律制度的差异与融合》，在此对他们表达衷心的感谢。

编写一本以对比的形式向读者普及内地与香港法律的书籍，虽不涉及复杂艰深的法律学术研究，但也不是一件可以轻易做好的事。在编撰之初，经常浮现的一个问题就是：本书的读者是谁？最直接的答案，自然是内地与香港以律师为主的法律从业者。但笔者始终觉得，法律应是人人可接触、人人可了解的。有一定社会责任感的法律从业者，其承担的任务之一就是运用自身的专业

① ［英］吉特生：《英国民歌论》，译文据周作人《自己的园地·歌谣》章。转引自朱自清：《经典常谈》，南方出版社2023年版，第25页。

知识和理解，将繁杂的法律原理以通俗易懂的方式向大众传播。因此，本书的目标读者群除了法律专业人士，也希望纳入青年学生、法律爱好者，使内地和香港的普通读者都能有所裨益。

同时面对具备法学知识的专业人士和未受过法学教育的普通读者进行写作，所面临的挑战并不小。第一个挑战是，在写作过程中，从选题起就需仔细把握。所选议题既要在实务中为法律从业者提供有用参考，又不可过于枯燥无趣；在行文叙述中，所用语言既要严谨，又要避免冗长繁复；在法律问题讨论中，还需讲究分析适度，避免穷理过深，钻入“纯理论”的牛角尖……凡此种种，不一而足。为避免本书变成“硬性”作品，得一本正经地读，笔者经常提醒不要让“意义和使命压下了趣味，认识和行动压下了快感”，尽量以生活化、实例性的形式去呈现。①

第二个挑战是，本书邀请的编写人员横跨香江两岸，律师朋友们术业有专攻，其写作风格、行文表述以及构思的篇章架构等各不相同。要结集成书，则需要进行统一编辑和整理，进行系统串联，使其融合，形成一个有机整体。

除此之外，作为一门精密的社会科学，法律博大精深，跨境法律所涉及的方面也相当之广。在此之中，需要尽力归纳总结，并提炼出最实用、最值得讨论的主题。但难免有不尽不详之处，欢迎各位同行及读者朋友一同交流斧正。

既然编撰不易，那为何仍要迎难而上？也许这源自笔者的初心以及与内地的渊源。

笔者出生于内地，少年时便移居香港。虽然此后大部分时间在香港度过，经历过新移民适应以及求学的种种困难，但那片熟悉的土地和亲切的乡音总留在心里温暖一角。

在英华书院完成中学学业后，笔者进入香港大学学习法律。在此期间，曾协助时任港事顾问、香港特别行政区筹备委员会委员的张家敏先生编撰《建国以来 1949-1997》一书。此番经历，不啻为笔者提供了系统性撰写专业著作的

① 朱自清:《论雅俗共赏》，光明日报出版社 2022 年版，第 17~18 页。

经验，亦使笔者对内地有了更深的认识和理解。在此感谢张先生早年的指导与栽培。

毕业之后笔者开始从事法律工作，在2012年取得了中国委托公证人（香港）资格，也由此开始更多面地接触内地法律服务。时至今日，笔者经手办理的涉及内地民商各方面的中国委托公证人（香港）业务已超过2400件。

大量涉及内地的业务提供了许多与内地律师接触交流的机会。犹记得初次交流是在2019年5月25日于广东宏力律师事务所举办的“广东宏力律师事务所涉港法律实务讲座”。借此契机，笔者向与会的广州市内地律师介绍了中国委托公证制度以及涉及粤港的法律实务，并结识了何雁英律师、孙艳丽律师与罗欢平律师。

何雁英律师的专长领域在于房地产纠纷以及继承。后续笔者也经常和何律师团队一起进行业务合作。何律师在房地产领域的专业给人留下深刻印象，因而邀请她一同写作本书第二篇第六章《从法律维度看内地与香港房地产制度异同》（后亦发表于《深圳律师》第104期），希望为内地与香港从事房地产业务的律师提供一些实务参考。

孙艳丽律师在继承、财富传承规划以及婚姻家庭方面深耕多年，具有丰富经验，对于专攻领域的诸多棘手问题，她已总结出一套独特有效的解决方法，对行业有敏锐的触觉，总是一席话便让人受益匪浅。在编撰本书时，笔者也邀请她一同写作本书第二篇第五章《家庭财产继承争议》。

随后，在2021年12月22日，应广东诚公律师事务所邀请，在诚公法学院主办的2021年第6期法律沙龙上，笔者也进行了主题为“内地与香港跨境法律业务交流”的专题分享。在业务合作中，笔者与杨新律师相识。杨新律师专攻民商事法律事务，也担任许多大型企业、外资企业的法律顾问，在涉及跨境业务的争议解决和非诉领域均有所建树。

当笔者有意在本书中介绍有关内地与香港的民事诉讼程序时，便想到与杨律师团队合作。于是就有了本书第五篇第一章《从〈毒舌律师〉看内地与香港民事诉讼》和第二章《由审判到执行》。编写过程中刘惠惠律师也为此两章贡献颇多。内地与香港民事诉讼程序千头万绪，进行梳理比较是个难题，希望上述两章能为内地与香港从事争议解决业务的业内人士提供一定的参考。

2021~2022年，笔者参加并通过了首届粤港澳大湾区律师执业考试，在2022年年中正式获颁粤港澳大湾区律师执业证。如果说香港高等法院授予的执业证书开启了笔者作为香港律师的职业道路，那么这一本粤港澳大湾区律师执业证无疑打开了一片新的天空。

成为粤港澳大湾区执业律师后，笔者加入了北京市京师（深圳）律师事务所，后来成为京师浩然（前海）联营律师事务所的联合创始人。从2023年开始，通过新的平台和新的起点，与内地律师及律师事务所的交流也变得更为密切。

2023年3月27日，深圳广播电影电视集团融媒体中心主办、家理律师事务所等协办了题为“粤港两地婚姻的法律差异——从香港蔡天凤案件谈起”的法律沙龙直播活动。在这次活动中，笔者与胡梦蝶律师、孙艳丽律师一起作为分享嘉宾，介绍并进一步学习了内地与香港结婚、离婚、继承的法律制度。

在本次合作之前，笔者了解到家理律师事务所是一家专注于婚姻家事法律服务的专业精品所。通过拜访、合作，笔者与家理律师事务所的孔曼主任以及胡梦蝶律师相识，并一直保持交流来往。

2023年5月，笔者参加由广东省商务厅和广东省司法厅主办的“加强粤港澳法律服务合作，助力‘五外联动’专题研讨会”，并在会上作了“利用香港金融服务平台拓展对外投资企业需重点关注的法律问题”的主题分享，其间认识了康亚男大律师。康大律师在百忙之中答应完成仲裁篇两章书稿，笔者要特别感谢她。

随后，也因为参与广东天商律师事务所“涉外律师分享会——大湾区专题篇”，笔者认识了黄晓颖律师及天商所同人。如其标语所言，广东天商律师事务所“致力于打造粤港澳大湾区涉外律所新势力”。在交往过程中，天商所律师同人所表现出的勤奋、活力以及执行力格外令人佩服。彼此间的合作，成就了本书中许多重要篇章，包括第二篇第三章《遗嘱继承》（后亦发表于《广东律师》第238期)、第二篇第四章《内地与香港遗产管理》,胡嘉雯律师撰稿的第四篇第一章《粤港澳大湾区数据跨境的规制与合规》以及廖文幕律师撰稿的第五篇第五章《内地与香港诈骗案被害人民事追偿实务操作》。衷心感谢以上律师朋友的助力。

2023年7~9月,以京师浩然(前海)联营律师事务所为主办方,一系列有关跨境法律法规的分享会得以开展,包括于7月24日举办的“跨境三人行——认可与执行”以及于9月11日举办的“内地与香港商法研讨会——公司股权　治理”等。在此感谢广东省律师协会跨境争议解决法律专业委员会、联营所的王昉执行主任以及同事们提供的支持。

其中,诚公冯黄伍林(前海)联营律师事务所郑涛主任与北京卓纬(深圳)律师事务所的李宁梓律师在活动中担任点评嘉宾,他们的真知灼见带来许多启发。笔者也邀请李宁梓律师参与本书的编撰,写作了第三篇第二章《新形势下跨境投资并购中的政府审批》。此外,活动中的嘉宾发言也被整理成文,编入本书第五篇第三章《内地与香港判决或裁决的相互认可与执行机制》以及第三篇第一章《内地与香港公司法主要不同概念及实务》。

2023年11月,深圳市福田区司法局以及京师律所(全国)青年律师工作委员会主办了“京青万里行”京师律所青年律师游学班第一期——粤港澳行活动。活动在京师浩然(前海)联营律师事务所举行,笔者有机会向来自京师全国各分所的30多位青年律师以“梦启湾区,共期万里”为题进行有关跨境法律业务的分享。在此期间,香港梁浩然律师事务所的袁嘉沂律师作专业分享,并应邀参与了本书第一篇第一章《“一国两制”下内地与香港律师的区别与协作》的编撰工作。

从2023年开始,笔者获聘成为内地法院及多家商事调解中心的特邀调解员。其间,参与了由深圳市前海国际商事调解中心主办的2023年调解员培训,并以主讲嘉宾身份作了主题为“从诉讼到调解——如何在跨境争议解决中进行最佳选择”的讲座。后续此次讲座的分享资料也被整理成文,发表于河套国际商事调解中心期刊《商事调解》的创刊号,并纳入本书的第七篇第二章《商事调解》。

2024年年初，广州市南粤公证处的马国栋主任来港造访，闲聊之间谈到可以一同写作一篇以内地与香港公证为主题的文章，于是便有了本书的第七篇第三章《内地与香港的公证制度》。多年来，与广州市南粤公证处在内地与香港公证业务方面的合作甚多。

个人能力有限，在知识产权相关方面，感谢汪宗霖律师协助，完成了第四篇第二章《知识产权》。汪律师性格随和，且乐于分享，在文中细致讲述了他在涉外知识产权保护方面的经验，十分感谢。此外，笔者在香港法律专业协进会的活动中，结识张蒨蒨律师，了解到她在“出海”企业知识产权保护方面颇有心得，于是邀请她一同为本书添砖加瓦，遂成第四篇第三章《针对内地企业“出海”过程中知识产权保护的实务建议》。黄思颖律师对此两章的编辑亦作出重要贡献。

在众多交流分享中，又见内地朋友们对来香港进修法律兴趣甚浓，便把认识的几位内地青年的心路历程给大家细诉。笔者邀请了康亚男大律师、张蒨蒨内地与香港执业律师、温芃实习律师以及邓浩源实习律师编写了本书第一篇第二章《四位内地青年的涉港法律实践之路》，用以推荐给一众向往深耕跨境法律的朋友参考。

蓝海中心、蓝海大湾区法律服务研究院肖璟翊院长慷慨献稿，成就本书第七篇第一章《域外法查明的“深圳实践”》，笔者表示衷心感谢。肖院长在法律查明和内地与香港融合互通作用方面有精辟见解，与本书其他法律范畴衔接理念相通，笔者深感欣喜，所以特意邀稿成章。

在本书定稿过程中，鉴于编辑老师的建议，由刘惠惠律师在百忙之中独立完成第三篇第三章《内地企业赴香港上市》，详细介绍了企业到香港上市的实务操作。

期间，基于完整考虑，笔者又邀请了内地几位出色的研究生，在极短时间内一起完成了本书第六篇第三章《内地仲裁规则与实务概览》。他们分别是顾津菁、马超、王雪瑞、朱郅玲同学。没有大家的贡献，笔者独力不能成事。

感谢深圳广播电影电视集团法治频道所有同事，特别是他们在内地与香港法治建设宣传与普法的路上给予笔者的启发与指导，以及王传勇师兄为本书作序。

还有无讼研究院，为笔者提供了同广大法律同人分享跨境法律实务见解的机会。赵润众院长"'双声道'交响出'新共识'，在这片制度创新的试验沃土上，真正用行动诠释了法律人的担当与智慧"的书评推荐，对笔者是莫大的鼓励。

本书的封面以浙江大学光华法学院为背景。笔者感谢胡铭院长、张继东主任，以及提供照片的杜冠杰律师、邹转瑜律师的美丽呈现。

此外是出版编辑老师，没有你们的引导与指正，本书便没有机会面世。

同时，感谢所有参与本书编撰工作的人员、编委成员以及梁浩然律师事务所团队。笔者对于文字的执着、反复修改的习惯，让大家受了不少劳苦。感谢各位的耐心付出。如有错漏之处，一概是笔者的责任。

在本书的最后，笔者必须感谢广东省司法厅、广东省律师协会、广东省商务厅、深圳市司法局、香港法律专业协进会、福田区司法局、大湾区各律师协会，各位为本书撰写书评的朋友，还有广东财经大学、浙江大学相关涉外青年律师研修班的同学们。

法律的演变迅速，跨境法治发展的进程也是日新月异。2024 年 10 月 9 日，商务部与香港特区政府签订了《CEPA 服务贸易协议》。其中"港资港法""港资港仲裁"等安排备受两地法律界瞩目。有关协议修订将于 2025 年 3 月 1 日起正式生效。笔者及团队也将持续关注该协议修订的最新动态，并在后续带来更多解读。

内地与香港的互融互通、体制对接、规则衔接需要更多的法律界朋友以自身的专业知识构筑桥梁。笔者期待与大家继续努力，一同为国家推动法治建设贡献一份力量。

陈少彬

2024 年 11 月

编写人员简介

编委会成员

邓浩源 京师浩然(前海)联营律师事务所实习律师。2022 年取得西南政法大学法学学士学位,2023 年取得香港城市大学法学硕士学位,有处理跨境婚姻家事继承、民商事诉讼和企业法务相关业务的经验。

黄颖思 现执业于京师浩然(前海)联营律师事务所,是一名在内地执业的香港居民律师,具有 11 年法律行业从业经验,一直从事多边跨境婚姻家事、遗产继承、家族信托和跨境民商事案件。参与了大量涉及英国、美国等多法域的婚姻家庭及遗产继承案件,擅长为各类复杂案件把脉梳理,化繁为简,高效地使客户达成满意目标,广受当事人好评。

刘惠惠 广东诚公律师事务所涉外专业委员会委员、执业律师,主要专业领域为公司、证券、股权投资及并购、争议解决。在证券发行和资本市场领域,主要提供证券发行与上市、上市公司再融资等法律服务。拥有丰富的专业知识和实践经验,能够为客户提供全方位的法律支持,曾担任多家拟上市公司、上市公司的法律顾问,以专业、高效的法律服务帮助客户顺利完成各项业务目标。

温　芃 2015 年毕业于浙江大学俄罗斯语言文学专业,2022 年毕业于香港中文大学法律博士专业(等同于法律学士学位),2023 年取得香港法学专业证书资格。自 2023 年 8 月起任香港梁浩然律师事务所有限法律责任合伙实习律师,有处理各类民商事、刑事案件之经验。

特邀赐稿

肖璟翊 蓝海法律查明和商事调解中心创始人、蓝海大湾区法律服务研究院院长。中国人民大学民商法博士、香港大学普通法硕士,深圳市决策咨询委员会"深圳市先行示范区(法治组)专家",兼任中华司法研究会会员、中国海事仲裁委员会调解员、深圳国际仲裁院仲裁员、海南仲裁委员会仲裁员、中国人民大学亚太仲裁研究专业委员会委员等。曾荣获法治日报社评选的"'一带一路'十佳法律服务工作者"。

马国栋 广州市南粤公证处副主任、家事法律中心负责人,广州市公证协会监事,"遗产管理人互认推荐计划"项目发起人之一。在婚姻继承,特别是意定监护等领域具有丰富的执业经验,擅长处理内地与香港跨境家事法律事务。

内地参与编写律师

孙艳丽 广东纵横天正律师事务所合伙人及家事部主任。执业 20 多年,主要专业领域为民商事争议解决,积累了丰富的诉讼实务经验。近年来专注于婚姻家庭、家族财富传承、遗产规划、遗产管理、遗嘱执行等方面的诉讼及非诉讼业务。2018 年创设了国内首单遗嘱信托架构。2019 年为深圳超高净值客户出具了全案家族信托方案,2020 年为广州家族客户落地全案家族信托方案,在财富传承领域积累了丰富的实务经验。2020年选任为广东省律师协会信托与财富管理法律专业委员会副主任,深耕于财富传承领域。

杨　新　广东诚公律师事务所权益合伙人、监事会监事、涉外专业委员会主任,福田区政协委员,中国国民深圳市委员会法援中心副主任,中国国民福田总支委员,中国国际贸易促进委员会深圳调解中心专家调解员,香港律师会注册外地律师。常年为央企、上市公司、外资企业提供法律服务,具有丰富的争议解决、非诉讼法律服务、涉港跨境法律事务处理经验。

李宁梓　北京卓纬律师事务所深圳分所执行合伙人,金融市场部主任律师。在公司上市、并购重组、企业跨境投资及相关争议的解决等领域具有丰富的专业经验,擅长为跨国公司在华经营和中国企业的海外投资与"出海"业务提供综合性法律服务。有证券公司、境内外上市公司、境外律师事务所的从业经历。

汪宗霖　京师浩然(前海)联营律师事务所联合创始人,深圳律协前海律工委ESG法律服务中心主任,香港中文大学(深圳)深圳高等金融研究院研究生导师,深圳市涉外律师领军人才。主要执业领域为商业金融、ESG可持续发展、数据合规、商事诉讼与仲裁、家族传承等,曾在欧洲、非洲学习工作,拥有近20年企业法律服务经验,擅长在企业投融资、跨境贸易中为客户提供服务,行业涉及新能源、跨境电商、金融、大健康、房地产、信息智能化等,曾负责上市公司跨境能源项目从零到一的法律风控。

梁颖珍　泰和泰(广州)律师事务所高级合伙人,擅长领域为婚姻家事、企业法律顾问及金融经济。长期为广州市妇女联合会、广东省妇女维权与信息服务站（广州站）、广州市巾帼社会工作服务中心提供公益法律服务，为广州市中级人民法院处理大量婚姻家事调解案件。为超过30家金融机构、国有企业、民营企业提供法律服务，主办案件金额共计约60亿元人民币。

何雁英 广东宏力律师事务所合伙人律师。具有11年法律行业从业经验，办理过大量房屋买卖、房屋租赁、房屋继承等民事集体诉讼案件，对民事、婚姻继承、税费计算等有较深入研究和独特见解。

胡梦蝶 北京家理律师事务所合伙人、副主任，深圳分所首任主任，中国法学交流基金会婚姻家庭研究专项基金顾问委员会委员，首都经济贸易大学法学院家族企业财富治理研究中心特约研究员，中央电视台《法律讲堂》主讲律师。深耕婚姻家事领域10余年，参与案件近千起，擅长将诉讼经验与各类财富管理工具相结合，在婚姻、继承、涉外家事、私人财富管理等领域积累了丰富的实务经验，曾参与撰写法律出版社《新型疑难民事业务案件评析》《民法典时代婚姻继承典型案件实务》等专著。

黄晓颖 广东天商律师事务所权益合伙人，广州市律师协会婚姻家事法律专业委员会秘书长，广东省律师协会婚姻家事法律专业委员会委员，广东省涉外律师先锋人才库成员。执业以来一直致力于婚姻家事领域纠纷的研究与解决，参与办理近千起家事纠纷案件，擅长处理财产关系复杂的离婚纠纷、子女抚养权纠纷、继承纠纷及财富传承规划等法律事务。

袁培皓 北京市中伦律师事务所合伙人，持有四川大学法学学士学位、法国巴黎第十大学法学院法国法与英美法学士及硕士学位、香港中文大学香港法与普通法研修证明，现为香港中文大学国际投资与争端解决法学博士生。主要执业领域为国际贸易与投资、收购与兼并、争议与合规。热心社会公益事务，并发布多篇重要著述成果。

陈丽霞 福建泽良律师事务所合伙人。具有9年法律从业经验，执业期间，经办包括房地产纠纷、婚姻家事、财产继承、人身损害等在内的多起诉讼、非诉案件，具有丰富的执业经验。

胡嘉雯 广东天商律师事务所合伙人，广东省法学会律师学研究会理事，广东省涉外律师新锐人才，广州国际商贸商事调解中心调解员。深入研究数据合规、数据交易领域，发表多篇数据领域专题文章；为市、区级党政机关、企事业单位提供法律服务；开展数据合规、数据安全领域法律宣讲；代理多起民商事案件、行政案件，有丰富的诉讼、非诉讼争议解决经验。

姚卓蕊 北京卓纬律师事务所律师，在金融市场、公司投资与收购兼并等领域积累了丰富的经验，曾任职于国内红圈律所伦敦办公室，主要负责跨境投资与并购业务，曾主办多宗国际知名公司、境内外金融机构、大型国企的跨境投融资与并购交易。

廖文幕 中国执业律师，数据知识产权师，广东天商律师事务所企业合规中心副主任，主要从事刑事领域与企业合规服务，办理过大量刑事案件，擅长刑事案件精细化辩护与代理。曾在大型股份制银行、国企背景的大型消费金融公司工作8年，完成4000多笔合同等法律文书制定与审查，在企业法律法规政策研究与企业制度建设、企业合规文化建设、公司治理、合规内控、案件防控、监管评估、客户纠纷解决等方面具有丰富经验。

郭珂瑜 毕业于英国伦敦大学学院，入选深圳市涉外律师新锐人才库，具有EXIN DPO欧盟数据保护官认证律师资格。北京卓纬律师事务所律师，主要执业领域为涉外法律服务，在跨境争议解决、国际贸易争端解决、跨境投融资等领域具有丰富经验。长期担任多家跨国企业、大型民营企业、高净值人士的法律顾问，能够深刻理解客户的商业目标，并提出务实且富有创造性的解决方案。

陈芏璇 广东纵横天正律师事务所专职律师。擅长民商事合同纠纷、婚姻家庭继承纠纷、侵权纠纷、劳动合同纠纷等诉讼及非诉讼案件的代理，具有丰富的实务经验，致力于钻研婚姻家事、财富传承规划业务，坚持以专业的法律功底提供优质的法律服务。

许德美 广东纵横天正律师事务所实习律师。2023年毕业于华南师范大学法学专业，拥有扎实的法律理论基础，精通民商事法律法规，自2023年7月起任广东纵横天正律师事务所律师助理，深入参与办理了各类民商事纠纷、婚姻家庭继承纠纷、民间借贷纠纷等诉讼及非诉讼案件，不断磨砺自身的法律素养和职业素养，坚持为当事人提供优质、高效的法律服务。

香港参与编写律师

胡庆业 广东天商律师事务所涉外法律服务中心主任，香港柯伍陈律师事务所合伙人，粤港澳大湾区律师。擅长国际仲裁及民事、刑事诉讼，包括合约及侵权申索、商业纠纷、股东纠纷及清盘、网络诈骗、诽谤、财物归还、雇佣纠纷、航运及物流业纠纷等。

康亚男　毕业于香港城市大学及牛津大学，于2012年取得香港执业大律师资格，并于2022年以粤港澳大湾区律师身份加入广东天商律师事务所，主要执业领域为商业纠纷、雇佣纠纷、跨境诉讼、国际仲裁。曾多次为内地企业在跨境交易、国际仲裁、跨境执行判决或仲裁裁决方面提供香港法律意见，亦曾作为专家证人在内地仲裁或诉讼案件中提供香港法律意见。曾在香港城市大学法学院以及北京大学法学院担任客席讲师，教授香港公司法及国际仲裁；并于2021年6月至2022年1月担任香港劳资审裁处暂委审裁官。兼任香港法律专业协进会副会长以及香港大律师内地事务委员会委员，致力于推动内地与香港法律专业的沟通交流与合作及青年法律人才的培养。

袁嘉沂　香港梁浩然律师事务所有限法律责任合伙事务高级律师，中国国际贸易促进委员会深圳调解中心专家调解员，持有香港中文大学法律博士学位及法学专业证书。在修读法律专业前，曾就读于美国北卡罗莱纳大学教堂山分校，主修经济，辅修社会和经济正义，并名列院长嘉许名单。主要执业领域为民事及刑事诉讼、家事业务、私人客户业务、遗嘱及遗产承办和房地产交易等。

邓朗然　主理民商诉讼，专攻民事欺诈、资产追回、破产清盘、公司纠纷。擅长跨境诉讼，亦能接受紧急委托撰写法律意见书及预备法庭聆讯（如禁制令及清盘呈请）。并被深圳国际仲裁院（SCIA）及华南（香港）国际仲裁院（SCIAHK）认证为仲裁庭秘书。

王诗雅　香港梁浩然律师事务所有限法律责任合伙律师，持有香港大学的法律硕士学位（合规及法规）和法律专业文凭，获香港城市大学的法律博士学位（以优等成绩毕业）。本科于香港大学修读英国文学和比较文学，随后负笈英国，于华威大学取得文学硕士学位，主修国际关系。

于2023年取得律师专业执业资格。曾任某外资咨询公司董事总经理，从事企业传讯，擅长保护处于危机和诉讼中公司和个人的声誉。专业服务范畴包括民事及刑事诉讼、遗嘱及遗产承办、商业法律事宜（股份收购及尽职审查）以及大厦管理等。

彭茵彤 2017年毕业于香港大学英语研究及比较文学专业，2020年毕业于香港城市大学法律博士专业（等同于法律学士学位），于2021年取得香港法学专业证书资格。自2021年8月起，任香港梁浩然律师事务所有限法律责任合伙实习律师，2023年11月正式成为香港执业律师，并继续于该律所任职。有处理各类民事、刑事及跨境案件之经验。

张蒨蒨 香港余剑锋孙波丘志强麦言之律师行执业律师，广东德纳律师事务所执业律师。华东政法大学和英国曼彻斯特都会大学法学学士，香港中文大学法学硕士。曾在内地及香港律师事务所、香港上市公司和公营机构的法务部工作，擅长处理内地与香港跨境事务，包括家事类、民商事类、公证及涉外法律服务等。

其他参与编写人员

李子昇 香港梁浩然律师事务所有限法律责任合伙实习律师，持有香港科技大学工商管理学学士学位、伦敦大学国王学院文学硕士学位，香港中文大学法律博士学位及法学专业证书。专注于商业和公司事务，曾参与多宗新股集资及相关尽职调查工作。

顾津菁 本科毕业于武汉大学，目前就读于中国人民大学法学院民商法学术硕士专业，拥有内地法律职业资格证（A证），对股权、公司决议等问题具有较深入研究。曾于金杜（北京）律师事务所、中伦（北京）律师事务所实习，深入参与跨境争议解决及仲裁、商事争议解决、投资并购、港股A股上市等业务。

马　超　复旦大学法律硕士，高级企业合规师，金融行业法律从业者。曾在多家律所、法院实习，参与过大量知识产权纠纷、民商事纠纷、金融资管纠纷案件的处理，具有丰富的经验。

王雪瑞　复旦大学法律硕士。

颜家妍　广东卓建律师事务所律师助理。

朱郅玲　复旦大学诉讼法学硕士。多次获得国家奖学金、优秀学业奖学金。主持三项省级大学生创新创业训练计划项目，应邀参与两次学术论坛并作主题发言。参与上海市人力资源和社会保障局2023年度立项课题，承担了中英文文献资料的收集、整理、翻译工作和营商环境国际比较等研究工作。深度思考人工智能内容自动生成技术与社会治理现代化，所著论文收录于《上海检察研究》(2024年第1辑)。

2019年5月25日，广州，广东宏力律师事务所涉港法律实务讲座。

2021年12月22日，深圳，广东诚公律师事务所“内地与香港跨境法律业务交流”法律沙龙。

2023年3月11日，深圳，中共深圳市委党校，深圳市前海国际商事调解中心2023年调解员培训暨第三批调解员聘书颁发仪式。

2023年3月27日，深圳，深圳广播电影电视集团、北京家理（深圳）律师事务所“粤港两地婚姻的法律差异——从香港蔡天凤案件谈起”直播。

2023年3月30日，广州，广东环球经纬律师事务所30周年系列专题活动。

2023年5月10日，广州，广东省商务厅，加强粤港澳法律服务合作助力“五外联动”专题研讨会。

2023年5月26日，广州，广东天商律师事务所大湾区专题分享会。

2023年7月19日，广州，广东省涉外法治建设工作会议——涉外企业法治服务高质量发展论坛。

2023年8月25日，广州，2023粤港澳大湾区执业推介会暨内地法律实务交流对接会。

2023年11月15日，深圳，京师浩然（前海）联营律师事务所，“京青万里行”京师律所青年律师游学班第一期。

2023年12月1日，深圳，香港法律执业者与深圳律所企业实务对接推介会。

2024年1月8日，深圳，深圳市涉外涉港澳商事一站式多元解纷中心调解员培训活动。

2024年1月15日，广州，广东财经大学，2024粤港澳大湾区涉外律师研修班。

2024年1月21日，深圳，京师（深圳）律师事务所“我的律师业务拓展之道”新春恳谈会。

2024年3月9日，杭州，浙江大学，广东省涉外青年律师培养基础班第二期。

2024年3月22日，东莞，香港、澳门特别行政区法律讲堂第一期。

2024年4月21日，广州，广东财经大学，老龄社会财富传承与养老服务法治保障研讨会暨第三届南方老龄法治论坛。

2024年5月24日，东莞，第三期粤港澳大湾区律师执业推介会暨内地法律实务交流对接会。

2024年8月14日，中山，“以法慧企，粤行越稳”涉外法律服务中山专场活动。

2024年8月19日，杭州，浙江大学，第二十期广东涉外律师人才研修班——涉外青年律师培养基础班。

2024年10月24日，香港，香港法律专业协进会2024粤港澳大湾区律师执业考试考生交流会。

推荐语

本书就涉香港特别行政区常见法律实务问题采用比较法的方式逐一分析讲解，文字简洁、通俗易懂，是一本不可多得的涉香港特别行政区法律业务工具书。

——易轶　北京家理律师事务所首席合伙人律师、主任

作为常年处理婚姻家庭及跨境事务的内地律师，终于迎来这本关于内地与香港特别行政区法律制度差异的书籍，更可贵的是本书由熟悉内地与香港特别行政区法律制度和实务的律师共同撰写，为粤港澳大湾区的律师打开了法律差异对比的大门。

——陈建彬　广东省法学会婚姻家庭法学研究会理事

关莹　广东省律师协会婚姻家庭专业委员会委员

本书作为业界首本通过点面结合的方式，从婚姻家事与继承、商事与投资、知识产权与合规等多个角度对内地与香港特别行政区主要法律制度差异进行梳理的专业书，为跨境律师们打通了探究涉香港特别行政区案件的快速通道，对增进社会各界了解内地与香港特别行政区法律制度有所裨益，并为粤港澳大湾区建设提供了更加优质高效的理论成果，是一本不可多得的法律实务佳作。

——广东省涉外律师研修班成员

易玉成　北京市盈科（深圳）律师事务所股权高级合伙人

孙霖　广东申亭明条律师事务所合伙人

谈强　广东华商律师事务所律师

袁思娜　广东众大律师事务所律师

“观时而制法，因事而制礼”，法律应顺应时代趋势而发展，顺应粤港澳大湾区法治建设的“势”。本书剖析跨境法律异同，探索法律规则衔接，凭借精妙独特的案例、明晰晓畅的语言，为读者呈现出“一国两制”背景下内地和香港特别行政区法律制度的差异和衔接。相信读者在读完本书之后，能够对内地和香港特别行政区在商事、民事、婚姻等领域的法律规定形成微观与宏观融通的认知，加速内地与香港特别行政区的法律普及新发展。

——文哲　深圳电视台法治节目主持人　全国十佳法制节目主持人